CW00829691

LES FIEFS NOBLES

DU

CHATEAU DUCAL D'UZÈS

PAR

Lionel d'ALBIOUSSE,

Président Honoraire du Tribunal d'Uzès,

Membre de l'Académie de Nimes, du Comité de l'Art Chrétien,

de la Société Française d'Archéologie,

du Conseil Héraldique de France et de l'Institut Héraldique Italien.

UZÈS

IMPRIMERIE MALIGE

—

1906

(RECAP)

1515
.926
.116

A Madame la Duchesse d'Uzès

née de Chevreuse-Chaulnes

MADAME LA DUCHESSE,

*J'ai dédié l'*Histoire des Ducs d'Uzès *à Madame la Duchesse douairière qui, par ses brillantes qualités, a su donner plus d'éclat encor à sa couronne ducale.*

J'éprouve pour elle un dévouement sans bornes dont elle m'a bien récompensé, par des témoignages de bienveillant intérêt, qui m'ont profondément touché (1).

Ce dévouement, qui s'étend à toute la maison ducale, a ses profondes racines dans le passé, et s'il n'était pour moi une tradition de famille, vous l'auriez fait naître, Madame la Duchesse, par votre accueil tout à la fois si aimable et si cordial.

---

(1) *Mon frère, colonel des zouaves pontificaux, a été nommé, à son insu, comte romain héréditaire, par l'intermédiaire de la Duchesse d'Uzès, qui a signé dans ce but une pétition adressée au Pape Léon XIII.*

Le 1ᵉʳ juin 1904, la Duchesse a bien voulu venir exprès à Uzès pour assister, comme témoin, au mariage de ma fille avec M. de Brunelis.

C'est sous l'influence de ce sentiment que je me permets de vous dédier : Les Fiefs nobles du Château ducal d'Uzès.

J'y mêle un autre sentiment, une autre tradition, qui bien certainement sera approuvée par Monsieur le Duc d'Uzès, si bon juge en ces matières. C'est une tradition chevaleresque de respectueuse déférence envers les dames, à qui les troubadours, les poètes et les écrivains dédiaient de préférence leurs œuvres.

Dans l'ouvrage dont j'ai l'honneur de vous faire hommage, on sera peut-être étonné de voir un si grand nombre de fiefs qui relevaient du château ducal, et dont quelques-uns appartenaient aux plus grands noms de l'aristocratie française.

C'est qu'en 1721, en échange de la terre de Lévis, le roi avait cédé au duc d'Uzès tout ce qu'il possédait de son domaine privé dans l'Uzège.

Quelques seigneurs protestèrent, mais leurs prétentions furent toutes rejetées en justice, et ils durent se consoler en pensant qu'en définitive ils rendaient foi et hommage au premier duc et pair de France, au descendant des croisés, dont la noblesse était rehaussée encore par une alliance avec la maison des comtes de Toulouse et la famille royale de France.

Si ces seigneurs prêtaient serment au duc d'Uzès, celui-ci agissait de même envers le roi pour son duché. C'était là comme une hiérarchie de terres, relevant les unes des autres, et formant une chaîne qui, partant de la tourelle du simple gentilhomme, allait jusqu'au donjon royal (la grosse tour du Louvre).

La Révolution a tout renversé, mais ce qu'elle a maintenu, ce qui se perpétue de nos jours, c'est le culte respectueux des dames, qui donne tant de charme à la vie sociale, surtout lorsqu'il s'y mêle un sentiment religieux.

J'ai toujours aimé, Madame la Duchesse, à en suivre les traditions, et quand je pense à Madame la Duchesse douairière et à vous, j'éprouve, tout vieux que je suis, un bien vif enthousiasme à me dire votre très humble et très dévoué serviteur.

L. D'ALBIOUSSE.

INTRODUCTION

———

Le fief, du mot latin *feodum* (foi, hommage), ne fut
que le développement d'une vieille coutume des Germains,
qui se groupaient autour d'un valeureux chef de bande,
se dévouaient à sa personne et recevaient de lui, après
la victoire, des chevaux, des armes, d'abondants festins.

Au lieu de ce butin, les rois et les principaux chefs,
après l'invasion, donnèrent des terres moyennant certaines
redevances et constituèrent des fiefs, tantôt révocables à
volonté, tantôt temporaires, et enfin héréditaires. Ce fut
en 877, sous Charles-le-Chauve, en vertu d'une décision
prise par lui dans l'assemblée de Kiersy-sur-Oise, que
l'hérédité, depuis longtemps convoitée par les seigneurs,
devint la condition générale et légale des fiefs.

Il semble que la royauté, dont les domaines se
réduisaient à peu de chose, n'ayant plus rien à distribuer
à la noblesse, lui donna l'hérédité, qui forma la hiérarchie
féodale, la féodalité, cette forme de gouvernement
jusque-là inconnue à l'humanité.

Ces divers seigneurs s'attribuèrent la justice dans
l'étendue de leurs fiefs, ce qui produisit une multitude
de juridictions particulières où, avant cette usurpation, on
ne connaissait d'autres justices que la justice royale.

Les fiefs nobles étaient ceux qui avaient la haute,
moyenne et basse justice. Au-dessus étaient les fiefs de
dignités, auxquels étaient attachés les titres de princes,
ducs, marquis, comtes, vicomtes et barons, tels le duché

d'Uzès, appartenant à la maison de Crussol, et le duché de Thouars, à celle de la Trémoïlle.

L'aîné de la famille succédait de droit à son père, au détriment des cadets, qui n'avaient que juste de quoi vivre ; les mâles au détriment des filles, qui ne purent leur succéder qu'au XII⁰ siècle.

Il y avait dans les fiefs deux sortes de mouvances : les mouvances immédiates, qui relevaient directement de la couronne, c'est-à-dire de la grosse tour du Louvre, où prêtaient serment les seigneurs, que l'on appelait les grands vassaux de la couronne, et les mouvances subalternes, qui relevaient soit du domaine privé de la couronne, soit d'un fief important.

Il y avait aussi deux sortes d'hommages : l'hommage simple, dont le serment se prêtait debout, l'épée au côté, les mains libres, et l'hommage lige, à genoux, sans épée ni éperons, et les mains dans celles du seigneur.

Le duché d'Uzès, qui dépendait directement de la couronne, avait beaucoup de fiefs, ainsi qu'on peut le voir dans les lettres patentes de sa création.

Je ne m'occuperai que des fiefs situés dans l'ancien pays d'Uzège, qui comprend à peu près l'arrondissement d'Uzès. Ils sont nombreux et voici pourquoi :

En 1721, ainsi que je l'ai dit, un échange eut lieu entre le roi et le duc. Celui-ci possédait la terre de Levis, attenante au parc de Versailles; le roi en eut envie, et en échange il céda au duc, entr'autres choses, toutes les seigneuries que S. M. possédait dans le pays d'Uzès. Ces seigneuries avaient appartenu au comte de Toulouse et passèrent à Saint-Louis par la cession de la Province du Languedoc.

Plus tard, Philippe-le-Bel, en 1305, pour récompenser Guillaume de Nogaret de l'action infâme qu'il avait commise envers le pape Boniface VIII, à Anagni, lui donna toutes les seigneuries dont il jouissait dans le pays, que nous appelons aujourd'hui le Bas-Languedoc, avec cette clause qu'à défaut de descendance mâle directe, ces seigneuries reviendraient à la couronne.

Mais les siècles s'écoulèrent, la descendance directe de

Nogaret s'éteignit et ses héritiers dans la branche collatérale se mirent en possession de ces seigneuries, sans que
l'administration royale songeât à les revendiquer.

Mais par un édit de 1667, le roi de France, voulant
refaire l'administration de la justice et des finances et se
procurer des ressources, ordonna que les domaines aliénés
à quelque personne, pour quelle cause et depuis quelque
temps que ce soit, fussent réunis à la couronne.

Pour l'exécution de cet édit, il fut nommé des commissaires chargés de la recherche des domaines et de la
confection d'un papier terrier dans le Languedoc, à la tête
desquels était M. de Basville, intendant de la Province.
Tous les acquéreurs des fiefs ayant appartenu à la famille
de Nogaret furent attaqués. On transigea. Une partie de la
seigneurie resta aux possesseurs et l'autre revint au roi,
pour être réunie à son domaine privé.

Voilà comment le roi, en 1721, put transmettre au duc
un grand nombre de seigneuries ou coseigneuries, qui
vinrent s'ajouter à celles que possédait déjà le duc d'Uzès.

Puis avait lieu l'inféodation, c'est-à-dire la mise en
possession du fief sous l'albergue, tantôt d'un ou plusieurs
chevaliers, tantôt d'une paire de gants de senteur, d'une
paire d'éperons, de quarante animaux mangeant avoine,
d'un cavalier armé, etc

La plupart des acquéreurs de fief avaient l'habitude
d'ajouter à leur nom de famille celui de leur fief, sans
avoir l'autorisation du gouvernement.

La Cour de eassation, par son arrêt du 10 mars 1862
(D. P. 1862, I. 219), a décidé que la possession continue de
ce nom pendant cent ans dispensait de tout titre et
constituait un droit.

C'est un renseignement qui peut être très utile en
certains cas de rectification d'actes de l'Etat civil.

LES FIEFS NOBLES

DU

CHATEAU DUCAL D'UZÈS

CHATEAU DUCAL D'UZÈS

Avant de nous occuper des fiefs nobles dans le pays d'Uzège, il est indispensable de faire connaître-le grand fief duquel tous les autres relevaient, c'est-à-dire du château ducal d'Uzès, qui n'avait au-dessus de lui que la grosse tour du Louvre, bâtie par le roi Philippe-Auguste pour y cacher son trésor.

Ce château ducal, appelé ici le duché, est situé sur l'emplacement même du camp romain *Castrum Uticence*, destiné à soumettre la tribu des Volces arécomiques, nos ancêtres, qui avait pour religion le druidisme, et dont le territoire s'appelait *Ucetio*, d'où est venu le nom d'*Uzetia*, Uzès.

Au milieu de ce camp se trouvait le logement du gouverneur, dont la mission était de substituer au Druidisme les croyances romaines.

Mais les Barbares ne tardèrent pas à envahir notre pays et à en faire disparaître la civilisation. Ce furent d'abord les Vandales, puis les Wisigoths et ensuite les Sarrasins. Uzès ne redevint française que sous Pépinle-Bref, et sous son fils, Charlemagne, qui érigea Uzès en comté.

Le nouveau comte vint habiter un logement, qui lui avait été préparé, sur l'emplacement du château ducal actuel.

C'est là qu'il dut recevoir la duchesse Dhuoda de Septimanie, que son mari, Bernard, avait exilée à Uzès, où elle a composé pour son fils aîné un Manuel de morale chrétienne, entremêlé de poésie, qui est bien le plus ancien de tous les écrits dus à des femmes françaises. Elle donna naissance, le 22 mars 841, à un fils appelé Bernard, qui est très certainement notre plus ancien compatriote connu.

Bientôt, par suite des événements politiques, le comté d'Uzès appartint aux comtes de Toulouse, qui le cédèrent à leur parent, Gobert, prince de Gothie, et qui s'éteignit en 1065 faute de descendant mâle.

Dès cette époque, notre ville ne fut plus qu'une simple seigneurie inféodée par le comte de Toulouse à un des ancêtres du duc d'Uzès.

Un de ceux-ci, Robert Ier, combattit si vaillamment à la bataille de Cassel, le 23 août 1328, que le roi érigea en sa faveur la seigneurie d'Uzès en vicomté.

Plus tard, la vicomté d'Uzès fut érigée par Charles IX en duché, par lettres patentes datées de Mont-de-Marsan au mois de mai 1565, et en pairie par de nouvelles lettres datées d'Amboise en février 1572.

La porte d'entrée actuelle du château ducal, plus au levant que l'ancienne, est ornée de belles colonnes de granit qui proviennent des exploitations des Alpes françaises.

Elle est surmontée des armoiries du duc d'Uzès, qui sont :

Ecartelées aux premier et quatrième quartiers, partie fascée d'or et de sinople, qui est de Crussol, et d'or à trois chevrons de sable, qui est de Lévis; aux deuxième et troisième, d'azur à trois étoiles d'or en pal, qui est de Gourdon Genoulhac, et d'or à trois bandes de gueules, qui est de Galiot Genoulhac; sur le tout : *de gueules à trois bandes d'or, qui est d'Uzès.*

L'écu est surmonté d'une couronne ducale et a pour cimier une tête de lion avec deux lions d'or pour supports, le tout sur le manteau ducal.

Devise : *Ferro non auro.*

Les armes de la maison d'Uzès sont à la première salle des croisades à Versailles.

Sous la monarchie légitime, elles passaient, dans les cérémonies publiques, les premières après celles du roi et avant toutes celles des maisons nobles de France.

En entrant dans la cour du château ducal, on est frappé de l'aspect imposant de cette tour carrée (donjon du moyen âge) qui, dit-on, a été édifiée sur les bases d'une tour romaine ; puis les regards ne peuvent se détacher de cette belle façade, qui se trouve comme encadrée entre le donjon et la chapelle à la toiture armoriée.

Cette façade date de la renaissance. Déjà l'artillerie à feu (1) avait porté le dernier coup au château féodal et commencé le grand nivellement de la société moderne. D'un autre côté, le goût pour les résidences somptueuses fut contracté par la noblesse, en Italie, pendant les campagnes de Charles VIII, Louis XII et François Ier.

Les seigneurs, conservant le donjon et ses remparts comme un signe de leur ancienne puissance, construisirent des habitations d'agrément et de luxe.

C'est ainsi qu'au XVIe siècle, le premier duc d'Uzès, Antoine de Crussol, fit construire cette belle façade ornée de colonnes, de pilastres et de bas-reliefs, d'après les dessins de Philibert Delorme, architecte des Tuileries. C'est bien là un modèle de l'architecture de la Renaissance

---

(1) La nouvelle artillerie est appelée à feu ou à canon pour la distinguer de l'ancienne, composée de machines de guerre comme catapultes, béliers, dards, mayonnaux, etc. (Voir Dictionnaires de Moreri et de Larousse).

A gauche du donjon, on remarque une tour ou pignon octogone surmonté d'une girouette, dont les escaliers intérieurs mènent au rempart, à la salle des archives, qui était autrefois une prison, et aussi au bâtiment appelé la vicomté, orné d'un balcon récemment construit et soutenu par des colonnes de granit semblables à celles de la porte d'entrée.

Avant de pénétrer dans le château, disons un mot des tentatives dont il fut l'objet durant la Révolution.

L'Assemblée nationale avait décrété l'abolition de toutes les marques de la féodalité. On sut que le duc était parti de Bruxelles pour La Haye, afin de solliciter du Stathouder un emprunt de 60 millions destinés à l'armée de Condé. Son château fut envahi. On tenta d'incendier la grosse tour carrée (le donjon), mais grâce à l'épaisseur des murs l'incendie n'eut pas de suites funestes. On enleva le portrait du duc, qui fut joint à celui qui servait d'enseigne à un perruquier. On les attacha à un mannequin et on les brûla sur la promenade de l'Esplanade.

On aurait voulu brûler aussi les archives, mais l'homme d'affaires du duc en cacha une partie dans le château et emporta l'autre chez lui dans des tonneaux.

Un prêtre assermenté, l'abbé Olivier, acheta ensuite le château pour y établir un pensionnat. Il crut tirer un profit des pierres de la grosse tour, mais comme elles se réduisaient en poussière en tombant d'une telle hauteur, il renonça à son projet. La tour fut toutefois découronnée; il a fallu y refaire une autre construction, qui aurait dû être mieux dans le style de la vieille tour.

Trompé dans ses espérances, cet abbé Olivier vendit le château, au prix de 16.000 francs, à quelques habitants d'Uzès, qui avaient concerté de le restituer au duc au prix d'achat. C'est ce qui eut lieu à la Restauration.

Entrons maintenant dans cette vieille demeure seigneuriale. A gauche, se trouve la porte d'entrée de cette grosse tour carrée (le donjon construit au XIIᵉ siècle par Bermond, seigneur d'Uzès, et qui s'appelle tour

Bermonde). Elle était entourée de fossés et de remparts flanqués aux quatre angles de tours rondes, dont une seule existe, appelée la tour de la Vigie.

Ce donjon, sans agrément comme ceux de cette époque, ne révèle qu'une pensée de défense et de sécurité.

Là se trouve la porte de l'escalier à vis qui s'élève jusqu'au sommet du donjon, d'où le guetteur pouvait donner le signal d'alarme au son de la cloche ou du cor.

Cet escalier offre de nombreux avantages. Il prend peu de place et peut s'élever très haut sans nuire à la solidité des constructions voisines.

Il permet d'ouvrir des portes sur tous les points de sa circonférence et à toutes les hauteurs.

Il est facilement réparé, barricadé. Un seul homme peut le défendre.

Tout près et à droite de cette porte de l'escalier, se trouve une toute petite porte, aujourd'hui murée, qui donnait accès à une autre pièce que l'on appelle par tradition l'entrée des oubliettes, où on arrive par une porte au fond du corridor, à gauche.

Il y a là sur le sol, vers le milieu de cette pièce, une ouverture d'environ 50 centimètres carrés, par laquelle un homme pouvait facilement être descendu dans un cachot à l'aide d'un anneau qui existe encore au sommet de la voûte. En bouchant cette ouverture, les cris des malheureux ainsi enfermés n'auraient pas même été entendus.

Dans beaucoup de châteaux féodaux, on montre les oubliettes. Je croyais, comme bien d'autres, à ce souvenir du moyen âge, mais je suis bien revenu de mon erreur. Il y a quelques années, j'accompagnai au château ducal le comte de Marsy, directeur de la Société Française d'archéologie, qui était venu à Uzès, devançant le Congrès archéologique, fixé au mois de mai 1897, dans le Gard.

Je lui montrai l'ouverture des oubliettes. — « C'est une erreur, me dit-il, il n'y a peut-être pas trois châteaux contenant des oubliettes. On parle de celles du château de Pierrefonds, de Chinon et de la Bastille, et encore on

2

pourrait considérer celles de Chinon comme des latrines et celles de la Bastille comme une glacière. Bien certainement, ajouta M. de Marsy, le donjon du château ducal n'a pas d'oubliettes, et ce que l'on appelle de ce nom avait une autre destination. »

Après son départ, je voulus m'assurer moi-même de l'état des lieux dans lesquels je pénétrai facilement par la grande cave du château, grâce à une tranchée récemment faite dans l'ancien mur, qui a bien trois mètres d'épaisseur. Je ne constatai ni inscription, ni sculpture, et je remarquai que des quatre murs, l'un d'eux avait été élevé bien postérieurement aux autres pour fermer un passage.

Ce que l'on a appelé jusqu'ici des oubliettes était tout simplement en effet un passage, un souterrain par où on pouvait s'échapper du donjon ou y rentrer à l'aide de la petite ouverture de 50 centimètres carrés dont j'ai parlé.

Voici ce que dit Mérimée, dans les *Instructions du Comité historique des Arts et Monuments* :

« On donne souvent, au moyen âge, des couleurs atroces aux souterrains des donjons, et l'imagination accepte trop facilement les scènes d'horreur que les romanciers placent dans de semblables lieux. Combien de celliers et de magasins de bois n'ont pas été pris pour d'affreux cachots! Combien d'os de débris de cuisine n'ont pas été regardés comme les restes des victimes de la tyrannie féodale. »

Ainsi, voilà l'atroce légende des oubliettes qui doit disparaître du château ducal.

Ce qui n'est pas une légende, c'est le four banal établi près du donjon et dont on voit encore les restes. La petite porte, à droite de la porte d'entrée, y conduit à l'aide d'un escalier dont la voûte est fort remarquable. C'était un privilège pour le seigneur suzerain d'établir un four où chacun pouvait apporter son pain et le faire cuire moyennant une redevance.

En cas de blocus, il permettait à la garnison de faire cuire son pain sans recourir aux habitants.

Il existe aussi, dans l'enceinte du château, au pied de

la tour de la Vigie, un puits au-dessus duquel est une inscription romaine fort remarquable.

Comme on le voit par les détails que je viens de donner, le donjon, entouré d'une enceinte de fortifications, était presque imprenable avant l'invention de la poudre à canon, et il permettait à une poignée d'hommes déterminés de tenir en échec un corps d'armée.

C'est bien le donjon qui rappelle le plus clairement le genre de vie, les habitudes et les mœurs des seigneurs de cette époque.

Le seigneur féodal du xiie siècle est en effet défiant partout, au dedans comme au dehors de la forteresse. Il cherche à s'isoler, lui et sa famille, de la garnison.

Chaque jour on lui apporte les clés du donjon et même celles du château, qu'il place sous son chevet. Il vit là, entouré de remparts élevés, surmontés de créneaux et de machicoulis.

Est-il attaqué ? Si la ville est prise, on peut se réfugier dans la place d'armes et fermer la porte d'entrée au moyen d'un pont-levis et d'une lourde herse en fer.

Si l'ennemi s'approche des fossés, on lance sur lui une grêle de traits, soit par les meurtrières, soit du sommet des tours, où l'on s'abrite derrière les créneaux.

S'il parvient jusqu'au pied des remparts, les machicoulis permettent de faire pleuvoir sur lui de l'eau bouillante et toutes sortes de projectiles, ainsi qu'on peut en juger par la tour ronde située à l'angle nord-ouest du château ducal et qui est appelée la Vigie, construite, dit-on, par le seigneur Raymond d'Uzès, dit Rascas.

Si l'ennemi emporte la première enceinte, on se retranche dans le donjon, seconde enceinte encore plus redoutable.

Enfin, si on ne peut s'y défendre, on a la ressource des souterrains pour se sauver. C'est là, en effet, ce qui caractérise le donjon et ce qui le distingue d'une tour.

Il commande les défenses du château, mais il commande aussi les dehors, et offre une issue particulière sur la campagne, par laquelle au besoin le châtelain, poussé dans ses derniers retranchements ou trahi par ses vassaux, pouvait s'échapper (1).

Mais au lieu d'un ennemi, c'est le voyageur qui se présente. Pour lui le pont-levis s'abaisse, et on lui donne la plus heureuse hospitalité. On se réunit dans la plus vaste pièce du donjon, celle qui est située au deuxième étage, avec une belle voûte en ogive.

Si c'est un pèlerin, il fait quelque pieux récit.

Si c'est un troubadour, il chante les hauts faits de Charlemagne (2).

Néanmoins, le séjour du châtelain était fort triste. Le seigneur, vivant là dans l'isolement et l'oisiveté, devait y mourir d'ennui. Aussi s'empressait-il de courir les aventures.

En sortant du rez-de-chaussée de la grosse tour carrée, on se trouve près du grand escalier d'honneur qui mène aux divers appartements. Il est d'une construction plus ancienne que la façade et rappelle celle du château de Pau.

Du reste, dès le XIVe siècle, on tint, dans les châteaux, à donner une apparence de luxe aux grands escaliers, et les architectes déployèrent surtout leur imagination dans les voûtes. L'escalier du château ducal en est la preuve.

Au premier étage, on trouve : à gauche, diverses chambres qui ont remplacé l'ancienne salle à manger, ainsi qu'une vaste salle d'armes conduisant à la chapelle. Cette salle contenait l'armure complète de Galiot de Genouilhac, grand écuyer de France, grand maître de l'artillerie sous François Ier, et les portraits en pied des ducs d'Uzès; à droite, une pièce dans l'ancienne tour

(1) On trouve encor dans la maison du docteur Blanc, atte. nante au duché, un souterrain très profond et d'environ un mètre de hauteur, allant du couchant au levant, c'est-à-dire du château à la campagne.

(2) Uzès compte deux troubadours, Fabre et Guidon.

féodale, qui mène, à gauche, à une antichambre précédant la chambre d'honneur de la duchesse d'Uzès (1), et à droite à la bibliothèque, puis au grand salon de réception décoré des portraits des ducs d'Uzès (2).

A la suite du grand salon est une autre pièce, autrefois appelée salle des orgues (3).

En quittant cette pièce, ainsi que le salon, si l'on ne veut descendre dans la salle à manger, autrefois salle de théâtre, s'ouvrant sur la seconde cour du château, on revient à la salle de la bibliothèque, où se trouve une porte donnant accès à un long corridor servant de dégagement à un grand nombre de chambres. Au fond de ce corridor, à droite, est l'entrée de la chapelle. La porte est richement sculptée. La foi, l'espérance, la charité, la religion sont symbolisées sous forme de personnages, dans quatre panneaux.

L'intérieur de la chapelle est du style gothique flamboyant du xv⁰ siècle. On y remarquait autrefois des vitraux représentant la vie et les miracles de Saint-

---

(1) Le mobilier de cette chambre comprenait, outre le lit, quatre fauteuils bois noyer sculpté garnis de velours cramoisi, avec des clous dorés; sept chaises et un sopha de même; une commode en bois des Indes à placage avec garniture de cuivre doré et dessus en marbre rouge et blanc; des rideaux cramoisis, deux encoignures en bois des Indes et trois glaces en cuivre doré.

(2) On y voyait, avant la Révolution, une commode à quatre tiroirs en bois blanc sculpté peint en rouge, avec garniture de cuivre doré et un dessus de marbre blanc; trois sophas de velours d'Utrecht, fauteuils et chaises *idem*.

Au-dessus des quatre cheminées, un trumeau de six pièces de glace, avec cadre sculpté et doré.

Sur chacun des quatre trumeaux, un portrait encadré. Au-dessus des portes d'entrée, le portrait de Louis XIV et celui de Zaïd Pacha, ambassadeur; un lustre de cristal de roche suspendu au plafond avec une barre de fer dorée et douze branches.

(3) On a fait don de ces orgues à l'église Saint-Etienne.

Géraud, membre de la famille d'Uzès. Ceux d'aujourd'hui sont de fabrication moderne. Ils représentent les patrons de la famille et les armes du duc d'Uzès et de la duchesse née de Talhouët.

La toiture est aiguë et couverte de briques en couleurs jetant au loin des reflets de lumière et dessinant, dans de vastes proportions, les armoiries du duc d'Uzès.

Le second étage du château est à peu près abandonné. L'escalier qui y mène est aussi beau que celui du premier étage, dont il n'est que la suite. On y remarque une très vaste salle dont la voûte en ogive est très élevée. C'est celle de l'ancien château. Tout près de là se trouve l'escalier en colimaçon de la grosse tour, qui part du rez-de-chaussée et qui conduit jusqu'à la plate-forme de la plus haute tour, où est plantée l'oriflamme de la maison d'Uzès, à l'arrivée des membres de la famille ducale.

Une petite porte, ouverte à cet étage, permet de faire cette ascension, qui donne au visiteur le plaisir de voir à peu près tous les monuments d'Uzès, dans son enceinte ou sur son territoire.

En descendant de la haute tour et pour sortir du château, il faut revenir à la cour d'entrée, dans laquelle s'ouvre la porte de l'ancien caveau qui servait de tombeau de famille, et où se trouvait un magnifique Christ en bronze, plus grand que nature

Le Christ et les cercueils ont été transportés sous la chapelle du couvent des Carmélites, que la duchesse d'Uzès douairière a acheté le 6 juin 1905 devant le tribunal de notre ville.

Le duché a été le témoin de bien des fêtes. Il est intéressant d'en raconter quelques-unes. La plus importante avait lieu lorsqu'un fils de la maison d'Uzès était fait chevalier. Voici comment on procédait à cette cérémonie :

Le jeune gentilhomme passait la nuit à prier dans la cathédrale, vêtu d'une soutane brune sans ornement, puis il communiait et allait ensuite au bain.

Au sortir du bain, on le revêtait d'une tunique blanche, symbole de pureté; d'une robe rouge, symbole du sang qu'il était tenu de répandre pour le service de la foi; d'un justaucorps noir, symbole de la mort qui l'attendait ainsi que tous les hommes.

Ainsi purifié et vêtu, il recevait les visites de cérémonies.

Le lendemain, deux seigneurs venaient l'aider à s'habiller. Sa chemise était brodée d'or au cou et aux poignets.

Par-dessus on lui mettait une camisole faite de petits anneaux de fer joints ensemble qu'on appelait *haubert*, ensuite un pourpoint de buffle, une cotte d'armes et sur le tout un grand manteau.

Dans ce costume, il se rendait à la cathédrale et là, aux pieds des autels, en présence de l'évêque, du clergé et des seigneurs et dames invités à cette cérémonie, il jurait à genoux de sacrifier ses biens et sa vie pour la religion, pour le salut de l'Etat, pour la défense des veuves et des orphelins, et généralement de tous les malheureux.

Le serment prêté, le jeune gentilhomme recevait l'accolade, accompagnée de ces paroles : *De par Dieu, Notre-Dame et Mgr Saint-Denys, je te fais chevalier.*

On lui chaussait des éperons dorés et on le revêtait du ceinturon où pendait l'épée qui avait été bénite par le prélat.

En sortant de la cathédrale, le jeune chevalier montait sur le cheval qui lui était préparé, et au son des trompettes et des hautbois on se rendait au château, où avaient lieu des fêtes qui duraient plusieurs jours.

Il était beau de voir dans les rues de notre ville ces chevaliers aux armures étincelantes, à l'écu blasonné, aux couleurs symboliques, avec leurs pages, leurs écuyers, leurs valets. Le peuple d'Uzès était avide de prendre sa part de ce spectacle.

Les armes défensives du chevalier étaient l'écu ou bouclier, le haubert ou cotte de mailles, la cuirasse, les brassards, les gantelets, le cuissard. Ses armes offensives étaient l'épée, le sabre, la lance, la hache et la masse.

Un des devoirs du chevalier était d'honorer la femme·
Aussi ce furent, à une certaine époque, les dames qui
armèrent les chevaliers et qui eurent aussi les honneurs
du tournoi, dont le château d'Uzès offrit plusieurs fois
le spectacle.

Une autre fête à relater est celle donnée à un ambassadeur turc, Méhémed Jaid, en 1741.

Il se rendait en Orient, par Cette, pour éviter Marseille,
où régnait la peste. Il était accompagné de M. de
Joinville, gentilhomme ordinaire du roi, et sa suite
comprenait cent quarante turcs et cent cinquante chevaux.

Le cheval de l'ambassadeur était caparaçonné à la
turque. Les étriers étaient en vermeil. Au-dessous du
caparaçon, pendait, du côté gauche, un gros sabre ou
cimeterre, et du côté droit, une massue.

Il était précédé d'une partie de ses domestiques à pied·
et suivi d'un détachement de la garnison.

Il descendit au château ducal, où le duc d'Uzès, qui
l'avait connu à Paris, fut bien aise de le recevoir, ainsi
que M. de Joinville.

Peu après être installée au château, Son Excellence
reçut la visite du maire, M. Gabriel Froment, écuyer,
seigneur d'Argilliers, qui lui offrit, au nom de la ville,
plusieurs corbeilles de fruits.

Son Excellence remercia fort gracieusement et en
français.

Vers le moment du coucher du soleil, elle se mit à
genoux et fit sa prière.

Le soir eut lieu au château ducal un grand dîner
donné aux principaux personnages de la ville, et ce
dîner fut suivi d'un bal.

Après le repas, les dames arrivèrent fort décolletées.
Aussi l'évêque s'empressa de sortir.

Le duc d'Uzès voulait le retenir :

— Que voulez-vous, lui dit l'évêque, on me chasse
par les épaules.

En s'en allant, il se trouva dans l'embrasure d'une

porte pratiquée dans le donjon, dont les murs sont très
épais, avec une dame qui ramenait sa robe le plus
possible pour le laisser passer.

— On met tant d'étoffes, dit la dame, dans nos jupes....

— Qu'il n'en reste plus pour le corsage, répliqua
l'évêque.

L'ambassadeur fut très aimable. C'est lui, du reste,
qui fit à la sœur du duc, à la duchesse de Vaujours, la
réponse suivante, lorsque cette dame, fort jolie, lui
demanda pourquoi chez les mahométans on permettait
la pluralité des femmes :

— C'est parce que, madame, dans notre pays, nous ne
pouvons trouver qu'en plusieurs femmes les qualités
qui se rencontrent ici dans une seule.

En souvenir de cette visite, le duc d'Uzès fit faire le
portrait en pied de l'ambassadeur. Ce portrait fut détruit
à la Révolution, ainsi que les portraits en pied des ducs
d'Uzès.

Une autre belle fête eut lieu en 1763, à l'occasion du
mariage du duc et de la duchesse née d'Antin.

Dès que l'on apprit, à jour fixe, leur arrivée, une
députation de conseillers politiques et de trente gentilshommes ou notables bourgeois se rendit à Pont-Saint-
Esprit pour les saluer.

Après une grande fête donnée dans cette ville, on
partit pour Uzès. En route, on trouva, à Connaux, le
syndic des marchands d'Uzès à la tête d'une compagnie
de maîtres, pour saluer le duc et la duchesse.

Ils étaient en uniforme ; habit, culotte rouge, veste de
soie biche et chapeau bordé d'or. L'un d'eux portait un
étendard aux armes des Crussol et des d'Antin, et cette
petite troupe était précédée de timbaliers et de trompettes. Le duc et la duchesse leur firent un gracieux
accueil.

A l'approche d'Uzès, on vit une troupe innombrable
sur la route, les saluant de ses acclamations fort vives.

Le cortège s'arrêta devant la porte de la Barrière, et là,
le maire et les consuls offrirent au duc les clés de la ville.

Durant ce temps, la cavalerie prit les devants et l'infanterie, composée des fabricants de bas, se plaça de chaque côté du carrosse. C'est dans cet ordre, au son de la cloche de la ville et au bruit des boîtes et des acclamations joyeuses, que ce cortège, longeant les boulevards, arriva à la porte Saint-Etienne. Elle était décorée de buis et de lauriers, surmontée des armoiries ducales.

Dans la rue, sur deux rangs, attendaient les autres fabricants de bas, au nombre de cent vingt, en uniforme : habit gris, revers et parements rouges, bonnet d'étoffe de soie rouge et bleue (couleurs de la maison d'Uzès), tout brodé et galonné d'or.

Au passage du duc, ils présentèrent les armes et les tambours battirent aux champs. Suivaient ensuite les divers corps de métiers, portant tous une cocarde rouge et bleue.

Chaque corps avait son drapeau, sa marche et sa symphonie particulière, et un sixième de la troupe avait des bonnets de grenadiers, ce qui produisait un très bel effet. (On n'a conservé que la symphonie des maçons).

Sur tout le parcours avaient été dressés des arcs de triomphe avec des devises. L'une d'elles portait ces mots : *Virtuti et Gloria.*

Plus de dix mille étrangers étaient arrivés.

Dans leur vaste salon, le duc et la duchesse trouvèrent une cour composée de plus de soixante dames, presque toutes jeunes, la plupart fort jolies, et toutes richement vêtues.

Après les présentations d'usage, la cour du sénéchal, ayant à sa tête M. Goirand, juge mage, vint complimenter le duc et la duchesse, puis ce fut le tour des officiers de l'évêque et des membres du clergé.

Les harangues finies, on se rendit au balcon, faisant face à la porte d'entrée, et quelques personnes se placèrent aux fenêtres du château pour voir manœuvrer, dans la cour, les divers corps de métier, qui avaient pris les armes, et firent trois décharges de mousqueterie entremêlées de fanfares bruyantes.

Vint ensuite le défilé sous le balcon, et on sortit pour

faire place à la cavalerie, qui fit des évolutions avec
beaucoup d'ordre et d'habileté.

Le soir, eut lieu chez M. de Dampmartin un grand
banquet suivi d'un bal, qui dura jusqu'à deux heures du
matin, heure choisie à cause de l'aurore matinale en
cette saison, pour se rendre devant la cour du duché, où
fut tiré un superbe feu d'artifice.

Un déjeuner fut offert au château aux principaux
habitants de la ville, et le soir, le maire et les consuls
vinrent prendre le duc pour aller allumer le feu de joie
qu'on avait préparé sur la place publique.

En arrivant, le duc trouva tous les corps de métiers
sous les armes. Autour du bûcher coulaient deux fontaines de vin pour désaltérer les gosiers desséchés par
les cris de : « Vive Crussol ! Vive d'Antin ! » Puis on fit
pompeusement trois fois le tour du bûcher avant de
l'allumer, et à ce moment cinquante douzaines de fusées
volantes éclatèrent dans les airs, aux acclamations
joyeuses et réitérées de tous les assistants, mêlées au
bruit des tambours, des flûtes, des hautbois, sans
compter le bruit continuel des boîtes et de la mousqueterie.

De là, le duc, suivi du même cortège, se rendit à l'Hôtel
de Ville, pour assister au festin qui lui avait été offert.

La porte d'entrée était surmontée d'un superbe arc de
triomphe servant de couronnement à de nouvelles
fontaines de vin.

Ce festin, de cent couverts, avait été préparé sur une
table en fer à cheval, dans la cour de l'Hôtel de Ville,
dont les murs étaient cachés par de superbes tapisseries
et de belles glaces. L'éclairage était éblouissant.

Les dames et les messieurs prirent place à table, et au
dessert on porta les santés du duc et de la duchesse
d'Uzès, du comte de Crussol, de la comtesse de Toulouse,
de la duchesse de Rohan et de la duchesse de la Vallière.
Puis on dansa toute la nuit.

Le matin, à midi, le duc d'Uzès fit appeler, dans
la cour de son château, tous les syndics des corps de
métiers pour les remercier de leur bon accueil, et en

même temps il leur fit remettre une bonne somme pour boire à sa santé.

Sur le champ, le capitaine des fabricants de bas demanda la permission de dîner dans la cour du château, les autres syndics en firent autant ; le duc accorda la permission, et le soir même trois tables de deux cents couverts chacune furent dressées dans la cour du château.

Chaque corps de métier, précédé de sa symphonie particulière, après s'être promené en armes dans la ville, vint se placer à la table qui lui était destinée.

Le duc avait fait éclairer la cour par cent pots à feu, et distribuer autour des tables trois cents flambeaux de poix résine, qui produisirent une très vive illumination.

Alors, on voit un spectacle grandiose. Au dessert, six cents verres sont en l'air pour porter la santé du duc, qui est au balcon avec sa famille, tandis que toutes les fenêtres du château sont garnies de dames et de demoiselles ; puis, dans l'enthousiasme qui avait gagné tous les cœurs, les verres sont brisés, les cruches, les bouteilles ont le même sort, les farandoles se forment avec un entrain tout méridional autour des tables et l'air retentit de mille cris.

Durant ce temps, les boulangers, pour mieux signaler leur zèle, sortent en corps, vont chercher une prodigieuse quantité de fagots, dressent un immense bûcher devant la porte du château ducal et y mettent le feu.

Ce fut le signal des danses et des farandoles échevelées par toute la ville, avec des chants mêlés de coups de fusil et de pistolet en signe de joie.

Le lendemain, les fêtes furent clôturées par un grand festin au château ducal, qui surpassa en somptuosité et en magnificence tous les autres.

On savait s'amuser à cette époque. Les ouvriers étaient organisés en corporations.

On y revient aujourd'hui. Le nom seul a changé. Ce sont les syndicats, qui n'offrent peut-être pas la même fraternité que dans l'ancien régime et les mêmes garanties d'ordre public.

Toutes ces corporations étaient placées sous la présidence du duc d'Uzès.

On trouve encor au château ducal les drapeaux tout usés de ces corporations.

A cette époque, dont on a tant médit, c'étaient encor les grands seigneurs qui favorisaient le plus les ouvriers, et ceux-ci éprouvaient les plus vifs élans de reconnaissance et même d'enthousiasme envers leurs bienfaiteurs, ainsi que nous venons de le voir.

Tout dernièrement, au mois de mai 1897, le Congrès Archéologique de France, qui tient chaque année une session dans un département, vint se former à Nimes.

Le grand renom de la duchesse douairière d'Uzès, les beautés historiques du château ducal et des autres monuments, tels que la crypte et le clocher de notre cathédrale, attirèrent dans notre ville les membres du Congrès tout entier.

Après avoir visité la ville, on entra dans le château ducal, où on examina avec un vif intérêt la grosse tour féodale, la belle façade de Philibert Delorme, la chapelle à la toiture armoriée, la tour de la Vigie et les autres curiosités du duché.

Puis on se réunit dans le grand salon, où se trouvaient le comte de Marsy, directeur de la Société d'Archéologie, président du Congrès; MM. Le Blant, représentant du Ministre des Beaux-Arts; E. de Rabillard de Beaurepaire, secrétaire général; Emile Travers, trésorier, Bruguier-Roure, inspecteur de la Société pour le Gard; membre de l'Académie de Nimes; Gabriel Carrière, également membre de cette Académie, conservateur du Musée Archéologique et des monuments de Nimes; l'abbé F. Durand, membre de l'Académie de Nimes et du Comité de l'Art Chrétien; Bruneton, membre de la même Académie, et tous les membres du Congrès.

En l'absence de la duchesse douairière, du duc et de la duchesse d'Uzès, je prononçai les paroles suivantes :

Messieurs,

Je suis bien certain d'être l'interprète des habitants d'Uzès
en vous remerciant de l'honneur que vous faites rejaillir sur
notre ville par votre visite, qui marquera dans ses annales
comme un glorieux souvenir.

Fier de ma ville natale, laissez-moi vous dire, Messieurs,
que vous avez bien fait de ne pas l'oublier dans le programme
de vos excursions.

Ainsi que l'a dit un archiviste distingué, M. de Lamothe, *le
passé de la ville d'Uzès ne manque ni d'intérêt ni de grandeur.*

Ses monuments, d'ailleurs, sont là pour le constater. Trois
d'entr'eux ont été classés parmi nos monuments historiques, la
crypte, le *clocher de la cathédrale*, le *château ducal.* Ils sont,
pour ainsi dire, le résumé de notre histoire locale, qui se
rattache à celle du pays.

La *crypte*, en effet, c'est le clergé se cachant avec les fidèles,
comme les premiers chrétiens de Rome aux catacombes, et
sortant ensuite de là pour se glorifier de ses soixante-quatre
évêques et de leur mission civilisatrice depuis le ve siècle
jusqu'à la Révolution française.

Le *clocher de la cathédrale* est bien un édifice religieux, mais
il offre aussi un caractère laïque. Les Uzétiens, aidés du clergé
et de la royauté, l'ont construit au moyen âge pour l'opposer au
donjon du seigneur.

En le faisant si solide et si élégant, ils ont voulu montrer
par là la puissance et la richesse de la cité, et ce clocher est
resté le vivant souvenir de leurs efforts pour leurs franchises
et leurs libertés municipales.

Nos vieilles cathédrales ne sont-elles pas la première base de
l'unité française ?

Si la crypte et le clocher que nous venons de visiter représentent le clergé et le tiers-état, le *château ducal*, avec son
vieux donjon, révèle le rôle de la noblesse à travers les âges,
avec ses principes de chevalerie qui ont contribué au bon renom
et à la grandeur de notre pays.

L'illustration de la maison d'Uzès remonte aux croisades, et
depuis lors vingt membres de cette noble famille se sont fait
tuer sur nos divers champs de bataille, sans compter le jeune
duc explorateur, Jacques d'Uzès, qui est allé mourir glorieusement sur le sol africain pour augmenter notre domaine
colonial.

A tous ces héros nous pouvons unir dans la même gloire la

duchesse d'Hunolstein née d'Uzès, martyr de la charité, qui vient de tomber, elle aussi, comme un soldat au champ d'honneur.

La maison d'Uzès est principalement représentée aujourd'hui par la duchesse douairière qui, veuve, livrée à elle-même, a su par ses brillantes qualités donner un tel éclat à sa couronne ducale, que le nom de notre petite ville est désormais connu partout.

Sans cette terrible catastrophe du bazar de la Charité, à laquelle elle a échappé par son sang-froid, sauvant avec elle une ouvrière affolée, la duchesse d'Uzès serait ici, heureuse de vous faire les honneurs de son château, heureuse aussi, grande artiste elle-même, de voir au milieu de vous le représentant du Ministre des Beaux-Arts, M. Le Blant.

Je suis bien sûr qu'elle m'approuvera de l'unir par la pensée aux habitants d'Uzès, pour offrir tous ensemble une cordiale bienvenue au Congrès archéologique et à son illustre président, M. le comte de Marsy.

M. de Marsy répondit à ce discours avec un à-propos et une facilité d'élocution remarquables, et on se sépara emportant un agréable souvenir des beautés historiques du château ducal.

LES DUCS D'UZÈS

I. — Antoine de Crussol, né dans notre ville le 21 juin
1528, fils de Charles, vicomte de Crussol, et de Jeanne de
Genouilhac, fut le premier duc d'Uzès. Sa famille était
des plus considérables du Languedoc par ses possessions
et ses alliances et remontait à Bastet, sire de Crussol,
dont le château, aujourd'hui en ruines, était situé en
Vivarais, sur un roc élevé, au bord du Rhône, en face
de Valence (Drôme).

Le sire de Crussol partit pour la croisade en 1215. Un
de ses descendants épousa en 1486, Symone d'Uzès, fille
unique et héritière de Jean, vicomte d'Uzès, dont les
ancêtres avaient aussi figuré aux croisades et étaient
alliés aux comtes de Toulouse et à la famille royale de
France. Antoine de Crussol fut créé duc en 1565 et pair
de France en 1572. Il avait été déjà créé comte de Crussol
en 1556 Il acheta, le 6 août 1570, de Jean de Montclus,
évêque de Valence, la principauté de Soyons, dont le
titre a été porté jusqu'à la Révolution. Il reçut Charles IX
au château de Saint-Privat dont il était le seigneur
suzerain et fut chargé par la cour de pacifier le Bas-
Languedoc, la Provence et le Dauphiné durant les
guerres de religion. Il mourut de ses fatigues au premier
siège de La Rochelle.

Il avait épousé Louise de Clermont-Tallart le 10 août 1556,
dont il n'eut pas d'enfants, et conformément aux lettres
patentes, le titre de duc passa à son frère qui suit.

II. — Jacques de Crussol, deuxième duc d'Uzès, né le
20 juin 1540 et décédé dans la même ville en 1586, avait
épousé Françoise de Clermont. Il avait d'abord porté le
titre de baron d'Acier, sous lequel il joua un grand rôle
à la tête des protestants durant les guerres de religion.

Rallié à la cour à la mort de son frère et devenu duc

d'Uzès, la reine Catherine de Médicis l'opposa avec succès au maréchal de Montmorency qui s'était révolté contre l'autorité royale.

Lors de la création de l'ordre du Saint-Esprit par Henri III, en 1573, Jacques de Crussol, duc et pair de France, fut le second sur la liste de promotion.

De son mariage il eut plusieurs enfants : 1° Emmanuel, qui suit ; 2° Louise, épousa, le 2 avril 1570, Anne de la Jugie ; 3° Marie, épousa le 29 septembre 1590, au château de Clermont, en Auvergne, Christophe de Chabannes, marquis de Curton, comte de Rochefort, fils du marquis et de la marquise née du Prat ; 4° Diane, épousa, le 23 novembre 1594 Jean-Vincent d'Ancesume, baron du Thor ; 5° Elisabeth, épousa J.-L. de Lostanges ; 6° Autre Diane, épousa, le 23 novembre 1594, au château ducal d'Uzès, Jean-Vincent Cadus, seigneur de Cade-rousse, fils de Rostan, baron du Thor, et de la baronne née Magdeleine de Tournon. La veuve du duc d'Uzès mourut en 1608, à Pézenas.

III. Emmanuel Ier de Crussol, troisième duc d'Uzès, pair de France, prince de Soyons, chevalier des ordres du roi.

Par une lettre en date du 10 octobre 1615, conservée aux archives ducales, il fut chargé par la reine-mère, Marie de Médicis, d'accompagner en Espagne sa fille Elisabeth, pour son mariage avec Philippe IV, roi d'Espagne, tandis que son fils épousait l'infante Anne d'Autriche.

Par la mort du duc de Montmorency, décapité à Toulouse le 30 octobre 1632, le duc d'Uzès devint le doyen des pairs et prit le titre de premier duc et pair de France. Il porta les honneurs (la couronne royale) aux obsèques de Louis XIII.

Il épousa : 1° le 28 juin 1604, Claude d'Ebrard, dame de Saint-Sulpice, veuve de Cristophe d'Apcier ; 2° le 24 février 1632, Marguerite de Flageac. Il eut de sa première femme : 1° François, qui suit ; 2° Jacques-Christophe, auteur des branches des marquis de Saint-Sulpice et des comtes d'Amboise, éteintes ; le dernier

3

comte d'Amboise, lieutenant général et cordon rouge, fut guillotiné le 8 thermidor an II; 3° Louis, décédé le 8 octobre 1704, laissant de Charlotte de Vernon, veuve de la Rivière-Bonneuil, Charles-Emmanuel, dit le marquis de Crussol, tué au siège de Keiserwet, en Allemagne, le 20 octobre 1671, âgé de 22 ans; 4° Alexandre Galiot, dit marquis de Montsalès, décédé en 1680 et qui a fait la branche des marquis de Montsalès; 5° Saint-Ange Gaston, seigneur de Florensac, tué au siège de Turin en 1610; 6° Louise de Crussol, mariée : 1° à Hercule de Budos, marquis de Portes, vice-amiral, et 2° à Charles, marquis de Saint-Simon, chevalier des ordres du roi et gouverneur de Senlis.

Le duc d'Uzès (Emmanuel Ier) mourut le 19 juillet 1657, à Florensac, au couvent de cette ville, où il s'était retiré après s'être démis en faveur de son fils aîné, François, qui suit, de la charge de chevalier d'honneur de la reine-mère.

IV. — François de Crussol, quatrième duc d'Uzès, pair de France, prince de Soyons, etc., né à Uzès le 21 avril 1604, lieutenant général, chevalier des ordres du roi, gouverneur de Saintonge et d'Angoumois, assista au siège de Perpignan et contribua à l'annexion du Roussillon à la France, en 1642. Il figura, avec la duchesse d'Uzès, au mariage du roi Louis XIV avec l'infante Marie-Thérèse.

Il épousa : 1° le 7 janvier 1625, Henriette de la Châtre, fille du maréchal de France; 2° le 28 septembre 1636, Marguerite d'Apchier, dont il eut, entr'autres enfants : 1° Emmanuel, qui suit; 2° Louis, marquis de Florensac, dont la postérité s'est éteinte en 1814 en la personne du bailli de Crussol, pair de France, lieutenant général, cordon bleu, grand bailli de Malte et capitaine des gardes du corps de Monsieur, qui fut depuis Charles X; 3° Galliot, dit l'abbé d'Uzès; 4° Marguerite, carmélite à Paris, au couvent du faubourg Saint-Jacques; 5° Marie-Rose, mariée : 1° le 10 janvier 1668 à François de Porcellet, comte de Laudun, marquis de Serviers, et de Louise d'Albenas, et 2° à Charles, marquis de Murviel, baron des Etats du Languedoc. Elle devint veuve en 1713 et mourut à Béziers en août 1723.

Le duc François mourut à Acier le 14 juillet 1680.

V. — Emmanuel II de Crussol, devint duc et pair de France à l'âge de 32 ans, par suite de la démission de son père en sa faveur. Jusque-là il avait porté le titre de comte de Crussol et avait combattu les Turcs en Hongrie.

C'est sous ce titre qu'il épousa, le 16 mars 1664, Julie-Marie de Montausier, fille du duc et de Julie d'Angennes, marquise de Rambouillet (1), dont il eut : 1º Louis de Crussol, duc d'Uzès, tué à la bataille de Nerwinde, qui suit; 2º Jean-Charles, qui suit; 3º Julie-Françoise de Crussol, mariée le 11 août 1686 à Louis de Gondrin de Pardaillan, duc d'Antin, morte à Paris le 6 juillet 1742 âgée de 72 ans; 4º Louis, abbé, mort le 9 juin 1694; 5ª François, comte d'Uzès, lieutenant général des armées du roi; 6ª Félix., chanoine de Strasbourg; 7ª Catherine-Louise, mariée le 12 novembre 1691 au marquis de Barbésieux.

La duchesse d'Uzès, peu après son veuvage, se retira à l'abbaye de Sept-Fonds, où elle mourut à l'âge de 83 ans.

VI. — Louis de Crussol, sixième duc d'Uzès, pair de

_____

(1) Julie d'Angennes avait inspiré une passion romanesque à son futur mari, le duc de Montausier. Celui-ci, pendant l'hiver de 1641, lui adressa une guirlande peinte sur vélin in-folio, par Robert, au bas de laquelle se trouvent toutes les fleurs dont elle se compose, peintes séparément chacune sur une feuille particulière. Au-dessous, Nicolas Jarry, célèbre calligraphe, a écrit, avec une perfection que le burin n'atteindrait pas, un madrigal se rapportant à chaque fleur. Dix-huit auteurs ont concouru à l'œuvre poétique connue sous le nom de *Guirlande de Julie*, ornée de peintures et de vers.

Cette guirlande fut exécutée deux fois.

L'original est précieusement conservé dans la maison d'Uzès ; la copie appartient à la famille de Sainte-Maure.

France, prince de Soyons, tué à l'âge de 22 ans, à la tête de son régiment, à la bataille de Nerwinde, où la victoire nous coûta cher, car on dit qu'il fallait chanter plus de *De Profundis* que de *Te Deum*.

Les titres et dignités de Louis de Crussol passèrent à son frère, qui suit.

VII. — Jean-Charles de Crussol, né en 1675, septième duc d'Uzès, pair de France, prince de Soyons, chevalier des ordres du roi, gouverneur de Saintonge et d'Angoumois, colonel d'un régiment de son nom, chevalier d'honneur de la reine Anne d'Autriche. Il porta les honneurs (la couronne . royale) aux funérailles de Louis XIV.

Il échangea en 721 avec le roi Louis XV la terre de Lévis, pour les droits du roi à Uzès, ce qui augmenta considérablement la puissance du duc d'Uzès dans notre ville.

Il épousa : 1° le 7 janvier 696, au château de Versailles, Anne de Grimaldi, fille de S. A. S. Louis, prince de Monaco, et 2° en 1706, Anne-Marie de Bullion, petite-fille de Claude de Bullion, garde des sceaux et surintendant des finances sous Louis XIII. Elle apporta en dot la belle terre de Bonnelles.

Il eut de son second mariage, entr'autres enfants : 1° Charles-Emmanuel, qui suit ; 2° Louis-Emmanuel, d'abord comte d'Acier, puis marquis de Florensac, né à Uzès le 14 mars 1711 et mort célibataire en 1743 ; 3° Anne-Julie-Françoise, née à Paris en 1713, mariée en 1732 à Louis-César de la Baume le Blanc de la Vallière, duc de Vaujours, célèbre bibliomane. Mme d'Houdetot fit pour la duchesse de Vaujours, dont la beauté bravait les années, le quatrain suivant :

> La nature prudente et sage
> Force le temps à respecter
> Les charmes de ce beau visage
> Qu'elle n'aurait pu répéter.

VIII. — Charles-Emmanuel de Crussol, huitième duc d'Uzès, pair de France, prince de Soyons, colonel du

régiment du Médoc, né le 11 janvier 1707, reçut à la
bataille de Parme, en 1762, une terrible blessure qui le
rendit bossu et le nom lui resta.

Il épousa, le 3 janvier 1725, Emilie de la Rochefoucauld, dont il eut : 1° François-Emmanuel, qui suit;
2° Charles-Emmanuel de Crussol, né le 20 décembre 1730,
admis chanoine à la cathédrale de Strasbourg au mois
de septembre 1742, et 3° Emilie de Crussol, née le
16 octobre 1732, mariée le 23 mai 1758 au prince
Dominique de Rohan Chabot, duc de Rohan, pair de
France, président né de la noblesse de Bretagne, fils du
prince Alain de Rohan, duc de Rohan, prince de Léon,
et de la princesse née de Roquelaure.

IX. — François-Emmanuel de Crussol, né à Paris le
1er janvier 1728, mort à Paris le 22 mars 1802, neuvième
duc d'Uzès, pair de France, chevalier des ordres du roi,
prince de Soyons, gouverneur de Saintonge et d'Angoumois, maréchal de camp, émigra en 1792, alla se fixer en
Angleterre et revint en France en 1801.

Il avait épousé, le 8 janvier 1753, Julie de Pardaillan
d'Antin, fille du duc, dont il eut Marie-François-
Emmanuel, qui suit.

X. — Marie-François-Emmanuel de Crussol, dixième
duc d'Uzès, né le 30 décembre 1750, fut nommé le premier
sur la liste des pairs de France à la Restauration. Il fut
décoré des ordres du roi et nommé lieutenant général de
ses armées. Il exerça les fonctions de grand maître de la
Maison de France aux obsèques de Louis XVIII et au
sacre de Charles X.

Il prononça sur le seuil du caveau ces paroles sacra-
mentelles : *Le roi est mort, vive le roi.*

Il mourut à Bonnelles le 6 août 1843, âgé de 86 ans. Il
avait épousé Emilie de Châtillon, dont il eut : 1° Adrien-
Emmanuel, qui suit; 2° Théodorit de Crussol, aide de
camp d'Alexandre Ier, empereur de Russie, décédé en
émigration à Okounieff, près Varsovie, le 3 février 1813;
3° Timorette de Crussol, épouse d'Alexis de Rougé, pair
de France.

X *bis.* — Adrien-Emmanuel de Crussol, né le

15 novembre 1778, duc de Crussol et député d'Uzès, décédé le 1er avril 1837, du vivant de son père. Par suite, il ne porta jamais le titre de duc d'Uzès. Il épousa, en 1807, Victorine-Victurnienne de Rochechouart-Mortemart, fille du duc et de la duchesse née d'Harcourt, dont il eut : 1° Géraud de Crussol, qui suit, et 2° Anastasie, mariée au duc de Tourzel et morte en couches dans la 27° année de son âge.

XI. — Géraud de Crussol, onzième duc d'Uzès, né à Paris le 28 janvier 1808, fut député de la Haute-Marne et du Gard, membre du Corps législatif, chevalier de la Légion d'honneur et de Sainte-Anne de Russie, décédé à Paris le 21 mars 1872. Il avait épousé, en 1836, Françoise-Sophie de Talhouët, petite-fille du comte Roy, décédée à Paris, rue de la Chaise, 7, le 16 février 1863, dont il eut : • 1° Jacques-Emmanuel, qui suit ; 2° Laure d'Uzès, née le 28 avril 1838, qui épousa, le 16 mai 1857, le vicomte puis comte d'Hunolstein, et mourut dans l'incendie du Bazar de la Charité. De ce mariage, un fils et une fille morts jeunes, et une fille mariée au vicomte puis duc de Mortemart, décédée en 1904 ; 3° Frédéric de Crussol, élève de l'Ecole navale de Brest, décédé à Paris le 17 novembre 1859 ; 4° Elisabeth de Crussol, mariée le 19 janvier 1865 au vicomte puis comte et enfin marquis de Galard, baron de Magnas. De ce mariage une fille, Raymonde, mariée le 15 janvier 1885 au vicomte puis comte de Galard de Saldebru ; 5° Mathilde de Crussol, non mariée, consacrant sa vie aux bonnes œuvres.

XII. — Jacques-Emmanuel de Crussol, douzième duc d'Uzès, député de cette ville, né en 1840, épousa, le 11 mai 1867, Anne de Rochechouart-Mortemart et mourut le 28 novembre 1878, à Paris.

Sa veuve, la duchesse douairière actuelle, aussi distinguée par sa piété et son intelligence que par son grand cœur, a su, par ses brillantes qualités, donner un tel relief à sa couronne ducale, que le nom d'Uzès, déjà bien célèbre, est connu dans le monde entier.

Elle a eu de son mariage quatre enfants : 1° Jacques, qui suit ; 2° Symone, née le 7 janvier 1870, qui épousa, le

12 décembre 1889, le duc de Luynes et de Chevreuse, dont elle a eu : (*a*) Emmanuela, née en 1891; (*b*) Charles, né en 1892; (*c*) Elisabeth, née en 1895; (*d*) Yolande, née en 1897; (*e*) Marie, née en 1898, et (*f*) Philippe, né en 1905; 3° Louis de Crussol, qui suit; 4° Mathilde, née le 4 mars 1875, mariée, le 7 novembre 1894, au duc de Brissac, dont Françoise, Diane, Roland, né le 14 décembre 1898, et Pierre, né le 3 mars 1900; tous les quatre nés à Paris.

XIII. — Jacques de Crussol, treizième duc d'Uzès, né à Paris le 19 novembre 1868, partit pour l'Afrique en qualité d'explorateur à la tête d'une troupe de 300 hommes, levée à ses frais, et mourut à Kabinda, alors qu'il venait, de concert avec un détachement français, d'augmenter notre territoire colonial par une victoire aux Abiros sur les Boubous, qui avaient précédemment assassiné un de nos compatriotes, de Pommeyrac.

XIV. — Louis de Crussol, né à Paris le 15 septembre 1871, succéda à son frère et devint le quatorzième duc d'Uzès. Il a épousé, le 11 janvier 1844, Mlle Marie-Thérèse d'Albert de Chevreuse, fille de Paul de Chevreuse, duc de Chaulnes, et de la princesse Sophie Galitzin.

Enfants : 1° Anne-Marie-Thérèse-Sophie-Paule d'Uzès, née le 2 janvier 1895, au château de Bonnelles; 2° Géraud de Crussol, né le 8 février 1896, à Paris, et 3° Emmanuel de Crussol, né le 24 juillet 1902, à Neuilly-sur-Seine.

AIGALIERS

Canton d'Uzès

Armoiries : *de sable à une fasce losangée d'or et de gueules.*

1108. *Aguilerium* (Cart. de Notre-Dame de Nimes, ch. 176).

Pierre-Guilhaume de *Aguilerio* est témoin d'un don fait aux chanoines de Nimes et à l'église de Saint-Martin de la Rouvière (*Dict. du diocèse de Nimes*, par Goiffon, p. 2).

1211. Le château d'Aigaliers, *Castrum de Aguilerio,* est mentionné dans le diplôme par lequel le roi Philippe II confirme la possession de certains biens à l'église d'Uzès.

Cet antique château, dont il ne reste que des ruines, avait sous sa dépendance un certain nombre de villages et de hameaux, dont les habitants étaient tenus d'accourir pour le défendre, dès qu'ils en étaient mandés par le seigneur ou par celui qui commandait à sa place; d'où est venu le nom de mandement d'Aigaliers.

Les anciens seigneurs ou coseigneurs d'Aigaliers avaient suivi Saint-Louis aux Croisades et obtenu d'être gentilshommss verriers.

1327. Raymond de Montaren, damoiseau, rend hommage à l'évêque pour sa seigneurie d'Aigaliers (*Arch dép. de l'Hérault*, B. 8, p. 190).

1339. Reymond de Vielcastel, seigneur d'Aigaliers, se distingue à la bataille de Tournai. Les Anglais sont obligés d'abandonner le siège de cette ville.

Les divers seigneurs ou coseigneurs d'Aigaliers furent :

En 1390, Jean de Montaren pour la dixième partie de la juridiction du château, sous l'albergue de quarante animaux mangeant avoine. (*Arch. dép. de l'Hérault*, B. 457, p. 46 et 47);

En 1551, Louis Girard (*Id.*, B. 8, p. 215);

En 1552, Noble Balthazar de Joannis (*Id.*, p. 184);

En 1622, Benjamin de Brueys, pour la douzième partie de la juridiction seigneuriale (Voir généalogie de Brueys, fief Brueys).

Vers la même époque, Daniel de Roche, fils de Nicolas, écuyer, et de Judith Jeanis, mariés le 8 septembre 1581, juge mage en la cour du sénéchal d'Uzès, était coseigneur d'Aigaliers. (*Arm. du Languedoc*, t. 1, p. 430).

(Voir la généalogie de cette famille au fief Montaren).

1654, 21 décembre. Jean d'Espérandieu, docteur ès-droits, acquiert la coseigneurie d'Aigaliers de dame Mandette de Bargeton, dame d'Aigaliers.

Famille d'Espérandieu.

Elle était établie à Uzès depuis le xiv⁰ siècle. En 1360, et le 4 octobre, Benoit Espérandieu dénombra « les censives par lui données à Mre Martial, évêque d'Uzès », et en 1428, un Espérandieu était consul de cette ville. (Voir *les d'Espérandieu d'Uzès*, par le comte de Balincourt, p. 6 et 7).

I. Gilles d'Espérandieu, juge mage de la sénéchaussée d'Uzès, épousa Philippe de Lubières, dont il eut :

II. Jean d'Espérandieu, docteur ès-droits, lieutenant principal de la sénéchaussée et duché d'Uzès, puis conseiller et maître des requêtes du roi, par lettres patentes données à Montauban le 9 septembre 1584. Il avait épousé, le 1er janvier 1571, Marguerite de Mercier, fille d'un conseiller au Parlement d'Orange, et de Firmite de Bargeton, d'Uzès, dont il eut deux fils, Guillaume, qui forma la branche des seigneurs d'Aiguefonde, et

III. Louis d'Espérandieu, juge mage au sénéchal ducal

d'Uzès, épousa Marie de Rozel. Se voyant sans enfants, il testa en faveur de son frère, qui suit :

III. Jean, épousa Jeanne de Clericy (1), dont il eut :

IV. Jean-Louis d'Espérandieu, seigneur d'Aigaliers, né en 1624, épousa en 1637 Eve de Boyer, dont il eut :

V. Jean III d'Espérandieu, seigneur d'Aigaliers et de La Baume, épousa Suzanne de Rouvière (1655), dont il n'eut pas d'enfants.

Cette famille, éteinte aujourd'hui, n'est plus représentée que par un neveu par alliance du baron d'Aiguefonde, M. Delpuech, sous-intendant militaire de 1re classe en retraite, demeurant à Clos-Mustapha supérieur, près Alger.

Armes de la famille d'Espérandieu : « *Ecartelé au 1 et 2, d'argent au lion de gueules, au 2 et 4 d'azur à la bande d'or.*

Les autres coseigneurs du mandement d'Aigaliers furent :

MM. de Bargeton (voir fief Vallabrix),.

Causse (voir fief Serviers).

Froment de Castille (voir Argilliers).

Goirand de la Baume (voir la Baume).

de Vergèze (voir Aubussargues).

(1) Il existe une famille de Clerisy, originaire de Milan, qui habite près de Toulon ; M. de Clerisy de Roumoules a une fille mariée à M. Girard de Lubac. Elle est veuve et a un fils et une fille.

LES ANGLES

———————►◄———————

Armoiries : *de sinople à un pal losangé d'argent et de sinople.*

736. Les Sarrasins s'emparent des Angles et y séjournent pendant que plusieurs villes se joignent à eux pour se soustraire à la puissance de Charles Martel.

1088. *Villa de Augulis.* Les comtes de Toulouse en étaient propriétaires. Ils en font une dépendance de l'abbaye de Saint-André de Villeneuve-lès-Avignon. (Dict. Goiffon).

1226. Louis VIII, après s'être emparé d'Avignon, passe par les Angles. (Dictionnaire Rivoire, p. 483).

La grosse tour (ancien prieuré) est très ancienne et doit dater du xive siècle. De cette tour, devait partir un mur d'enceinte dont on voit encore des vestiges, notamment une porte gothique à l'entrée du village du côté d'Avignon.

1575. Les protestants s'en emparent.

1733. L'abbé de Saint-André vend la seigneurie des Angles à Jean-Hyacinthe *Calvet*, qui possédait déjà le plateau dénudé appelé la Justice et dominant le Rhône à cent mètres en aval du Pont-d'Avignon.

Tout près de là, Hyacinthe Calvet fait construire dans la terre qu'il tenait de sa famille un château occupé aujourd'hui par le comte de Pontmartin.

Famille Calvet.

La famille Calvet forma plusieurs branches. La branche aînée, celle de Villeneuve, et celle de Lapalun.

La branche aînée était représentée par Hyacinthe Calvet.

Celle de Villeneuve vit naître le célèbre docteur Calvet, mort en 1810, fondateur du musée d'Avignon. Son parent, Antoine Calvet, juge à la cour royale de Villeneuve, épousa la sœur du fameux jurisconsulte Mourgier, qui laissa sa seigneurie de Montolivet et son nom à son petit-neveu François Calvet, viguier royal à Villeneuve. La branche des Lapalun prit fin par la mort d'Antoine-Joseph-François-Xavier Calvet de Lapalun, coseigneur des Angles, mousquetaire du roi Louis XV, de Jean-Baptiste-Sauveur-Charles Calvet de Lapalun, officier du colonel général Dragons, tous deux célibataires, et de Marie-Rose-Anne-Catherine Calvet, mariée le 20 février 1770 à Jean-Pierre comte de *Guillermier*, devenu ainsi l'héritier des Calvet de Lapalun.(Voir pour les Guillermier, lettre A ci-dessous).

Hippolyte Calvet, acquéreur de la seigneurie des Angles, s'était marié à Mlle de Maurely, dont il n'eut pas d'enfants, Il mourut en 1776 et laissa sa seigneurie et son bien à son frère, Jean-Joseph-Apollon, capitaine au régiment de Guienne, infanterie, chevalier de Saint-Louis, commandant du fort Saint-Jean, de Marseille, veuf de Charlotte Lucron, de Paris, et père d'une fille unique, Jeanne-Thérèse-Claude Calvet des Angles, née en 1756 et mariée aux Angles le 20 mars 1781 à Joseph-Antoine Ferrar, comte de Pontmartin.

Famille de Pontmartin.

Elle portait primitivement le nom de Ferrar. Elle acheta, en 1625, de la communauté de Pujaut, un lot de terres récemment desséchées, de l'étang dit de Pujaut, appelé le domaine d'Aubeterre, confrontant le chemin et Pont-Martin. Insensiblement, le domaine perdit son nom d'Aubeterre, pour prendre celui de Pontmartin, qui s'ajouta au nom primitif de la famille Ferrar.

Cette famille se distingua surtout dans la magistrature. Elzéard Ferrar, né à Avignon en 1610, citoyen de cette ville, avocat, docteur ès-droits, fut pourvu en 1633 de l'office de conseiller à la Cour des aides de Montpellier, office qui, au bout de vingt ans d'exercice, donnait droit à l'anoblissement. Il épousa Gabrielle de Mestre, et son fils Pierre hérita de sa charge et épousa Marie de Rousset, dont il eut Antoine, qui fut le premier de la famille à porter le nom de Pontmartin. Il se détourna de la magistrature pour suivre la carrière des armes. Il devint capitaine au régiment de Rouergue Infanterie, chevalier de Saint-Louis et directeur des fortifications du Roussillon, où il mourut en 1748, laissant un fils, Antoine, brillant officier de cavalerie, père de Joseph-Antoine Ferrar, comte de Pontmartin, chevalier de Saint-Louis, major capitaine au régiment de carabiniers de Moutau, en 1774; major au régiment de commissaire général cavalerie (aujourd'hui 3e cuirassiers); en 1784, lieutenant des gardes du corps, compagnie de Luxembourg, maréchal de camp pendant l'émigration, et mort le 3 août 1806 aux Angles.

De son mariage avec Jeanne Calvet des Angles, il eut deux fils : Joseph, né à Villeneuve-lès-Avignon le 12 janvier 1782, mort célibataire à Paris le 17 janvier 1832, et Castor-Louis-Eugène, né aux Angles le 6 février 1783, mort à Avignon le 21 janvier 1831, marié à Emilie de Combes, à Montpellier, en décembre 1807, et père, en 1811, du comte Armand de Pontmartin, l'illustre critique, marié, le 16 décembre 1843, à Saint-Alban-d'Ay, à Cécile de Tardy de Montravel, née le 16 novembre 1819, morte aux Angles le 29 mars 1890, et dont le fils Henri, marié à Jeanne d'Honorati (1), continue « les traditions d'hon-

---

(1) Un de ses ancêtres, Jean-Roch-François d'Honorati, primicier de l'Université d'Avignon, époux d'Elisabeth de Delmas, eut une fille, Jeanne, qui épousa, le 30 mars 1687, à Saint-Didier, d'Avignon, François de Massilian, seigneur de Beauchamp. Elle mourut le 15 octobre 1712.

Son fils Pierre épousa Maria de Justamont et eut pour fille

neur, de dévouement et de bienfaisance qui ont toujours été l'apanage de cette famille. » (*Mémoire de la Société littéraire d'Alais*, année 1871, t. XI, 2ᵉ bulletin, p. 276).

Armes de la famille de Pontmartin : *d'azur à une porte coulissée et renversée d'argent, mouvante du côté droit de l'écu et accompagnée d'un lion d'or armé, lampassé et couronné de gueules.* (*Bulletin de la Société Héraldique de France*, livraison de novembre et décembre 1887).

Lettre A. Famille de Guillermier.

Elle forme aujourd'hui deux branches.

Branche aînée : comte Albert de Guillermier, marié à Marthe Court de Fontmichel, demeurant à Bollène, dont trois enfants : 1° Caroline, mariée à Jean de Laribal de Boisson ; 2° Thérèse, mariée à Etienne de Courtois ; 3° Pierre, officier d'artillerie, marié à Cécile Imbert.

Branche cadette : vicomte Paul de Guillermier, père d'Albert, célibataire.

Armes : *d'azur avec deux croissants entrelacés d'or au chef cousu de gueules chargé de trois étoiles d'argent.*

Marie-Gabrielle de Massilian, mariée, le 24 janvier 1759, à Jean-Baptiste de Pignet, marquis de Mejanes, l'illustre fondateur de la Bibliothèque d'Aix. Elle mourut sans enfants au château de Beauchamp, commune d'Uchaux (Vaucluse), le 19 août 1827.

ARGILLIERS

Armoiries : *d'azur à un pal losangé d'argent et de sable.*

Ce fief a une origine toute romaine. Jules César en fait mention dans ses commentaires.

Tout près d'Argilliers se trouve un petit pont sur le torrent de Bornègre, qui passe pour avoir été construit par les Romains.

Le château actuel n'offre aucun caractère d'antiquité.

Argilliers a été successivement appelé :

1314. De *Argileriis.* (Rot. Eccl. Arch. municipales de Nimes), et en 1384 *Argilleriœ.* (Den. de la Sénéchaussée).

1292. Le roi Philippe-le-Bel échange cette terre, qui faisait partie du domaine royal, avec Gancelin, d'Uzès, pour la 1]2 de la baronnie de Lunel, que celui-ci possédait.

Gancelme la transmet à Guillaume de Laudun, seigneur de Montfaucon.

1362. Pour se garantir des routiers, on fait fortifier le château, qui prend dès lors, à cause de ce souvenir, le nom de Castille.

1382. La juridiction du mas de Vacquières faisait partie du domaine d'Argilliers.

1557. Guillaume de Laudun vend la moitié de la seigneurie d'Argilliers à Jean d'Albenas, président au présidial de Montpellier, fils de Jean, docteur ès-droits, premier consul de Nimes en 1546, et de Catherine d'Anduze, marié en 1547 à Françoise de Janas, veuve de Jacqnes de Sarrat, sieur de Bernis. Sa fille, Diane d'Albenas, épouse le 15 septembre 1565, Jacques de la

Croix, baron de Castries, et donne moitié de la seigneurie
d'Argilliers à son fils Gaspard de la Croix, dans son
contrat de mariage avec Jeanne de Gondin (voir fief
Gaujac).

1661, 15 janvier. Jean de la Croix, seigneur de
Meirargues, vend cette moitié de seigneurie à Gabriel
de Froment, viguier et juge en la prévôté et chapitre
d'Uzès (Chambon, not.)

1761, juillet. Hommage au duc d'Uzès par Gabriel de
Froment, baron de Castille, qui déclare être seul seigneur
de Castille dans le territoire d'Argilliers.

Dans cet hommage, le baron de Castille fait des
réserves pour le titre de baron, qui lui a été accordé par
le roi, en 1748.

Famille de Froment de Castille.

Elle est originaire du diocèse d'Uzès. Elle reconnaît
pour auteur noble Vincent de Froment, coseigneur de
Montaren, qui reçut une reconnaissance féodale le
11 mars 1535.

Un de ses représentants prend part, en qualité de
baron, à l'assemblée de la noblesse d'Uzès, en 1768. Ce
titre est confirmé par lettres patentes du 9 décembre
1809 (Marquis d'Aubais, 11, 561. — Rondonneau, *Just.
des Majorats*, 303).

I. Jean de Froment, écuyer, fut père de :

II. Gabriel de Froment, docteur ès droit, commandant dans Saint-Siffret, qui reçut une lettre de M. de
Ventadour pour augmenter la garnison dudit lieu de
vingt hommes; il épousa, le 20 avril 1600, Louise de
Rossel (voir Fontarèches), dont il eut :

III. Pierre de Froment, docteur ès droit, épousa, le
17 août 1634, Diane Reboul, dont il eut :

IV. Gabriel de Froment, seigneur d'Argilliers,
viguier et juge de la prévôté d'Uzès, fut maintenu
dans sa noblesse par lettres patentes du 4 juin 1673.
Il épousa, le 13 décembre 1692, Diane de Froment, fille
de Gabriel et de Gélanie de Pertuis, dont il eut :

V. Gabriel de Froment, seigneur d'Argilliers, baron

de Castille, épousa, en novembre 1722, Marie-Anne Chalmeton, fille du receveur des Tailles et de Marguerite Larnac, dont il eut :

VI. Joseph de Froment, seigneur de Vacquières, baron de Castille, épousa, en 1746, Marie de la Vergne de Tressan de Montbazin, dont il eut :

VII. Gabriel de Froment, baron de Castille, né en 1747, page de Louis XV, officier aux Gardes Françaises, mort en 1826, épousa en premières noces, en 1783, Epiphanie du Long, dont il eut la baronne du Roure et Edouard, né en 1791, page de Napoléon, tué à Eclaing.

On raconte qu'à une demande de congé pour aller voir sa mère qui était royaliste, l'Empereur lui dit :

— Il est bon pour mon service que vous n'alliez pas trop voir votre mère. On m'a dit qu'elle ne m'aimait pas.

— C'est vrai, Sire, répondit le page, elle en est restée à l'admiration.

Gabriel de Froment, épousa en deuxièmes noces, en novembre 1809, Herminie de Rohan, fille de Gaspard et de Louise de Rohan Guémenée, (voir ci-dessous lettre A.) De ce mariage, il eut : 1° Louis, qui suit ; 2° Charlotte, née le 20 février 1824, épousa, le 2 mai 1838, Edouard, marquis de Seguins-Vassieux ; 3° Meriadec de Castille, épousa, en 1880, Edouard de Saint-Cricq, dont il eut Charles.

VIII. Louis, baron de Castille, né le 18 décembre 1818, épousa, le 8 mai 1846, Mlle de la Villegontier, et mourut au château de Castille sans laisser de postérité.

Cette famille est actuellement représentée à Nimes par la marquise de Vassieux, aussi distinguée par son intelligence que par son grand cœur.

Famille de Rohan.

Elle descend en ligne masculine et directe des anciens ducs de Bretagne. Le comté de Porrhoët et la vicomté de Remus furent donnés en apanage à Guethenoc, cadet de la maison de Bretagne, et cette branche prit alors, vers l'an 1021, le nom de Rohan, qu'elle porte encore de nos jours. C'est en*raison de leur origine souveraine que les Rohan jouissaient à la cour de France, avant la révolution, du rang et des honneurs de *Princes étrangers*. Cette maison descend de Saint-Louis, par le mariage du prince de Rohan-Rochefort avec Henriette d'Orléans, grand'mère d'Herminie de Rohan, qui épousa, en 1809, Gabriel de Froment, baron de Castille. La famille de Rohan a formé deux branches, celle de Rohan-Guémenée et celle de Rohan-Rochefort.

Armes : *de gueule à neuf macles accolées d'or*.

Devise : Roi ne puis,.prince ne daigne, Rohan suis.

1793, 9 avril. Une bande d'hommes arrive à Argilliers, exige l'ouverture du château, dans lequel on pénètre. On enfonce un office, on pille tout ce qu'il y a, même un portefeuille contenant des assignats. On monte sur le couvert, on abat un clocher, dont on prend la cloche.

On transporte la bibliothèque au milieu de la cour, ainsi que des papiers qu'elle contenait ; on y met le feu. (*Histoire de la Révolution*, par Rouvière, t. 2, p. 220.) Le château actuel est bâti dans le goût moderne, avec une grande profusion de colonnes.

Le jeune de Seguins est actuellement propriétaire du château d'Argilliers.

ARPAILLARGUES

Canton d'Uzès

C'était primitivement une villa Romaine, *Appoli ager*.

Un ancien monument trouvé à Ferino, dans la Marche d'Ancône, fait mention de F. Appoliar. Le premier P a été changé en R ce qui se faisait quelquefois. Ainsi dans le recueil de Remesias, on dit *carito* pour *capito*.

1211. *Castrum de Arpallonius* est un des lieux qu'un diplômé de Philippe-Auguste assura à l'église d'Uzès.

1315. Aldebert, chevalier, était seigneur d'Arpaillargues.

1323. Robert, seigneur puis vicomte d'Uzès, haut seigneur du château d'Arpaillargues, cède une part de la juridiction de ce fief à Abat, d'Aubussargues

1356. Hugues, d'Arpaillargues, assiste à la bataille de Poitiers. Il y est fait prisonnier.

1382. Les Tuchins brûlent le château d'Arpaillargues qui appartenait à cette époque à Bertrand de Déaux. Celui-ci maltraite un de ses vassaux, Jean Voute, qui était au service des Tuchins.

Après avoir échappé à la défaite des Tuchins, à Uchaux, près de Nimes, Voute se réfugie à Arpaillargues.

Là, on lui verse de l'huile bouillante sur les cuisses et sur les pieds et on le jette dans un puits où il meurt. Outre cela, et malgré la défense du roi de ne plus attaquer les Tuchins, Bertrand de Déaux fait arrêter dans son territoire Guillaume Aigut. Il lui prend son argent, son épée, son bouclier et son manteau et l'oblige pour sa rançon à lui payer douze écus d'or. N'ayant pu y parvenir, il l'emmène au vicomte d'Uzès

à Saze, qui le renvoie au sénéchal de Beaucaire. Celui-ci
le fait mettre en prison d'où il ne sort qu'à la rémis-
sion générale, accordée par le roi Charles VI aux
Tuchins.

Toute cette conduite criminelle cause beaucoup de
tracas à Bertrand de Déaux. Ses terres sont mises sous
la main du roi. Il implore la protection du duc de
Berri. On a égard à la destruction de son château par
les Tuchins et aux services qu'il avait rendus en servant
dans l'armée royale contre les Anglais, et le roi lui
accorde le pardon de tout ce dont il était accusé.
(*Histoire de Nimes*, t. III, p. 64.) •

1428, 7 septembre. Le vicomte *Robert* d'Uzès achète
à Hermegonde Audibert, coseigneuresse d'Arpaillargues,
la huitième partie de cette seigneurie, et en 1475, la
vicomtesse d'Uzès, née Françoise-Anne de Brancas,
veuve de Jehan, vicomte, en fait hommage au
roi ; en 1503, pareil hommage est fait au roi par le
comte Jacques de Crussol, qui avait épousé, le
24 juin 1486, Symone, seule héritière de la vicomté
d'Uzès.

1503, 3 juin. Noble Louis de *Bethon*, fils de noble
Raymond, coseigneur d'Arpaillargues, de moitié avec
noble Filip Eujolat, sa mère, veuve de Bethon, donne
cette moitié de seigneurie à Marthe de Bethon, sa
sœur, femme de Pierre de *Ginestous* (voir pour la
maison de Ginestous, lettre A ci-dessous), et cette
dernière le transmet à son fils, Jacques de Ginestous,
époux d'Anne de Ville, qui en fait hommage au
vicomte d'Uzès, le 5 mai 1557 (*Arch. dép.* 3. 255.)

1626. La dame Mandete de Bargeton fait hommage
de la seigneurie d'Arpaillargues au duc d'Uzès et
transmet cette seigneurie à son fils, Jean de Bargeton,
seigneur de Sagriès et de Vallabrix, qui avait épousé,
le 12 octobre 1620, Marie de Vaux.

1647, 24 décembre. Hector *d'Agoult* lègue à Hector
d'Agoult, son neveu, la seigneurie d'Arpaillargues, qui
lui venait de la famille de Bargeton, avec substitution
en faveur des enfants mâles, et par cette substitution,

cette seigneurie revient à Charles d'Agoult par arrêt du Parlement du 8 juin 1731. (*Som. des déclarations de la viguerie d'Uzès*, p. 19.)

Famille d'Agoult.

Elle est fort ancienne et illustre entre toutes par la noblesse et par les terres, originaire de Provence, établie en Dauphiné, en Languedoc et au comté Venaissin, alliée aux plus anciennes et aux plus illustres maisons de ces différentes provinces, elle a fourni de tout temps des chevaliers de Malte. (Artefeuil, 1, 5). Voici quelle en serait l'origine, d'après les historiens provençaux Nostradamus, Bouche et Python.

Le prince de Goulnaud en Saxe, parent de l'Empereur Othon III, avait séduit la fille de Vualdung, roi de Poméranie. Celui-ci l'ayant su, fit enfermer sa fille dans une tour où elle accoucha d'un fils. Pour sauver cet enfant, on l'enveloppa de langes riches et on le descendit par une fenêtre au bas de la tour où une personne qui était dans le secret devait le recevoir.

Au lieu d'elle ce fut un loup qui se trouve là et l'emporte dans sa tanière, où se trouvaient de petits louveteaux. Mais l'animal avait été vu par des chasseurs du prince qui le suivirent de loin pour ne pas l'effaroucher. Ils entrèrent dans la tanière, enlevèrent l'enfant et l'apportèrent à leur maître.

Le roi de Poméranie ayant connu cette aventure pardonna à sa fille et consentit à son mariage avec le prince de Goulnaud.

L'enfant fut appelé Wolf, qui veut dire loup. Ce serait là le premier ancêtre des d'Agoult, dont plusieurs ont porté ce nom de Wolf, et c'est à cause de ce souvenir qu'un loup figure dans leurs armes.

Parmi les descendants de ce Wolf, nous remarquons, au xII[e] siècle, un troubadour du nom de Guillien, que Nostradamus, dans son Histoire, 2º partie, p. 134, appelle homme de grand savoir, d'honnêteté exemplaire, aussi distingué par sa fortune que par sa vertu, de gracieux visage. Il composa des vers pour la dame de ses pensées,

la princesse Gausserand de Lunel, et fit un traité
de la manière d'aimer de son temps.

Plus tard, au xiv* siècle, Cécile d'Agoult, épousa
Elzéard de *Sabran*, dont le petit-fils Elzéar sut
conserver sa virginité dans son mariage avec Delphine
de Sigue, qui consentit à vivre dans la même pureté.
Aussi le pape Urbain V les canonisa.

Comme il serait trop long de reproduire la généalogie
des d'Agoult, qui a formé plusieurs branches, voici
seulement celle qui concerne les seigneurs d'Arpaillargues dont le château était situé dans le fort du village,
avec fossés de tous les côtés, prisons, carcans, tours,
donjons et meurtrières

Charles d'Agoult, marquis de Montmaur, l'un des
quatre anciens et premiers barons du Dauphiné, coseigneurs d'Arpaillargues, Castille et Aureillac savoir, pour
Castille et Arpaillargues, à cause de l'ancien domaine
du duché-pairie, et à Aureillac à cause du domaine
privé que le roi y possédait, épousa, le 22 mars 1730,
Christine de Bruneau d'Ornac, dont il eut :

1° N. d'Agoult, dit le marquis de Montmaur, marié
le 16 août 1763, à N. de Loys de Loinville ;

2° Charles d'Agoult, seigneur d'Arpaillargues, né le
11 mai 1741, capitaine de vaisseau, épousa, en 1787,
dans les colonies, Perrine Bouché, veuve de Lefèvre,
dont il eut : Charles-Louis Constance, comte d'Agoult,
colonel de cavalerie, qui épousa, en 1827, Sophie de
Flavigny, fille de Victor, comte de Flavigny, et d'Elisabeth de Bethmora, et de ce mariage Claire, mariée, le
28 mai 1849, au comte Charles de Girard de *Charnacé*,
dont elle a eu Guy de Girard, comte de Charnacé, né à
Croissy, le 12 août 1851, officier de marine, qui épousa,
le 20 août 1880, Irène de Dumremont, dont il a eu Foul-
ques, né le 1er février 1882 ; Claude, né le 17 juillet 1883,
et Bertrand, né le 4 septembre 1885.

Le comte de Charnacé habite Versailles, rue de
Limoges, 1 *bis*.

3° Madeleine, mariée à François de la Roche et
d'Eurre, et de ce mariage, Sophie de la Roche, mariée

en 1804 à Antonin de *Chansiergues du Bord*, chevalier
de Saint-Louis, dont Christine du Bord, mariée à Dive-
Edmond Blanc, de Saint-Laurent, et Henri, baron du
Bord, conseiller général de la Drôme, chevalier de la
Légion d'honneur, marié, en 1833, à Françoise de
Justamond, dont Lucrèce du Bord, mariée à Antoine,
marquis de *Bimard*.

Armes des d'Agoult : *D'or au loup rampant d'azur*
(Souvenir de la légende ci-dessus racontée.)

Devises : *Avidus committere pugnam* — hospitalité
de d'Agoult.

1687. M. de Rochegude, coseigneur d'Arpaillargues,
compromis dans les affaires de religion est obligé de
sortir du royaume. (Voir généalogie des Rochegude, fief
Cornillon.)

1720, 1ᵉʳ février. Jean Gueidan, lieutenant de juge
du lieu de Fons-sur-Lussan, procureur fondé de
Mʳᵉ César de Ribot, marquis de Montjour, seigneur
d'Arpaillargues, fait hommage au roi de la coseigneurie
de ce fief.

Comme on le voit, les d'Agoult, n'étaient pas seuls
seigneurs d'Arpaillargues ; il y avait des coseigneurs.
Parmi les plus récents se trouvait Alexandre Mathieu,
comte de Bargeton, capitaine de vaisseau du roi, habitant Uzès, dont la veuve née Marie-Charlotte-Quentin
de Champlot, vend, le 10 septembre 1789, son château
situé dans le village même d'Arpaillargues à son beau-
frère, Emmanuel de Bargeton Montèze, brigadier des
armées navales, chevalier de Saint-Louis.

En 1814, et le 6 juin, par devant Pierre Delafont,
notaire à Uzès, Emmanuel de Bargeton Montèze, donne
son domaine à sa sœur, Julie de Bargeton Massargue,
qui le transmet par testament à son neveu, Auguste
de Bargeton Durfort.

1822. Celui-ci le vend à M. Gabriel-Hippolyte Deleuze,
avocat à Uzès.

Son petit-fils, Roger Deleuze, trouve dans ce domaine
les traces d'un cimetière Gallo-Romain, qui a fait
l'objet d'un rapport fort apprécié à la Sorbonne, par son

beau-frère, M. Rochetin (1), puis on découvre aussi les armes des Montèze gravées sur une pierre portant le millésime de 1618 : *Parti à dextre trois têtes de chien muselées, tournées à dextre et posées 2 et 1 ; et à senestre au milieu du champ un chevron ayant en chef 3 croix et une molette en pointe.*

1827. Un incendie effroyable détruit toutes les constructions du domaine. Il ne reste que le portail Louis XIII donnant accès dans la cour de l'ancien château où l'on remarque les armes des Bargeton Montèze.

1835. M. Deleuze a fait bâtir près de l'emplacement du vieux bâtiment incendié, l'habitation actuelle et a précieusement conservé une vieille tour, appelée Tournelle, fièrement plantée comme une sentinelle avancée gardienne du village, et un moulin à vent portant le millésime de 1610.

Cet ancien domaine des Bargeton Montèze, est actuellement la propriété de Mme Rochetin née Deleuze et celui des d'Agoult est possédé par la famille Huguet.

A
Famille de Ginestous.

Elle est originaire du château de Galand, entre Sumène et Saint-Roman, dans les Basses-Cévennes. Hugues de Ginestous fit, avec d'autres seigneurs, une reconnaissance à Roger, vicomte de Béziers, le 11 septembre 1181 avec serment de fidélité et promesse de le suivre dans toutes les guerres qu'il aurait à soutenir contre le comte de Toulouse (*Histoire du Languedoc*, 111, 151).

Au xviiie siècle elle fut honorée de lettres patentes de marquisat « en considération de l'ancienneté de la famille, une des plus qualifiées du Languedoc, dont quelques membres ont été barons des états, et des

_____

(1) M. Rochetin, ancien magistrat démissionnaire, était un archéologue et littérateur distingué, ce qui lui valut d'être nommé président de l'Académie de Vaucluse.

services qu'elle nous a rendus et aux rois nos prédécesseurs pendant plusieurs siècles. » (*Arm. du Languedoc*,
t. 1. p. 227.)

Autrefois la maison de Ginestous était divisée en
quatre branches dont trois en Languedoc et une en
Vivarais, dite du marquis de la Tourette. C'est de cette
branche dont faisait partie Jacques de Ginestous,
seigneur d'Arpaillargues.

Armes : *D'or à un lion rampant de gueules.*

Devise : *Nec vi nec metu. Stabit atque florebit.*

AUBUSSARGUES

Canton de Saint-Chaptes

——>=o=<——

Armoiries : *de gueules à un pal losangé d'or et de sable*.

Ancienne villa Romaine dont le propriétaire s'appelait Albucius, nom qui se trouve en divers endroits des œuvres de Cicéron (château d'Aubussargues, cabinet du marquis de Valfons.)

On conserve à ce château une pièce curieuse échappée par trois fois à l'incendie.

C'est un jugement rédigé en latin, datant de l'an 1340 et relatant la condamnation et l'exécution d'une femme *adultrisse* et martyresse de son mari.

Le bedeau de la paroisse qui était le complice échappe à la juridiction civile et est jugé par le clergé d'Uzès.

Le jugement est très curieux dans ses expressions. Il dit entr'autres choses : *Et aura la tête tranchée et séparée des épaules jusqu'à ce que mort s'en suive.*

Le coupable doit être promené sur un âne à travers les places et carrefours de la ville d'Aubussargues et conduit aux fourches patibulaires du lieu.

Là, on entonne le *Miserere mei* et à certains versets du psaume, on entame la section, moyen comme un autre de faire apprécier la beauté liturgique de ce psaume.

Près du château se trouve encore un moulin qui, au xive siècle, servait au roi la censive d'une geline grasse payable et portable le jour de la Nativité, chez le procureur du roi ou son représentant à Uzès.

1256. Guillaume de Vézénobres, seigneur de Garrigues, fils de Pierre, et petit-fils d'un bailli de

Montpellier, achète en 1172, la seigneurie d'Aubussargues
au sire de Beaumont, au prix de 100 livres tournois. Il
la transmet à ses trois enfants, Pierre, Guillaume et
Sibylle. Celle-ci épouse le chevalier Astor de Tournal,
fils de Guillaume de Chateauneuf et lui apporte en dot
une partie de cette seigneurie (*Histoire de Garrigues*,
par Lombard-Dumas, p. 49.)

1397. Noble Pierre Milon était coseigneur d'Aubussargues.

1400, 4 août. Une partie de cette seigneurie appartenait à Blanche d'Uzès. Elle en fait hommage au roi en
même temps que Milon.

1516, 16 juin. Même hommage est fait au roi par
Tristan de Brueys, époux de Marguerite de Lacroix
(voir généalogie de Brueys, fief Brueys.)

1561. Claude de Vergèze, fils d'Antoine, écuyer,
époux de Domergue de Jeanin était coseigneur d'Aubussargues.

Famille de Vergèze d'Aubussargues.

Elle fut maintenue dans sa noblesse par jugement
souverain du 3 octobre 1668.

Antoine de Vergèze, écuyer, seigneur de Saint-
Hippolyte, fit faire une enquête par les généraux des
aides de Montpellier en 1544, dont appert qu'il est fils
de Jean et issu de noble famille. Il fut père de :

Claude de Vergèze, qui épousa, le 28 octobre 1570,
Domergue de Jeanis dont il eut :

Nicolas de Vergèze, marié le 7 décembre 1604 à
Jeanne des Pierses, dont il eut :

Jean de Vergèze, coseigneur d'Aubussargues, qui
épousa, le 29 avril 1636, Bonne de Barjac, dont les descendants qui suivent furent aussi coseigneurs d'Aubussargues.

Jacques de Vergèze, seigneur du mandement d'Aigaliers, capitaine d'une compagnie de dragons, pour le
service de S. M. dans le régiment de Barbezieux.

Noble Scipion de Vergèze, qui rendit hommage au roi

sous l'albergue annuelle d'une paire d'éperons dorés, valant 22 livres deux sous.

Noble Simon de Vergèze, dont la sœur Catherine épousa, le 11 février 1766, Charles de Boileau de Castelneau, capitaine au régiment de Normandie, dont elle eut :

Barnabé, plus tard baron de Castelnau, et Henri, époux de Fanny Astier, capitaine de frégate, chevalier de Saint-Louis, conseiller de préfecture sous la Restauration et démissionnaire en 1830.

Il hérita du château d'Aubussargues, dans la portion d'héritage de Scipion de Vergèze et il laissa deux enfants : Camille, chef d'escadron d'état-major, décédé célibataire, et Gabrielle-Éléonore, qui épousa le marquis de Valfons, lui apportant en dot, entr'autres choses, le domaine et château d'Aubussargues.

Armes de la famille de Vergèze :

D'azur au lévrier d'argent accolé de gueules, accompagné de quatre roses d'argent, 2 et 2.

1687. Noble Daniel de *Perrotat*, seigneur de Saint-Victor et de Saint-Quentin, capitaine au régiment de Montpezat, rend hommage au roi de la seigneurie d'Aubussargues (Arch. duc., coin 4.)

Son frère, David, obtient en 1668, et le 19 septembre, des lettres d'anoblissement en considération de ses services pendant quatorze années au régiment, de ceux de ses quatre frères tués dans le service, dont trois étaient capitaines au même régiment et le quatrième lieutenant en celui d'Auvergne, et de ceux encore de Nicolas, son père, tué pour le service du roi après plusieurs campagnes faites en qualité de capitaine au régiment de Saint-André-Cérac.

Actuellement, le château d'Aubussargues appartient à la vicomtesse d'André, qui l'a recueilli dans la succession de sa mère, la marquise de Valfons née Boileau de Castelneau, dont je viens de parler. Ce château fut brûlé en 1710, durant les guerres de religion, puis, en 1793, pendant la Révolution, et en 1897, il devint la proie des flammes par un coup de foudre qui détruisit d'importants papiers datant de l'an 1000.

Famille d'André.

Elle est originaire de Provence où elle s'illustra dans les charges consulaires d'Aix-en-Provence et dans les charges du Parlement et de la Cour des comptes.

Elle quitta la Provence en 1789, d'où Antoine d'André fut envoyé par la noblesse de Provence aux Etats Généraux.

Il présida plusieurs fois l'Assemblée Constituante et se signala pour son activité royaliste pendant toute la période révolutionnaire (*Mémoires de M. de Remusat* — Taine, *Origine de la France contemporaine.*)

A la Restauration, il fut ministre de Louis XVIII avec le titre de directeur de la police.

Ses fils embrassèrent la carrière militaire, et l'un d'eux, le vicomte Maurice d'André, devint général de division, inspecteur général de cavalerie et sénateur de l'Empire.

Le grand-père des représentants actuels du vicomte Maurice fut aide de camp du duc d'Angoulème, lieutenant-colonel de cavalerie et, comme garde de corps, fit partie du voyage de Cherbourg. Après ce dernier acte de fidélité au roi, il brisa son épée.

Un de ses fils, le vicomte Alfred, fut, ainsi que son frère, officier de marine.

Le père des représentants actuels, épousa Marie-Caroline-Valérie de Mathéi de Valfons de la Calmette dont il eut par ordre de primogéniture :

1° Gabrielle, qui a épousé le marquis de Saint-Vincent Brassac, fils du marquis et de la marquise née Pulchéric de Latude.

2° Le vicomte Maxime, capitaine commandant au 16ᵐᵉ régiment de chasseurs, qui a épousé Mathilde de Trinquelagues-Dions, d'où postérité.

3° Le baron Félix, capitaine d'infanterie, hors cadre, détaché à la mission militaire française du Pérou, officier de l'instruction publique et du Nichan-Iftikhar, qui a épousé Manuela de Althaus, d'où postérité.

4° Marie-Céline, qui a épousé le baron Antoine de Joybert, d'où postérité.

Armes : *de gueules à la croix de Saint-André d'or.*

Devise : *Similitudine gloriamur.*

Famille de Joybert.

Elle est originaire de Champagne où elle existait déjà au XIIIᵉ siècle.

A part un échanson du roi, tous les membres de cette famille furent militaires.

On les voit participer à toutes les guerres contre les Turcs ou autres.

Ils ont de grandes possessions à Saint-Domingue et au Canada et on les retrouve officiers du roi, combattant aux côtés de leur cousin de Montcalm, pour l'indépendance de cette colonie. Une fille de cette maison épousa le marquis de Vaudreuil, gouverneur de Québec.

Dans les temps modernes, un Joybert fut colonel Vendéen, chef de la légion du Bas-Maine et s'illustra dans les guerres coloniales.

Son fils fut pris, les armes à la main, avec la duchesse de Berry et retenu en prison, tandis que ses parents trouvaient la mort en soignant les victimes du choléra.

Le fils de ce dernier, épousa Clotilde d'André, dont il eut sept enfants parmi lesquels Antoine, qui épousa, le 9 février 1901, sa cousine, Marie-Céline d'André.

Armes : *D'argent au chevron d'azur, surmonté en chef d'un croissant de gueules et accompagné de trois roses de même, tigées de feuillets de sinoples placées 2 et 1.*

LES AUPIAS

Château dans la commune de Saint-Marcel-de-Careiret, canton de Lussan.

1742. Les Aupias (*Inst. ecclésiastique du diocèse de Nimes*, G. 27.

Cette seigneurie appartenait autrefois à la famille Bruneau d'Ornac et actuellement à la famille de Villeperdrix.

Famille de Plantin de Villeperdrix.

La famille de Plantin de Villeperdrix, tire son nom du château seigneurial de Villeperdix, au diocèse de Die, près Nyons, canton de Remuzat (Drôme).

Elle a formé plusieurs branches, en Hollande, en Belgique, à l'Isle-de-France, en Artois, en Dauphiné, en Vivarais, en Provence et au Bas-Languedoc.

Aux archives du département des Bouches-du-Rhône p. 161, on trouve un chevalier Bérard de Plantin, qui vivait en 1380 (*Essai historique sur le Grand Prieuré de Saint-Gilles*, ordre de Malte, par le comte de Grasset).

Dans le dictionnaire Larousse, on cite Christophe Plantin, né à Mont-Louis, près de Touars en 1514, mort en 1589 à Anvers, où il fonda une imprimerie qui le plaça parmi les premiers imprimeurs de son temps, les Alde et les Estienne.

En récompense, le roi Philippe II le nomma Prototypographius régius, et la ville d'Anvers lui fit don d'une coupe de la valeur de 100 florins d'or.

I. Philippe Plantin, vivant en 1550 à Berrias, en Vivarais, diocèse d'Uzès, épousa Simone Caissaigne, dont il eut :

II Simon Plantin, notaire royal à Berrias, au commencement du XIIIᵉ siècle, épousa : 1° Claude Rivière ; 2° Louise Servière ; 3° Joséphine Montquin.

Il eut plusieurs enfants notamment : 1° André, qui suit ; 2° Louis, notaire royal qui succèda à la charge de son père, le 11 mai 1647 et eut pour fils, Joseph, avocat, lieutenant de juge général de la commanderie de Jalès ; 3° Jacques, conseiller du roi en l'Hôtel des Monnaies de Paris ; 4° Balthazard et Simon, prieurs de Saint-André et Saint-Sauveur-de-Cruzières.

III. André Plantin, seigneur de Villeperdrix, né à Berrias, le 16 juillet 1617, conseiller secrétaire du roi, maison et couronne de France et de ses finances, audiencier en la chancellerie de Montpellier, décédé à Pont-Saint-Esprit, le 8 décembre 1704, avait épousé : 1° le 8 février 1646, à Pont-Saint-Esprit, Isabeau Valérian et 2°, le 18 août 1650, à Montdragon, Jeanne Durand de Libertat. Il en eut plusieurs enfants, notamment : 1° Marc de Plantin qui suit ; 2° Louis, chanoine de la collégiale des prêtres blancs du Saint-Esprit ; 3° Marie, mariée le 16 octobre 1691 à Charles de *Broche*, capitaine au régiment de Beaufort, ensuite docteur en droit, conseiller du roi en la viguerie du Pont-Saint-Esprit (voir lettre A ci-dessous.)

IV. Marc de Plantin, seigneur de Villeperdrix, épousa : 1° le 7 juin 1692, Isabelle Lanteaume dans la chapelle des Pénitents-Blancs à Pont-Saint-Esprit et 2° le 6 septembre 1706, à Montélimart, Catherine de *Pourret du Pavon*, fille de noble Antoine et de Lucrèce de *Marcel*. Il eut de son premier mariage : 1° André qui suit ; 2° Charles, lieutenant au régiment de *Tournaisis*, épousa, le 18 février 1742, Jeanne de Chappuis, fille de Henri, juge royal de Pont-Saint-Esprit et de Marie de Chanaleilles de la Saigne ; 3° Gabrielle, épousa, le 18 mai 1716, noble François de Robin (de Malaucène), docteur en droit, fils de noble Pierre et de Marguerite du Pont.

V. André-Jérôme de Plantin de Villeperdrix, né à Pont-Saint-Esprit, le 30 septembre 1695, recteur des

5

hôpitaux de cette ville, épousa, le 29 octobre 1770, à
Bagnols, Françoise de la Tour du Pin de la Chaux
Montauban et de Gouvernet, fille du marquis et de la
marquise, née Madeleine de Veaurenard ; de ce mariage,
il eut dix-huit enfants parmi lesquels :

1° Constance Lucrétius, qui suit ;

2° Henriette, qui épousa : 1° le 14 novembre 1768, Maurice Le Blanc de Montlebourg, chevalier de Saint-Louis,
capitaine au régiment de Beaujolais, fils de Joseph et
de Marie de Fayet, et 2° Pierre de la Roque de Monteil,
capitaine au régiment de Vivarais en 1778, chevalier de
Saint-Lou's, fils de Jacques et d'Anne de Lort de
Sérignan.

3° Joseph, officier de carabiniers, qui eut, le 1er août 1759,
le genou fracassé et fut fait prisonnier à la bataille de
Todenhausen, à l'affaire du duc de Brissac.

4° Rosalie, épousa, le 15 février 1772, Charles des
Noyers de Sauvage du Roure, fils de Jean, écuyer, et
de Marguerite de Jeune de Saint-Montant (voir lettre
B ci-dessous).

VI. Constance Lucrétius Régis de Plantin de Ville-
perdrix, seigneur de Saint-Marcel, des Aupiats et de
Jonquerolles, épousa, le 11 janvier 1763, à Pont-Saint-
Esprit, Catherine d'Ornac de Saint-Marcel, fille de
Charles, baron de Verfeuil, seigneur de Saint-Marcel et
d'Anne de Grossetête.

Ardent royaliste, il s'associa à la grande manifestation
du camp de Jalès, assista, à Nimes, à la réunion de la
Noblesse pour l'élection des Députés aux Etats-
Généraux. Il fut arrêté pendant la Terreur et serait
mort sur l'échafaud sans la chute de Robespierre. Il
obtint en 1814, la décoration du lys avec le titre de
comte, et mourut à Pont-Saint-Esprit le 4 janvier 1822,
laissant plusieurs enfants, entr'autres :

1° Henri-François-Régis, qui suit ; 2° Marie-Jeanne,
qui épousa, le 12 thermidor an VI (30 juillet 1798) Mre
Claude de la Croix de Chevrières comte de Pisançon, chevalier de Malte et de Saint-Louis, émigra et servit sous
le prince de Condé. Il était fils de Louis et de Marie de

Grolée. Marie-Jeanne reçut en dot la seigneurie de
Jonquerolle, près d'Arpaillargues, qui venait de la
famille du Laurens de l'Olive et qui fut vendue pour
acheter au marquis de Cambis, la seigneurie d'Orsan
où elle mourut, le 18 janvier 1824. (Voir lettre C.
ci-dessous.)

VII. Joseph-Henri-Marie-François-Régis de Plantin
de Villeperdrix, né le 23 mars 1766, obtint un certificat
de M. de Chérin, commissaire du roi pour être reçu
sous-lieutenant dans les troupes de Sa Majesté, épousa,
le 15 novembre 1791, Catherine de Guasc, fille de
Louis, baron de Saint-Gervais et d'Anne de Monéry. Il
fut des premiers à abandonner ses droits féodaux, ce
qui lui valut de ne pas voir son château des Aüpiats,
près de Saint-Marcel, pillé et brûlé, tandis que le château
de Villeperdrix, en Dauphiné, appartenant à son père,
était incendié et pillé, le 30 août 1792.

En 1814, il fut décoré du lys et du titre de vicomte
et mourut à Pont-Saint-Esprit ne laissant qu'un fils
qui suit :

VIII. Augustin de Plantin de Villeperdrix, né au
château de Saint-Gervais, le 4 septembre 1792, chevalier
de Lys avec le titre de baron, épousa, le 21 septembre 1813,
à Potelières, Eléonore de Suffren Saint-Tropez, fille du
vicomte chevalier de Malte, de Saint-Louis et de la
couronne de fer d'Autriche, Colonel du Régiment des
Chasseurs des Alpes, et d'Alix de Bérard de Montalet,
vicomtesse d'Alais. (Voir fief Potelières.)

Augustin de Villeperdrix, Garde d'honneur de S. A. R.
le Duc d'Angoulème l'accompagna en qualité de Capitaine de cavalerie dans la campagne du Midi, terminée
à La Palud. Maire du Pont-Saint-Esprit, en 1825, il déchira
son écharpe en 1830, et protesta courageusement contre
l'établissement du nouveau gouvernement. Consacrant
son existence à la piété et aux bonnes œuvres, il mérita
les éloges du Pape Pie IX et du comte de Chambord
qu'il visita souvent à Rome et à Frohsdorff.

Il mourut à Pont-Saint-Esprit, le 5 janvier 1868,
laissant entr'autres enfants :

1º Marie-Joseph-Louis qui suit :

2º Alix, épousa, le 28 septembre 1834, René du Rouchet de Chazotte, fils de Joseph et de Françoise de Clavière, dont Albérie, Louise et Ferdinand, zouave Pontifical, décoré de l'Ordre de Pie IX pour sa belle conduite à Castelfidardo, épousa Annabelle de Lonchamp.

3º Léopold, qui épousa, le 29 mai 1845, à Montpellier, Louise de Salles du Ranc de Vibrac, fille d'Eugène, baron de Vibrac, ancien garde du corps du roi et d'Anastasie Hostalier de Saint-Jean, des barons de Saint-Jean et d'Anduze dont plusieurs enfants :

(a) Iwan, né à Montpellier, le 14 septembre 1844, commandant des mobilisés du Gard en 1871, épousa :

1º Le 7 juin 1872, Alix de Labruguière, fille d'Iwan, maire d'Uzès, conseiller général, chevalier de la Légion d'honneur, et d'Hilda de Montalet-Alais. (Voir fief Labruguière.)

2º Le 11 mai 1875, à Montpellier, Eugénie Bérard, fille d'Henri Bérard, docteur ès-sciences, professeur de chimie à la Faculté de Montpellier et d'Albine de Massiat, et 3º, le 15 février 1885, Louise Bousquet, fille de Louis, Colonel d'Etat-Major, officier de la Légion d'honneur, de Pie IX, de la Guadeloupe et de Saint-Maurice et Lazare et d'Alix de Soudan de Rascas, décédé le 16 août 1903 à Saint-Marcel.

De son second mariage, il a laissé une fille mariée, le 18 novembre 1902 à Henri Correnson, capitaine de génie, fils d'Achille, général de division, grand officier de la Légion d'honneur, et de Flavie Correnson.

(b) Paul, né à Montpellier, le 9 mars 1850, militaire médaillé de Mentana, épousa, en février, Yvonne de Digoine du Palais, fille du marquis et d'Alexia Madier de Lamartine.

(c) Georges, maire de Cornillon, décédé célibataire.

IX. Marie-Joseph-Louis-Gabriel de Plantin de Villeperdrix, né à Pont-Saint-Esprit, en mai 1817, chevalier de Saint-Grégoire-le-Grand, lieutenant de louveterie, président de la conférence de Saint-Vincent-de-Paul, décédé à Pont-Saint-Esprit, le 10 mars 1900, avait épousé le 31 mai 1840, Mathilde de Castillon de Saint-Victor (Voir fief de ce nom,) et 2° le 29 janvier 1844, Marie de Vanel de Lisleroy, fille du baron, capitaine de dragons en retraite, chevalier de la Légion d'honneur et d'Amélie d'Abrieu. De ce mariage sont nés : 1° Marie-Augus!e Hervé, qui suit : 2° Marie-Gabriel, né au château de la Blache, le 8 octobre 1847, protonotaire apostolique, prélat de la maison de Sa Sainteté, chanoine de Carthage, Nimes, Montpellier et la Guadeloupe, vicaire général de Nimes, Tunis et Monaco, archidiacre de Notre-Dame de Nimes et de Saint-Théodorit d'Uzès ; 3° Raymond, né au château de la Blache, le 29 octobre 1850, chef de bataillon d'infanterie en retraite, chevalier de la Légion d'honneur, marié, le 23 mai 1880, à Amélie de Balestrier, à Lunel, fille de Jean et de Marie Bézard.

4° Placidie, épousa, le 29 octobre 1890, Charles Le Noir, ex-directeur du service de santé des XVe et IIe corps d'armée, médecin principal de l'armée, officier de la Légion d'honneur et de Sainte-Anne de Russie, né à Metz, le 31 août 1843, fils de Modeste, médecin principal de l'armée, chevalier de la Légion d'honneur, et de Céleste Dalesy (de Normandie) dont le grand-père, officier supérieur, était chevalier de Saint-Louis.

5° Louise, épousa, le 31 janvier 1877, Raymond de Philip, lieutenant-colonel, breveté d'artillerie, chef d'Etat-Major de la division d'infanterie à Avignon, fils de Louis, chef de bataillon en retraite, officier de la Légion d'honneur, et d'Antoinette de Merles, à Valréas (Vaucluse), décédée le 1er août 1899, laissant Madeleine, André et Georges.

X Marie-Auguste-Hervé de Plantin de Villeperdrix, né au château de la Blache, le 12 juin 1845, commandant d'infanterie, chevalier de la Légion d'honneur, décédé à Avignon, le 19 mars 1903, avait épousé, à Avignon, le 18 mai 1878, Gaétane de Raousset-Boulbon, fille du comte et de Marguerite d'Indy. Il eut de ce mariage deux enfants, Marie et Marguerite, qui épousa, au Pont-Saint-Esprit, le 7 décembre 1905, Marcel-Marie-Louis, vicomte de Chivré, fils d'Arthur-Marie-Gonzague, comte de Chivré, ancien zouave Pontifical et d'Hélène Lugier de Vaugelas.

XI. Marie-Auguste-Louis de Plantin de Villeperdrix, né à Avignon, le 28 février 1881, décédé à Pont-Saint-Esprit, le 15 mai 1905.

Armes : *D'or au chevron de gueules accompagné de trois arbres arrachés de sinople au chef d'azur chargé d'un lion d'or léopardé d'or armé et lampassé de gueules* (d'Hosier, 2ᵉ vol. p. 449.)

A
Famille de Broche.

Du mariage de Marie de Plantin avec Charles de Broche, le 16 octobre 1691, naquirent : 1° Jeanne de Broche, mariée à François de Restaurand, avocat à la viguerie royale du Saint-Esprit qui eut : Jeanne de Restaurand, mariée : 1° à Alexis de Prat, subdélégué de l'intendant du Languedoc, et 2° Charles de Piolenc, colonel du régiment de Beauce, dont la fille unique épousa le marquis de Virieu, lieutenant général.

2° N. de Broche, mariée à Alexis de Renoyer, procureur du roi, dont le fils, conseiller à la Cour des comptes, aides et finances de Montpellier et le petit-fils fut maire de Pont-Saint-Esprit, et eut une fille unique mariée au vicomte Paul de Causans, Pair de France.

3° Pierre de Broche qui a continué la famille.

4° Trois filles religieuses au couvent de la Visitation du Pont-Saint-Esprit.

5° Joseph de Broche, chanoine de la collégiale des prêtres blancs du Saint-Esprit, Clerc-Mage.

B
Famille de Sauvage du Roure.

Du mariage d'Henriette de Plantin de Villeperdrix avec Charles des Noyers de Sauvage du Roure, en 1772, naquirent entr'autres enfants :

1° Benoit Charles-André des Noyers de Sauvage du Roure, né le 21 décembre 1772, émigra en 1791, adjudant d'escadron en 1798 dans un régiment de dragons, chevalier de Saint-Louis, sous-préfet d'Uzès de 1825 à 1830, mort le 29 dééembre 1855.

Il avait épousé : ·1° à Alais, le 3 septembre 1804, Marie de Cabane de Camont, fille d'Antoine de Cabane, juge à Alais, et d'Anne d'Eymini, et 2° le 28 octobre 1826, Joséphine de Vaublanc.

Il laissa plusieurs enfants du second lit : 1° Henri, né le 5 juin 1841, zouave pontifical, décédé le 11 janvier 1872 ; 2° Charlotte, née à Uzès, mariée le 11 décembre 1849 à Victor de Mercey ; 3° René, né à Uzès le 7 novembre 1827, inspecteur de l'Enregistrement, marié, le 20 janvier 1858, à Louise de Vaublanc,

C
Famille de de Pisançon.

Du mariage de Jeanne de Villeperdrix avec le comte de Pisançon, en 1793, naquirent : 1° Jean-François-Léon de la Croix de Chevrières, comte de Pisançon, né à Pont-Saint-Esprit le 23 décembre 1809 ; 2° Marie, épousa, le 27 janvier 1820, Henri de Cadoine, comte de Gabriac: 8 Joséphine, épousa, le 10 avril 1832. Louis de Magnin, marquis de Gaste ; 4° Pauline, épousa, le 20 mai 1833, le baron de Serres de Monteil, à Saint-Paul-Trois-Châteaux ; 5° Elisabeth, épousa, le 10 décembre 1838, Jean-Baptiste Lombard de Fonteron.

AUREILLAC

Canton d'Uzès

———◦———

Armoiries : *d'argent à une bande losangée d'argent et de sable.*

1101. Cette seigneurie s'appelait Auriach (Cart. de Psalm.) *Aurelhacum* en 1384. (Dénomb. de la Sénéchaussée.) Aureilhac en 1535. (Sauvan André, notaire d'Uzès). Aurilhac en 1756. (*Arch. dép. du Gard*, c. 1303).

Aureillac est aujourd'hui réuni à Arpaillargues.

1503. Jean de Bozène, écuyer, seigneur de Foissac, était seigneur d'Aureillac. (Arch. dép., t. 1, p. 108).

Jacques de Bozène l'était aussi en 1549. (Arch. dép. t. 3, p. 134).

1551. Louis de Girard était coseigneur d'Aureillac (Voir Baron. *Arch. dép. de l'Hérault*, B. 8, p. 215).

1559, 10 mars. Mathieu de Bargeton devient possesseur de la seigneur d'Aureillac (Sollier, notaire d'Uzès).

Son héritier, Balthazar de Bargeton, a une fille, qui donne sa portion de seigneurie à Hector d'Agoult, seigneur de Mialous, lequel, par son testament du 24 décembre 1647, la lègue à Hector d'Agoult, son neveu, et ce testament est maintenu par arrêt du Parlement de Toulouse en date du 8 juin 1331.

Cette coseigneurie passe ensuite à Charles d'Agoult, chevalier, marquis de Montmaur, qui en fait hommage au duc d'Uzès. (Voir Arpaillargues).

1733, octobre. Joseph-Henri Rafin, conseiller, secrétaire du roi, maison et couronne de France, receveur des tailles au diocèse d'Uzès, devient coseigneur d'Aureillac par l'achat qu'il en fit au noble Mathieu de Bargeton, devant M⁰ Martin, notaire à Uzès.

Famille de Rafin.

I. Rafin, consul d'Uzès, fut père de Catherine, époux d'André Chambon, notaire à Uzès, et de

II. Jean Rafin, seigneur d'Avedon, né en 1604 et décédé en décembre 1674, enterré dans l'église de Saint-Laurent.

Il avait épousé Claudine Aubanel, dont il eut : 1° Henri, qui suit, et 2° Jean-André Rafin, qui forma la branche B.

III. Henri Rafin, receveur des tailles au diocèse d'Uzès, qui épousa, le 7 juin 1890, Catherine de Roche, fille de noble Daniel de Roche, juge mage au sénéchal d'Uzès, et de Gabrielle d'Anoul.

Il eut de ce mariage : 1° Henri, qui suit;

2° Gabrielle, qui épousa, le 26 novembre 1726, Mre Robert Esconin, seigneur de Saint-Maximin, chevalier de Saint-Louis, et de Catherine de Valette, dont Marie-Gabrielle, née en 1737, qui épousa : 1° M. de Collorgues de Dampmartin, et 2° M. de la Rouvière, capitaine;

3° Claude-Henriette, qui épousa, le 17 janvier 1712, de Rossel, baron d'Aigaliers.

IV. Henri de Rafin, conseiller à la Cour des aides et finances, à Montpellier, anobli par lettres patentes du roi du 25 août 1753, à Versailles, épousa Magdeleine de Malortigues, dont il eut :

V. 1° Rodolphe de Rafin, conseiller de grand'chambre au Parlement de Toulouse, coseigneur de Blauzac, seigneur direct d'Aureillac, né à Uzès le 26 août 1727, décédé le 18 avril 1805;

2° Louis, seigneur des Alluguins, chevalier de Saint-Louis, colonel du régiment Royal Angoulême, puis brigadier des armées du roi;

3° Jean-Rodolphe, prêtre, grand vicaire de l'évêque d'Alais. Il a donné 80.000 fr. à l'hôpital d'Uzès.

4° Marie, religieuse au couvent d'Uzès, morte le 13 juin 1813, âgée de 74 ans, laissa sa fortune à son plus proche parent, M. Jules d'Albiousse. (Voir son testament).

Branche B. III. Jean-André Rafin, conseiller du roi, receveur des tailles au diocèse d'Uzès, épousa, le 25 mars 1673, Dominique de Meynier, fille d'Abel, procureur

fiscal au duché d'Uzès, et de Marie de Blanchon d'Airan,
Il eut de ce mariage :

1° Jean-André Rafin, capitaine de grenadiers au
régiment d'Auxerrois, chevalier de Saint-Louis, épousa,
le 17 novembre 1737, devant M⁰ Trinquelague, notaire à
Uzès, Elisabeth Rossel, fille de Claude Rossel, docteur
ès-droits, juge au marquisat de Vézénobres, et de Marie
de Faucon.

Par son testament du 18 novembre 1773, il institua
héritière sa petite-nièce, Louise d'Albiousse, née Folcher
de Fontainebleau ;

2° Elisabeth Rafin, épousa, en février 1701, Marc-
Antoine Folcher, seigneur de Fontainebleau, fils de Jean
et de Rose de Boileau. (Voir Fontainebleau).

De ce mariage, naquit Jean Folcher de Fontainebleau,
époux Goirand (de la Baume), père et mère de Louise
Folcher de Fontainebleau, qui épousa, en 1762, Antoine
d'Albiousse, avocat en Parlement, capitaine châtelain et
député de la ville d'Uzès aux Etats du Languedoc.

Le colonel de Rafin des Alluguins donna la seigneurie
d'Aureillac, dont il avait hérité dans la succession de
son frère, à la baronne de Wurmser née Valabris, sœur
de la comtesse de La Rochette.

1856, 31 mai. Le comte Arthur de La Rochette, son
fils, vendit ce domaine à M. François-Daniel Praden,
de notre ville, devant M⁰ Dumas, notaire.

Depuis lors, ce domaine n'a pas cessé d'appartenir à la
famille Praden, qui l'a fort amélioré.

Le château qu'elle a restauré domine la plaine de la
Gardonnenque et offre à la vue un magnifique panorama,
qui s'étend jusqu'à la chaîne des Cévennes.

AVEJAN

Canton de Barjac

Armoiries : *d'argent à une fasce losangée d'argent et de sinople.*

1272. *Avejanau.* (Men. L. pr., p. 96, c. z.)

1346. *Locus de Aveiano.*

1400. Bernard de Banne était seigneur d'Avejan.

Famille de Banne d'Avejan.

Elle tire son nom de la terre de Banne, au diocèse de Viviers. Elle est distinguée dans l'ordre de la noblesse, tant par ses alliances que par son ancienneté.

L'*Armorial Général*, d'Hosier, B. 11, en donne la généalogie depuis Guigon de Vanne, damoiseau, qui peut être sorti d'Armand de Banne, nommé dans une charte de 1181, ou de Hugues, mentionné dans celle de 1203, seigneur d'Avejan, fils de Guigon, mort en 1275.

Il fut père de Pierre de Banne, damoiseau et seigneur d'Avejan. (Luch. Des., XIV, 26. Bib. Nationale, Manuscrits Long, 1103).

Armand de Banne, damoiseau, épousa Fernande de Castillon.

Il avait eu d'un premier mariage :

I. Bernard de Banne, damoiseau, seigneur d'Avejan, vivant en 1400, qui épousa Sinarade de Roux, dont il eut :

II. Pierre de Banne, damoiseau, seigneur d'Avejan et coseigneur de Castillon, épousa, le 7 février 1429, Mirande de Montjoc, dont il eut :

III. Jean de Banne, damoiseau, seigneur d'Avejan, coseigneur de Banne et de Castillon, épousa, le 15 février 1461, Alix de Lussan, dont il eut :

IV. Pierre de Banne, seigneur d'Avejan, coseigneur de Castillon, qui épousa, le 5 février 1488, Jeanne de Barjac dont il eut

V. Antoine de Banne, seigneur d'Avejan, baron de Ferrayrolles, qui épousa, le 21 février 1523, Gabrielle d'Albert dont il eut :

VI. Claude de Banne, seigneur d'Avejan, baron de Ferrayrolles, marié, le 3 août 1567, à Dauphine de Montcalm, dont il eut : 1° Pierre, qui suit ; 2° Jacques, qui a fait la branche B ; 3° Louis, qui a fait la branche C ; 4° Claude, qui a fait la branche D ; Charles, qui a fait la branche E ; Isabeau, mariée le 20 juillet 1605, à Jean de Gaste de Bagnols.

VII. Pierre de Banne, seigneur d'Avejan, baron de Ferrayrolles, épousa, le 2 mai 1593, Anne de Caladon de la Valette, dont il eut : 1° Jacques, qui suit ; 2° Gabrielle, mariée à Charles de Rochemore ; 3° Marie, alliée à Charles d'Agulhac ; 4° Françoise, mariée à Joachim de Gabriac.

VIII. Jacques de Banne, comte d'Avejan, Lanuéjols, Montjardin, baron de Ferrayrolles, épousa, le 16 septembre 1635, Marguerite de la Fare.

La branche aînée de cette maison, qui eut des lettres patentes de marquisat en 1736, données en faveur de Louis de Banne, lieutenant général, s'est éteinte en 1767.

La baronnie d'Avejan passa à Pierre de Banne, seigneur de Montgros, nommé le marquis de Banne.

Les terres d'Avejan et de Ferrayrolles, unies en une seule terre au titre de baronnie avec droits d'entrée aux Etats Généraux de Languedoc par lettres patentes du mois d'octobre 1732, furent érigées en marquisat sous la dénomination d'Avejan, en faveur de Louis de Banne d'Avejan, par lettres patentes d'avril 1736.

Louis de Banne laissa deux enfants : Philippe et Catherine, marquise de Gaudricourt, si attachée à l'Etat et à la gloire de son nom, qu'elle légua tous ses biens à celui de MM. de Banne qui serait au service du roi, et mourut en 1767 en son château de Gaudricourt.

« Ce legs fut recueilli par Pierre de Banne, seigneur de Montgros et ,de Siguemoille qui servait dans la compagnie de mousquetaires, depuis marquis d'Avejan, baron des Etats du Languedoc. » (Certificat de d'Hozier, du 6 août 1788.)

Branche B. VII. Jacques de Banne, seigneur de Terris, épousa 1° le 5 mars 1603, Louise de Brignon ; 2° le 18 août 1618, Louise de Grimoard du Roure, dont il eut

VIII. Jean de Banne, seigneur de Montgros, qui épousa, le 14 août 1649, Gabrielle de Chalas, dont il eut

IX. Pierre de Banne, seigneur de Montgros et de Siguemoille, qui épousa, le 9 décembre 1676, Françoise de Barre, dont il eut

X. Charles de Banne, seigneur de Montgros et de Siguemoille, marié, le 15 janvier 1705, à Marie Lefis, dont il eut

XI. Pierre de Banne, comte d'Avejan depuis l'extinction de la branche aînée, et baron des Etats du Languedoc, en 1767, capitaine de cavalerie, mousquetaire du roi, qui épousa, le 23 octobre 1745, Marie-Françoise d'Arbaud de Blauzac (voir fief Blauzac), dont il eut

XII Jean de Banne, comte d'Avejan, capitaine de chevau-légers, qui épousa, N. de Ranc de Sauve, fille et héritière du baron de Sauve, et de Mlle de Roquefeuil, dont il eut

XIII. Philippe de Ranc, comte d'Avejan, qui épousa Agathe de Castellane, dont il eut

XIV. Léon de Banne, comte d'Avejan, marié à Marie de Montcalm, dont quatre filles.

Branche C. VII. Louis de Banne, épousa Anne de Leuze, et eut pour fils

VIII. Jacques de Banne, seigneur de Méjanes, donataire de Dauphine de Montcalm, son aïeule.

Branche D. VII. Claude de Banne, épousa, le 28 avril 1610, Gabrielle de Rouverie de Cabrières, dont il eut

VIII. Pierre de Banne, conseiller au présidial de Nimes.

Branche E. VII. Charles de Banne, épousa, le 26 décembre 1611, Jacquette Tuffani, et il en eut :

Jacques, demeurant à Alais.

Ces trois branches ont été maintenues dans leur noblesse par jugement souverain du 20 octobre 1668.

Armes de la famille de Roverie de Cabrières : *D'azur un chéne d'or arraché et englanté de même.*

Armes de la famille de Banne d'Avejan : *D'azur à la demi-ramure de cerf d'or posée en bande.* (Armes du Languedoc, 147)

BARRON

Canton de Saint-Chaptes

Armoiries : *D'or à une bande losangée d'or et d'azur.*

Castrum de Barromo. Il aurait été construit par les Sarrasins sur un côteau appelé arque. (*Dictionnaire du diocèse de Nimes, par Goiffon.*)

Ce château fut un des lieux dont la possession fut assurée à l'église d'Uzès par le diplôme de Philippe II en 1211. La suzeraineté de l'évêque fut étendue en 1214 sur le village même par concession de Simon de Montfort, confirmée par Louis VIII, en 1226 et par Saint-Louis, en 1254 (*Dictionnaire Goiffon*)

1383. Les Truchins détruisent Barron.

1400, 4 août. Dénombrement des 1/2 de cette seigneurie au roi par Blanche d'Uzès.

1513, 24 décembre. Jean de Saint-Gelais, évêque d'Uzès, inféode cette seigneurie à Mre Pierre de Brueys, avocat à Nimes, seigneur de Fontcouverte, époux de Marguerite de Jossaud. (Voir fief Brueys. Me Bastide, notaire à Uzès.

1588, 26 février. Vente de cette seigneurie à Pierre Rozier, conseiller au sénéchal de Nimes, par Robert de Girard, évêque d'Uzès. (Dusserre, notaire à Cavillargues.)

Famille de Girard.

Elle est originaire du Bas-Languedoc où elle possédait très anciennement les terres de Soucanton et de Vézénobre, diocèse d'Alais.

Henriette de Girard, épousa, vers 1550, Antoine des

Gardies (Voir Cornillon) dont la fille, Louise, épousa, le le 10 octobre 1607, Jacques de Saint-Bonnet, frère aîné du maréchal de Toiras (P. Anselme, VII, 789.)

Aimeri de Girard, était évèque de Nimes, en 1335 et Robert, évèque d'Uzès en 1574.

Aimeri II, avait épousé Béatrix d'Arpaillargues (Manuscrit d'Aubais, p. 311.)

La maison de Girard est divisée en plusieurs branches encore représenŧée, de nos jours, dites de Cochorn de Vézénobre, du Lac et de Châteauvieux.

Elle a été maintenue dans sa noblesse, par jugement de M. du Gué, en 1667.

I. Antoine de Girard, qui épousa, le 24 janvier 1474, Aigline de Mandagout, dont il eut

II. Olivier de Girard, qui épousa, en 1527, Baude de Morand, dont il eut

Raymond, qui suit, et Bernard, qui a fait la branche C.

III. Boisnond de Girard, qui épousa, le 1er novembre 1563, Antoinette de Sarret, dont il eut

IV. Bertrand de Girard, qui épousa, le 25 octobre 1587, Diane de Grasset, dont il eut

V. Jean de Girard, qui épousa, le 4 août 1619, Anne de Gabriac.

VI. Hector de Girard, juge mage général de Gabriac, qui épousa, le 5 décembre 1685, Marguerite de Pelet, dont il eut Jacques, chef de la branche B, et

VII. Annibal de Girard, qui épousa Marguerite de Gentil, dont il eut

VIII. François de Girard, qui épousa Anne de Girard, sa cousine, dont il eut

1° Anne, mariée à Lozeran, seigneur de Vebron ;

2° Louis, officier au régiment Royal Croate, blessé à Fontenay ;

3° François, qui abandonna la religion réformée, chevalier de Saint-Louis, gouverneur de Tornac, qui épousa Charlotte de Goislard ;

4° Et

IX. Victor de Girard, lieutenant-colonel au service de la Hollande, réfugié pour cause de religion, qui épousa, le 28 septembre 1761, Aldegonde Petronnella, baronne de Cochorn, aïeul du général de ce nom, tué à Leipzig au service de la France dont il eut : 1° Anne, mariée à son cousin, Gédéon de Cochorn ; 2° Louis-François, qui suit ; Gédéon, capitaine, mort aux Indes.

X. Louis-François de Girard, diplomate, qui épousa, le 2 novembre 1789, Anna Wisser dont il eut Marguerite, mariée à Guillaume d'Aschat et

XI. Jean-Philippe de Girard, aide de camp du roi Guillaume III, chevalier de plusieurs ordres, qui épousa, en 1821, Elisabeth de Bye, dont il eut

XII. Menno de Victor de Girard, officier d'artillerie, qui épousa, le 23 mai 1850, Jeannette Noord.

Branche B. VII. Jacques de Girard, fixé en Bretagne, épousa, en 1690, Marguerite Lemoine, dont il eut

VIII. Charles-Richard de Girard, chevalier, qui épousa, en 1713, Anne-Marie du Verger dont il eut

IX. Charles de Girard, qui épousa en 1742, Thérèse du Verger de la Gravelle, dont il eut : Bazile, maréchal de camp, chevalier de Saint-Louis, marié en 1803, à Emilie de Bouctiez et

X. René de Girard, qui épousa, en 1785, Louise Berny, dont il eut : Dieudonné, colonel des armées royales, chevalier de Saint-Louis et de la Légion d'honneur.

Branche C. Bernard de Girard, écuyer, épousa, le 14 août 1561, Catherine de Grefeuille, dont il eut

IV. Pierre de Girard, qui épousa, le 3 février 1622, Françoise de la Roque, Sébastien, et

V. François de Girard, qui épousa, en 1671, Marguerite Granier, dont il eut : 1° Sébastien, qui suit ; 2° Marianne, alliée, en 1712, à Jean de la Roque ; Marc, qui a fait la branche D ; Georges, qui a fait la branche E.

VI. Sébastien de la Garde, qui épousa Elisabeth de la Roque dont il eut

VII. Sébastien de Girard, qui épousa N. de Castelviel, dont il eut

VIII. N. de Girard, qui épousa N. Molinier, dont il eut Saint-Aubin, tué à Sébastopol.

Branche D). VI. Marc de Girard, épousa N. Bruguière de Casenove, dont il eut : François, prêtre,
mort supérieur du séminaire de Montpellier, et

VII. Joseph de Girard, qui épousa : 1° Fanny de
Tessan et 2° en 1801, Alexandra Maury de la Peyrouse,
dont il eut

VIII. Adolphe de Girard, qui épousa, en 1832, Léonide
de Dufert de Sanbiac, dont il eut

IX. Aimery de Girard, qui épousa, le 12 octobre 1854,
Armandine de Girard, sa cousine. Résidence à Lavaur
(Tarn.)

Branche E. VI. Georges de Girard, brigadier dans
les gardes du corps, épousa, en 1771, Ursule Granier,
dont il eut

VII. Guimer de Girard, qui épousa, le 3 février 1802,
Félicité de Girard, sa cousine, dont il eut : Clémentine,
mariée, le 2 août 1832, à Léon de Plantade et

VIII. Ferdinand de Girard, qui épousa, le 18 juin 1835,
Yolande d'Imbert des Essarts dont Améline, mariée,
le 12 octobre 1854, à Emery de Girard.

Branche F. V. Sébastien de Girard, épousa Marguerite de Gros dont il eut

VI. Antoine de Girard, épousa N. d'Annière et il
en eut

VII. Hilaire de Girard, épousa N. de Compon, dont
il eut

VIII. Edouard de Girard, épousa Fortunée de Maury
de la Peyrouse.

Armes : *D'azur à la tour d'argent, à trois donjons
maçonnés de sable au chef cousu de gueules chargé
d'une étoile d'or accostée à droite, d'un lion naissant d'or ; à gauche, d'un croissant renversé
d'argent.*

1623, 20 juillet. Arrêt du parlement de Toulouse,
en faveur de Peraud, évêque d'Uzès, contre dame de
Combes, veuve de Denys de Brueys. (Arch. duc.)

En conséquence, cette dame est obligée de faire
hommage de cette seigneurie à l'évêque. (Voir Orsan.)

1714, 13 janvier. Mᵐᵉ de Ribaute, dame de Fontcouverte, fait hommage de cette seigneurie à l'évêque et lui paie l'albergue annuelle et perpétuelle d'un demi henry d'or payable et portable à Uzès à chaque fête de Saint-Michel.

Sur le territoire de Barron, se trouve la seigneurie de Fontcouverte qui appartenait, au xvi° siècle, à Pierre de Brueys (voir Brueys), et au xvii°, à Marguerite de Cambis. (Voir Orsan).

1733, 31 août. Certificat constatant que la seigneurie appartenait à Mre de Ribaute et que le roi y avait quelques directes.

LA BAUME

Canton d'Uzès

————•————

Armoiries : *de sable à un chef losangé d'argent et de gueules.*

1384. Balma (Dénombrement de la sénéchaussée de Beaucaire). — 1544 la Baulme (arch. dép. c. 1318 — près la Baume.

Anciennement le roi avait l'entière seigneurie de la Baume. Il céda cette seigneurie au vicomte d'Uzès en 1488 (Arch. dép. Nîmes, B. 8. p. 175.)

1550. Charles de Barjac, était seigneur de la Baume. (Voir fief Vallérargues).

1559, 6 mars. Noble Jean de Montlaur, seigneur de Murla, vend cette seigneurie à Pierre de Bargeton devant Gollier, notaire à Montpellier. (Voir généalogie de Montlaur, au fief Fournès et celle de Bargeton, au fief Vallabrix.)

1639. Nicolas de Moncelle était seigneur de la Baume (Arch. dép. de l'Hérault, B. 8. p. 213.)

1696, 23 août. Vente par les commissaires du roi de de la justice de la Baume au seigneur d'Espérandieu. (Voir généalogie d'Espérandieu au fief Aigaliers).

1721. Jean de La Tour du Pin Gouvernet, était seigneur de. la Baume (arch. duc.) Voir pour la généalogie, fief Bouquet.

1734, 23 septembre. Transaction par laquelle Mre Jean de la Tour du Pin Gouvernet, seigneur de Verfeuil, cède à noble Jean d'Espérandieu, coseigneur du mandement d'Aigaliers, le château et le domaine de la Baume. (Arch. duc., caisse 56.)

Jean d'Espérandieu se trouve alors le seul seigneur

et le 25 octobre 1738, il fait hommage au duc d'Uzès de
sa coseigneurie, toutefois en ce qui concerne l'exercice
de la justice, les habitants ont le droit d'avoir recours
au sénéchal d'Uzès.

1759, 24 janvier. Jean-Joseph Goirand, seigneur
direct de Servesane, coseigneur du mandement d'Aigaliers, conseiller du roi, achète, par acte reçu
Chamand, notaire à Saint-Quentin, à M. de Ville, la
terre et la seigneurie de la Baume avec droit de
justice haute, moyenne et basse et il prend immé-
diatement le titre de seigneur de la Baume ainsi que
le constate sa signature mise au bas de l'acte de
paiement à son vendeur, le 31 mai 1760.

Il était le frère cadet de Jean-Jacques Goirand, dont
la descendance s'est distinguée dans la carrière des
armes. L'un d'eux, colonel d'artillerie au siège de
Gibraltar dont il avait le commandement, fut anobli en
récompense de ses services dans ce siège. Son fils,
capitaine d'infanterie, épousa Honorine d'Albiousse, sa
cousine, dont il eut un fils, mort en bas âge. Ainsi
s'éteignit la branche aînée dans la famille d'Albiousse
à laquelle elle était alliée depuis 1728.

Famille Goirand de la Baume.

Elle est originaire de Toulouse où plusieurs de ses
membres avaient été capitouls.

I. Jean-Joseph Goirand, seigneur de la Baume cité
ci-dessus, décédé le 13 novembre 1774, avait épousé
Françoise Larnac, dont il eut: 1° Maurice qui suit ;
2° Melchior, ami du cardinal Pacca et mort curé d'Uzès;
3° Marie-Victoire, qui épousa, en 1781, Joseph Carme de
Pradines; 4° Louise Rosalie, qui épousa, en 1783, Pierre-
Paul Champetier de Ribes (voir ci-dessous lettre A) ;
5° une fille morte religieuse.

II. Jean-Joseph Maurice Goirand de la Baume, né le
5 juillet 1744, avocat en parlement, coseigneur d'Aigaliers, seigneur direct de Servezane, condamné comme
ci-devant noble correspondant avec les émigrés et mort
sur l'échafaud, avait épousé Thérèse Pomme, fille de

Pierre Pomme, fameux médecin d'Arles, et morte à
Uzès, le 10 décembre 1851, dans la 100ᵉ année de son
âge, dont il avait eu :

1º Pierre-Jean-Joseph, qui suit ;

2º Pierre, né en 1775, mort sur l'échafaud, en 93, pour
avoir baisé une pièce de monnaie à l'effigie du roi.

3º Michel-Ange (de Servesanne), né en 1777, mort
célibataire, en 1823.

4º Pierre-Joseph-Maurice (de Montferrand), né en
1783, mort en 1830.

III. Pierre-Jean-Joseph, né le 4 avril 1773, chevalier
de la légion d'honneur, avocat général à la Cour royale
de Nimes, mort en 1854, avait épousé, l'an III de la
République, Françoise-Marguerite Puget, dont il eut :

1º En 1796, Adolphe, mort à Dresde (militaire);

2º En 1798, Gaston, qui suit ;

3º En 1799, Charles, formant la branche B.

IV. Gaston, né le 8 novembre an IV de la République, commandeur de la Légion d'honneur, président de
la Société d'Agriculture du Gard, membre de l'Académie
et président de la Cour d'appel de Nimes, épousa
Mˡˡᵉ Vigier, fille, d'un conseiller à la Cour d'appel de
Nimes, dont il eut:

1º Maurice, président du Tribunal d'Uzès, qui épousa
sa cousine, Laure de la Baume;

2º Alexis, sous-préfet à Alais, qui épousa, le 14 février
1860, Génie Maurin, et de ce mariage : 1º une fille, morte
enfant ; 2º Pierre, mort à 31 ans, et Jane, mariée à
Hugues Teissier de Savy.

3º Charles, juge à Nimes, qui épousa, le 15 janvier 1874,
Virginie Fabrègue-Carbonnel, dont il eut Madeleine,
mariée au comte Joseph de Courcy, né au château de
Lus (Loiret), le 9 mars 1868, dont deux filles, Louise et
Jeanne.

Branche B. IV. Charles Goirand de la Baume, né le
23 thermidor an VII de la République, commandeur de
la Légion d'honneur, député d'Uzès, premier président
de la Cour d'appel de Montpellier, épousa, le 16 avril 1823,
Louise-Camille Duclap, de Saint-Maximin, fille de Louis,

receveur des finances à Uzès, et de Sophie Laplace de Saint-Maximin. De ce mariage naquirent :

1° Laure, mariée à son cousin Maurice, président du Tribunal d'Uzès;

2° Gabrielle, mariée à Gaston du Coustel de Valmalette, de Saint-Etienne-Vallée-Française, fils du colonel de Coustel de Valmalette, commandeur de la Légion d'honneur et de dame d'Escambour. De ce mariage sont nés : 1° Béatrix, épouse Lafond, mère de Gabriel, notaire, d'Aimé et de Georges ; 2° Roger ; 3° Camille ; et 4° Georges, avoué à Florac ;

3° Maxime, qui suit ;

4° Claire, qui épousa Charles Bouvié, conseiller à la Cour d'appel de Montpellier, dont une fille, Madeleine, en religion, Marie-Claire des Anges.

5° Marcel, juge suppléant au tribunal de Montpellier, qui épousa, le 25 avril 1866, Thérèse Alazard, fille du secrétaire général de l'Hérault, chevalier de la Légion d'honneur.

V. Maxime Goirand de la Baume, chevalier de la Légion d'honneur, président de Chambre à la Cour d'appel de M ontpellier, qui épousa, le 12 avril 1858, Sabine Lignon.

De ce mariage : 1° Marie-Thérèse, décédée ; 2° Germaine ; 3° Robert, décédé ; 4° Julienne, fille de charité, et 5° Marie, épouse Félix Aubert, juge au Tribunal d'Uzès, dont quatre enfants.

Armes des Goirand de la Baume : *d'azur à une bande losangée d'argent et de sable. (Armorial du diocèse d'Uzès,* n° 543).

A
Famille Champetier de Ribes.

I. Du mariage de Rosalie Goirand de la Baume, en 1762, avec Pierre-Paul Champetier de Ribes, avocat au Parlement de Toulouse, naquirent Paul Champetier de Ribes, juge de paix, célibataire et

II. Saturnin Champetier de Ribes, né à Castillon-du-Gard, le 26 novembre 1791; inspecteur de l'enregistrement et des domaines, marié le 19 mars 1817, à Elisabeth

Belland, fille de Mathieu Belland, ancien secrétaire d'ambassade à la Cour de Saint-Pétersbourg, et de Louise-Thérèse de Lesseps. Il eut de ce mariage: 1° Jules Champetier de Ribes, né à Saint-Esprit (Landes), le 30 novembre 1817, décédé au château de Tilk (Landes), directeur de l'Enregistrement, chevalier de la Légion d'honneur, marié, lo 20 mai 1844, à Zélia de Bachelier, dont une fille, Berthe, célibataire, demeurant au château de Tilk; 2° Auguste qui suit; 3° Ernest, industriel, marié à Marie Christofle, décédé le 30 mai 1868, laissant deux enfants : (a) Fernand, industriel, chevalier de la Légion d'honneur, marié à Hélène Gibert, dont cinq enfants (trois jumeaux), Jean, né le 15 août 1889, Charles, novembre 1892, Pierre, le 20 février 1897, et deux filles, Jacqueline et Marie-Rose et (b) Ernestine, mariée à Charles Mac Nab, chef de bataillon breveté d'Etat-Major, chevalier de la Légion d'honneur, dont deux entants, Jeanne et Jacques.

III. Auguste Champetier de Ribes, avocat à la Cour d'appel de Paris, ancien membre du Conseil de l'Ordre des avocats, marié le 23 septembre 1844, à Anne Beauvais, veuve, le 3 mai 1888, demeurant à Paris, rue de Castiglione, n° 10, dont il eut: 1° Maurice qui suit ; 2° Camille, médecin-accoucheur des hôpitaux de Paris, membre de l'Académie de médecine, marié à Claire Labric, dont Etienne, né le 5 août 1887; 3° Jules, avoué près le tribunal de la Seine, marié à Marie-Anne l'urant des Aulnois et décédé le 21 avril 1887, laissant de son mariage :. (a) Anne, mariée à Paul Gastinne, industriel, dont René, né le 3 novembre 1904 ; (b) Juliette, . mariée à Léon Getti, industriel, dont Pierre, né le 17 avril 1900 et Anne-Marie ; (c) Suzanne, mariée à Paul Decauville Lachenée, notaire à Coutance ; (d) Louis, licencié en droit; (e) Jules, bachelier ès-lettres ; 4° Charles, notaire à Paris, mariée à Lucie Hachette, dont huit enfants (cinq garçons). Alfred, né le 30 décembre 1889; René, le 16 septembre 1891; Lucien, le 28 janvier 1896 ; Henri, le 28 février 1903 ; Pierre, le 5 mai 1904, et trois filles, Madeleine, Alice et Marie ;

5º Paul, avocat à la Cour d'appel de Paris, marié à Hélène Bouilhet, dont neuf enfants (deux garçons). Philippe, né le 10 juin 1890 ; André, 23 mars 1894, et sept filles, Elisabeth, Henriette, Germaine, Antoinette, Louise, Suzanne et Anne-Marie.

IV. Maurice Champetier de Ribes, notaire à Paris, marié, le 5 février 1872, à Marie Delapalme, décédée le 14 mars 1888, dont il a : 1º Ernest qui suit ; 2ª Louise, mariée à Henri Benilan, industriel à Creil, dont : Jean, né le 21 juillet 1898 ; Louise, le 19 juillet 1903, et Marie ; 3º Ernestine, fille de la charité ; 4º Camille, mariée à André Ribadeau Dumas, principal clerc d'avoué à Paris, dont Geneviève et Charles, né le 16 mai 1905 ; 5º Marie, mariée à André Tollu, ancien élève de l'Ecole Polytechnique, ingénieur, dont René, 24 décembre 1901, et Marcel, 16 juin 1903 ; 6º Auguste, licencié ès-lettres, marié à Elisabeth Gibert ; 7º Jacques, étudiant en droit ; 8º Thérèse.

V. Ernest Champetier de Ribes, principal clerc de notaire, marié à Hélène Tollu, dont il a eu Hélène, Jeanne et Suzanne.

BELVEZET

Armoiries : *De sinople à une fasce losangée d'argent et de ·gueules.*

1272. *Locus de Bellovisu.* (Mén. 1. pr. p. 95. c. 2).

1361. On place à Belvezet un poste pour repousser les routiers, conformément à l'avis des consuls d'Uzès.

1382. Les Tuchins détruisent le château.

1558. Etait seigneur de Belvezet, Gabriel d'Audibert, seigneur de Lussan et de Valron, capitaine de chevau-légers, fils de Gaspard et de Jeanne Bourdal d'Aramon, avait épousé, en 1558, et le 11 novembre, Gabrielle de Budos, sœur du marquis de Portes, dont la fille, Louise, épousa, le 19 mars 1593, Henri, duc de Montmorency. (Voir fief Navacelle.)

1624. 29 mars. Noble François de Rodolphe, veuf d'Anne de Brueys, était seigneur de Belvezet.

1700. Etait aussi seigneur de Belvezet, Antoine de Castillon, marquis de Saint-Victor, fils d'Hercule et de Martine de Baratier, mariée le 3 novembre 1648. Il avait épousé, le 20 avril 1708, Marie de Thézan de Saze. (Voir pour sa généalogie, fief Saint-Victor-de-Malcap. (Arm. du Lang. 1.128.)

L'ancien château de Belvezet ne présente plus qu'un monceau de ruines.

La justice haute, moyenne et basse, dépendait du duché-pairie d'Uzès.

Les ducs d'Uzès y possédaient de vastes forêts qu'ils ont encore conservées.

Voici une anecdote fort amusante concernant les habitants de Belvezet.

La vache du duc d'Uzès.

A la bataille de Parme, livrée en 1734, où les Français, commandés par le maréchal de Créqui, battirent les armées impériales, le fils aîné du duc d'Uzès, Emma_ nuel de Crussol, étant à la tête du régiment de son nom et au premier rang, genou-terre, suivant l'usage de l'époque, reçut une affreuse blessure. Une balle lui fracassa la machoire et sortit par l'épaule droite et le rendit bossu.

Pendant longtemps il ne put vivre qu'avec le lait d'une vache qu'on avait achetée exprès. Devenue vieille, il eut l'idée de la confier aux habitants de Belvezet, ses vassaux, qui ne passaient pas pour être bien intelligents.

Il fit venir le doyen des habitants et lui dit : « Vous allez soigner cette vache, et je donnerai à la commune 1000 livres par an, mais celui qui osera me dire qu'elle n'existe plus sera puni de mort. » La vache est amenée à Belvezet où on apprend, non sans une vive émotion, la conversation et les menaces du duc.

Chacun fait de son mieux pour soigner l'animal. Un an, deux ans, trois ans se passent et chaque année une députation va au château ducal recevoir les 1000 livres promises. Mais, voilà qu'avant la fin de la dernière année, la vache meurt.

Grand émoi dans la commune. Qui voudra se sacrifier pour annoncer cette fatale nouvelle au duc et qu'arrivera-t-il si on la lui cache?

Mais voilà qu'un des habitants, qui était originaire de l'Auvergne, s'offre en victime.

« Je suis pauvre, dit-il, prenez à votre charge ma femme qui va devenir veuve et mes enfants orphelins. Je me charge d'annoncer cette fatale nouvelle à notre puissant seigneur. »

On promit de secourir sa famille. On le félicita de sa détermination et de son courage.

Il part pour le château ducal au milieu de l'émotion générale.

— Eh bien, qu'y a-t-il de nouveau? Tu viens pour la vache ? lui dit le duc.

— C'est que, Monseigneur, dit le paysan sans achever sa phrase, votre vache ne mange plus.

— Ah ! dit le duc, l'appétit lui reviendra.

— Monseigneur, elle ne marche plus.

— Elle est si vieille, dit le duc.

— Monseigneur, elle ne boit plus ?

— Est-ce qu'elle est malade ?

— Ah ! non Monseigneur.

— Est-ce qu'on l'a volée, tuée ?

— Non, Monseigneur, je vous le jure.

— En ce cas, répondit le duc, elle est morte !

— Ah ! Monseigneur, pardon, s'écria l'Auvergnat en se mettant à genoux. C'est vous qui l'avez dit. Ce n'est pas moi.

Le duc ne put retenir un grand éclat de rire.

« Ah ! tu n'es pas de Belvezet, cela se voit, lui dit-il en le relevant. Et puisqu'elle est morte garde l'argent pour toi. »

Et il s'en retourna à Belvezet où on fut tout étonné de l'aventure. (*Le Tour de France*, Rambouillet, par la duchesse d'Uzès, p. 231).

Le vieux château de Belvezet appartient à la commune.

BLAUZAC

Canton d'Uzès

Armoiries : *de gueules à un homme à cheval armé le tout d'argent.*

1147. Blaudacum (Hist. du Lang. 11 pr. col. 502)

1156. *Castrum de Blauzuch* (Ed. col. 561.), puis *Blasacum* en 1165, Blauzat en 1533, enfin Blauzac en 1636. (Arch. dép. c. 1299.)

1209. 3 novembre, Raymond, comte de Toulouse, donne Blauzac à l'Evêché d'Uzès. (Villemagne, notaire à Uzès.)

L'évêque d'Uzès le cède à Elzéar, l'un des seigneurs d'Uzès et dans le traité on remarque que les trois seigneurs d'Uzès, Elzéar Reynon et leur frère aîné, Reynon, dit Rascas, donneront chaque année un bon dîner à tous les chanoines dans leur cloître.

1280 Bertrand de Rochegude, seigneur de Cornillon, Rostaing de Pouzilhac et Bertrand d'Olérargues, coseigneur de Blauzac, prêtent serment de fidélité à Mᵍʳ Bertrand, évêque d'Uzès, sous l'albergue de fournir, quand ils en seront requis un chevalier armé et quatre piétons.

1353. Le roi Jean le Bon donne la seigneurie de Blauzac à Pierre de Deaux, neveu du cardinal de Deaux. (Dictionnaire Goiffon.)

Bertrand de Deaux, né à Blauzac, après avoir été archevêque d'Embrun, est nommé cardinal-légat du pape Jean XXII et Benoît XII. Il meurt en 1333, évêque de Sabine, chancelier de l'église Romaine, et est enterré à l'église de Saint-Didier d'Avignon, où il avait fondé une collégiale.

Bertrand de Deaux, parent du cardinal, est évêque de Nîmes, de 1342 à 1348. Il meurt à Montefiascone en Italie, où il remplissait une fonction que lui avait confiée le pape.

Jean de Blauzac, né au château de Blauzac, fils d'une sœur du cardinal, lui succède de 1348 à 1361. Il est par la suite, créé cardinal et évêque de Sabine, par le pape Innocent VI. (Dict. Goiffon.)

Il avait été nommé député en 1362 avec le cardinal Aycelin, pour réformer l'Université de Paris. Il meurt à Avignon, lieutenant-général du Pape.

1382. Les Tuchins brûlent le château de Blauzac.

1386. Bertrand de Sauve de Deaux, épouse Amorose d'Arpaillargues qui lui apporte cette terre en dot. De ce mariage naît un fils qui se marie, le 8 décembre 1395, avec Marguerite d'Enfière, dont il a une fille religieuse à l'abbaye de Saint-Sauveur de la Fontaine de Nîmes, (Hist. de Nîmes, T. 111 p, 64.)

1390. Raymond de Montaren, était coseigneur de Blauzac. (Arch. dép. de l'Hérault B. 8. p. 210.)

1484, 28 juillet. Noble Pierre de Bourgejuif, coseigneur de Blauzac, prête serment de fidélité au roi.

1503, 4 mai. Pareil hommage est fait par un autre coseigneur, Jacques de Crussol, vicomte d'Uzès.

1530. Bertrand de Roche, devient coseigneur de Blauzac et son fils, en 1553, juge-mage en la Cour du sénéchal d'Uzès, en fait le dénombrement. (Delgas, notaire à Uzès.) (Voir fief Montaren.)

1569. Jean de Saint-Chamand, de Saint-Roman, chef des protestants, s'empare de Blauzac.

1591, 10 avril. Mathieu de Ravanel, déjà coseigneur de Blauzac, achète une partie de cette seigneurie à Lucrèce d'Aymes, dame de Blauzac, épouse d'Elzéard de Rochas d'Aiglun, moyennant dix écus. (A. dép. du Gard 3. 188.) (Voir lettre A.)

Cette seigneurie lui appartenait encore en 1634. (Guiron, notaire à Nîmes.)

1649. Pierre de Trémolet, était seigneur de Blauzac. (Cabarenoyes, notaire à Nîmes. (Voir Collias.)

1679, 23 novembre. Tristan d'Arbaud, achète la seigneurie de Blauzac au seigneur de Roche, en 1720, au prix de 22.000 francs. Charles-René d'Arbaud la rétrocède à la famille de Roche.

En 1811, le 13 novembre, Françoise d'Arbaud, âgée de 78 ans, veuve de Pierre de Bane d'Avejan, mort à Uzès, où elle était domiciliée.

1737, 20 septembre. Louis de Fraissinet, était coseigneur de Blauzac. (Bonnet, notaire à Uzès, E. Moulin.)

1740. Pierre de Larnac, docteur ès-droit, était aussi coseigneur. (Reynaud, notaire à Uzès.)

Il avait épousé Marie de Froment, et de ce mariage naquit une fille, Marie-Anne, qui épousa, le 19 septembre 1784, Jean-François-Bernard de Boutonnet, chevalier, président en la Cour des aides et finances de Montpellier, fils de noble Etienne de Bernard, seigneur de Boutonnet, conseiller secrétaire du roi, de la chancellerie près la Cour des aides de Montpellier et de Jeanne Gros.

1764. Noble Jean-Joseph-Henri de Rafin, conseiller secrétaire du roi, maison et couronne de France, achète la coseigneurie de Blauzac à Jacques de Bargeton. Il était fils d'Henri Rafin, receveur des Tailles du diocèse d'Uzès et de Catherine de Roche, fille de Daniel juge-mage au sénéchal d'Uzès et de Gabrielle d'Anoul, mariés le 3 juin 1690. Il avait épousé Madeleine de Malortique. (Voir fief Aureillac.)

1775, 8 mai. Claude-Auguste-Maurice de Catellan, chevalier non-profès de l'ordre de Saint-Jean-de-Jérusalem, fait vendre d'autorité de justice, le 6 février 1775, la coseigneurie de Blauzac, appartenant à noble François de Barjeton et en devient acquéreur. (Bonhomme, notaire. E. Dumas.)

1776, 10 avril. Etait seigneur de Blauzac, du chef de sa femme Elisabeth d'Arbaud, Jean-Michel d'Isarn de Montclair, né le 26 février 1758, à Saint-Omer, en Artois, ancien capitaine de Grenadiers au régiment d'Heynault.

Famille d'Izarn.

Elle est originaire de Villefort, au diocèse d'Uzès. Elle est connue par filiation suivie, depuis Raymond d'Izarn, écuyer vivant en 1369, qui fut le père d'Etienne, aïeul direct de Pierre d'Izarn, dont la postérité fut maintenue dans sa noblesse par M. de Bezon, le 12 décembre 1668. (Barron 111. 649.)

Le nom d'Izarn était primitivement un nom de baptême. Il n'y en avait pas d'autres avant l'an mille pour distinguer les seigneurs entr'eux. Aussi vers cette époque les uns prirent le nom de leurs terres, d'autres de leur profession, d'autres des sobriquets, d'autres enfin, transformèrent le nom de baptême en nom héréditaire de leur famille. C'est ainsi que le nom d'Izarn fut définitivement adopté au xive siècle.

Le premier connu dans l'histoire est :

I. Pierre Izarn, damoiseau, qualité qui n'était donnée qu'aux fils des chevaliers. Il fit hommage au comte d'Armagnac de Fesensac des héritages qu'il possédait à Nérac, en Rouergue. Il fut le père de

II. Raimond Izarn qui fit, en 1402, quelques acquisitions dans la paroisse de Cubières au diocèse d'Uzès. Il épousa Cécile Merle, dont les armes sont : *d'argent à 3 merlettes de sable posées 2 et 1.* Il eut de ce mariage :

III Etienne Izarn, seigneur de Crussolles, qui épousa Vierne de Gruvière, dont les armes sont : *de gueules à six carreaux d'or posées 2, 2 et 2.* Il eut de ce mariage :

IV. Pierre Izarn, deuxième du nom, seigneur de Crussolles, qui épousa, le 31 mai 1456, Marguerite de Planchamp. Il fit hommage au vicomte de Pompadour, le 22 septembre 1470 de tout ce qu'il tenait de lui, en fief *franc et gentil.* Il eut de son mariage :

V. Pierre Izarn, troisième du nom, seigneur de Crussolles, capitaine des légions de la maison du roi en 1538, qui épousa Antoinette de Montjeu, fille de Raymond, seigneur de Chassagnes, coseigneur de la ville des Vans, et d'Anne de la Garde Chambonas. Elle

fut enterrée avec son mari dans l'église de Villefort.
Ils laissèrent pour enfants : 1° Jacques, qui suit ;
2° Guillaume, officier qui se distingua dans la guerre
de Turin ; 3° Isabeau, qui épousa Michel Molhe, seigneur
de Brix, dont les armes sont : *d'argent à un sautoir
de sable.*

VI. Jacques Izarn, seigneur de Crussolles et de
Castanet, épousa : 1° le 14 août 1541, Honorade Hérail,
dont les armes sont : *d'azur à un vaisseau d'or, les
voiles d'argent et flottant sur une mer de même.* Elle
était fille de Jean, seigneur de Brezis et d'Honorade de
l'Estang ; 2° le 16 avril 1555, Marguerite de Molette dont
les armes sont : *d'azur à un cor de chasse d'argent
accompagné de trois molettes d'éperon d'or, posées
deux en chef et l'autre en pointe ;* 3° le 16 février 1558,
Louise de Cardaillac, veuve d'Anduze, fille de Jean et
de Louise de Corsac : *de gueules à un lion d'argent
couronné, langué et onglé d'or et un cercle de
13 besants d'argent.* De son mariage avec Honorade
Hérail, il eut :

VII. Baptiste d'Izarn, capitaine de cent arquebusiers,
en 1588. Il fut nommé par le maréchal, duc de Montmorency et par les députés d'Uzès, commandant de la ville
de Villefort. Il épousa : 1°.le 18 juin 1581, Marie de
Montjeu, dont les armes sont . *d'azur à un lion d'or à
demi-corps, les bouts de la queue passés en sautoir,*
et 2° le 29 novembre 1599, Isabeau de Cambis, fille de
François, vicomte d'Alais et de Madeleine de Villeneuve-
Trans.

Baptiste d'Izarn eut du premier lit:

VIII. Jacques d'Izarn, seigneur de Crussolles, Chassagnes, Castanet, des Vans et de Naves, gouverneur de
Villefort, commandant la Compagnie de cuirassiers des
Portes en 1621, fit lever le siège qui avait été mis devant
Villefort, par le seigneur de Saint-André-de-Montbrun,
en 1629. Il épousa, en 1613, Marie de la Garde de Chambonas, dont les armes sont : *d'azur à un chef d'argent.*

Il fut maintenu en possession de son ancienne
noblesse par M. de Beson, le 12 décembre 1668.

7

Il eut pour fils :

IX. Henri d'Izarn, né le 16 octobre 1616, capitaine au régiment de Polignac, qui épousa, le 1er juin 1680, Marguerite de Bellau, dont les armes sont : *de sable à trois bandes d'or écartelé d'un losange d'or et de sable.*

Il eut de ce mariage :

X. Pierre-Jacques d'Izarn de Montjeu, coseigneur des Vans et de Naven, qui épousa : 1° le 7 mai 1676, Isabeau de Bonas, fille de Jean et de Jacqueline de Merle de la Gorce. Armes : *d'argent à un cyprès de sinople accompagné de deux fleurs de lys et de sable*, et 2° le 19 juin 1709, Gabrielle de la Baume de Castelnau, dont les armes sont : *de gueules à une fasce d'or accompagné de trois mains droites d'argent, deux en chef et l'autre en pointe.*

Du second mariage, il eut : 1° François d'Izarn, né le 9 août 1713, page du roi ; 2° Pierre, aussi page du roi ; 3° Dauphine et 4° Françoise.

La branche aînée de cette maison qui s'est éteinte de nos jours reçut quelques illustrations pour ses services militaires et les charges qu'elle occupa à la Cour sous Louis XIV, Louis XV et Louis XVI. Les trois femmes qui entrèrent dans cette maison en 1634, 1711 et 1740, se succédèrent jusqu'à la Révolution Française dans la charge de gouvernante des Enfants de France.

L'abbé d'Izarn de Villefort, comte et chanoine de Saint-Claude, fut, pendant l'émigration un des agents les plus actifs de Louis XVIII. (Barrau 111. 657.)

La maison d'Izarn fut admise aux honneurs de la cour en 1730 et 1781.

Armes : *d'azur à la fasce d'or accompagnée de trois besants de même en chef et un croissant aussi d'or en pointe.*

Aujourd'hui le château de Blauzac est occupé par des paysans. *Sic transit gloria castellorum.*

A
Famille de Rochas.

Originaire de la ville de Digne, elle tire probablement son nom de Rochas, quartier féodal de la ville.

Dès le xiv° siècle, on voit des membres de cette famille occuper les premières charges municipales et être les députés de la ville pendant qu'ils occupaient des seigneuries aux environs, telles que la Javie, Queylan, Malemoisson, Gaubert, etc.

Le *castrum* d'Aiglun fut acheté en 1443, au roi René, par Jean de Rochas, avec tous les droits régaliens qui lui étaient attachés.

Parmi les droits énumérés dans l'acte, se trouve celui d'avoir un bailli qui y rende la justice, aussi bien aux habitants du lieu qu'aux étrangers et qui la fasse exécuter par ses officiers ; ainsi que celui d'élever des potences, un pilori et autres signes de haute juridiction.

En 1557, Honoré de Rochas, fils d'Antoine et de Philippine de Sabran, est reçu chevalier de Malte. Il quitte ensuite l'Ordre et suit le roi de Navarre dans toutes ses expéditions. Henri, devenu roi de France, le récompense en lui donnant la charge de gouverneur des mines de Provence. Il se marie, en 1534, avec Jeanne de Meyran, dont il eut un fils, Henri, qui devint médecin de Louis XIII et de Louis XIV.

En 1597, Charles de Rochas, épouse Isabeau, fille de Jean III de Villeneuve Esclapon et de Pierrette d'Aqua d'Oraison. N'ayant point d'enfant, il lègue à son neveu, Hercule d'Esclapon, son domaine de Valeurcelle qui appartient encore au marquis Christian de Villeneuve, arrière-petit-fils d'Hercule et de la princesse Jeanne Bonaparte.

La famille de Rochas donne naissance à un grand nombre de branches dont l'une passe en Dauphiné au xviii° siècle.

Cette branche est aujourd'hui représentée par le colonel Albert de Rochas d'Aiglun, demeurant au château de l'Agnelon, par Voiron (Isère). Il a, de son mariage avec Adèle Dode de la Brunerie, trois enfants : Henri, lieutenant au 21°° régiment de chasseurs à cheval, marié à Madeleine Caillard ; Charles, lieutenant au 1ᵉʳ hussards ; Marguerite, mariée à M. Croneau, ingénieur en chef de la marine

Les diverses branches de cette famille ayant adopté des armes différentes pour se distinguer conservèrent comme lien commun, leur part de justice d'Aiglun.

La branche du Dauphiné porte : *d'or à la croix bourdonné de gueules au chef d'azur chargé d'une étoile d'or.*

Le colonel de Rochas, a pour frère, M. Edouard de Rochas, ancien inspecteur des forêts, retiré au château de Clément, par Pontcharre (Isère). Il a épousé Mˡˡᵉ Marie de Coppier, dont :

Pierre, lieutenant d'infanterie, qui a épousé Mˡˡᵉ Valentine de Fouquet ;

Marthe, qui a épousé le comte du Sentre de Vignemont, à Lyon ;

Madeleine, religieuse de la Miséricorde.

BOUQUET

Canton de Saint-Ambroix

———

Armoiries : *d'or à une barre losangée d'or et d'azur.*

1156. *Castrum de Bocheto.* (*Hist. du Lang.* 11 p. col. 561. 1243). *Castellum* de Bochet (Gall. Christ. t. 6, col. 626). — 1384. *Boquetum* (dénomb. de la sénéchaussée). 1549. Saint-Martin-de-Bouquet (arch. .dép. c. 1319).

On y remarque un château sur une montagne appelée Bouquet qui a donné son nom au village.

Cette seigneurie appartenait primitivement moitié à l'évêché d'Uzès et moitié aux seigneurs d'Uzès.

1224, 7 janvier. Gille de Maltortel en fait hommage à Reynaud, évêque d'Uzès. (Massargues, notaire à Uzès).

1742, 13 septembre. Il vend quatre parties de la juridiction de Bouquet à Guillaume de Bosson. (Arch. duc., caisse 4), qui en fait hommage à Pons, évêque d'Uzès.

1254, 4 janvier. Bertrand de Labaume, coseigneur de Bouquet, en rend hommage a Bertrand, évêque, et à Decan, seigneur d'Uzès, ainsi qu'aux enfants de Gillesde Maltortel, pariager dominant. (Tissier, notaire à Uzès).

1260, 11 août. Hermeffende, veuve de Gilles de Maltortel, aïeule d'Elzéard de Sabran, rend hommage à Bertrand, évêque d'Uzès. (Bonhomme, notaire).

1281, 5 septembre. Gancelin de Barjac fait hommage à Bertrand, évêque, et à Decan, seigneur d'Uzès, d'un quart de la seigneurie de Bouquet qu'il possédait par indivis avec Jourdan de Chateauneuf, Octave d'Aigaliers et les enfants de Bertrand d'Allègre. (Reynaud, notaire à Saint-Césaire).

1447, 8 septembre. Noble Bertrand de Barjac était coseigneur de Bouquet avec le vicomte d'Uzès, chacun pour la moitié. (Luceret, notaire).

1539, Thibaud de Barjac fait le dénombrement de la coseigneurie aux commissaires du roi. (Arch. duc., caisse 4).

1550, 22 novembre. Il en fait hommage à Antoine de Crussol, vicomte d'Uzès.

Famille de Barjac du Bouquet

I. Bertrand de Barjac, damoiseau, seigneur de Bouquet et de Vaquière, petit-fils de Bertrand de Barjac, eut pour fils: Antoine qui suit et Jeanne, mariée à Pierre de Banne.

II. Antoine de Barjac, seigneur du Bouquet et de Vaquière, fut père de

III. Thibaud de Barjac, seigneur du Bouquet, qui épousa Bonne de Nicolay, dont il eut

IV. Bonnaventure de Barjac, écuyer, seigneur de Terne et de Vals, marié le 19 novembre 1553 à N... Mourgues, dont il eut Hérail de Barjac, seigneur de Vals, demeurant à Villeneuve-de-Berg. D. de Viviers qui fut maintenu dans sa noblesse par jugement souverain du 26 mars 1670.

Armes : *Ecartelé au 1 et 4 d'argent à quatre têtes de More de sable tortillées d'argent au 2 et 3 de gueules à quatre pals d'or ; sur le tout de gueules au mouton pesant d'or surmonté d'un croissant d'argent.*

Antoine de Barjac, fils de Jacques, fait donation de sa seigneurie de Bouquet à sa mère Louise de Calvet, épouse de N. de la Tour de la Charce Gouvernet.

Famille de la Tour du Pin de Gouvernet

Cette famille illustre entre toutes descend des barons souverains de la Tour du Pin, devenus dauphins de Viennois.

L'auteur commun est Girard I, dit de la Tour, fils de Bernard, comte d'Auvergne, et neveu d'Alfred et de

Guillaume, ducs d'Aquitaine. Il eut deux fils : 1° Berliou de la Tour dont la postérité resta en France et Bernard qui fut la tige de l'illustre maison de La Tour, établie à l'étranger, connue sous les noms de la Tour Châtillon, Della Torre des ducs de Milan et des princes de la Tour et Taxis. Cette famille forma en France plusieurs branches :

Celle des sires de Vinay, eut pour auteur commun Berliou V de la Tour seigneur de Vinay, qui vivait au commencement du xiii° siècle et avait épousé Alice, fille de Humbert de Montluel, souverain de Valbonne, et de Marie, comtesse de Genève.

Les derniers descendants de cette branche furent René I, maréchal des camps et armées du roi. (Voir branche Verclause). Jacques I de la Tour, qui épousa en 1583 Jeanne de Sadde, fille de Jean de Sadde, baron d'Aiguières, et d'Anne de Damians de Vinnègues.

Branche de la Tour du Pin Gouvernet

L'auteur commun fut Pierre III de la Tour de Clelles qui épousa, en 1510, Madeleine de Silve, qui apporta à son mari la seigneurie de Gouvernet.

Le représentant actuel de cette branche est Humbert, marquis de la Tour du Pin et de Gouvernet, né le 15 mai 1855, fils d'Aymar et de Caroline de l'Hermine, qui épousa, le 10 octobre 1883, Gabrielle de Clermont Tonnerre, dont il a eu Sabine, née le 19 juillet 1884; Renée, née le 28 janvier 1886; Anne, née le 28 avril 1891.

Branche de la Tour du Pin La Charce

L'auteur commun fut César Ier de la Tour, seigneur de Gouvernet, marquis de La Charce, fils de René Ier, dit le grand, de la branche précédente, et d'Isabeau de Montauban.

César fut maréchal général des Armées de la Réforme sous Rohan et Coligny, créé marquis de la Charce en 1640 et mourut catholique à Nyons, en 1645. Il avait épousé Catherine de Ginestous, dont le petit-fils, Séraphin, épousa en 1786 Henriette-Lucie Dillon. (Voir lettre A).

Voici les derniers descendants de cette branche :

I. René IV, comte de La Tour-du-Pin la Charce, né en 1746, colonel des grenadiers royaux de Bourgogne, chevalier de Saint-Louis, président de la noblesse du Vermandois, exécuté en 1794, avait épousé en 1779 Angélique de Bérulle (voir lettre B), fille du ·marquis premier président du Parlement de Dauphiné, petite-nièce du célèbre cardinal. Elle mourut à Bezonville, le 5 janvier 1826, laissant René V, qui suit.

2° Henry, né en 1783, chevalier de Malte et du Lys‘ qui épousa, en 1802. Elisabeth de Sesmaisons, (voir lettre C ci-dessous), littérateur et décédé le 2 mars 1866 laissant Berliou qui épousa, en 1833, Cécile du Bosc de Badefont, dont il eut :

1° Henry, né en 1834, officier de la Légion d'honneur qui épousa, le 12 février 1864, Ernestine d'Harcourt, fille du marquis et de la marquise née de Choiseul Praslin.

2° Humbert, né en 1835, lieutenant de vaisseau, chevalier de la Légion d'honneur, qui épousa, en 1878, Hélène Passy ; 3° Victoire, née en 1836, mariée au comte de Clermont-Tonnerre en 1856.

Henri V, comte de la Tour du Pin Chambly de la Charce, né en 1780, mort en 1860, avait épousé Marie Douet de la Boulay, dont il eut :

René VI Humbert, marquis de la Charce, qui épousa en 1833, Charlotte de Maussion, dont il eut

René VII, comte de la Tour du Pin Chambly de la Charce, né au château d'Arancy (Aisne), en 1874, capitaine d'état-major, officier de la légion d'honneur, retraité en 1887 comme lieutenant-colonel, qui épousa, le 5 mai 1892, Marie de la Tour du Pin Montauban, morte le 16 janvier 1904.

Aymar, son frère, né en 1838, officier de chasseurs d'Afrique, officier de la Légion d'honneur, épousa en 1868, Marie de Vougy, dont il a eu

1° Humbert de la Tour du Pin Chambly de la Charce, né le 16 juillet 1869, marié le 11 juillet 1895 à Marie La Gonidec de Penlan, dont René, né le 27 juin 1896 et Sibille, née le 7 novembre 1900 ;

2º Jacques, né le 9 décembre 1873, sous-lieutenant de cavalerie en octobre 1895 ;

3º Jeanne, née le 30 juillet 1875 mariée le 18 octobre 1900 au comte L. de Bernis Calvière.

4º François, né le 28 janvier 1878, marié le 3 août 1904 à Brigitte O'Connor, dont Phyles, née le 20 juin 1905.

5º Alix, née le 20 septembre 1881, mariée le 11 juillet 1904, au vicomte d'Hendicourt.

Branche de la Tour du Pin Montauban

L'auteur commun est René Ier de la Tour, seigneur de Gouvernet, marquis de la Charce né en 1543, époux d'Isabeau de Montauban qui chargea son fils Hector de relever les nom et armes de Montauban.

La seule héritière de cette branche est Philis de la Tour du Pin Montauban, fille de René VI, marquis de la Tour du Pin Montauban, écuyer de l'empereur Napoléon III et de Marie de Grand'Maison. Elle a épousé le 15 novembre 1879, le vicomte de Saint-Pol.

Branche de la Tour du Pin Verclause

L'auteur commun est Jacques I de la Tour Gouvernet, seigneur de Verclause, qui épousa en 1583, Jeanne de Sadde, dont le fils aîné, René, que Brantome appelle très brave bonhomme de main, fut créé marquis de la Charce par lettres patentes du mois de mai 1619.

Son arrière petite-fille, Philis de la Charce, surnommée l'héroïne du Dauphiné, s'opposa à la tête des vassaux de son père à l'entrée du duc de Savoie en Dauphiné, en 1692. Son épée, ses pistolets, son portrait et son écusson furent placés, par ordre de Louis XIV, au trésor de Saint-Denis.

Son portrait est aujourd'hui dans les galeries de Versailles.

Le seul rejeton de cette branche est Girard de la Tour du Pin Verclause des Taillades, né à Paris le 4 juin 1855, marié le 24 mai 1880 à Marie de Châteaubriand, dont Georges né le 2 avril 1885, Guy, né le 7 mars 1886 et Isabelle, née le 29 décembre 1889.

Armes: *Ecartelé aux 1 et 4 d'azur, à la tour d'argent maçonnée de sable avec machicoulis, ouverte en porte et de deux fenêtres, crenelées de trois pièces, au chef cousu de gueules chargé de trois casques d'or ouverts*, qui est de la Tour du Pin.

Aux 2 et 3 d'or au dauphin vif d'azur, creté, barbé, oreillé et peautré de gueules, qui est de Dauphiné.

Supports : deux griffons au naturel couronnés à l'antique.

Couronne : l'écu sommé de la couronne ducale.

Cimier : Les attributs du Dauphiné et l'aigle de l'Empire.

Devise : *Turris fortitudo mea.* (Courage et loyauté).

1641. Etait seigneur de Bouquet, Jacques d'Audibert, seigneur de Lussan, baron de Valros, seigneur de Saint-André-d'Olérargues et de Saint-Marcel-de-Careiret, fils de Charles et de Marguerite d'Albert de Mondragon, mariés le 10 janvier 1588. Il épouse, le 20 juillet 1626 Jeanne de Beauvoir du Roure. Il obtient l'érection de la terre de Lussan en comté, le 7 octobre 1645. (Voir fief Lussan).

1726, 18 janvier. Noble Antoine de Julien fils de François, seigneur de Saint-Laurent-la-Vernède, La Bruguière etc.. fait au duc et à l'évêque d'Uzès par indivis le dénombrement de la seigneurie de Bouquet. Il déclare être seul seigneur (Arc. duc., caisse 3) et posséder au haut de la montagne de Bouquet un vieux château et une forteresse ruinés et inhabitables.

A
Famille Dillon

Elle est établie en Angleterre et en France.

La branche française porte *d'azur à un lion passant et 3 croissants, 2 en chef et 1 en pointe, avec couronne ducale à cause de sa descendance directe d'Edouard III, roi d'Angleterre.*

Elle est représentée actuellement par le comte Dillon, lieutenant au 16e régiment de chasseurs à cheval à Beaunes (Côte-d'or), et ses deux frères, le comte Auguste Dillon, officier démissionnaire, et le comte Jacques

Dillon, lieutenant au 146ᵉ d'infanterie, demeurant au château de Besman (Gers).

B
Famille de Bérulle

Elle est originaire de la Champagne.

Amauri de Bérulle servit dans la guerre que Philippe de Valois soutint contre les Anglais et assista à la bataille de Crécy.

Quatre marquis de Bérulle se sont succédés de père en fils comme premiers présidents du parlement de Grenoble, depuis 1694 jusqu'à l'année 1794, époque à laquelle le marquis Albert de Bérulle porta sa tête sur l'échafaud révolutionnaire.

Le cardinal de Bérulle, mort en 1629, fut ministre d'Etat et chef du Conseil sous la régence de Marie de Médicis.

En 1785, Jean Thomas, marquis de Bérulle, mourut lieutenant général des armées du roi.

Armes : *de gueules au chevron d'or accompagné de trois molettes d'éperon de même.* Couronne de marquis.

Tenants : Deux sauvages appuyés sur leur massue.

C
Famille de Sesmaisons

La très noble et très ancienne famille de Sesmaisons a formé deux branches :

La branche aînée représentée par le marquis de Sesmaisons, qui a épousé Mˡˡᵉ de Chabrol Chameane, et qui habite le château de Saint-Patrice (Indre-et-Loire), et rue de Lille, 81, à Paris.

La branche cadette est représentée par le comte Rogatien de Sesmaisons, général de division, commandant de corps d'armée en retraite, habitant le château de la Desnerie, près Nantes, et 5, rue de Magdebourg, à Paris.

Le général a deux frères, le comte Jean de Sesmaisons, général de brigade démissionnaire, et Humbert, dans les ordres.

Il a deux fils : Donatien, marié à Mlle Guiboury de Luzinais, et Gabriel, qui a épousé Mlle de Trédern.

Sa fille Marie a épousé le vicomte de Quenetain.

Armes : *de gueules à trois tours de maisons d'or.*

Supports : deux lions herminés.

Devise : *Ne tanta domus pereat.*

1760, 12 novembre. Dénombrement fait au duc d'Uzès de la baronnie de Bouquet par dame Blanche de Gavagnol, épouse libre en biens de Mre François Philibert de Julien de Malérargues, seigneur de Rodilland, ancien capitaine au régiment de Normandie, résidant à Roman, en Dauphiné.

Elle déclare posséder seule la seigneurie de Bouquet. (A. duc., caisse 4).

BOURDIC

———➤—◆—————

Armoiries : *d'argent à une bande losangée d'argent et de sinople.*

1211. *Castrum de Bordico*. (Gall. Christ. t. VI. p. 304. 1251). *G. de Bordico*. (Cart. de N. D. de Bouh... ch. 26). 1547, Bourdic. (Arch. dép., c. 13,13).

1400, 4 août. Blanche d'Uzès fait le dénombrement de sa coseigneurie de Bourdic au roi. (A. duc.)

1486, 10 mai. Jean de Moussac, vend la coseigneurie de Bourdic à Jacques Delpuech.

1520, 19 septembre. Noble Jean de Montfaucon vend devant Faisentin, notaire, une partie de la seigneurie de Bourdic à Jean Aymes, seigneur de Blauzac, lequel en 1538, 25 janvier, en fait le dénombrement au roi.

Plus tard, Claude Aymes fait un pareil dénombrement en juin 1555. Il vend sa coseigneurie à André Barlatier.

1521, 19 septembre. Noble Jean de Montfaucon vend l'autre partie de la seigneurie à Jean Eymeri, licencié en droit, seigneur de Blauzac, habitant Nimes.

1530. André Barlatier vend sa coseigneurie de Bourdic à noble Alexandre de Brueys (Guiraud, notaire à Nimes. (Voir fief Brueys).

1623, 19 avril Théophile Barlatier vend sa coseigneurie de Bourdic à noble Louis de Raymond, seigneur de Véselède de la ville de Tarascon (Pujolas, notaire à Uzès).

1731, 23 novembre. Noble François de Guérin, seigneur de Valagrand, vend sa seigneurie de Blauzac à Pierre Galissart, marchand de Nimes. Celui-ci fait le

dénombrement de sa seigneurie au duc d'Uzès le 10
janvier 1737 et en ce moment il se trouve le seul seigneur de l'entière juridiction de Bourdic.

Il avait épousé noble dame de Langlade qui, devenue
veuve, hérita de cette entière seigneurie. Elle possédait
aussi le château appelé de Laspe. (A. duc., caisse 4).

Famille de Langlade

Elle fut maintenue dans sa noblesse par jugement
souverain en 1668.

I. Jean de Langlade, damoiseau en 1414, fut père de

II. Bermond de Langlade, seigneur de Langlade,
qui épousa, avant 1477, Catherine Cassel, dont il eut

III. Durand de Langlade, marié à Geoffrette de Salavas
et il en eut

IV. Antoine de Langlade, seigneur de Clarensac,
blessé en défendant son château de Clarensac contre les
protestants, 1569, fut père de

V. Isaac de Langlade, père de

VI. François de Langlade qui épousa, avant 1638,
Jeanne Vidonsac, dont il eut

VII. Antoine de Langlade, capitaine d'infanterie au
régiment du marquis de Ville, 1645, qui épousa Françoise d'Assas, dont il eut : 1° Antoine, qui suit; 2° Gabrielle, mariée le 9 mai 1700, à Antoine d'Albenas

VIII. Antoine de Langlade qui épousa, le 7 février
1701, Magdeleine Devèze dont il eut Marc-Antoine, officier au régiment de Bourgogne, 1770, et

IX. Antoine de Langlade, capitaine de grenadiers au
régiment de Bourgogne-infanterie, chevalier de Saint-
Louis qui épousa, le 1er décembre 1760, Jeanne de Boissière, dont il eut Antoine, né le 3 novembre 1770.

Marie de Langlade fille de Scipion baron des Eper-
viers et de Louise de Teyssier de Sabran, qui épousa, le
4 juillet 1655, Claude de Chanaleilles, écuyer, seigneur
du Villard.

Plusieurs membres de la famille de Langlade ont
pris part à l'assemblée de la noblesse convoquée à

Nimes pour l'élection des députés aux Etats généraux de 1789.

Armes : *d'azur à l'aigle d'or parti d'hermine.*

1793, 5 avril. Une troupe de 150 hommes d'Arpaillargues, armés de fusils et de sabres dirigée par un sieur Boucarut se porte, malgré l'intervention de la municipalité de Bourdic, au château de M. de Daunant, brise la porte à coups de hâche, enfonce les armoires contenant des papiers, s'empare de quelques fusils, détruit les glaces et aurait incendié le château sans l'arrivée de la gendarmerie d'Uzès ; mais elle déclare à la municipalité que si elle ne fait pas signer au seigneur une renonciation à toutes les redevenances féodales, la troupe reviendra tout dévaliser. (*Hist. de la Rév. dans le Gard*, par Rouvière, p. 212).

BROUZET

Canton de Vézénobres

—·—

Armoiries : *de sinople à un chef losangé d'argent et d'azur.*

1174. *Broditum* (Cast. de Psalm).

1247. *Broditum*. (Chapitre de Nimes. Arch. dép.). 1384, *Brodetum*. (Dén. de la Sénéchaussée). 1715, Brouzet (J.-B. Nolin, carte du duché d'Uzès).

1555, 22 septembre. Testament de noble Louis Pontevis qui donne cette seigneurie à noble Charles de Faucon de Lazette d'une ancienne famille dont voici la généalogie :

Famille de Faucon.

I. Jacques de Faucon fut père de

II. Antoine de Faucon, qui épousa, le 28 novembre 1495, sa cousine Gabrielle de Faucon dont il eut

III. Laurent de Faucon, marié le 19 janvier 1529, à Gabrielle de Girard dont il eut : 1° Antoine qui suit, 2° Gabriel qui a fait la branche B.

IV. Antoine de Faucon épousa Louise de Valette. (Voir lettre A ci-dessous), dont il eut

V. Claude de Faucon, marié le 25 décembre 1630 à Jeanne Bousquet dont il eut

VI. Jean de Faucon, seigneur de la Devèze, D. d'Uzès qui épousa, le 28 novembre 1655, Françoise de Valette et fut maintenu dans sa noblesse par jugement souverain du 29 janvier 1662.

N. de Faucon de Brouzet et N. de Faucon de la Baume prirent part en 1789, à l'assemblée des gentilshommes tenue à Uzès.

Br. B. IV. Gabriel de Faucon, seigneur de Brouzet,

épousa, le 18 novembre 1569, Gabrielle dela Roque (1) (voir lettre B), et il en eut

V Antoine de Faucon, qui épousa, le 24 juin 1631, Antoinette de Campan dont il eut

VI. Pierre de Faucon, maintenu dans sa noblesse par jugement souverain du 29 janvier 1669.

Charles de Faucon fit le dénombrement de sa seignenrie le 9 septembre 1761 et il déclara qu'elle lui était venue de la donation entre vifs qui lui fut faite par son père dans son contrat de mariage, le 13 juin 1741, avec Elisabeth de Girard, fille de François de Girard et de Marguerite de la Roque.

Armes : *D'azur à deux tours d'argent maçonnées de sable, posées en fasce, accompagnées en chef d'un faucon d'or et d'un croissant d'argent en pointe.*

1620. Pierre de Meiras, seigneur de la Roquette, coseigneur de Saint-Marcel, était aussi coseigneur de Brouzet. Il était fils d'Antoine de Meiras, seigneur d'Agusat coseigneur de Saint-Marcel, et d'Anne Gilles, mariés le 5 décembre 1585.

Il épousa, le 27 avril 1623, Anne de Borne D. de Viviers et fut maintenu dans sa noblesse par jugement du 25 octobre 1668.

Armes : *D'azur au lion d'or armé et lampassé de gueules à 2 étoiles d'or en chef.*

Famille de Valette

Elle est originaire du Dauphiné. Elle embrassa la réforme et fut ruinée par les guerres de religion.

En 1618 et le 28 octobre, Marc de Valette, docteur en médecine, fils de noble Jacques et de Johare Ferminion épousa à Orpiens, Mlle Burdel dont il eut

Jean-François de Valette qui abjura le Calvinisme

---

(1) Elle était de la branche de Couloubines, qui s'est éteinte en 1903 dans la personne de Louis de la Roque, héraldiste bien connu, ancien rédacteur de la *Gazette de France*, auteur de l'*Armorial du Languedoc.*

et vint se fixer à Bonnieux dans le comtat Venaissin. Il épousa, le 4 décembre 1653, Polinière de Lentaillac, de la ville du Buis en Dauphiné dont il eut

Alexandre qui épousa, le 18 août 1686, à Carpentras, Marie de Serres, et Alexis marié à Marie de Castellane dont un fils Ignace, qui épousa, le 5 juin 1766 Marie fille du marquis de Beauchamp, noble Patrice Florentin dont un fils.

Michel de Valette, épousa Mlle Laugier de Majan, dont François, qui épousa Madeleine de Tailland de Valescure, dont

Louis qui épousa Louise de Tourreau, à Sarrians, dont deux fils et deux filles qui sont les représentants actuels de cette famille : Charles de Valette, demeurant à Lédenon (Gard) ; Joseph de Valette, juge de paix à Boukanefis, par Sidi-bel-Abbès, province d'Oran (Algérie). Madame veuve Louis Devillerio née Marie de Valette, à Saint-Didier-les-Bains (Vaucluse), Madame Baptistin Charasse, née Alexandrine de Valette, à Mazan (Vaucluse) où le trop fameux marquis de Sade possédait un château.

Famille de la Roque

La famille de la Roque tire son origne du château de la Roque qui domine le village de ce nom, canton de Ganges (Hérault), et dont il ne reste que des ruines.

Elle remonte au xvie siècle ainsi que le constate un jugement de maintenue de noblesse du 8 septembre 1870.

Plusieurs membres de cette famille furent chevaliers de Malte, en 1490, 1495, 1517, 1533, 1551, et 1562, et occupèrent de hautes fonctions.

Deux seigneuries appartenaient à cette famille, qui forma deux branches : celle de la seigneurie de la Roque et celle de la seigneurie de Saint-Bauzile de Putois, dans le canton de Ganges.

Nous ne nous occuperons que des derniers descendants de cette seconde seigneurie qui remontent à Pierre de la Roque, seigneur de Saint-Bauzile-du-Putois, baron d'Aubagnac-en-Auvergne, époux de Suzanne du Pont, baronne de Morteraigue, dame de Munas, dont le château, à 3 kilomètres du château des Prés, est encore conservé dans la famille.

Jacques Joseph baron de la Roque, chevau-léger de la garde ordinaire du roi, chevalier de Saint-Louis, fit partie de l'armée des princes, 1792, et résida à Londres, où après le licenciement de cette armée, il épousa Pauline de Taillevis de Perrigny, arrière-petite-nièce de Jean Racine, dont il eut un fils Gabriel-Charles baron de la Roque, né à Londres en 1799. Après la Restauration, ils devinrent tous les deux successivement sous-préfets de leur propre arrondissement de Toulon jusqu'en 1830.

Gabriel-Charles eut pour fils. Balthazar-Louis-Joseph baron de la Roque qui suit et Paul, décédé en 1903 général de cavalerie, grand officier de la légion d'honneur.

Balthazar-Louis-Joseph actuellement vivant a un fils Adhémard de la Roque, qui a deux fils : Gabriel et Edouard.

Armes : *D'azur aux 2 rochers d'argent posés en fasce, parti d'or à un cœur de gueules auquel sont attachés en pointe par deux cordons de même deux pommes de pin de sinople, au chef cousu d'argent chargé de 3 abeilles de sable.*

(*Armorial du Languedoc*, par de la Roque, p. 298).

BRIGNON

Canton de Vézénobres

—➤━✦━◄—

Armoiries : *de vair à un chef losangé d'argent et d'azur*.

Brigini (ins. du musée de Nimes). 1108. *Brinno* (Cart. de N.-D. de Nimes, chap. 176). 1207 *Brinonum* (Mén. I. pr. p. 44 c. 1). 1381 *Brinhonum*, (Mén. III. pr. p. 46. c. 1). 1547 Brignon (Arch. dép.)

La partie la plus ancienne du château, construit au quartier dit du fort, est l'angle du Sud-Est.

Famille de Brignon

Cette seigneurie appartenait à la famille Raimond de Brignon dont voici la généalogie ;

I. Lafare de Raimond, seigneur de Brignon, fut père de :

II. Claude de Raimond, seigneur de Brignon, qui épousa, le 17 février 1485, Alix de Malzac dont il eut :

III. Guillaume de Raimond, seigneur de Brignon, qui eut pour fils :

IV. Tannequin de Raimond de Brignon, écuyer, qui épousa Jeanne Aubert, dont il eut

V. Guillaume de Raimond de Brignon, seigneur de Brignon, qui épousa le 29 octobre 1584, Jeanne de Manicamp ; 2° le 1er janvier 1668, Marguerite de Saint-Bonnet de Toiras dont il eut :

VI. Henri de Raimond de Brignon, seigneur de Brignon et de Sanilhac l'. d'Uzès, qui épousa le 13 octobre 1647, Marguerite de Brueys de Saint-Chaptes et fut maintenu dans sa noblesse par jugement souverain du 20 décembre 1668 ; il eut de son mariage une fille unique, Marie-Françoise, alliée à Jean d'Audibert, comte de Lussan, baron de Valros, chevalier des ordres du roi, 1688, premier gentilhomme de la chambre du prince de Condé, fils de Jacques d'Audibert de Lussan et de Jeanne de Beauvoir du Roure.

Armes des Raimond de Brignon : *d'azur à trois rochers et deux demi-rochers d'or mis en sautoir.*

Par son mariage avec Françoise de Brignon, Jean d'Audibert devient seigneur de Brignon. Il meurt au mois de février 1712, laissant une fille unique, Marie Gabrielle d'Audibert de Lussan, duchesse de Melfort, morte au château de Saint-Germain-en-Laye, le 15 mai 1741.

Jean d'Audibert fait, en 1737, le dénombrement de sa seigneurie qu'il déclare posséder du chef de sa femme sous l'albergue d'un homme à cheval.

Il déclare en être le seul seigneur et avoir un château confrontant du levant la rue par laquelle on va au château et à l'église, du couchant la rue du Cros du Caila, du nord la rue publique, du midi un passage pour aller à la muraille du fort.

(Arch. duc. Som. de la viguerie d'Uzès, p. 72).

Le château de Brignon appartient actuellement à M. Carenou.

BRUEYS

Brugetia. (Insc. Volce du Musée de Nimes).

1440. *Prioratus Beatæ Mariæ de Brueyssio.*
(André, notaire à Uzès).

1488. *Brugessia.* (Men. III, p. 2).

1489. *Bruges.* (*Id.*). — 1501. *Locus de Brueyssio.*
(Borelli, notaire, de Nimes). — 1535. Brueys. (Papiers
de la famille de Merlet).

Cette seigneurie appartenait en dernier lieu à la famille de Brueys qui en portait le nom.

Famille de Brueys

Il en est fait mention dans Froissart. Guillaume de
Brueys était capitaine en 1366, sous Bertrand du
Guesclin.

Pierre de Brueys qui vivait en 1350, avait épousé
Bertrande du Caylar dont il eut Jean, père de Pierre,
consul de Nimes en 1458.

Pierre de Brueys épousa Catherine de Remoulins et
il en eut

I. Pierre de Brueys, seigneur de Saint-Chaptes, qui eut
pour fils

II. Tristan de Brueys, seigneur de Saint-Chaptes et
d'Aubussargues. Il rendit hommage de sa seigneurie
au roi, le 16 juin 1516. Il épousa Marguerite de la Croix
dont il eut : 1º Antoine qui a fait la branche B ; 2º Guy
qui a fait la branche E et

III. Denys de Brueys, père de

IV. Tristan de Brueys, seigneur de Saint-Chaptes, qui
épousa Marguerite d'Albenas, dont il eut : Denys, qui
suit, et Antoine, qui a fait la branche C.

V. Denys de Brueys, seigneur de Saint-Chaptes, qui fut père de

VI. Jean-Félix de Brueys, seigneur de Saint-Chaptes, qui épousa, le 3 janvier 1651, Louise Forez de Trégniers et il en eut Louis-Joseph.

Branche B. V. Antoine de Brueys, seigneur de Pieffer-rier, épousa, le 17 mars 1641, Claude de Malmont et il en eut

VII. Louis.

Branche C. III. Antoine de Brueys, seigneur de Sa-vignargues, épousa, le 18 mars 1556, Françoise Falcon et il en eut :

1° François qui suit ; 2° Denys, seigneur de Bourdic, qui a fait la Branche D.

IV. François de Brueys, seigneur de Savignargues, épousa Antoinette de Ganges et il en eut

V. Antoine de Brueys, seigneur de Savignargues, Saint-Estève, Escate, diocèse de Nîmes, qui épousa, le 16 mars 1630, Rose de Calvière et il en eut

VI. Louis de Brueys, seigneur de Savignargues et de Saint-Etienne d'Escate, qui épousa Marguerite Gas-san dont il eut

VII. François de Brueys de Savignargues, capitaine de cavalerie, qui épousa, le 6 octobre 1741, Françoise de Carrière-Double . dont il eut François, Antoine et Louis.

Branche D. IV. Denis de Brueys, seigneur de Bour-dic, épousa Alexandrine Borde et il en eut

V. Alexandre de Brueys, seigneur de Garrigues, Bourdic et Tarau, eut pour fils Nicolas, seigneur de Jaspe, capitaine au régiment de Champagne.

Branche E. III. Guy de Brueys, seigneur de Flaux, épousa, le 18 novembre 1555, Catherine d'Entraigues dont il eut

IV. Jacques de Brueys, seigneur de Flaux, qui épousa le 12 juin 1603, Jeanne d'Izarn de Castanet dont il eut

V. Jacques de Brueys, seigneur de Flaux, qui épousa, le 27 septembre 1640, Marthe Le Chantre dont il eut

VI. Pons de Brueys, seigneur de Flaux, capitaine d'infanterie dans le régiment de Conti, 1716, chevalier de Saint-Louis, qui épousa, le 25 mars 1707, Olympe de Rossel, baronne d'Aigaliers dont il eut : 1° Gabriel qui suit ; 2° François, chevalier de Saint-Louis, capitaine au régiment de Forez.

VII. Gabriel de Brueys, baron d'Aigaliers, qui épousa : 1° le 29 mars 1735, Marguerite-Gabrielle de la Rouvière ; 2° le 10 août 1748, Marie de Viret de Servezan.

Il eut de son premier mariage : 1° Gabriel-François, major au régiment de Forez, gouverneur de Monaco, député de la noblesse de la sénéchaussée de Nimes aux états généraux ; 2° Henriette-Olympe, mariée à Pierre-Louis d'Entraigues ; du second mariage, François-Paul de Brueys, vice-amiral commandant la flotte qui conduisit en Egypte l'armée aux ordres de Bonaparte, 1798. Il fut tué à Aboukir, le 1er août 1798.

Il avait épousé N. Aubin de Bellevue dont il eut : Maxime fait comte sous la Restauration, mort en 1857, sans enfants.

La baronne de Brueys est morte à Saint-Chaptes (Gard) à l'âge de 92 ans, le 26 mars 1859, laissant pour héritier le baron de Fontarèches, petit-neveu de l'amiral son mari. (*Arm. du Lang.* I. p. 107).

Armes : *d'or au lion de gueules armé et lampassé de même à la bande d'azur.*

Devise : *Oculi mei semper ad dominum.* (Mes regards sont toujours portés vers le Seigneur).

La famille de Brueys a été maintenue dans sa noblesse par jugement souverain du 24 décembre 1668.

Le château de Brueys, grande et lourde bâtisse qui ne remonte qu'au xvii° siècle, mais qui est établie sur la substruction d'un château de l'an 1100, appartient aujourd'hui à M. André Pallier, époux d'Hélène Tur, qui l'a acheté de son précédent propriétaire, Albert de Caladon, juge de paix à Vauvert.

LA BRUGUIÈRE

Canton de Lussan

Armoiries : *de sable à un pal losangé d'argent et de sinople.*

Avant Jésus-Christ. On a trouvé un monument antique près de la fontaine de Nimes. Ce monument portait une dédicace des habitants de diverses localités des Volces Arécomiques en faveur de quelques divinités païennes. Le nom de la Bruguière, *Brugetia*, y figure.

890. *Villa Brugariæ. (Hist. du Lang* II. p. col. 26).

1096. *Villa Brugeriæ.* (Idem. col. 344).

Elle fut donnée à cette époque par Raymond de Toulouse à l'église abbatiale de Saint-Gilles, avant de partir pour la croisade en réparation des torts qu'il avait faits à cette église. Cette donation eut lieu en présence de tout le clergé, assemblé dans l'église de Notre-Dame-du-Puy.

1211. L'évêque d'Uzès avait aussi sur ce lieu un droit de suzeraineté qui lui fut confirmé par Philippe II sous le nom de *Bastida de Bruguiera.*

1503. Jean de Bozène, écuyer, était seigneur de Labruguière. (Arch. dép., t. I,, p. 108).

1537. Accurse de Voisins l'était aussi. (*Id.* t. 194.)

1550. Autre seigneur, Louis de Rochemore, seigneur de la Vernède et la Bastide, fils de François, écuyer, juge royal de la ville et baronnie d'Alais et de Magdeleine de Bozène, mariés en 1536.

Famille de Rochemore

Dans un registre de l'archevêché d'Arles il est fait mention des nobles sieurs de Rochemore, depuis 1161

jusqu'en 1268. Ils furent consuls de la ville d'Arles
depuis 1342 jusqu'en 1550.

Guillaume de Rochemore, damoiseau, fut du nombre
des nobles du Languedoc qui se trouvèrent à l'assemblée convoquée à Montpellier, le 25 juillet 1303, au
sujet du différend du pape Boniface VIII avec le roi
Philippe le Bel. (Bib. Imp. Manuscrits Cab. d'Hozier).

Le marquis de Rochemore, capitaine au régiment
Royal-Cravate, fit des preuves de noblesse en 1788, pour
monter dans les carosses du roi.

I. Guillaume, alias Jacques de Rochemore épousa,
vers 1380, Guillaumette de Pierre dont il eut

II. Ermengand de Rochemore, damoiseau, viguier de
la ville et baronnie de Lunel pour Iolande d'Aragon,
reine de Naples, comtesse de Provence. Il épousa, vers
1408, Mandolie de Bordes, dont il eut :

III. Charles de Rochemore qui épousa Çatherine del
Puech, dont il eut

IV. Pierre de Rochemore, écuyer, juge royal de la
baronnie de Lunel qui épousa, en 1504, Jeanne d'Orgelet
dont il eut : 1º François qui suit ; 2º Jacques, auteur
de la branche D. des barons d'Aigremont.

V. François de Rochemore, juge royal de la baronnie de Lunel qui épousa : 1º Marguerite du Caïla ; 2º le
30 novembre 1536, Magdeleine de Bozène, dame de
Saint-Laurent, dont il eut : 1º Jean qui suit ; 2º Louis
dit de Bordes qui a fait la branche B.

VI. Jean de Rochemore, lieutenant principal au présidial de Montpellier, qui épousa, le 20 septembre 1617,
Anne Mariotte dont il eut : Charles seigneur de Saint-
Laurent, la Bruguière, la Devèze, la Baume, viguier de
la baronnie de Lunel, 1648, époux, le 23 janvier 1646,
de Françoise de Rochemore, et

VIII. Jean de Rochemore, viguier de Lunel qui épousa,
le 16 août 1652, Françoise du Ranc de Vibrac dont il
eut : 1º Henri qui suit ; 2º Anne mariée à Claude de
Pelet, vicomte de Narbonne Pelet.

IX. Henri de Rochemore, lieutenant des vaisseaux du
roi, chevalier de Saint-Louis, qui épousa, le 26 février

1698, Marie-Blanche de Ricard, dont il eut : 1ᵉ Paul qui suit ; 2⁰ Henri, chef d'escadre en 1764, commandeur de Saint-Louis, marié en 1149 à Marie de Chazel dont il eut :

X. Paul Ange de Rochemore, marquis de Rochemore par lettres patentes de février 1751, enregistrées à Nimes, avait épousé, le 23 avril 1723, Elisabeth de Maillan (1) dont il eut : 1⁰ Alexandre qui suit ; 2⁰ Joseph vicomte de Rochemore, lieutenant de vaisseau, chevalier de Saint-Louis, épousa N. d'Esgrigny, (voir lettre A ci-dessous) ; 3⁰ Jacques, vicaire général du diocèse de Montpellier ; 4ᵉ Madeleine-Louise, mariée le 19 septembre 1763 à François du Ranc de Vibrac.

XI. Alexandre-Henri-Pierre de Rochemore marquis de Rochemore, qui épousa : 1⁰ en 1758, Charlotte-Louise des Ours de Mandajors ; 2⁰ en 1764, Marie de Vogué dont il eut :

1⁰ Aimé qui suit ; 2⁰ Louise qui épousa, le 16 mars 1778, Jean-Pierre de Ruolz.

XII. Aimé-Joachim-Joseph marquis de Rochemore, capitaine de cavalerie au régiment Royal-Cravate, né en 1766.

Branche B. VI. Louis de Rochemore, seigneur de la Vernède, Saint-Laurent, La Bruguière, La Bastide, épousa, le 7 juillet 1587, Anne de Barrière (2) dame de Nages dont il eut :

1⁰ François, qui suit ; 2⁰ Charles, auteur de la branche C ; 3⁰ Anne, mariée à Louis de Baschi, baron d'Alais ; 4⁰ Claude, mariée à Jean-Antoine de Blon ; 5⁰ Françoise, mariée à François de Louvet, baron d'Ornaison.

VII. François de Rochemore, premier président de

---

(1) Armes de la famille de Maillan : *d'azur a trois chevrons d'argent parti de gueules au lion d'or, armé et lampassé de même.*

(2) Armes de Barrière : *d'azur au bâton écoté d'or mis en bande et accompagné de cinq étoiles de même.*

la cour des aides de Montpellier, conseiller d'état, épousa en 1601 Pierrette de Grille, dont il eut : 1° François qui suit ; 2° Elisabeth, mariée le 7 juillet 1660 à Honoré de Riquetti, marquis de Mirabeau.

VIII. François de Rochemore, premier président du Présidial de Nimes, 1646, conseiller d'état, 1654, avait épousé en 1627 Marguerite de Louet de Calvisson, dont il eut :

1° François-Annibal qui suit ; 2° Angélique, mariée à Louis de Porcelet de Maillane.

IX. Jean-Louis-Annibal de Rochemore, qui épousa en 1723 Catherine de Fayn de Rochepierre, dont il eut :

X. Aimé-Annibal de Rochemore, comte de Saint-Remèze, capitaine de dragons dans le régiment de Septimanie, baron des Etats du Languedoc, épousa : 1° en 1748, Euphrosine de Baschi d'Aubais (1) ; 2° en 1753, Rose de Vogué ; 3° en 1755, Judith du Bouchet de Sources, fille de Louis, grand prévôt de France, lieutenant-général, chevalier des ordres du roi, et de Charlotte de Gontaut-Biron.

Branche de C. VIII. Charlotte de Rochemore épousa le 12 août 1628, Isabeau de Bocaud, dont il eut ;

VIII. Louis-Hercule de Rochemore, juge mage à Nimes, qui épousa, le 20 avril 1665, Catherine de la Valette d'Esplan.

Branche D. V. Jacques de Rochemore, lieutenant particulier au sénéchal de Nimes, épousa, le 18 mai 1551, Marguerite de Cambis, dont il eut

VI. Thomas de Rochemore, baron d'Aigremont, qui épousa Marguerite d'Aleyrac, dont il eut

(1) La maison de Baschi est originaire d'Italie, où elle possédait le comté de Baschi, situé en Toscane.

Guichard de Baschi servit en Province Louis II d'Anjou, roi de Naples et de Sicile, dont il était le premier écuyer.

Aubais était une ancienne baronnie entre Sommières et Lunel.

Le château d'Aubais appartient aujourd'hui à la maison d'Urre.

VII. Antoine de Rochemore, qui épousa en 1614, Espérance de Grégoire des Gardies et il en eut

VIII. Jean de Rochemore qui épousa Marie d'Uriel, dont il eut

IX. Jean de Rochemore qui épousa, en 1682, Marie de Richard, dont il eut

X. Jean-François de Rochemore, qui épousa en 1712, Suzanne de Novy, dont il eut : 1° Jean-Claude qui suit ; 2° Henri, vicaire-général à Nimes ; 3° Mathieu, capitaine au régiment de Foix, tué à Prague

XI. Jean Claude de Rochemore, reçu page du roi en 1727, qui épousa en 1740, Magdeleine de Revest dont il eut : Jean-Baptiste, page du roi en 1762 et Henriette mariée en 1765 à Louis de Luzy, marquis de Cousan et baron de Forez.

Armes : *D'azur à trois rocs d'échiquier d'argent posés 2 et 1.* Devise : *Rupibus firmior.* (Plus solide que les rochers). (*Arm. du Lang.* t. 1. 433). Elles figurent dans la salle des croisades à Versailles.

1551. Nicolas de Fare était coseigueur de La Bruguière. (Arc. dép. 3. 140).

1703 février. Un corps de camisards, conduits par Ravanel arrive dans ce village traînant à sa suite, depuis deux jours, le catholique Claris, neveu du prieur de Barron. Ce malheureux est poignardé et porté tout sanglant sur l'autel.

L'église est incendiée avec 17 maisons. Tous les habitants que rencontrent ces fanatiques sont égorgés. Néanmoins on ne peut s'emparer du château.

1721. Noble Antoine de Saint-Julien était seigneur de La Bruguière. (A. D. caisse 4).

Famille de Saint-Julien (1)

Elle est originaire du diocèse de Nimes, établie depuis

(1) Il existe une autre famille de Saint-Julien, originaire de la Marche, qui joua un grand rôle dans l'histoire de ce pays. (Voir Tardieu l'historiographe de l'Auvergne). Cette famille qui posséda la première baronnie au pays de Marche, forma plu-

dans celui de Lodève et connue par filiation suivie depuis 1393.

Pierre de Saint-Julien fut commis, le 4 janvier 1616, par Henri, duc de Montmorency, gouverneur et lieutenant général en Languedoc, pour commander dans le lieu de Ribes et veiller à sa sûreté. (Arm. de d'Hozier I. 485). Cette famille a été maintenue dans sa noblesse le 15 janvier 1671.

I. Antoine de Saint-Julien fut père de

II. Marquez de Saint-Julien écuyer en 1479 et père de

III. Antoine de Saint-Julien qui épousa, le 19 avril 1534, Anne de Dieu, dont il eut :

IV. Antoine de Saint-Julien, qui épousa le 14 juillet 1577, Antoinette de Capluc dont il eut : 1° Pierre qui suit ; 2° Louis marié le 26 octobre 1619 à Marie de Roquefeuil.

V. Pierre de Saint-Julien qui épousa, le 21 février 1647, Jeanne Barthélémy dont il eut

VI. Charles de Saint-Julien qui épousa, le 21 février 1648, Jeanne Silhol dont il eut

VII François de Saint-Julien qui épousa, le 17 octobre 1686, Jeanne de Ranchin, dont il eut

VIII. Gaspard-Fulcrand de Saint-Julien, demeurant au Puech, D, de Lodève qui épousa, le 22 novembre 1748, Marie d'Alichaux dont il eut Gabrielle entrée à Saint-Cyr en 1731.

sieurs branches, notamment celle de Cahuzac qui date du mariage d'Etienne de Saint-Julien avec une demoiselle de Léaumont qui lui apporta en dot la seigneurie de Cahuzac et n'eut pas d'enfants.

Etienne de Saint-Julien se remaria, le 12 mai 1614, avec Esther de Castille, fille de M⁰ Jacques de Castille, baron de Castelnau, et Jeanne de Goutant. Sa descendance directe est actuellement représentée par le baron G. de Saint-Julien qui habite le château de Cahuzac, par Plaisance (Gers) et par son cousin germain, ancien zouave pontifical. Le nom et les armes de cette famille sont inscrits dans une des salles de Versailles : *de gueules a deux lions affrontés d'or.*

Armes : *d'azur à deux lions d'or affrontés, accompagnés d'une fleur de lys aussi d'or posée en chef et d'une colombe d'argent placée à la pointe de l'écu et portant dans son bec un rameau d'olivier de sinople*

1750. Christophe de Carmes, fils d'Antoine et d'Anne Gilles, était seigneur de La Bruguière. (*Arm. du Lang.* par de la Roque, t. 2. 96).

Famille de Carmee de la Bruguière

Originaire d'Uzès, elle a été maintenue dans sa noblesse par arrêt de la Cour des comptes, aides et finances de Montpellior, du 25 février 1760.

I. Pierre de Carmes fut père de

II. Raymond de Carmes, qui épousa, le 25 mars 1510, noble Louise de Bosk, dont il eut

III. Pierre de Carmes, qui épousa Roman, dont il eut

IV. Claude de Carmes qui épousa, le 19 juillet 1567, Jeanne de Salvet dont il eut

V. Jean de Carmes, qui épousa, le 13 janvier 1607, Marguerite Gentes, dont il eut

VI Cristophe de Carmes, écuyer, qui épousa, le 4 décembre 1657, Suzanne de Clausel, dont il eut : 1° Antoine qui suit ; 2° Joseph, capitaine, 10 février 1705, chevalier de Saint-Louis, le 3 octobre 1723, fut réformé après avoir eu la jambe emportée à la bataille de Hoschtedt; 3° Christophé, marié : 1° le 22 novembre 1692 à Angélique de Cornilier de la Ruirie ; 2° Marguerite de Guigue.

VII. Antoine de Carmes, capitaine le 12 décembre 1690, épousa le 30 août 1709, Anne Gilles, dont il eut : 1° Christophe qui suit ; 2° Antoine capitaine, ennemi des protestants qui brulèrent en 1706 son habitation, ses titres et ses effets.

VIII. Christophe de Carmes, seigneur de La Bruguière, capitaine commandant le 25 mai 1762, chevalier de Saint Louis le 7 février 1759, qui épousa, le 8 octobre 1737, Marguerite Souchon, dont il eut

IX. Jean-Baptiste de Carmes, seigneur de Labruguière, chevalier de Saint-Louis, marié, le 2 mars 1783, à

Marie-Delphine de Tournon-Simiane, dont il eut : 1° Camille, qui suit ; 2° Maurice capitaine au 17ᵉ de ligne, tué à la bataille de la Moskowa ; 3° Philippine, mariée le 31 décembre 1817, à Philibert-Auguste de Gallier, dont la famille avait pour devise : *Spem mutare nescio*. (Je ne sais pas changer d'espérance).

Camille de Carmes de La Bruguière, chef do bataillon le 5 juin 1815, des miquelets royaux du département du Gard, qui avait été fait prisonnier de guerre le 9 novembre 1812, rentra en France le 16 novembre 1814.

En 1816, il fut nommé colonel de la Garde Nationale et aussi en 1848, puis représentant du peuple à l'Assemblée constituante et en 1849 à l'Assemblée législative.

Il avait épousé le 10 septembre 1817 Amélie de Boisset, dont il eut :

XI. Iwan de Carmes de Labruguière : qui épousa, 1° le 5 janvier 1845, Virginie de Grolée-Virville;

Devise de cette famille: *Format Regendo Coronas*. (En commandant il tresse des couronnes). Allusion au brillant passé militaire de cette famille ;

2° le 14 février 1849, Hilda de Montalet-Alais ;

Devise de cette famille : *Donec dent sidera sedem* (En attendant ma place au ciel).

De son premier mariage, Iwan eut une fille, Marie, qui épousa le marquis de Gondi, décédé à Florence (Italie) le 21 octobre 1869, âgé de 25 ans et du second Alix, mariée à Iwan de Villeperdrix et Valentine, mariée à Robert de l'Isleroy, juge au tribunal de Largentière, dont quatre filles.

Armes des La Bruguière : *d'azur à la tour d'argent sommé d'une colombe, tenant en son bec un rameau d'olivier de sinople.*

Devise : *toujours debout.* (Allusion à la colombe perchée sur une tour).

A
Famille d'Esgrigny

Dès la fin du siècle dernier elle formait trois branches : l'une en Picardie, l'autre à Paris, la 3ᵉ; en Languedoc, à Alais. Celle-ci comptait trois frères; l'aîné, major d'escadre, porta sa tête sur l'échafaud pendant la Révolution; le cadet, l'abbé d'Esgrigny, fut vicaire général à Bordeaux, et plus tard grand aumônier de la duchesse d'Angoulême, et mourut, le 23 août 1815, assassiné par une bande de fédérés protestants, refusant de nommer ses assassins qu'il connaissait fort bien; le troisième, le chevalier d'Esgrigny, lieutenant de vaisseau, fut massacré dans la prison d'Alais durant la terreur. Les deux sœurs de ces trois frères épousèrent, l'une le comte de Rochemore, l'autre le comte de Gayot, ancien colonel de dragons.

Leur cousin Jean-René, avait pris tout jeune encore du service dans les Gardes Françaises et après une brillante carrière mêlée à plusieurs actions d'éclat, il fut promu au grade de maréchal de camp par Louis XVIII, le 20 octobre 1814. Il mourut commandeur de Saint-Louis, le 26 juillet 1831, dans la ville d'Alais, laissant deux sœurs : la comtesse de Menon et la marquise de Maitz, et en outre deux fils et une fille de son mariage avec Mˡˡᵉ Julien de Mons, fille du marquis de Mons, son compagnon d'armes aux Gardes françaises.

Les trois enfants du maréchal de camp furent : 1° le comte Louis-Paul-Jean-René, qui suit; 2° Charles, dont la fille a épousé M. David de Conflans, aujourd'hui décédé, (sa veuve habite Marseille), et 3° Marie qui a épousé M. Bourjac, armateur dans la même ville, où elle est morte le 13 octobre 1904.

III. Le comte Louis-Paul-Jean-René d'Esgrigny a épousé Dorothée, fille unique d'Henri Brugner, juge au tribunal de Nimes et de ce mariage il a eu cinq enfants, deux morts sans postérité ; 3° le comte René de Jouenne d'Esgrigny, marié en 1884 à Marie-Thérèse de Gaste, fille du marquis et de la marquise née Valérie de Périn, dont Marie et Marguerite ; 4° Mᵐᵉ Anne d'Aubigny ; 5° Mᵐᵉ Duplessis de Pouzilhac.

Les d'Esgrigny sont aussi alliés aux Brancas, aux Crillon, aux Calvisson, etc.

Armes : *d'azur aux trois croix potencées d'or.*
Exergue : *In hoc signo vinces.*
Devise : *Pius et fidelis.*

CABRIÈRES

Près Fontarèches

CANTON DE LUSSAN

Ce fief remontait au XIIIᵉ siècle.

Le plus ancien seigneur connu est Paul de Cayres. (Arch. du château de Fontarèches), puis Louis de Cades.

1497. Noble Guillaume Morel, seigneur de Saint-Paulet et coseigneur de Fontarèches était coseigneur de Cabrières par sa femme Louise de Cades. Les armes de la famille de Morel sont : *de gueules à la bande vivrée d'or et une épée d'argent la pointe en haut posée en barre brochant sur la bande.*

1672 22 juillet. Pierre de Bargeton fait le dénombrement de la seigneurie de Cabrières aux commissaires du roi. (Arch. duc. caisse 4). Voir Valabrix.

Il laisse sa seigneurie en héritage à son neveu Pierre de Narbonne de Caylus qui la vend à Gabriel de Rossel de Fontarèches. (Vidal, notaire à Fontarèches).

Famille de Narbonne

La maison de Narbonne, tire son origine de celle de Lara une des plus illustres de l'Espagne, qui descendait des comtes de Castille lesquels se rattachaient à Baume Iᵉʳ, roi des Asturies et de Galice.

Elle a formé 4 branches : 1° branche des vicomtes de Narbonne ; 2° branche des barons de Talayran, Narbonne, Caylus et Lunas ; 3° branche de Taleyrac et marquis de Fimarcon, Narbonne, Clermont, Birac, Réaulx, ducs de Narbonne-Lara, S. Girunc, Campendu-Gallets ; 4° branche des Cévenols et Vivarais.

En 1164, Maurique de Lara à qui sa femme Ermesinde apporta en dot la vicomté de Narbonne est tué dans un combat singulier.

Au XIIIᵉ siècle, le vicomte de Narbonne est armé chevalier par Charles d'Anjou, roi de Naples.

En 1353, un Narbonne était amiral de France.

En 1589 1ᵉʳ janvier. Jean de Narbonne, épousa Antoinette du Cailar.

La généalogie des Narbonne est trop longue pour être reproduite ici. Nous nous contenterons de faire connaître les derniers descendants de cette famille en France.

Derniers descendants de la famille de Narbonne (branches Cévénoles et Vivarais).

I. Jean-Joseph de Narbonne Lara, seigneur de Pomaret, coseigneur de Ponteil et de Saint-André-de-Copaze, lieutenant au régiment de Talaru, fils de Charles et d'Isabeau de Chaber, épousa le 7 janvier 1765, Henriette de Clavel de Lassaigne, décédée le 22 novembre 1809, dont il avait eu

II. Charles-François, comte de Narbonne Lara, né le 3 août 1766, mort à Alais le 29 décembre 1833, avait été chef de bataillon à l'armée de Condé, sous-préfet d'Alais le 29 juillet 1815, chevalier de Saint-Louis ; il épousa à Villefort, le 10 thermidor an XI (Benoit notaire) Marie de Treille de la Roquette, fille d'Antoine et de Marie de la Bastide, dont il eut

III. Charles-Philippe-Amédée, comte de Narbonne-Lara, né le 3 vendémiaire an XIII, mort en 1859, avait épousé à Alais, le 17 juillet 1833, Marie Puech, dont il eut

IV. Flavien-Alexis-Henri-Charles, comte de Narbonne Lara, né le 3 octobre 1834, mort le 24 août 1903, marié à Villevieille (Gard), le 8 septembre 1857, à Marie de de David Beauregard, dont il eut

1° Marie-Thérèse de Narbonne Lara, mariée le 7 juin 1887 (Balmelle, notaire), à Villefort à Jean-François de Marin de Carransais, fils d'André et de Clarisse Payan d'Angery ; 2° Jeanne, prieure du Carmel ; 3° Paule-

Blanche-Joséphine d'Harmighies en Hainant (Belgique).

Derniers descendants de la famille des ducs de Narbonne.

Branche A. I. François-Armand de Narbonne-Lara, officier au régiment de Vermandois, épousa, le 16 novembre 1743, Marguerite-Thérèse Sarreau La Cassaigne, dont il eut : 1° Jacques qui suit ; 2° François, lieutenant au régiment royal infanterie qui épousa le 2 mai 1779, Catherine de Mezamat Canazille, fille de Nicolas et de Catherine de Polastron-la-Hillière. Il mourut en 1793 ; 3° le vicomte de Narbonne-Lara tué à l'armée de Condé en 1793.

II. Jacques-François, comte de Narbonne-Lara né en 1784 qui épousa le 18 mai 1816, Hélène de la Rivière dont il eut : Louise, mariée au baron d'Aupias de Blanat et

III Philippe-Paul-Charles-Jean, comte de Narbonne Lara, colonel de cavalerie marié à Augustine de Gourgües dont il eut

IV. 1° Jean comte de Narbonne, officier de cavalerie marié le 24 septembre 1889 à Henriette Tiby ; 2° Marie, mariée à M. de Chaunac ; 3° Hélène, religieuse au Sacré-Cœur ; 4° Mathilde, épousa M. de Laprade ; 5° Elisabeth épousa en 1897 M. du Clos de Gout.

Branche B. I. Jean-François, comte, puis duc de Narbonne de Lara, né le 27 décembre 1748, maréchal de France, gentilhomme du duc de Parme, commandant dans le haut Languedoc, épousa le 13 juillet 1749, Françoise de Chalus, dame du Palais de l'Infante de Parme, dame d'atours de Mme Adélaïde de France, dont il eut

II. 1° Philippe-Jules, vicomte, puis duc de Narbonne-Lara, grand d'Espagne de 1re classe, né à Parme le 27 décembre 1750, capitaine de dragons au régiment de la reine. Il épousa le 5 février 1771 Antoinette de la Roche Aymon, fille du comte et de Charlotte d'Asfold (branche éteinte en 1834) ; 2° Louis comte de Narbonne, chevalier d'honneur de Mme Adélaïde, ministre de la guerre sous Louis XVI et colonel du régiment royal-Piémont, ambassadeur et chambellan sous Napoléon, épousa Marie de Montholon, fille de Nicolas, premier

président du parlement de Rouen, conseiller d'Etat.
Il eut deux filles : Adélaïde, mariée en Portugal au
comte de Braamcamp, et Louise, mariée au comte de
Rambuteau, préfet de la Seine.

Branche C. I. Jean-Jacques de Narbonne, vicomte de
Saint-Giron, épousa Catherine de Belissen de Durban
dont il eut : 1° Joseph-Henri, qui suit ; 2° Louis, vicaire
général de Bayeux ; 3° Joseph, capitaine au régiment
de Normandie, maréchal de camp, chevalier de Saint-
Louis, officier de la Légion d'honneur, qui épousa Hor-
tense, princesse de Bauffremont, dont il eut Hermes-
sinde, épouse d'Auguste d'Asnières, marquis de la
Châtaignerais.

II. Joseph-Henri, marquis de Narbonne Lara, né en
1785, colonel de chasseurs, chevalier de Saint-Louis,
officier de la Légion d'honneur, épousa, le 30 août 1820
Albanie du Barry Conti d'Hargicourt, dont il eut Marie,
mariée le 30 septembre 1849 à Marie de Brunet de Cas-
telpers, marquis de Panat et

III. Louis-Henri, marquis de Narbonne-Lara, né en
1825, qui épousa, le 8 avril 1856, Elisabeth, Ringarde
Héraclée de Montboissier Beaufort-Canilhac, fille du
marquis et de Mlle de Prévost de Chantemesse, dont

IV. Albéric, marquis de Narbonne-Lara, né à Paris le
18 mars 1859, et Ermessinde.

Armes : *de gueules écartelé d'azur au léopard d'argent.*

LA CALMETTE

Armoiries : *de vair à une fasce losangée d'argent et de sable.*

1000. *Villa Calmes.* (Cast. de N.-D. de Nimes, h. 117-1027. — *Villa que nuncupant calmes in commitatu Uzetico.* (Cart. de N.-D. de Nimes, ch. 206-1252. *Castrum de Calmeta* (arch. départ.) — 1591. La Calmette (Id. c. 842).

1209. Le château appartenait à l'évêché d'Uzès. Raymond VI de Toulouse, lui en fait hommage et le diplôme de Philippe II, en 1211, assure cette suzeraineté aux évêques d'Uzès. (Dict. Goiffon).

1382. Les Tuchins s'en emparent et y commettent beaucoup de dégâts.

1511. Pierre de Valfons était coseigneur de la Calmette. (Arch. dép. 2. III. p. 51).

Il avait épousé, le 1er octobre 1499, noble Hélip Dupont, fille de noble Louis Dupont, coseigneur de Dions. La dot d'Hélip fut de 100 livres avec deux habits de drap de France et deux autres du pays en couleur. (Id. p. 292).

1542. Noble Paulet d'Andréa, époux de Madeleine de Cays, était coseigneur de La Calmette. (Id. p. 64 et 65).

1577. Mathieu d'Ardoin était coseigneur de La Calmette (Id. 3. 110).

Noble Henri d'Ardoin, épousa, le 17 février 1605 Claude de Calvière. (Id. p. 215).

Leur fils Marc, hérite de cette seigneurie de Claude de Lauzière, sa grand'mère. (Bruguier, notaire à Nimes).

Son parent Charles d'Ardoin, avait épousé Françoise de Labaume, qui, veuve en 1605, devint dame de La Calmette.

Cette coseigneurie passa ensuite à Marc d'Ardoin qui épousa en 1653, Madeleine de Fabrègue et à Philippe d'Ardoin en 1672.

1580. Châtillon s'empare du château et y fait pendre le gouverneur. Vers cette époque Louis d'André était coseigneur de La Calmette. (Hist. des ducs d'Uzès p. 53).

1600. Denys de Brueys, était seigneur de La Calmette. (Arch. de Nimes, 2. p. 4).

1604. 14 avril. Jacques de Cassagne, conseiller du roi et receveur ordinaire de la sénéchaussée de Nimes et Beaucaire achète la coseigneurie de La Calmette à Eléonore de Baudan, dame de La Calmette, veuve de Mᵐᵉ Guérin de Lozières (François Ménard, notaire à Nimes. Arch. duc. caisse 4).

Famille de Cassagne

Jacques de Cassagne ci-dessus avait un frère, Michel de Cassagne, qui était trésorier du domaine de Nimes. Ils furent tous les deux maintenus dans leur noblesse par jugement souverain du 3 novembre 1670.

Jacques de Cassagne, membre de l'Académie Française en 1661 et garde de la bibliothèque du roi, était fils de Jacques, maître des requêtes du duc d'Orléans et Trésorier du domaine de la sénéchaussée de Nimes. (Rivière 1. 458).

En 1856, 8 septembre, François de Cassagne fait hommage au duc d'Uzès, de la coseigneurie de La Calmette en qualité d'héritier de son grand'père François de Cassagne, conseiller du roi et doyen des conseillers à la cour du sénéchal, siège présidial de Nimes. (Arch. duc. caisse 56).

Cette famille est actuellement représentée par

1° Etienne, comte de Cassagne, résidant à Béziers et au château de Saint-Jean de Libron par Béziers.

2° Henry, vicomte de Cassagne, résidant à Béziers et au château de la Jourdane par Vias (Hérault).

Armes : *de sable à deux épées d'argent mises en sautoir.*

Devise : *Atavis et armis.* Noble par mes aïeux et par les armes.

1612. Noble Jean de Folaquier était coseigneur de La Calmette. (Arch. dép. t. 2. p. 196).

Noble Pierre de Folaquier l'était aussi en 1644. (Id. t. III. p. 45).

1638 11 novembre. Etait aussi coseigneur de La Calmette, François de Rosselin, docteur et avocat.

1639. Nicolas de Mancelle l'était également. (Arc. dép. de l'Hérault. B. 8. p. 214).

1663. Autre coseigneur Charles Deferre, sieur de la Verrière en Dauphiné, héritier de Chabaud, coseigneur de La Calmette. (Garanier, notaire à Nimes).

1713, 28 décembre. Vente par noble Isaac d'Ardoin, seigneur de La Calmette à Jean Louis de Mathei conseiller du roi au présidial de Nimes de la terre et seigneurie de La Calmette. (Sommaire des déclarations de la viguerie d'Uzès p. 119 des arch. duc).

Précédemment et le 22 avril, Jean Louis de Mathei avait acheté une partie de la coseigneurie de La Calmette à François de Massilian. (Voir pour la famille de Massilian, fief Sanilhac).

Famille de Mathei de Valfons

La famille de Mathei de Valfons de La Calmette a réuni le double avantage de se rendre aussi célèbre dans la robe que recommandable dans la profession des armes. Elle a fourni des magistrats pleins d'honneur, d'intégrité ; des colonels et des maréchaux de camp qui se sont distingués par leur valeur et leur fidélité.

Le roi Louis XV érigea en marquisat la terre de La Calmette et de Massilian en faveur de Louis de Mathei de Valfons, président à mortier au parlement d'Aix et en faveur de Charles, de Marc-Antoine et de Charles-Marie, les trois frères, par lettres patentes du mois de septembre 1764.

I. Jean de Mathei, épousa Catherine Nouvelle dont il eut : 1° Etienne qui suit ; 2° Marc-Antoine, major dans le régiment de Vaudrey-Cavalerie et chevalier de Saint-Louis en 1744.

II. Etienne de Mathei, conseiller du roi, lieutenant particulier en la sénéchaussée de Nimes, qui épousa, le 18 juin 1675, Magdeleine de Cray dont il eut

III. Jean-Louis de Mathei, seigneur de La Calmette, Massilian et autres lieux, conseiller du roi, premier consul de la ville de Nimes, député des Etats du Languedoc et président de Chambre des grands jours en Gévaudan, mort en 1734, avait épousé Louise de Fabre dont il eut

1° Louis de Mathei qui suit ; 2° Charles, marquis de Valfons, vicomte de Sebourg, comte de Blandèques, lieutenant général des armées du roi 1761, commandeur de Saint-Louis, gouverneur pour Sa Majesté du Fort de l'Ecluse, né en 1710, épousa, le 10 septembre 1753, Thérèse Desclaibes ; 3° Marc-Antoine, marquis de Massillan, commissaire général de la Marine ; 4° Charles, marquis de Fontanille, capitaine de Cavalerie dans le régiment de Royal Pologne, gouverneur des villes d'Harfleur, aide de camp du maréchal de Belle-Isle et chevalier de Saint-Louis ; 5° Castor, vice-général de l'archevêché de Cambrai ; Charles, seigneur de Florac.

IV. Louis de Mathéi de Valfons, marquis de La Calmette, marquis de Massilian, seigneur de Gajan, Sauzet et autres lieux, président à mortier au parlement de Metz, qui épousa en 1734, Charlotte du Pezat dont il eut : 1° François-Marie qui suit ; 2° l'abbé de Massilian grand vicaire du diocèse d'Angoulême, prieur commendataire de l'île d'Avert ; 3° Charles, comte de Valfons, capitaine de cavalerie dans le régiment de Royal-Champagne, massacré aux Carmes, le 2 septembre 1792 ; 4° Louise mariée le 6 avril 1784, à Nimes, au marquis de Broglie ; 5° Marie-Madeleine qui épousa Claude comte de Rotalier, capitaine de grenadiers au régiment de Soissonnais; 6° Joséphine, mariée au baron de Pourcaires ; 7° Charlotte, mariée au comte de Narbonne-Lara.

V. François-Marie de Mathéi de Valfons, marquis de

La Calmette et de Massilian, maréchal des camps et armées du roi, chevalier de Saint-Louis, qui épousa, le 25 septembre 1783, Victoire de Charezieux de La Valtière, dont il eut : 1° Auguste qui suit : 2° Aurore, mariée au comte de Goursac, ancien page du roi, écuyer du manège du roi, chevalier de Saint-Louis ; 4° Blanche, mariée à Ernest de Rossel, baron de Fontarèches, ancien gendarme de la garde du roi et lieutenant de cavalerie.

VI. Auguste de Mathei de Valfons, marquis de La Calmette et de Massilian, chevau-léger de la garde du roi et lieutenant de cavalerie, qui épousa, le 26 juillet 1836, Gabrielle de Boileau de Castelnau dont il eut la vicomtesse d'André, et

VII. Camille Régis, marquis de Valfons, né en 1837, député du Gard, de 1871 à 1881 qui épousa en 1862, Marie-Alphonse Giraud-Périer, petite-nièce de Casimir Périer ministre du roi Louis-Philippe.

Il en eut : 1° Henri qui suit ; 2° Ernest ; 3° Clémentine, mariée au comte Morand de Jouffray, de Lyon ; 4° Jeanne, mariée au baron de Trinquelague-Dions, conseiller général du Gard.

VIII. Henri-Marc, avocat, docteur en droit, marié en 1899, à Noémi Giraud, de Tours.

Le marquis de Valfons est actuellement propriétaire du château de La Calmette.

LA CAPELLE-MAMOLÈNE

CANTON D'UZÈS

1121. *Bastida de Capella* . (Gall. Christ. t. VI. p. 619).
1384 *Capella Sérnhaqueti* (dén. de la sénéchaussée).

1549. La Capelle. (Arch. dép. C. 1328).

Dès avant l'organisation des départements en 1790, La Capelle était réunie au village voisin de Mamolène ; un arrêté du 11 messidor an I rendit à chacune de ces localités une existence communale indépendante. Réunies de nouveau par un décret de 1814, elles forment encore aujourd'hui la commune dite de La Capelle-Mamolène.

Ces deux communautés réunies reçurent en 1694 les armoiries suivantes : *d'or à une fasce losangée d'argent et de sinople.*

D'après certains vestiges, La Capelle semble avoir une origine Romaine.

1211 Ce lieu est donné a l'église d'Uzès par le roi Philippe II.

1257. Isnard de Mamolène fait hommage au roi d'une quote-part du château. (A. duc. Reg. 1610. N° 4).

1287. Le roi vend la coseigneurie de Mamolène à Robert seigneur d'Uzès.

1290. Guiraud du Pin de Bagnols fait hommage d'une partie de cette seigneurie à Brémond d'Uzès.

1305, 3 mai. Raymond de Laudun, damoiseau, fait aussi hommage de partie de cette seigneurie au même seigneur d'Uzès. (Arc. duc.)

1348. L'évêque d'Uzès, Hélias de Saint-Irieix se retire à son château de Mamolène, pour éviter la contagion de la peste qui faisait de grands ravages.

1405. A la suite de difficultés avec l'évêque, le château devient la propriété du vicomte d'Uzès. (A. duc. Uzès p. 133).

1475. La vicomtesse d'Uzès, née de Brancas en fait hommage au roi. (Id. n° 401) et plus tard pareil hommage est rendu par Symone, vicomtesse d'Uzès qui épousa le comte de Crussol.

1580, 25 février. Honoré Le Chantre acquiert du duc d'Uzès une partie de la seigneurie de Mamolène, et en 1583, le 1er mai, il en acquiert une autre partie de noble Dupuy. (Arch. dép., liasse E, p. 9).

1583 17 décembre. Accord antre le duc d'Uzès et Honoré Le Chantre, seigneur des Pons, par lequel on ratifie le contrat de vente passé en février 1580, devant Picheral, notaire.

1742 18 janvier. Le duc d'Uzès cède une partie de la seigneurie de Mamolène à Mre Scipion de la Garde marquis de Chambonas.

Famille de la Garde Chambonas

Elle tire son nom de la Garde Guérin située au diocèse de Mende et de celle de Chambonas au diocèse d'Uzès.

Henri de la Garde descendait au cinquième degré de Gilbert de la Garde, chevalier, époux de Gabrielle de Châteauneuf, auteur de la maison de la Garde Chambonas, maintenu dans sa noblesse par M. de Besons, 9 novembre 1668. (Barrat 1.729).

I. Josselin de la Garde, seigneur de Chambonas, fut déchargé, le 20 février 1396 de l'imposition faite sur les non-nobles lors du mariage d'Elisabeth de France avec le roi, attendu son ancienne noblesse ; il épousa Philippe de Molette et fut père de

II. Pierre de la Garde, seigneur de Chambonas, qui épousa, le 14 avril 1455, Catherine de Fraissinet dont il eut

III. Raimond de la Garde, qui épousa Catherine de Castrevieille et eut pour fils

IV. Baptiste de la Garde, qui épousa, le 18 mai 1518,

Simon d'Hérail de Bresis (1) et fut père de : 1° Noël, qui suit ; 2° Nicole, mariée à Bernard de Chanaleilles.

V. Noël de la Garde, seigneur de Chambonas, épousa le 9 juin 1547, Louise de Chastel de Condres et il en eut : 1° Henri qui suit ; 2° Antoine qui a fait la branche D.

VI. Henri de La Garde, seigneur de Chambonas, Cornillon, Serres, chevalier de l'ordre du roi, qui épousa Gabrielle de Molette de Morangiès dont il eut :

VII. Antoine de La Garde, seigneur de Chambonas et de Cornillon, gentilhomme ordinaire de la chambre du roi 1643, qui épousa Charlotte de la Baume de Suze et il en eut : 1° Louis-François qui suit ; 2° Charles qui a fait la branche B ; 4° Henri-Joseph qui a fait la branche C ; 4° Charles évêque de Lodève 1671 et de Viviers 1690.

VIII. Louis-François de la Garde, marquis de Chambonas par lettres patentes du mois d'avril 1683, enseigne de la compagnie d'ordonnance du duc d'Orléans, 1651. Il épousa le 24 janvier 1659, Louise de Chaumessan de Tourilhe.

Branche B. VIII. Charles de la Garde-Chambonas, comte de Thomé, s'établit en Bourgogne et épousa Marie de Rochefort-d'Ally.

Branche C. VIII. Henri-Joseph de la Garde, dit le comte de Chambonas, baron des états du Languedoc par la baronnie de Saint-Félix, diocèse de Toulouse, le 24 septembre 1712; lieutenant-capitaine aux gardes françaises, premier gentilhomme de la chambre du duc du Maine 1706, avait épousé le 5 avril 1695 Marie de Fontange-Auberoque dont il eut

IX. Scipion-Louis-Joseph de la Garde, marquis de Chambonas, baron de St-Félix et des Etats du Langue-

_____

(1) Armes : *d'azur au navire d'or équipé, voilé d'argent flottant sur des ondes de même.*

Devise : *Neque Charybdis Scylla.*

. doc, lieutenant du roi en cette province qui épousa :
1° Claire, princesse de Ligne; 2° Louise de Grimoard du Roure dont il eut

X. Scipion de la Garde Chambonas, baron, député de la noblesse des Etats du Languedoc auprès de sa majesté au mois d'août 1765, maréchal des camps et armées du roi, dernier ministre des affaires étrangères de Louis XVI. Il épousa, en 1764, Amélie de Lespinasse-Laugeac dont il eut

XI. Adolphe-Edme de la Garde, marquis de Chambonas, qui épousa Mlle de la Vernade.

Branche D. VI. Antoine de la Garde, seigneur du Bouchet, épousa, le 5 juin 1585, Catherine du Vilar.

Armes : *d'azur au chef d'argent (Arm. du Lang.* t. 1, 285).

1622. Rohan, en révolte contre le roi, s'empare de Mamolène, (Hist. du Lang. t. 9, p. 744).

1747, 15 mars. Le duc d'Uzès, vend la terre et seigneurie de Mamolène à M. Claude de Carrière (Martin, notaire) qui lui en fait le dénombrement en 1764, sous l'albergue d'une paire de gants payable à chaque mutation de seigneur et de vassal.

CARSAN

CANTON DE PONT-SAINT-ESPRIT

Armoiries : *de gueules à une fasce losangée d'argent et de sable.*

1224. G. de Carensario (cart. de Saint-Victor-de-Marseille, ch. 714). — 1265 *Claustrum et prioratus Beate Marie de Carsan* (Cal. Christ. t. VI p. 308) 1320 *Carsanum* (d'Aigrefeuille, hist. de Monpellier, t. 11 p. 84. — 1619, Carsan.

Le hameau de Montaigu était une annexe de Carsan.

1475. Noble Gabriel de Roc, co-seigneur de Saint-Christol, était coseigneur pour un cinquième de Carsan et Montaigu (A. duc., caisse 4).

1481, 21 mars, Guillaume de Beauvoir, seigneur du Roure, fils de noble Antoine de Gardies, seigneur de Fontarèches vend à noble Gabriel de Roc la quatrième partie de juridiction de Carsan indivis avec les autres seigneurs (*id.*) — Voir pour la généalogie de Beauvoir du Roure, fief Naves.

1547, 21 janvier. Jean et Eustache de Bagnols vendent à Rostang du Roc écuyer, seigneur de St-Christol et coseigneur de Montaigu leur part du château et de la juridiction de Montaigu, sauf la réserve au vicomte d'Uzès de son droit de suzeraineté et en 1550, 4 janvier, Rostang du Roc obtient du vicomte d'Uzès la cinquième partie de la juridiction de Carsan.

1530. La coseigneurie de Carsan appartenait à Jacques de Sauvan dont voici la généalogie (*Armorial du Languedoc, 1 p. 476*).

Famille de Sauvan d'Aramon

I. Jean-Joseph de Sauvan, gentilhomme de la maison et estat de Notre Saint-Père le Pape, vint s'établir en France où il épousa Jeanne de Gérente, sœur de l'archevêque d'Embrun et il en eut

II. Jacques de Sauvan, seigneur de Carsan, qui épousa le 23 février 1549, Marguerite de Jassaud qui lui apporta en dot du chef d'Etienne de Laudun, sa mère, l'isle de Carlaméjan (majorat actuel). Il eut de son mariage.

III. Jean de Sauvan, seigneur de Carsan, puis baron d'Aramon, marié le 9 Juillet 1597 à Elisabeth Fouquet dont il eut

IV. Jacques de Sauvan, baron d'Aramon, conseiller secrétaire du roi, maison et couronne de France, marié le 11 mai 1641, à Madeleine Leclerc de Fleurigny, fille d'honneur de la reine Marie de Médicis, dont il eut

Jacques-Antoine-Eléonor, qui suit et Magdeleine mariée à Marcel Vanel de Lisleroy, lieutenant des maréchaux de France.

V. Jacques-Antoine-Eléonor de Sauvan, marquis d'Aramon, épousa, le 15 mai 1671, Anne-ThérèsedeBarbezières-Chemerault dont il eut

VI. Marie-Guillaume-Alexandre de Sauvan, marquis d'Aramon, page du roi, capitaine au régiment de Berry 1704, qui épousa Louise-Marie deMarie dont il eut

VII. Claude-Alexandre-Marie de Sauvan, marquis d'Aramon, qui épousa : 1° en 1754 Louise de Bragelonne dont une fille Claudine, mariée au comte de Canclaux et mère de la comtesse de Colbert ; 2° Suzanne de Boisjourdain dont il eut

VIII. René-Antoine de Sauvan, marquis d'Aramon, capitaine aux dragons de Conti 1786, pair de France 1819 au titre de marquis, chevalier de St-Louis, officier de la légion d'honneur, qui épousa le 20 mai 1786 Marguerite de Mellet dont il eut : 1° Camille qui suit ; 2° Mélanie, comtesse de Vesins; 3° Mathilde, comtesse de Chamoy.

IX. Camille de Sauvan comte d'Aramon, officier supérieur de cavalerie, chevalier de Saint-Louis, offi-

cier de la légion d'honneur, qui épousa en 1824 Pauline
du Bois de la Touche, dont : 1° Paul-Camille-Antoine qui
suit ; 2° Marie-Pauline, mariée au baron de Monticourt
3° Georges-Louis, comte de Chemirault ; 4° Geneviève
qui a épousé le comte le Goindre de Peulan, dont une
fille, mariée au vicomte de la Tour du Pin la Charce,
dont un fils René, et une fille, Sybille. Résidence,
Paris. — Château de Bosmont (H. Marne) ; 5° Jacques,
qui a épousé Mlle Fischer, dont deux fils, Paul qui a
épousé Mlle Bell, dont une fille, Jacqueline et Bertrand, célibataire. Résidence : Anisy - le - Château
(Aisne).

X. Paul de Sauvan, marquis d'Aramon, qui a épousé le
4 mai 1854 Valentine de Béhague, dont : 1° Camille qui suit ;
2° Henry, filleul de Mgr le comte et de Mme la comtesse de Chambord, décédé en 1857 ; 3° Pierre, décédé
en 1858 ; 4° André, comte de Chenlazault, officier de
cavalerie, mort d'une chute de cheval en 1887 ; 5° Guillaume, ancien officier de chasseurs à pied, marié à
Mlle Marguerite de Montsaulieu, dont André et Jean. Résidence : château de Berney (Cher) ; 6° Claude, épouse
du comte Louis de Montesquiou-Fezensac, château de
Bourron, dont : 1° Blaise ; 2° Etiennette, mariée au
comte Auguste de Montaigu, dont Paul ; 3° Eliane.

XI. Camille de Sauvan, marquis d'Aramon, ancien
officier de cavalerie, qui a épousé le 11 août 1884
Mlle Amélie de la Bastide, dont : 1° Valentine, décédée en
1886 ; 2° Henry ; 3° Hubert. Résidence : château d'Aramon (Gard).

Armes : *Ecartelé au 1 et 4 de gueules un lion d'or
qui est de Sauvan ; au 2 et 3 d'argent, à dix fasces
de gueules, qui est de Barbezières Chemerault.*

Devise : *Salvum Deus faciet (Arm. de Lang.,
t. 229).* Jugement de maintenue de noblesse, 18 juillet 1669.

1580, Jean de Gondin était seigneur de Carsan
(arch. dép. du Gard, p. 430).

Famille de Gondin

I. Antoine de Gondin épousa, le 20 janvier 1527

Jeanne de Bagnoles de St-Michel des Ubaz,et il en eut :
Jean, qui suit, et Mathieu, qui a fait la branche B.

II. Jean de Gondin, seigneur de Carsan, épousa Claude
de Buis, dont il eut

III. Honoré de Gondin, baron de Boisseron, prévot
général de la province du Languedoc, qui épousa le
8 février 1611 Françoise de Roquefeuille la Roquette,dont
il eut

IV. Bernard, seigneur de Montagut, prévot général du
Languedoc, 1647, et Hercule, baron de Boisseron, Carsan,
Montagut, Naguères, prévot général de la province du
Languedoc, 1648, qui épousa, le 8 juillet 1660, Marie
Anoul.

Branche B. II. Mathieu de Gondin, écuyer, coseigneur de la Tour Carbonnière, viguier d'Uzès, gouverneur d'Aiguesmortes, qui épousa le 30 janvier 1582
Marie de Beauvoir du Roure, et il en eut

III. Henri de Gondin, seigneur d'Arci et de Saint-
Quentin, qui épousa Eléonore Renaud de la Barthe,
dont il eut   .

IV. François de Gondin, seigneur d'Arci et de Saint.
Quentin, qui épousa, le 16 juin 1658, Charlotte de
Bruei s.

Les deux branches de la maison de Gondin établies
au diocèse de Nimes justifièrent leur noblesse devant
les commissaires des francs fiefs.

Armes : *d'argent à un chevron de sable accompagné de trois gantelets de même, un en pointe.* (Armorial du Languedoc 1, 24).

1651, 14 avril. La portion de la seigneurie de Carsan
et Montaigu que le roi avait possédée durant deux
siècles passe à la maison de Porcelet de Baye. Henri
de Porcelet, baron de Baye, la vend à la chartreuse
de Valbonne (voir Serviers).

1673. Le syndic de la chartreuse fait hommage au
duc d'Uzès de tout ce qu'elle possédait à Carsan et à
Montaigu et il renouvèle cet hommage en 1756.

Le château de Montaigu n'est plus qu'une ruine.

CASTELNAU

—·—

Armoiries : *de Sinople à un pal losangé d'or et d'azur.*

1211. *Castrum de Castro novo* (Cal. Christ. t. VI, p. 304). — En 1784 *Castrum novum* (Dén. de la Sénéchaussée. — 1547 Castelnau (arch. dép. C. 1314).

Le château de Castelnau fort bien conservé a été reconstruit au seizième siècle, mais il a des parties qui doivent remonter jusqu'au IXme siècle. On y pénètre par une petite porte cintrée fermée habituellement avec une herse.

1246, 7 mai. Pierre de Caprières de Gajans en fait hommage au roi et également son successeur Bertrand de Caprières en 1270.

1321. Bérenger d'Uzès de la maison d'Uzès était seigneur de Castelnau (ar. duc. caisse 35).

1486, 6 janvier. Armand de Saint-Félix fait l'acquisition de cette seigneurie, (Ar. duc. caisse *id.*).

Famille de Saint-Félix

La maison de Saint-Félix est une des plus anciennes et des mieux alliées de la province du Languedoc.

Elle a pris son nom d'un ancien château situé dans le diocèse de Lodève, mais son principal apanage était un autre château de Saint-Félix dans le Lauragais, chef-lieu d'une ville et seigneurie du même nom dont les possesseurs étaient barons héréditaires de la province du Languedoc.

Le château de Saint-Félix en Lauragais par l'extinc-

tion de la branche ainée de la famille est passé successivement dans diverses maisons étrangères.

La grandeur originaire de la maison de Saint-Félix
est attestée par les monuments de l'histoire. A la fin
du XIIme siècle, ses auteurs étaient en guerre avec le
comte de Toulouse, Raymond VI époux de Jeanne d'Angleterre. Jean, seigneur de Saint-Félix, fut présent le
28 décembre 1090 avec Rostaing seigneur d'Uzès au
traité de mariage de Pandulphe d'Hugues, damoiseau,
du lieu de Bonzol, au diocèse de Béziers, avec Richard
de Rocozel.

Pons de Saint-Félix assista en 1123 avec Bernard de
Saint-Sulpice, Gauthier de Carlot et Guillaume de
Salas, à un plaid tenu par Ameil, évêque de Tou-
louse. (Hist. du Languedoc t. 11 pr. col. 424).

Arnaud de Saint-Félix paraît comme témoin dans la
charte, par laquelle Raymond, comte de Toulouse,
donne en fief le château de Saint-Félix à Roger-Bernard,
comte de Foix, en 1226 (ibid. col. 306).

Pierre-Bernard de Saint-Félix est nommé parmi les
principaux vassaux du comte de Toulouse présents à la
donation faite à ce prince en 1230 par les Marseillais
de la ville basse ou vicomté de Marseille.

Il vivait encore en 1241.

La filiation de cette famille est établie depuis Guillaume, seigneur de Saint-Victor, qui rend hommage pour
son château en 1137.

Elle forma plusieurs branches : de Saint-Félix,
de Gaussan, de Castelnau, de Varennes, d'Aiguesvives et de Miramont, en Lorraine.

Elle obtint un jugement de maintenue de noblesse, le
22 septembre 1669.

Titres nobiliaires : baron de Montpezat, Varennes et
Clapiers, comte de Saint-Félix, marquis de Miramont.

On compte parmi les membres des chevaliers Saint-
Jean de Jérusalem, des baillis royaux, un président du
Parlement de Toulouse, un procureur général et deux
conseillers, deux capitouls, un vice-amiral, un préfet,
un commandeur de la légion d'honneur.

Armes : *Parti au 1 d'azur, au levrier rampant d'argent colleté d'un collier de gueules bouclé et cloué d'or ; au 2 : coupé de gueules et d'argent à 6 merlettes de l'un en l'autre, posées 3, 2 et 1 (mémorial général de Maulauban, en 1696).*

Il serait trop long de reproduire la généalogie des diverses branches de cette ancienne et noble famille.

Il nous suffira de dire que la seule descendante et seule héritière de la branche des d'Aiguesvives, Marie-Philomène-Eva de Saint-Félix d'Aiguesvives, a épousé le comte de Ginesty (1) Pierre-Célestin-Joseph, né le 23 décembre 1866, dont elle a eu: 1° Joseph de Ginesty, né le 22 décembre 1892, et 2° Rodolphe, né le 22 décembre 1900.

Résidence : château d'Aiguesvives, par Basiège (Haute-Garonne).

Le représentant des autres branches est le marquis de Saint-Félix, qui a deux fils, Jean et Henri.

Résidence : Place Saint-Georges, à Paris

1500, 1er février. Secondin de Saint-Félix, vend la seigneurie de Castelnau à noble Antoine de Boileau, et le 25 juin 1525, noble Jean de Boileau, trésorier du roi, et son receveur ordinaire en la sénéchaussée de Nimes et Beaucaire, en fait hommage au roi.

Famille de Boileau de Castelnau.

Elle descend de l'un des fils d'Etienne Boileau, grand prévôt de Paris en 1250, choisi par Saint-Louis pour rétablir la justice, et dont la filiation suivie est rapportée par Laschenay Desbois, t. II, 586, jusqu'à Charles de Boileau de Castelnau, capitaine au régiment de Normandie, 1733-1742, alors chef de nom et d'armes de sa maison.

(1) Armes des Ginesty Toulouse : *Ecartelé aux 1 et 4 d'argent à un chêne de sinople, terrassé de même; aux 2 et 3 de gueules à trois branches de genêt d'argent.*

Timbre : couronne de comte.

Guillaume de Boileau, demeurant à Montereau, vendit son héritage et vint s'établir à Nimes, en 1494 ; son fils, noble Antoine Boileau, trésorier et receveur ordinaire en la sénéchaussée de Beaucaire, 1735. (Manuscrit d'Aubais, 11. 61), acheta la terre de Castelnau de la Garde de Sainte-Croix de Boirac au diocèse d'Uzès et fut père de

I. Jean de Boileau, seigneur de Castelnau, qui épousa le 6 février 1538, Anne de Montcalm, dont il eut : 1° Jean qui suit; 2° Gabrielle, mariée en 1562 à Antoine de Bornier, conseiller au présidial de Nimes, et 3° Anne, mariée à Gui de Bon. (Voir pour la famille de Bornier, lettre A ci-dessous).

II. Jean de Boileau de Castelnau, seigneur de Castelnau et de Sainte-Croix, premier consul de Nimes, épousa 1° le 25 juin 1571, Honorade Le Blanc de la Rouvière ; 2° le 15 octobre 1575, Rose de Calvière Saint-Cosme, dont il eut Jacques, auteur de la branche des Boileau d'Uzès, dont les descendants étaient fixés à Dunkerque et à Saint-Domingue en 1771, et

III. Nicolas de Boileau, seigneur de Castelnau, Sainte-Croix, avocat distingué au présidial de Nimes. Il avait épousé, le 18 mars 1619, Anne de Calvière-Boucoiran, dont il eut Jacques, qui suit ; Isabeau, mariée à Pierre de Leyris.

IV. Jacques de Boileau de Castelnau, seigneur de Castelnau Sainte-Croix, qui fut maintenu dans sa noblesse, par jugement souverain du 10 décembre 1668. Il épousa, le 15 août 1660, Françoise de Vignoles, dont il eut : 1° Maurice, qui suit ; 2° Henri, tué en 1704 au siège de Tournay ; 3° Jean, mort de ses blessures reçues à la bataille d'Hoschtedt, 1704 ; 4° Charles, émigré en Angleterre par suite de la Révocation de l'Edit de Nantes, auteur d'une branche établie dans la Grande-Bretagne et dans les Indes ; 5° Françoise, mariée en 1690 à Joseph Pandin de Jarrigues, émigré en Prusse, père du chancelier de ce nom ; 6° Louise, mariée à Abel de Ligonnier, émigrée en Irlande.

V. Maurice de Boileau, seigneur de Castelnau, qui

épousa le 11 décembre 1708, Eve de Guiran, dont il eut:
1° Charles, qui suit ; 2° Henri-Camille, lieutenant-colonel ; 3° Louis, dit le chevalier de Montredon, mort à Nimes en 1805.

VI. Charles de Boileau, seigneur de Castelnau, capitaine au régiment de Normandie, prit part au siège de Philisbourg, 1734, et fit la campagne de Bohême en 1742. Il épousa, le 11 février 1766, Catherine de Vergèse d'Aubussargues, dont il eut : 1° Simon-Charles-Barnabé; 2° Frédéric-Louis ; 3° Henri-Camille ; 4° Louis-Alphonse; 5° Anne-Augustin.

Devise : De tout mon cœur.

1704, 14 août. Roland, chef des camisards, s'étant réfugié au château de Castelnau, fut trahi par un jeune homme d'Uzès, dit Malarte, qui avait toute la confiance de ce chef redoutable.

Les dragons de l'armée royale le surprirent pendant la nuit au château avec huit officiers qui l'accompagnaient.

Pris a l'improviste, ils s'élancèrent à demi-vêtus vers les écuries pour s'emparer de leurs chevaux. Trois officiers purent s'échapper. Roland et les cinq autres officiers gagnèrent la campagne à pied atteints par les cavaliers royaux. Le chef intrépide s'adossa contre un arbre placé au-delà du ruisseau de Cantarel, et de là il défia le plus hardi d'approcher, lorsqu'un simple dragon les tira d'embarras en faisant feu sur Roland. Le camisard mourut à l'instant.

Son cadavre fut porté à Uzès et de là à Nimes. On le traîna sur une claie, ensuite on le brûla et ses cendres furent jetées au vent.

Les autres officiers subirent avec courage le même sort. (Dict. Rivoire, 2. p. 542).

Le château de Castelnau appartient au marquis de Valfons.

A
Famille de Bornier.

Elle est une des plus anciennes parmi les familles de robe de la province du Languedoc.

Elle a produit depuis la fin du XVII° siècle des officiers distingués et huit chevaliers de Saint-Louis.

Philippe de Bornier, né à Montpellier en 1634, et mort en 1711, conseiller du roi et lieutenant principal au siège présidial de cette ville, fut un des commissaires nommés par M. de Bezons pour être rapporteur dans les jugements de noblesse du diocèse de Béziers, Carcassone et Saint-Pons, lors de la vérification.

Il fut choisi par le roi pour présider aux assemblées synodales qui se tenaient en Languedoc jusqu'à la Révocation de l'Edit de Nantes. Il publia divers livres de jurisprudence qui sont restés classiques jusqu'au milieu du dernier siècle.

Son fils puîné fut président du Sénéchal et lieutenant général criminel à Montpellier, 1725 (Moreri, V. 924).

L'académicien de Bornier, auteur de la *Fille de Roland*, descend de cette famille.

Elle est actuellement représentée par M. de Bornier et sa belle-sœur, la vicomtesse Henri de Bornier, dont la fille a épousé M. Magnan, commandant d'artillerie, dont deux enfants, une fille, Madeleine, et un fils, Etienne-Philippe-Jean, qui portent comme leur mère, le nom de Bornier ajouté à celui de Magnan.

Armes : *D'azur à la borne d'argent sur une terrasse de sable accostée de deux épis d'or, au chef cousu de gueules, chargé d'un soleil d'or accosté de deux étoiles de même.*

Le titre de vicomte a été accordé à cette famille par lettres patentes du mois d'août 1646.

Alliances : de Barbeyrac de Saint-Maurice, de Besson, de Bonafous, de Cadolle, de Farges, de Meynier, de Montolieu, de Parades, de Pascal, de Ranc de Vibrac, de Trotignon, de Vidal.

Le château de Castelnau est actuellement possédé par le marquis de Valfons.

COLLIAS

CANTON DE REMOULINS

Armoiries : *d'hermine à un pal losangé d'or et d'azur*.

Avant Jésus-Christ, les Romains avaient placé là une porte pour la défense de la route d'Arles à Uzès.

On remarque dans Collias une margelle de puits toute sillonnée à l'intérieur par le frottement des cordages. Cette pièce en beau marbre de couleur grisâtre paraît avoir appartenu à une baignoire antique. On remarque aussi un fragment de marbre qui semble provenir d'un temple de Vénus. (Notices sur différentes localités du Gard, par E. Trinquier, p. 21.)

1188. *Coliacum*(Cast. de Franq) — 1208. *Castrum de Çoliaco* (*id.*) — 1265. Coliats (arch. dép., 11. 3) — 1290 *Castrum de Collias* (chap. de Nimes, arch. dép.) 1715, Collias (J.-B. Nolin, Carte du diocèse d'Uzès) — 1789, Montpezat-lès-Uzès.

1151. Les évèques d'Uzès avaient la suzeraineté de Collias. Elle leur fut maintenue par le comte de Toulouse en 1211 et confirmée par le roi Philippe-Auguste.

Le château de Collias, qui subsiste encore, ne date que du XVI⁰ siècle. Celui du Moyen âge occupait tout près de là un emplacement qu'on appelle aujourd'hui le Castellas.

Ce château appartenait à la maison d'Uzès depuis Raymond, dit Rascas, quatrième seigneur de notre ville. Un des droits du seigneur était de confisquer le lit de tout indiviu convaincu d'avoir retiré chez lui une personne oublieuse de ses devoirs (*Mulieres vanœ*).

1323, 24 avril. Raymond de Montaren, coseigneur de Collias, vend une partie de sa seigneurie au roi et fait hommage de l'autre partie à Raymond d'Uzès, le 7 août 1365.

1331, Transaction entre Robert vicomte d'Uzès, et Jacques de Montaren, sur l'hommage que le vicomte lui demande sur le château de Collias (arc. dép. de l'Hérault B. 8. f. 31).

1374, avril. Le duc d'Anjou, lieutenant-général du roi Charles V, qui était venu à Uzès voir Alzias, seigneur vicomte de cette ville, va visiter le château de Collias, bâti sur l'emplacement appelé aujourd'hui le Castellas (*Hist. des Ducs d'Uzès*, par L. d'Albiousse, p. 39).

Au XIV⁰ siècle, Jean d'Albenas et Raymond de Barry, seigneur de Bouquet, étaient coseigneurs de Collias (arch. duc. caisse 3), ainsi que Raymond de Montaren, qui donna une partie de sa coseigneurie au roi Charles IV.

1390. Jean de Montaren fait hommage au roi de la dixième partie de la juridiction qu'il a sur le château de Collias, sous l'albergue de quarante animaux mangeant avoine.

Noble Béatrix de Montaren, femme de Guillaume, fait hommage de la quarantième partie de juridiction sur le même château, sous l'albergue de quatre sols deux deniers (Arch. dép. de l'Hérault, B. 457, p. 46 et 47).

1499. Anne de Brancas, vicomtesse d'Uzès, vend une partie de sa seigneurie de Collias à noble Joachim des Essarts.

1530 Noble Christophe des Essarts. la vend à noble Hector de Cadoine, qui en reçoit l'investiture par le vicomte de Crussol, le 27 janvier de la même année.

1549. Robert de la Croix, seigneur de Vallérargues, était coseigneur de Collias (Arch. dép., 3. 128).

1554. Le baron Antoine de la Tour de Saint-Vidal, vend sa coseigneurie de Collias à Françoise de Janas, épouse de M. Jean d'Albenas, qui en reçoit l'investiture du duc d'Uzès le 27 février 1558, (Jacques, Rossel notaire à Uzès. — Voir fief Gajan).

1574. Jean de Trémolet, baron de Montpezat, seigneur de Saint-Mamet et Roubiac, épouse le 7 mars 1579, Diane d'Albenas. dame de Collias, et par ce mariage devient seigneur de ce fief.

Famille de Trémolet de Montpezat.

Elle est fort ancienne. On lit dans des actes originaux de 1338 et 1339, que Guillaume et Bermond de Trémolet étaient qualifiés de damoiseaux et de chevaliers.

Elle établit ainsi sa filiation.

I. Antoine de Trémolet, baron de Montpezat, seigneur de Roubiac, général de la cour des aides de Montpellier, épousa le 26 février 1555, Charlotte de Bucelli, dont il eut :

II. Jean de Trémolet, baron de Montpezat, seigneur de Collias, Saint-Mamet, qui épousa le 7 mars 1579, Diane d'Albenas, dame de Collias. Il fut tué devant la ville d'Aix, commandant une compagnie, le 5 juillet 1593. Il eut de son mariage Jean de Montpezat, lieutenant général du roi dans le pays d'Artois, mort en 1677, et

III. Georges de Trémolet seigneur de Roubiac, qui épousa le 14 décembre 1617, Lucrèce de Pontanel, dont il eut: 1° Jean, qui suit ; 2° Jean-Louis, seigneur de Lunelviel et gouverneur de la citadelle de Montpellier ; 3° Henri, abbé de Montpezat ; 4° Paul-Antoine, abbé d'Aroles ; 5° Louis, lieutenant-colonel au régiment de Montpezat; 6° Jacques, seigneur d'Argeliers, capitaine et major au même régiment ; 7° Annibal, chevalier de Malte.

IV. Pierre de Trémolet, seigneur de Roubiac, mestre de camp et maréchal de bataille, 1652, épousa le 4 octobre 1651, Catherine de Rignac, dont il eut

V. Jean-Louis de Trémolet, baron de Collias, commandant du régiment de Montpezat, qui épousa, en 1683, Thérèse de Tertulli (1), dont il eut :

(1) **Armes** : *d'azur à trois chevrons d'or.*

VI. Pierre-Guillaume de Trémolet, baron de Collias, marquis de Montpezat par lettres patentes, de mai 1745, confirmées par un arrêt du 9 avril 1752, portant érection de la terre de Collias en marquisat sous la dénomination de Montpezat, lieutenant du roi en Langue, doc, héritier de Henri de Montpezat, maréchal de camp. (arch. de Toulouse, t. 3, v. 2081.) Il fait le dénombrement de sa seigneurie au duc d'Uzès, le 16 juillet 1716, et il déclare jouir du lieu de Collias où était autrefois le château du duc, qui confronte au levant la maison de Claude Ponge et la rue, au couchant la grande rue, au midi la maison de la chapelle Saint-Pierre et Saint-Paul. (arch. duc., caisse 4). Il épousa le 11 aout 1714, Marie-Françoise-Richarde de Carichon, dont il eut

VII. Jean-Antonin de Trémolet, duc-marquis de Montpezat, aide de camp du maréchal de Belle-Ile au siège de Philisbourg, en 1734, créé duc ou prince romain le 13 janvier 1758, par le pape Benoît XIV, qui demanda pour lui au grand maître de Malte la croix de cet ordre, lieutenant du roi en Languedoc, 1746, un des quatre premiers barons du Dauphiné. Il épousa le 19 septembre 1758, Espérance d'Agoult de Montmaur, fille unique et héritière de sa maison, dont il eut : 1° Henriette, mariée, le 1er septembre 1758, à Charles-Antoine, duc de Galéan des Issarts, prince du Saint-Empire, qui fut chargé de négocier le mariage du Dauphin et de la Dauphine, et

VIII. Marie-Joséphine de Trémolet de Montpezat, qui épousa, le 3 mai 1763, son cousin, Jacques de Trémolet, marquis de Montpezat, et de ce mariage cinq filles.

Armes : *D'azur au cygne d'argent sur une rivière de même, surmontée de trois mollettes d'or.*

Devise : *Cygnus aut victoria cadit in undis.*

Je pensais que cette famille était éteinte, lorsque j'ai appris qu'un marquis de Montpezat, ayant la même devise, habitait l'Egypte. Il a bien voulu m'envoyer l'état actuel de sa famille :

Sa mère : Ida d'Ainesy, marquise de Montpezat, née

Le Blanc de Boisricheux, demeurant à Champagnette, par Soulgé-le-Briant (Mayenne).

Lui : Henry-Léopold d'Ainesy, marquis de Montpezat, époux de Martha von Nagel su Aichberg, Port-Saïd (Egypte).

Ses sœurs : Jeanne Colombel, née d'Ainesy de Montpezat, demeurant à Mousseaux, par Châtillon-Coligny (Loiret) ; Gabrielle du Pré de la Morlais, demeurant à Ismalia (Egypte) ; Josèphe, sœur de charité de Saint-Vincent-de-Paul.

Le berceau de la famille est le château de Montpezat dans l'arrondissement de Riez (Basses-Alpes), qui appartient aujourd'hui à la famille de Ravel d'Esclapon.

Illustrations : Melchior de Montpezat fit partie de la députation allant chercher à Vienne Elisabeth d'Autriche, la future reine de France.

Loignac de Montpezat fut des mignons d'Henri III.

Carbon de Montpezat fut un archevêque de Toulouse.

Un autre coseigneur de Collias était Pierre de Sarrazin, comte Chambonnet de Ligeac.

Famille de Sarrazin.

Aigline de Sarrazin, épousa en 1400, Jacques de Pierre, seigneur de Bernis. Elle fut l'aïeule du célèbre cardinal de Bernis, ministre des affaires étrangères en 1757.

Comme il serait trop long de reproduire sa généalogie, je me contente d'indiquer les faits suivants :

La maison de Sarrazin, dont le nom se trouve écrit en latin *Sarracini, Sarraceni et Sabracini* et en français de Sarrazin, est l'une des plus anciennes familles chevaleresques de l'Auvergne.

Son nom est connu dans cette province depuis le XIᵉ siècle. (Voir les cartulaires du prieuré de Sauxillanges et du chapitre noble de Saint-Julien de Brioude).

La terre de la Jugie ou la Juzie, située paroisse de Miremont, en Auvergne, paraît avoir été le berceau de cette famille.

Cette importante terre seigneuriale est restée dans la famille de Sarrazin jusqu'en 1499. Après la perte de cette terre, la branche aînée de la famille a continué à résider dans la même paroisse de Miremont, au chateau de Bonnefont, jusqu'en 1773, qu'elle s'est établie dans le Vendomois.

L'auteur commun des Sarrazin est Géraud de Sarrazin, troisième du nom, seigneur de la Jugie, époux de Jeanne de Saint-Yriex, petite-nièce d'Hélie de Saint-Yriex, qui fut successivement évêque d'Uzès, cardinal et évêque d'Ostie, et qui mourut en 1367.

La maison des Sarrazin s'est divisée en deux branches principales depuis l'année 1436 : la branche des seigneurs de Jugie et de Bonnefont, en Auvergne, et celle des seigneurs de la Fosse et de Saint-Déonis, en Limousin.

Ces deux branches ont produit plusieurs rameaux et se sont perpétuées jusqu'à nos jours.

Elles ont été maintenues dans leur noblesse d'ancienne extraction en 1610, 1667, 1776, et leurs preuves ont été admises pour l'ordre de Malte, pour la maison royale de Saint-Cyr et pour les pages de la maison du roi.

La maison de Sarrazin a fourni quinze chanoines, comtes de Brioude, depuis l'an 1200 ; un chambellan du roi Saint-Louis ; Jean Sarrazin, historien de la Croisade en 1249, membre du conseil de Régence ; un écuyer tué à la bataille de Poitiers, en 1356 : un autre à Nicopolis ; en 1396 ; un autre à Saint-Quentin, en 1557; un gentilhomme de la chambre du roi Henri IV, en 1590 ; un commandant de la compagnie des gens d'armes de la reine Anne d'Autriche, en 1625 ; un grand bailli d'épée du pays de Combrailles, 1750 ; deux lieutenants des maréchaux de France ; un député de la noblesse aux Etats Généraux de 1789, le comte Gilbert de Sarrazin. membre de l'Assemblée constituante; un général des armées catholiques et royales vendéennes, le comte Guillaume de Sarrazin, tué à la bataille de Combré, en 1764 ; un lieutenant-colonel de la Garde royale, démissionnaire en 1830 ; deux chevaliers de Malte, six chevaliers de Saint-Louis ; deux chevaliers de la Légion d'honneur, et enfin un littérateur distingué, le comte Adrien de Sarrazin, auteur du *Caravansérail* et de plusieurs autres ouvrages remarquables, mort à Vendôme le 26 septembre 1852, père du chef actuel du nom et des armes, le comte de Sarrazin, demeurant au château de Boutelaye, par Lesigny (Vienne).

Ses ancêtres avaient les titres suivants :

Seigneurs de la Jugie et autres lieux, barons de Bassignac et de Limous, marquis des Portes, qualifiés de comtes et marquis de Sarrazin par lettres, brevets et ordonnances de nos rois en Auvergne, Limousin, Bourbonnais, Marche, Vendômois et Poitou.

Armes : *d'argent à la bande de gueules, chargé de trois coquilles d'or.*

Cimier : *Un Sarrazin vêtu d'une tunique de gueules à hyéroglyphes de sable.*

Supports : *deux sauvages appuyés sur leurs massues.*

Cri de guerre : La Jugie et la Juzie.

Devise : *Deo et Sancto Petro.*

Ces armes sont peintes dans l'*armorial d'Auvergne*, en 1450, par Guillaume Revel, lieutenant d'armes du roi Charles VII, à la page 221.

1565. Jacques de la Croix, baron de Castries, chevalier de l'ordre du roi, capitaine de cinquante hommes d'armes, gouverneur de Sommières, Gignac Frontignan baron des Etats du Languedoc, épouse Diane d'Albenas, dame de Collias (Daroussin, notaire), et le 8 juillet 1601, celle-ci donne la coseigneurie de Collias, par contrat de mariage, à son fils Gaspard-François de la Croix qui épouse, le 21 juillet, Jeanne de Gueidan (Voir généalogie de cette famille au fief de Gaujac).

1588. Collias est pris par capitulaiion par Turenne et Châtillon, qui obligent les habitants à leur donner quatre cents écus d'or.

1567. Jean Poldo d'Albenas, lieutenant principal au présidial de Nimes, seigneur de Collias, est assez heureux pour sortir de la ville au moment de la nuit sanglante, appelée la Michelade.

1624. Le roi Louis XIII s'arrête au château de Collias se rendant à Uzès.

1679 La famille des Perrochel achète la seigneurie de Collias à Jean-Louis de Trémolet, fils de Pierre de Trémolet. (Félix, notaire à Paris).

1792. Tournier achète les biens du ci-devant seigneur de Montpezat. Il est obligé d'apporter les papiers qu'il peut posséder afin qu'ils soient brûlés (*Histoire de la Révolution française*, par Rouvière, 2, p. 220).

M. Ausset-Roger est actuellement propriétaire du château de Collias.

COLLORGUES

CANTON DE SAINT-CHAPTES

Armoiries : *d'Azur à un pal losangé d'argent et d'azur*.

1384. *Colonicæ* (Dénombrement de la Sénéchaussée) 1547. La communauté de Collorgues (arch. dép. c. 1313) — 1622. Le château de Collorgues (Id. c. 1215).

1400, 4 août. — Blanche d'Uzès, dame de Collorgues, fait le dénombrement au roi de la moitié de cette seigneurie (Arch. duc.)

1485. 16 septembre. Noble Jean de Bozène fait hommage au roi de sa coseigneurie de Collorgues. (Arch. duc., caisse 4). Il était encore coseigneur en 1503. (Arch. dép. t. 1. p. 108).

1500. Pierre de Brueys, avocat, docteur ès-droits, seigneur de Fontcouverte, époux de Marguerite de Jossaud, 1558, était seigneur de Collorgues. (Voir pour la généalogie, fief de Brueys).

1651. Louise d'Albenas, épouse de Gilbert de Porcelet, était dame de Collorgues. (E. Dumas, notaire à Uzès, voir fief Gajan et Serviers).

Ce fief fournit aux camisards de nombreux secours et un chef Pierre Levat, que ses crimes firent rompre vif sur la place du Marché, à Nimes, le 3 décembre 1703.

1726, 2 décembre, Jean Roch de Cabot, président trésorier de France, grand voyer général des finances de Montpellier, achète la seigneurie de Collorgues à M. de Ribaute, au prix de 16.500 livres, devant Martin, notaire.

Famille de Cabot de Collorgues et de Dampmartin.

I. Jean Cabot, fils de Louis et d'Antonye de Vierne,

épousa le 5 octobre 1576, Marguerite de Leuze, dont il eut

II. Jean Cabot, qui se fit catholique le 20 avril 1635, avait épousé Jeanne de Robert, dont il eut :

III. Lambert Cabot, conseiller du roi, receveur des Tailles, au diocèse d'Uzès, qui épousa en 1653, Marie Conil, dont il eut : 1° Jean, qui suit ; 2° Lambert, chanoine à Uzès.

IV. Jean Cabot, major de Bellegarde, conseiller du roi, receveur des Tailles au diocèse d'Uzès, président trésorier de France, 1690, en la généralité de Montpellier, grand voyer général des finances, intendant des gabelles. Il épousa le 22 juin 1691, Anne de la Croix de Candilhargues, dont il eut : Isabeau, mariée, le 22 février 1714, à Jean de la Croix de Meirargues; 2° Jeanne, mariée à Joseph d'André de Saint-Victor, et

V. Jean Roch de Cabot, seigneur de Collorgues, président trésorier de France, grand voyer général des finances à Monpellier, qui épousa, le 31 décembre 1726, Marguerite d'Autrivay ; 2° le 7 février 1750, Julie Léonie de Saint-Maximin, dont il eut

VI. Jean-Antoine Cabot de Collorgues de Dampmartin (1), capitaine d'infanterie au régiment du Limousin, commandant de la ville d'Uzès, qui fut substitué aux biens, nom et armes de Dampmartin, conseiller à la cour des aides de Montpellier. (V. T. t. 1165) ; il épousa, en 1752, Jeanne de Venant d'Iverny, dont il eut Fanny, comtesse de Flaux, et .

(1) Armes des Cabot : *trois chabots d'or.*

Devise : *Semper cor caput Cabot.* (Cabot donne toujours son cœur et sa tête.

Armes des Dampmartin : *Au 1 et 4 d'azur à trois bandes d'argent accompagnées de deux étoiles d'or en chef, à la bordure dentelée de même, au 2 et 3 de gueules à l'étoile chevelue d'or.*

La famille de Dampmartin est originaire de Toulouse.

Pierre de Dampmartin, qui s'établit à Montpellier, épousa Islande des Urcières, fille de Jean, gouverneur de la justice de Montpellier. (Manuscrit d'Aubais, II, 39).

VII. Anne-Henri Cabot de Collorgues fait vicomte
de Dampmartin, ancien maire d'Uzès, qui épousa
Gabrielle de Merignargues dont il eut : 1° Anatole qui
suit ; 2° Herminie, comtesse de Lantiany ; 3° Gabrielle,
marquise de Lagoy.

VII. Anatole, vicomte de Dampmartin, épousa
Mlle Marie-Josephine de Bezenval, décédée au château de
Beaumont-les-Autels le 16 juin 1869 dans sa trente-cin-
quième année, dont Emeline, mariée le 12 juillet 1884
au prince François de Broglie, lieutenant-colonel d'In-
fanterie et décédée en son hôtel à Paris, rue de la
Bienfaisance, 41, à l'âge de 37 ans, d'où Guillaume et
Amédée de Broglie.

A
Famille de Broglie.

Tous les historiens d'Italie reconnaissent la maison
de Broglie comme l'une des sept nobles familles d'Albergue, fondatrices de la ville de Quiers en Piémont.

Dès le milieu du XIIIe siècle, on voit figurer Raymond Broglia, cardinal-archevêque de Césarée.

L'empereur Henri VII, à son passage à Quiers, en
1310, habita le palais d'Ardizzon Broglia.

Charles de Broglie, connu sous le nom de comte de
Cailes, entra au service de France lorsque, par suite
de l'alliance de Louis XIV avec la Savoie, le prince
Thomas fut nommé général des armées confédérées au
delà des Alpes.

François de Broglie, frère de Charles, fut créé comte
de Revel par le duc de Savoie et maréchal de camp
par Louis XIV, en 1646. Son fils le comte de Revel, se
distingua au passage du Rhin. Boileau dans son épître
et Mme de Sévigné dans sa lettre du 21 septembre 1689
rendent hommage à sa bravoure. Il ne laissa pas de
postérité, mais son frère Victor, créé maréchal de
France, en 1724, fût le père de François qui fut élevé, dix
ans après, à la dignité de duc, par lettres patentes de
juin 1742.

Il laissa deux fils : Charles-François, le plus jeune

fonda la branche des comtes de Broglie, qui s'est perpétuée jusqu'à nos jours : Victor-François, l'aîné, obtint comme son père et son aïeul le bâton de maréchal et devint ministre de la guerre sous Louis XVI en 1789.

L'empereur, par diplôme du 25 mars 1759, lui avait accordé le titre de prince de l'Empire transmissible à ses descendants des deux sexes.

Armes : *D'or en sautoir ancré d'azur.*

Couronnne princière sur l'écu, couronne ducale sur le manteau.

Support : Deux lions ayant leurs queues fourchées et leurs têtes contournées.

Cimier : Un cygne d'argent portant sur sa poitrine le sautoir ancré d'azur orné d'une banderolle de gueules.

Le château de Collorgues appartient à la commune.

CORNILLON

———◆———

Armoiries : *de gueules à une fasce losangée d'argent et de gueules.*

Ce village dont primitivement l'évêque d'Uzès était le seigneur renfermait un certain nombre d'antiquités romaines, surtout au quartier de la Vérune.

1121. *Castrum de Cornilhone.* (Gall, Christ. t. VI p. 619). — 1224. *Cornillonum* (Men. 1 pr. p. p. 53 c. 2). — 1461 *Locus de Cornillione.* - 1550. Cornillon (arch dép., c. 1304).

1211. Le roi Philippe-Auguste confirme le don fait par Raymond VI, comte de Toulouse aux évêques d'Uzès.

1280. Bertrand de Rochegude, (voir fief Valérargues) fait hommage à M⁺ᵉ Bertrand, évêque d'Uzès, de la seigneurie de Cornillon et, en 1322, Pons de Rochegude, damoisel, seigneur de Cornillon, fait hommage de sa seigneurie à M⁺ᵉ Gilles, évêque d'Uzès, sous l'albergue de deux chevaliers et un laquais. (Garidel, notaire à Uzès. (Arch. duc. caisse 3). (Voir la généalogie de la famille de Barjac de Rochegude au fief Valérarguesr.)

Pendant le séjour des papes à Avignon, un cardinal du nom de Laroze fut exilé à Cornillon.

En faisant il y a quelques années, des fouilles dans la basse-cour du château qui est en mauvais état, on a trouvé une pierre sur laquelle sont figurés un chapeau de cardinal et six roses.

1292. Gilles des Gardies, fils de Bertrand, seigneur de Fontarèches, fait hommage à l'évêque d'Uzès de cette seigneurie. (Voir, pour la généalogie des Gardies, fief Fontarèches).

1347. Noble Gille, fils de Raymond de Mornas, seigneur de Cornillon, fait hommage de sa seigneurie à Mᵍʳ Elie, évêque d'Uzès. — (Querrel, notaire. — Arch. duc., caisse 3).

1403, 5 décembre. Le marquis de Bellefort fait à à l'évêque le dénombrement de sa seigneurie de Castillon qu'il avait acquise de Raymond de Bellefort, en vertu d'un arrêt du Parlement de Paris du 10 avril 1391. (Ar. duc.)

1513, 26 avril. Noble Simon de la Molinière était seigneur de Cornillon. (Arch. dép. civ. t. 1, Série E. p. 435).

1557, 22 mai. Dénombrement rendu par Nicolas Tartully, docteur ès-droits, seigneur de Verfeuil et de Saint-Laurent-de-Carnols de sa seigneurie de Cornillon à l'évêque d'Uzès. Il déclare avoir acquis sa seigneurie du comte d'Alais. (Somm. des décl. p. 222-A. D.)

1595-1597. Antoine des Martins était seigneur de Cornillon (Clapiers, notaire).

1679, avril. Vente par Mgr. de Gabriac à Hector de Sibert de Cornillon au prix 25.000 francs.

Famille de Sibert de Cornillon.

Elle est originaire de Bagnols (Gard) et possède, depuis le commencement du XVIIᵉ siècle, la baronnie de Cornillon située dans le même département. (d'Hozier, arm. gén. V. R.)

Plusieurs membres de cette famille prirent part aux assemblées de la noblesse de la Sénéchaussée de Nîmes, de 1786 à 1789.

I. Jean de Sibert, épousa Catherine de Portal, dont il eut

II. Jean de Sibert qui épousa, le 30 septembre 1559, Louise de Nicolay dont il eut

III. André de Sibert, conseiller, procureur général au parlement d'Orange (1599) qui épousa, le 27 mars 1601, Olympe de Langes dont il eut : Louise, mariée à Jean de Portal et

IV. Hector de Sibert, baron de Cornillon, qui épousa, le 30 octobre 1633, Olympe de Drévou dont il eut : 1° Hector, capitaine au régiment de Picardie (1707) marié à Marthe de Bouscaille, dont une fille, Agathe, mariée le 13 mai 1729, à Charles de Sibert, son oncle capitaine au régiment de Saillans ; 2° Charles qui suit ; Olympe mariée à Pierre de Charron, capitaine de cavalerie ; 4° Marie, mariée à Jean-Laurent de Pithon conseiller au Parlement de Grenoble ; Rose, mariée à Henri de Fabry, (voir lettre A ci-dessous), chevalier de Saint-Louis, lieutenant-colonel au régiment de l'Isle-de-France; 6° Blanche, mariée à Jean de Pinières ; 7° Marguerite, mariée à Henri de Barruel.

VI. Charles de Sibert, baron de Cornillon, seigneur de Saint-Geniès et de Valérargues, commandant pour le roi à Bagnols, capitaine au régiment de Noailles, qui épousa; 1° le 18 juin 1705, Marguerite de Laval ; 2° le 13 mai 1729, Agathe de Sibert, sa nièce.

Il eut du premier mariage : 1° Charles-Toussaint qui suit : 2° Alexis, Cordelier à Bagnols (1724) et du second; 3° Chartes, écuyer, né en 1747, page de la Dauphine (1761), officier aux gardes françaises.

VII. Charles-Toussaint de Sibert de Cornillon, capitaine au régiment de Torets, chevalier de Saint-Louis, qui épousa, le 21 février 1736, Catherine de Volle, dont il eut

1° Charles qui suit ; 2° N. vicaire général d'Alby, lecteur du comte d'Artois, prédicateur de la reine.

VIII. Charles de Sibert, baron de Cornillon, officier au régiment de la Sarre, inspecteur au rang de colonel dans l'armée royale de Saint-Domingue, chevalier de Saint-Louis et de Saint-Lazare, épousa, le 29 septembre 1796, Louise de Dion, chanoinesse du chapitre noble de la reine de Bourbourg, dont il eut :

Charles-Louis-Adolphe de Sibert, baron de Cornillon, conseiller d'Etat, ancien secrétaire général au ministère de la Justice, commandeur de la Légion d'honneur, qui épousa, en 1825, Eléonore de Gauthier de Saint-Paulet (voir lettre C.) dont : 1° Charles, sous-lieutenant de

hussards, officier d'ordonnance du général Walsin d'Es-
thérasy, mort glorieusement au combat de Kaugill à Eupa-
toria, chevalier de la Légion d'honneur ; 2° Charles,
conseiller à la cour impériale de Limoges, 3° Anna
mariée à Casimir Bonnevialle, consul de Belgique à
Alger, chevalier de la Légion d'honneur ; 4° Charlotte,
mariée à Séverien Dumas, substitut au tribunal civil
de la Seine.

Armes : *Ecartelé au 1 et 4 de gueules au lion
d'argent ; aux 2 et 3 d'or au bélier de sable rampant.*

Devise : *Semper floreo, nunquam flaccesco.*

Je fleuris toujours, je ne flétris jamais.

Famille de Fabry.

Elle est originaire de la ville Pise en Toscane où elle
a produit un grand nombre de chevaliers, de gentilshommes, consuls de la ville de Pise, un podestat en 1284, trois
gonfalonniers en 1345, 1416, 1451, un généralissime des
galères de cette république ;

Et en France, le fondateur de l'hôpital de la ville
d'Hyères, en 1304, un servant d'armes du roi Charles IV
le Bel en 1354, un évêque de Marseille en 1361, des chevaliers de l'ordre de Saint-Jean-de-Jérusalem, des conseillers
de cour souveraine dont le plus illustre est Nicolas de
Fabry de Peirac, deux colonels dont l'un tué à la
bataille de Malplaquet, en 1709, deux lieutenants-géné-
raux, un commandeur de l'ordre royal de Saint-Louis.
(Généalogie des maisons de Fabry et d'Ayrens, par J. de
Barousse, p. 10).

La maison de Fabry a été maintenue dans sa noblesse
par jugement souverain du 4 janvier 1671.

Jean de Fabry, son premier auteur est né vers 1099,
époque de la première croisade et de la prise de Jérusalem par Godefroi de Bouillon, sous le règne de Mathilde
de Toscane, appelée la « Grande comtesse », morte le
24 juillet 1115.

Ses descendants ont servi comme chevaliers dans les
armées des empereurs Conrad III et Frédéric Barbe-
rousse (1138-1190).

Deux branches de la maison de Fabry vinrent s'établir en France : l'une en Provence, dans la ville d'Hyères sous le règne de Philippe-Auguste; l'autre à Bagnols au diocèse d'Uzès sous le règne de Charles VII.

Lorsque Charles-Quint menaça de ravager la Provence, Faulquet de Fabry sauva les précieuses archives du département d'Aix en conseillant au connétable de Montmorency de les faire transporter dans le château des Beaux.

Gabrielle de Fabry épousa Scipion du Périer, parent de ce François du Périer, gentilhomme de la chambre du roi Henri IV, à qui François de Malherbe adressa les stances si connues commençant par ces mots :

« Ta douleur, du Périer, sera donc éternelle ? ».

Cette famille posséda plusiers fiefs, entr'autres la baronnie des Beaux érigée en marquisat du même nom et la baronnie d'Autray érigée en comté par lettres patentes de février 1692 et aussi le fief de Gajans, qui fut possédé par une branche de la famille de Fabry dont le premier représentant fut le XIVᵉ descendant de Jean de Fabry, originaire de Pise en Toscane. (Il serait trop long de reproduire toute la généalogie de cette famille).

XIV Guillaume Fabry, écuyer, capitaine, fils de noble Jean, lieutenant du régent de la ville de Bagnols, en 1603, et de Françoise Petit. Il épousa (Mornier, notaire à Bagnols), le 2 août 1563, Marguerite d'Isnard, dont il eut :

XV. Jean de Fabry, seigneur de Gajans, capitaine au régiment d'Annibal de Montmorency et lieutenant du régent à Bagnols, qui épousa, le 11 Mai 1606 (Périer notaire), Anne de Pugnières, dont il il eut

XVI. François de Fabry, seigneur de Gajans, premier consul de la ville de Bagnols, qui épousa, le 31 octobre 1633, Catherine de Bedond (Pélissier, notaire), dont il eut :

XVII. Henri de Fabry, seigneur de Gajans, qui épousa : 1° le 13 juillet 1674, Antoinette de Cassaignes (d'Alegrac, notaire) et 2° en 1689, Suzanne de Fabri, sa cousine.

Il eut de son premier mariage

XVIII. Henri-Honoré de Fabry, seigneur de Gajans, écuyer, né le 9 juillet 1681, capitaine au régiment de l'Isle-de-France, chevalier de Saint-Louis, et eut pour fils :

XIX. N. de Fabry de Gajans, marié à N. de Sibert de Cornillon, dont il eut deux enfants.

La famille de Fabry est actuellement représentée par M. Georges de Fabry, ancien zouave pontifical, qui habite à Puy-Ricard (Bouches-du-Rhône) et M. Paul de Fabry, demeurant à Tain (Drôme).

Armes : *d'or au lion de sable orné et lampassé de gueules.*

B

Famille de Tauriac.

Elle est fort ancienne et se rattache à deux maisons: celle de Castanet d'Armagnac, qui hérita de Tauriac dont la branche cadette s'est perpétuée sous ce dernier nom et la maison de Boyer, originaire de l'Aveyron, qui par mariage s'adjoignit Tauriac et Castanet et dont la filiation, fort ancienne, n'a pu être établie d'une façon suivie et authentique qu'à partir de 1538, suivant le jugement de noblesse qu'elle a obtenu le 23 juillet 1670, alors qu'elle était connue sous le nom de Boyer-Maillac.'

Ces trois maisons de Tauriac, de Castanet et de Boyer se sont trouvées réunies, en 1664, par le mariage de Salvy de Boyer avec Anna de Castanet de Tauriac, fille de Jean-Honoré de Castanet d'Armagnac, marquis de Tauriac, héritier de la branche aînée des Castanet.

Elle possédait les seigneuries de Belmontel, Clapiers, la Coste, etc., et le marquisat de Tauriac (En Rouergue et Albigeois).

Les membres de cette famille ont été maintenus en noblesse, admis à l'ordre de Malte et à l'assemblée de la noblesse, en 1789.

Armes : *Ecartelé au 1 et 4 de gueules au lévrier d'argent accosté de gueules, bouclé et cloué d'or et accompagné de deux grues d'argent. Le tout entouré*

*d'une bordure crénelée de 8 pièces d'or; aux 2 et 3
d'azur chargé d'une cotice d'or à la bordure crénelée d'or de six pièces*, qui est de Castanet. *Sur le
tout, d'or au chevron de gueules*, qui est de Boyer.

Devise : *confido*.

Aujourd'hui la famille de Tauriac est représentée
par Adolphe de Boyer de Castanet, marquis de Tauriac,
né le 6 août 1867, marié en 1896 à Mlle Elise de Bri-
mond, fille du baron et de la baronne née Cousin de Montauban de Palikao, dont trois enfants : 1° Marie-Antoi-
nette; 2° Marie-Rose; 3° Jean.

Famille de Gauthier de Saint-Paulet.

Le marquis de Gauthier de Saint-Paulet a eu quatre
filles et un fils : 1° Léonie, épouse du peintre Louis
Gounod, de Lyon, où il a laissé plusieurs œuvres très
admirées au musée de cette ville et aussi des fresques
remarquables dans plusieurs églises ; 2° Emma, veuve
de M. Jarry, recteur d'académie à Rennes ; 3° Aldonie,
morte en 1887 ; 4° Mathilde, veuve de Gabriel de Saint-
Victor, ancien député, chevalier de la Légion d'honneur et ancien secrétaire du comte de Chambord, et
5° enfin le marquis de Gautier de Saint-Paulet, ancien
magistrat, victime des décrets, qui a épousé Gabrielle
de Séguins-Vassieux, sœur d'Emile de Séguins-Vassieux,
récemment décédé.

De ce mariage sont nés : le comte de Saint-Paulet,
né en 1848, qui a épousé, en 1892, Mlle de Bellegarde,
d'une vieille famille de Normandie qui habite Châlons
et Marguerite, mariée à Léopold d'Everlange, capitaine
d'artillerie, fils d'un avoué à la Cour d'appel de Nimes
et petit-fils d'un commandant de la garde royale de
Charles X.

CRUVIERS

COMMUNE DE MONTAREN

Armoiries : *de vair à un chef losangé d'or et d'azur.*
(Armorial du diocèse d'Uzès).

Noble Baltazard de Joannis était seigneur de Cruviers
(Arch. départ. de l'Hérault, B. 8, p. 184).

En 1585 cette seigneurie appartenait à Louis de Bargeton, seigneur de Cabanes et de Montaren, commandant une compagnie de 100 hommes. (Voir fief Valabrix).

Il était fils de Nicolas de Bargeton, seigneur de Cabrières, gentilhomme ordinaire de la chambre du duc d'Anjou en 1580, viguier royal de la ville d'Uzès, et de Jeanne de Joannis de la Roche Saint-Angel. Il avait épousé, le 26 Avril 1608, Marguerite de Massane, dont il n'eut pas d'enfant. Il laissa la seigneurie de Cruviers à son neveu, Pierre de Narbonne Caylus, baron de Faugères, 1693, 16 mars. Celui-ci la vend à Pierre Larnac, écuyer habitant d'Uzès, devant Me Plantat, notaire à Montpellier (arch. duc. Sommaire des déclarations de la Viguerie d'Uzès, p. 1861).

Louise Larnac, épouse Jacques Delgat, qui devient ainsi seigneur de Cruviers.

1788, 20 avril. Noble Louis de Broche, chevalier, était coseigneur de Cruviers. (Verdier, notaire, Et. Moulin).

Au moment de la Révolution, le domaine de Larnac appartenait pour une partie aux Larnac et pour l'autre aux de Broche.

Plus tard les héritiers des Larnac vendent leur part du domaine à M. Rode, capitaine d'infanterie.

En 1846 M. Daniel de Broche était encore propriétaire de l'autre partie de ce domaine.

A sa mort il laisse pour héritiers Mme Milliet de Balazue et la famille de Latour Lisside (1), qui vendent, le 13 novembre 1854, tout leur héritage à M. Charles d'Amoreux, d'Uzès, ancien lieutenant de lanciers de la garde royale.

Famille d'Amoreux.

Elle était originaire de la haute Provence.

I. Gaspard d'Amoreux, époux Euséby, eut pour fils

II. Joseph d'Amoreux, demeurant à Uzès, qui épousa, le 14 juillet 1726, Louise de Blanc, dont il eut

III. Gaspard d'Amoreux, conseiller-maître en la cour des comptes, aides et finances de Montpellier en 1755, qui assista à l'assemblée de la noblesse d'Uzès pour l'élection des députés aux Etats généraux de 1789 ; il avait épousé, en 1766, Marie-Anne Palisse de Lahondès, dont il eut : 1° Jean-Joseph-Marie, qui suit ; 2° Saint-Ange, qui a fait la branche B ; 3° Saint-Félix, qui a fait la branche C et Sophie, mariée en 1796 à N. Palisse de Meirignargues.

IV. Jean-Joseph-Marie d'Amoreux, reçu conseiller en la Cour des comptes, aides et finances de Montpellier à la mort de son père, en 1789 ; conseiller à la Cour royale de Nimes.

Il épousa, en mai 1798, Marie-Anne de Larnac, veuve de N. Boutonnet, dont il eut : Coralie, mariée à Adrien de Robernier, chevalier de Saint-Louis et de la Légion d'honneur, lieutenant dans la garde royale et

(1) Armes de la Tour Lisside : *d'or à une tour d'azur maçonnée de sable, au chef cousu d'argent chargé de deux étoiles et d'un croissant d'azur. (Armorial du Diocèse de Nimes, 83).*

V. Eugène d'Amoreux, marié le 19 septembre 1837, à Pulcherie Chalmeton, dont il eut : 1° Louis, né le 25 juillet 1838, marié à Eugénie Correnson, et de ce mariage Mme Blachères et la vicomtesse de Montravel. (Voir pour les Montravel fief Vers) ; et 2° Mathilde, mariée à Henri de Parseval. (Voir lettre A. ci-dessous).

Branche B. Saint-Ange d'Amoreux, qui obtint, le 7 avril 1785, de M. Chérin, généalogiste du roi, le certificat de quatre générations de noblesse, pour être reçu en qualité de sous-lieutenant au régiment de Bourgogne-Infanterie. Il épousa, le 12 septembre 1796, Anne de Trinquelague, dont il eut Félicie, mariée à N. Loudès, et

V. Charles d'Amoreux, lieutenant aux lanciers de la Garde royale, qui épousa, le 22 novembre 1831, Pauline de Fornier, dont il eut : 1° Gaspard, lieutenant au 16ᵉ régiment d'artillerie, mort à la guerre d'Italie, en 1859 ; 2° Marie, mariée à Edmond Rode, capitaine au 20ᵉ régiment de ligne, chevalier de la Légion d'honneur et de Saint-Ferdinand d'Espagne, et de ce mariage, le capitaine Maurice Rode, époux de la fille du docteur Gourbeyre, et Lucie, épouse Bayle.

Branche C. IV. Saint-Félix d'Amoreux, ancien sous-préfet, chevalier de la Légion d'honneur, épousa, en 1801, Mélanie Lefebvre, dont il eut : Jules, homme de lettres ; Charles, prêtre, et Albin, sous-intendant militaire, officier de la Légion d'honneur, qui épousa, en 1834, Honorine d'Albiousse, dont Louise, mariée en 1857 à Paul de Surdun, dont : Jules, jésuite ; Marguerite, carmélite ; Gabrielle, religieuse ; Marie et Mme Martin d'Arnal.

Armes des d'Amoreux : *de gueules au cœur d'or, au croissant d'argent en pointe, au chef cousu d'azur à deux flèches posées en sautoir, accostées de deux étoiles d'argent.*

En 1901, le docteur Gourbeyre, beau-père du capitaine Rode, ayant acheté la partie du domaine dont Mme Bayle avait hérité de son père, l'entier domaine est assuré à M. et Mme Maurice Rode.

A

Famille de Parseval.

Originaire de Nogent-le-Rotrou (Ile-de-France), elle fait remonter sa filiation très suivie d'après les açtes authentiques à Alexandre de Parseval, vivant dans le courant du XVIe siècle. Elle a fourni plusieurs branches, réparties dans l'Orléanais, la Bourgogne, le Languedoc.

La branche aînée, fixée en Ille-et-Vilaine, s'est éteinte avec Pierre-Charles de Parseval, comte de Brion, qui fit ses preuves de noblesse. Né en 1743, il devint lieutenant, commandant des gardes, grand-croix de Saint-Louis. En 1822, il fut chargé par le roi Louis XVIII d'une mission spéciale auprès de l'empereur Alexandre.

Cette famille a encore fourni de nombreux officiers aux armées du roi ; plusieurs fermiers généraux, entr'autres Pierre et Charles de Parseval de Frileuse, qui périrent sur l'échafaud à côté de Lavoisier ; un amiral, Alexandre de Parseval-Duchênes, chevalier de Saint-Louis, grand-croix de la Légion d'honneur, décoré de la médaille militaire et de celle de Sainte-Hélène, grand-croix de Sainte-Anne de Russie, etc., prit part à de nombreuses affaires à Trafalgar, aux Sables-d'Olonne, aux sièges de Bougie, de la Veracrux, Bomarsund, etc., mort sans postérité le 12 juin 1860 ; un membre de l'Académie française, Auguste de Parseval, qui accompagna Napoléon Ier en Egypte et prit part à la rédaction du grand ouvrage de la Commission d'Egypte. Parmi ses principaux travaux, on cite *Philippe-Auguste*, poème épique ; *les Amours Epiques*, etc., etc.

La dernière branche, dite de Perthuis, remonte à Philibert de Parseval. Emigré en 1792, il put rentrer en France l'année suivante ; il fut entreposeur général des tabacs dans les dernières années de l'Empire, puis gentilhomme ordinaire de la Chambre sous Charles X. De son mariage avec Mlle Clémentine Desmé de Gagnonville, il eut : 1o André-Abel de Parseval, né à Paris en 1798, mort à Marseille le 7 juillet 1856. Garde du corps à la Garde Ecossaise, il suivit Louis XVIII pendant les

Cent-Jours. Marié avec Mlle Octavie du Chêne, dont les enfants suivent :

Henri de Parseval, né à Marseille le 3 novembre 1842, marié à Mlle Mathilde d'Amoreux, dont il eut : 1° Henri, né à Uzès le 10 juin 1875, marié à Mlle Palangié, dont un fils, Jean, né à Uzès le 23 juin 1904, et une fille, Marguerite ; 2° Marie, mariée au vicomte de Montchalin, capitaine d'état-major à Saint-Mihel, chevalier de la Légion d'honneur, dont une fille, Symone.

Fernand de Parseval, né à Lyon le 17 février 1840. Sorti de Saint-Cyr, où il obtint le grade de sergent-major, le 1er octobre 1859; officier d'ordonnance du général Waltin Estherasy, s'est distingué à la campagne de 1870. Colonel le 13 janvier 1887. Il fut appelé par le comte de Paris pour diriger l'éducation militaire du duc d'Orléans. A la majorité du prince, il resta attaché à la maison du comte de Paris jusqu'à sa mort, en 1894. Rentré en France, il fut un des chefs du parti royaliste et se consacra à la fondation d'œuvres sociales chrétiennes, chevalier de la Légion d'honneur et de Saint-Jean de Jérusalem, chevalier de Malte.

Armes : *d'argent au pal de sable chargé de trois étoiles de champ.*

Supports : deux lions.

DIONS

CANTON DE SAINT-CHAPTES

———◆———

Armoiries : *de vair à une fasce losangée d'argent et de sinople.*

1157. Dion (Ménard, pr. p. 35, c. 1). — 1211. *Villa de Dion.* (Bib. du Grand Séminaire de Nimes).

L'évèque d'Uzès en était primitivement le seigneur suzerain.

1224, 1er janvier. Gilles de Maltortel, fils de Reymond du Cailar, rend hommage à Mre Reymond, évèque d'Uzès, en renouvellement d'autres hommages remontant à 1146. (Massargues, notaire à Uzès. Arch. duc., caisse 3).

En 1242, 3 août, Reymond, seigneur de la Tour d'Aigues, fils de feu Reymond du Cailar et frère de Guillaume de Maltortel, fait hommage à Pons, évèque d'Uzès, de la quatrième partie de la juridiction et du château de Dions, par indivis avec Gilles de Maltortel (Rissiers, notaire. Arch. duc., caisse 3), tandis que Reymond de Vézénobres fait hommage de l'entière moitié de toute la seigneurie, et en 1260, 11 août, Hermessende, veuve de Gilles de Maltortel, et Elzéard de Sabran, au nom de qui on procédait, font hommage à Mre Pons, évèque d'Uzès, du château de Dions. (Bonhomme, notaire à Uzès. Arch. duc., caisse 3).

1261, 3 février. Echange entre Gilles de Vézénobres et Pierre Brémond de Montaren, d'après lequel Brémond devient coseigneur de Dions. (Sadre, notaire d'Uzès).

1266. Brémond de Montaren fait hommage de la moitié de la seigneurie de Dions à l'évèque d'Uzès. (Cavalier, notaire).

1280, 11 mars. Partage entre Bertrand, évèque d'Uzès,

et Elzéard de Sabran, mari de Delphine, dont les reliques sont dans l'église des Cordeliers d'Apt, en Provence. (Valence, notaire à Uzès). D'après ce partage, toute la seigneurie est donnée à l'évêque Bertrand.

1290, 4 mars. Brémond, seigneur d'Uzès, fils de Decan, acquiert une partie de la seigneurie de Dions et en fait hommage à Mre Grille, évêque d'Uzès.

Pareil hommage est rendu en 1318, le 11 janvier, par Robert, coseigneur d'Uzès. (Eygaliers, notaire de notre ville. Arch. duc., caisse 3).

1363. Sa veuve vend la dixième partie de la juridiction de Dions à Paul de Saint-Privat.

1428, 18 février. Pierre de Dions fait hommage de la coseigneurie de Dions à Mre Girard, évêque d'Uzès. (Lacombe, notaire).

1503, 4 mai. Jacques de Crussol, vicomte d'Uzès, fait hommage au roi de la coseigneurie de Dions.

1538, 3 mai. Frère Jean-Boniface, chevalier religieux de l'ordre de Saint-Jean de Jérusalem, bailli de Manosque, commandeur de Valence, était coseigneur de Dions. (Arch. dép., t. II, série E, p. 58).

1540. Noble Nicolas de Mancelle en était aussi coseigneur. (Arch. duc., registre Uzès, n° 649).

1550. Noble Thibaud de Barjac, seigneur de Bouquet, était coseigneur de Dions.

1552, 2 mai. Noble Simon d'Azémard fait hommage de la coseigneurie de Dions à Mre Jean de Saint-Gelais, évêque d'Uzès.

Famille d'Adhémar.

L'ancienneté et l'illustration de la famille d'Adhémar sont fort connues. On trouve des preuves de sa grandeur chez nombre d'écrivains des XIII°, XIV° et XV° siècles, et si l'on croit un poème italien sur la conquête de la Corse, intitulé *Adhemaro*, on verra qu'un Adhémar, parent de Charlemagne, après avoir conquis Gènes et la Corse, en a été le premier souverain.

Quoi qu'il en soit, il est incontestable que cette maison a donné les comtes d'Orange de la première race et des vicomtes de Marseille, et qu'elle était alliée à la famille de Baux, dont la maison avait porté le titre de roi d'Arles et même celui d'empereur de Constantinople. (Voir *Histoire de Provence*).

La maison d'Adhémar fut maintenue dans ses droits de souveraineté par une ratification de l'empereur Frédéric Ier. (12 avril 1164. Voir *Cartulaire de Montélimar*, p. 19 — *Le Tout-Paris bibliographique et historique illustré*, p. 9).

La ville de Montélimar, en Dauphiné (*Montélimis Adhemari*), est une des anciennes possessions des branches de la maison d'Adhémar, si puissante en Provence et en Dauphiné.

Il existe encore dans le mur d'un corridor de l'Hôtel de Ville de Montélimar une charte lapidaire qui contient une transaction authentique entre Lambert d'Adhémar, fils de Guillaume Hugues et de Laure de Genève, vivant en 1170, laquelle transaction constate les droits des habitants de la ville de Montélimar.

Armes des Adhémar : *Sur mi-partie de France ancien et de Toulouse d'or à trois bandes d'azur ; l'écu timbré d'un casque de chevalier fermé et posé de face, cerné d'une couronne de comte perlée sur neuf pointes; un fer de lance aiguisé de gueules au cimier.*

Devise : Plus d'honneur que d'honneurs.

Cri de guerre : *Lancea sacra.*

Il est bien difficile de relier les filiations les unes aux autres dans cette époque lointaine, d'autant plus que le nom d'Adhémar dans les premiers siècles de cette maison est souvent orthographié : Azémar, Adzémar, Aimar, Adémar, Addémar.

Mais je dois dire qu'un arrêt de la Cour d'appel de Nimes du 6 juin 1839, confirmé par une décision souveraine de la Cour de cassation du 8 mars 1841 (V. Dalloz, 1,151), autorise la famille d'Azémar de Saint-Maurice-de-Cazevieille à reprendre le nom d'Adhémar comme descendant en ligne directe d'Angles d'Adhémar, qui forma plusieurs branches ayant pour auteur commun

Lambert d'Adhémar, chevalier, seigneur de Loubers,
vivant en 1251. (*Histoire du Languedoc*, 1845, X,
900-902 — *Armorial du Languedoc*, par de la Roque,
I, p. 28).

Ces diverses branches sont : d'Adhémar, d'Adhémar
de Cazevieille, d'Adhémar de Montfacon, d'Adhémar de
Gransac et de Lantagnas.

Comme il serait trop long de reproduire la généalogie
de ces diverses branches, je me contente de faire
connaître les représentants actuellement vivants de
chaque branche.

Première branche d'Adhémar : le comte d'Adhémar
(Pierre-Elisabeth-Roger), vicomte d'Héran, baron de
l'Empire, au château de Teillan, près Marsillargues
(Hérault), et 14, rue de la République, à Montpellier,
actuellement le chef de cette branche. Il descend directement de Pierre d'Adhémar, dit le vieux ou l'aîné, fils
de Rigaud d'Adhémar et de Cebelie de Barrière, mariés
le 13 août 1411.

Le vicomte d'Adhémar (Olivier), capitaine de réserve
d'artillerie, attaché à l'Etat major du Gouvernement
militaire de Paris, chevalier de la Légion d'honneur, et
la vicomtesse née Verdet, à Paris, 40, avenue Victor-
Hugo; à Avignon, 1, rue Saint-Thomas-d'Aquin, et au
château de Teillan. De ce mariage, la comtesse Palluat
de Besset, Mme de Lansac de Laborie et la vicomtesse de
Lacombe.

Le vicomte René d'Adhémar, colonel de cavalerie en
retraite, officier de la Légion d'honneur, et la vicomtesse
née Silvestre de Ferron, au château de Ferron, par
Tourreins (Lot-et-Garonne).

La comtesse de Clervaux née d'Adhémar et le comte
de Utervaux, à Châteauneuf, par Celles-sur-Belle (Deux-
Sèvres).

Mme Arthur de Cazenove née d'Adhémar et M. Arthur
de Cazenove, chef de bataillon breveté au 160e régiment
d'infanterie, à Toul.

La vicomtesse Philippe d'Adhémar née d'Adhémar, au

château de Saint-Maurice, par Vézénobres (Gard), et 25, Grande-Rue, à Montpellier.

Le vicomte Pierre d'Adhémar, au château Bon, près Montpellier, et 25, Grande-Rue, à Montpellier.

Le vicomte Raoul d'Adhémar, capitaine au 66e régiment d'infanterie, et la vicomtesse née du Puy Montbrun de Nozières, 34, place Rabelais, à Tours.

Le vicomte Amaury d'Adhémar, capitaine au 21e régiment d'infanterie coloniale, actuellement au lac Tchad (Afrique centrale).

Mme Etienne de Ségnes née d'Adhémar et M. Etienne de Ségnes, capitaine au 125e régiment d'infanterie, à Poitiers.

Le vicomte Fernand d'Adhémar et la vicomtesse née Favre de Thierrens, à Nimes (Gard).

Le vicomte Marius d'Adhémar, receveur de l'Enregistrement et des Domaines en retraite, et la vicomtesse née Grand d'Esnon, à Orange (Vaucluse).

Le vicomte Robert d'Adhémar, professeur à la Faculté libre des sciences de Lille (Institut Catholique), et la vicomtesse née Duhamel, 14, place Geneviève, à Lille, dont un fils, Guy-Melchior d'Adhémar, âgé de 2 ans.

La sœur du vicomte Robert, Mme Edouard Noyer née d'Adhémar, demeurant 46, via Ormintino, Turin (Italie).

Le baron Léopold d'Adhémar et la baronne née Gabalda, à Nailloux (Ariège).

Autres branches : 1° le comte Gustave d'Adhémar de Gransac, demeurant au château d'Etinchem, par Bray-sur-Somme (Somme). Né à Fronton le 6 juillet 1836; il est actuellement le chef des d'Adhémar de Gransac;

2° Le comte Edouard d'Adhémar de Gransac et son fils Albert. Résidence à Panat. Albert est demeuré le chef de la branche de Panat

3° Le comte Gaston d'Adhémar de Gransac, né à Colomiers le 18 septembre 1844, chevalier de la Légion d'honneur, qui a épousé, à Saint-Germain-en-Laye, le 5 juillet 1873, Joséphine-Marguerite Labrot Cromwel, d'où Raoul Louis-Charles, né à Pau en 1874; 12, rue Weber, Paris ;

4° Le comte Hugues d'Adhémar de Gransac, né à Castel-Mauron en 1869, qui a épousé Mlle N. Belloir, d'où Simone. Résidence, Toulouse ;

5° Le vicomte Aymar d'Adhémar de Gransac, né à Paris le 17 août 1847, lieutenant-colonel au 78e régiment d'infanterie, chevalier de la Légion d'honneur, marié à Pau, le 3 février 1875, à Jeanne de Barbotan, d'où Gabrielle, née le 19 mai 1876, et Jeanne, née le 23 mars 1878. Résidence à Guéret (Creuze) ;

6° Le comte Victor d'Adhémar de Gransac, né à Toulouse le 21 février 1836, marié le 20 août 1861 à demoiselle Sophie-Virginie-Elise de Bancalis d'Aragon, 4, place Perchepeinte, Toulouse, d'où : (a) René-Henri, comte d'Adhémar de Gransac, né à Saliès (Tarn) le 14 juin 1862, marié, le 14 juin 1893, à demoiselle Amélie Palun, d'où Catherine, Odette, Marcelle et Henri ; 13, rue Banasterie, à Avignon ; (b) Guillaume-Aymar, comte d'Adhémar de Gransac, né à Lavalette le 8 juin 1867, lieutenant de vaisseau, chevalier de la Légion d'honneur, marié le 10 octobre 1901 à demoiselle Guadalupe de Salernon, 14, boulevard Voltaire, à Brest ; (c) Henri, comte d'Adhémar de Gransac, né à Toulouse le 27 décembre 1870 ;

7° Marie-Alfred d'Adhémar de Gransac, né à Toulouse le 2 mars 1838, prêtre de la Compagnie de Jésus.

Rameau d'Adhémar de Lantagnac : 1° la comtesse d'Adhémar de Lantagnac née Mariani, veuve du comte Alexandre-Maurice-Eugène-Wiliam d'Adhémar de Lantagnac, demeurant à Paris, 33, rue Washington ;

2° Maurice Percheron de Mouchy, chevalier de la Légion d'honneur, ancien lieutenant de vaisseau, fils de Marie-Blanche-Angeline d'Adhémar de Lantagnac ;

3° Charles Percheron de Mouchy, ancien lieutenant de cavalerie, frère du précédent, et Mme née Auvray ;

4° Thérèse d'Adhémar de Lantagnac, née à Paris le 25 février 1872, mariée au baron de Langlade en 1893 ;

5° Blanche d'Adhémar de Lantagnac, née à Paris le 16 octobre 1874, mariée au baron Georges Hainguerlet, 1834.

Il existe encore de cette branche Fernand-Charles, comte d'Adhémar de Lantagnac, dit de Menton, né à Bologne le 28 octobre 1846, marié à Livourne, à Amina Blanchero, d'où sept enfants : Léon, Georges, Aymar, Gaston, Dolorès, Marguerite et Carmen.

Alliances : de Boisson, de Bayard, de Bruguier, de Choisy, de la Croix, de Faucon, de Longchamp, de Montolieu, de Pelegrin, de la Roque de Colonbrines, Sabatier.

1713. Rouvière de Nimes, seigneur de Cornet, était coseigneur de Dions. (Arch. duc., caisse 3).

1721. Le duc d'Uzès possédait une portion indivise de la seigneurie de Dions avec l'évêque d'Uzès.

1792, 6 août. Les citoyens de Dions se rendent à Uzès et exigent du citoyen Meyne qu'il abandonne ses droits féodaux. Ce qu'il fait sans résistance.

Le château de Dions est actuellement possédé par le baron René de Trinquelague-Dions, représentant la branche aînée de sa famille, et dont le grand-père, né à Nimes le 24 décembre 1747, écuyer, conseiller d'Etat, avait été premier président de la Cour de Montpellier, officier de la Légion d'honneur.

Le baron René a un frère, Albain, lieutenant d'infanterie, marié à Nice, en juillet 1906, à Denise de Robillard-Cosnac, et une sœur, Mathilde, qui a épousé le vicomte d'André (Voir fief Aubussargues).

La branche cadette est représentée par la baronne Alexis de Trinquelague, qui a eu deux filles, Thérèse, mariée au général de division d'Entraigues, et Mlle Amélie de Trinquelague.

Armes : *d'or à trois fasces ondées d'azur au chef d'hermine.*

DOMESSARGUES

CANTON DE LÉDIGNAN

Armoiries : *d'azur à un château de trois tours d'argent, là porte ouverte sous l'arcade de laquelle il y a un lion rampant d'or.*

1235. *Sanctus Stephanus de Domensanicis* (Chap. de Nimes, arch. dép.). 1237 Domensaneguier (Mén. 1, pr. p. 73. c. 1) — 1384. *Domessanicæ* (dénomb. de la Sénéchaussée),

1421. *Sanctus Stéphanus de¡ Domessanissis Uticensis diocesis* (cart. de Saint-Sauveur-de-la-Font) — 1461, Domesargues (reg. cop. de lettres roy. E. IV.) — 1555, Domessargues (J. Ursy, notaire de Nimes).

La seigneurie de Domessargues appartenait, au XVIIᵉ siècle, à noble François de Ribenal.

1668, 21 janvier. Noble François de Ribenal, coseigneur de Domessargues, vend sa seigneurie à noble Marc de Brun (Sommaire des déclarations de la viguerie d'Uzès, p. 142 — Arch. ducales).

Famille de Brun

Elle a formé plusieurs branches : de Rochelaure ; de Bosnoir ; de la Grange ; de Montesquiou.

Elle a été maintenue dans sa noblesse par jugement souverain du 6 novembre 1669.

I. Armand de Brun, écuyer, seigneur de Bosnoir et de Rochelaure, épousa, en 1597, Anne de Besse, dont il eut

II. Pierre de Brun, écuyer, seigneur de Bosnoir et de Rochelaure, qui figura, en 1674, à l'assemblée des seigneurs d'Auvergne. Il épousa Claude d'Aureille dont il eut

III. Gabriel de Brun, seigneur de Boisnoir, décédé en 1702, qui avait épousé Marie d'Apcier dont il eut : 1° Louis, seigneur de la Pielle ; 2° François, seigneur de Bosnoir ; 3° Marc qui suit ; 4° Joseph, prêtre, prieur de Tailhac.

IV. Marc, seigneur de la Grange (1), né en 1667, décédé en 1728, avait épousé Antoinette de Douches dont il eut : 1° Jean-Joseph qui suit ; 2° Charles, né en 1718, décédé en 1768 ; 3° Gabriel qui a formé la branche B.

V. Jean-Joseph de Brun, seigneur de la Grange, né en 1714, décédé en 1776, avait épousé Marie-Anne Blanche dont il eut : 1° Martin qui suit ; 2° Pierre, cadet au régiment royal Lyonnais, mort sans postérité.

VI. Martin de Brun, né en 1761, aide camp du général de Boissieu, son cousin, décédé en 1839. Il avait épousé Rose Pagès, fille de l'inspecteur des forêts et chasses du prince de Rohan, dont il eut Alexandre et

VII. Jean-Joseph-Hippolyte de Brun, né en 1805, officier de marine, officier de la Légion d'honneur, décédé en 1860.

Il avait épousé Laure de Brye dont il eut six enfants parmi lesquels Jean-Joseph-Hippolyte de Brun, inspecteur des eaux et forêts à Uzès.

Branche A. de Montesquiou, Hugues de Brun, frère cadet d'Armand et conseiller honoraire en la Sénéchaussée du Puy, avait épousé, en 1614, Françoise de Montesquiou.

Cette branche, qui habitait le château de Molène (Lozère), s'est éteinte à la troisième génération.

Armes : Branche de la Grange : *d'azur au cœur d'or accompagné de 3 croissants d'argent ; 2 en chef et 1 en pointe.*

(1) La terre seigneuriale de la Grange est située dans la paroisse de Desges (Haute-Loire) et voisine de celle de Bosnoir' passée par mariage aux de Boissieux, puis aux de Chassan et aux de Longueville.

Branche de Montesquiou : *Ecartelé : au 1 et 4 de gueules au cœur d'or avec 3 croissants de même ; au 2 et 3 échiqueté d'argent et de sable.* Couronne de marquis.

Les recherches qui ont permis d'établir cette généalogie sont dues au vicomte de Lachaux, actuellement lieutenant aux affaires indigènes à Taghis (Sud Oranais et petit-fils de M. de Brun, officier de marine. (Voir aussi *Histoire d'Auvergne* manuscrit d'*Auducius* (Bib. nationale).

1721. La seigneurie de Domessargues appartenait à Gabriel de Froment, seigneur d'Argilliers, baron de Castille, fils d'autre Gabriel, viguier royal et juge de la prévôté d'Uzès, marié, en novembre 1722, à Marie-Anne Chalmeton (Voir fief Argilliers).

ELZE

CANTON DE GÉNOLHAC

Armoiries : *de gueules à une fasce losangée d'or et de sable.*

1027. *Manus de Ilice* (Cart. de N. D. de Nimes, chap. 153). — 1384, *Locus de Ilice* (dén. de la Sénéchaussée). 1548, Elze (arch. dép., c. 1317).

Une ordonnance royale du 21 septembre 1816 a réuni Elze à la commune de Malons qui porte depuis cette époque la dénomination de Malons et Elze.

1721. Depuis l'échange fait avec le roi, le duc d'Uzès devient haut justicier d'Elze et la seigneurie appartient par moitié aux familles du Roure et d'Agrain.

Famille du Roure.

Elle tient son nom de la terre du Roure, située au Gévaudan (D. de Mende) qui était une des sept baronnies de Tour, donnant droit d'entrée aux Etats généraux du Languedoc. Cette terre qu'elle possédait du roi depuis 1262, fut érigée en comté par le roi Henri IV, en janvier 1608.

Le nom le plus ancien de cette maison est Beauvoir.

Guillaume de Beauvoir, chevalier, originaire du Dauphiné, s'établit en Gévaudan, où il épousa, vers le milieu du XIII° siècle, dame du Roure dont un des auteurs, Raoul, fut nommé par le roi Saint-Louis, en 1250, bailli du Gévaudan.

Au nom de Beauvoir du Roure fut joint celui de Grimoard par suite du mariage de Guillaume de Beauvoir avec Urbaine de Grimoard, le 14 avril 1472 (Bib. nat. manuscrit Lang. II, 105).

La maison du Roure prouva sa filiation devant M. de Bezons, depuis

I. Guillaume de Beauvoir, seigneur du Roure marié à Urbaine de Grimoard, arrière-petite-nièce du pape Urbain V, laquelle transmit son nom et les biens de sa maison à la postérité de son mari. Celui-ci eut plusieurs enfants entr'autres.

Claude de Grimoard-Beauvoir, seigneur du Roure, capitaine de cent hommes d'armes, qui épousa, le 28 août 1520, Florette de Porcelet. (Voir fief, Serviers) grand'tante de la princesse de Condé qui était fille de la connétable de Montmorency et petite-fille de Louise de Porcelet, marquise de Budos. Il eut de son mariage : 1° Louis qui suit ; 2° Jean qui a fait la branche B. ; 3° Pierre qui a fait la branche C. ; 4° Jacques qui a fait la branche D et 5° Antoine qui a fait la branche E.

III. Louis du Roure de Beauvoir, épousa Jeanne de Sara dont il eut

IV. Jacques du Roure de Beauvoir marié, le 20 janvier 1601, à Gabrielle Sautel dont il eut Claude, capitaine, et Hercule, maintenus dans leur noblesse par jugement souverain du 8 juillet 1669.

Branche B. III. — Jean du Roure, épousa Catherine de la Baume dont il eut

IV. Antoine du Roure, baron d'Aigueze. marié : 1° le 15 novembre 1594, à Charlotte de la Baume ; 2° à Anne d'Ornans, dont il eut

V. François du Roure, père de

VI. François maintenu dans sa noblesse par jugement souverain du 20 septembre 1669.

Branche C. III. — Pierre du Roure épousa Jeanne Sautel, dame de la Bastide de Virac, dont il eut

IV. Baltazar du Roure, seigneur d'Elze, qui épousa, le 31 mai 1618, Hélène Sainson et dont il eut : 1° Claude, prieur de Malons ; 2° Scipion qui a fait la branche du Roure, établie à Arles, en Provence dont un rameau passa en Angleterre, vers 1700 ; et 3°

V. Louis du Roure marié, le 22 janvier 1651, à Mar-

guerite d'Arnaud de la Cassagne, dont il eut Marguerite, mariée le 15 janvier 1674, à Pierre de Montfaucon et

VI. Jacques du Roure qui épousa, le 16 juin 1690,
Magdeleine de Morgues-Rieutord dont il eut Jacques,
colonel d'infanterie, mort à Ratisbonne et

VII. Jacques-Scipion du Roure, qui épousa, le
19 janvier 1724, Olympe de Chazelles dont il eut Catherine,
mariée le 5 juin 1764, à Louis de Lescure de Saint-
Denys. (Voir fief Montclus) et

VIII. Jacques-Louis du Roure, lieutenant des maréchaux de France en Languedoc (1771) qui épousa, le
19 octobre 1768, Gabrielle de Vivier-Lansac.

Branche E. III. Antoine de Grimoard de Beauvoir,
baron du Roure, épousa Claudine de la Fare-Montclar,
dont il eut : 1° Jacques qui suit ; 2° Louise, mariée à
Pierre de Chalendar de la Motte (voir lettre A.); 3° Françoise mariée à Guillaume de Balazue

IV. Jacques de Grimoard de Beauvoir, comte du
Roure, par lettres patentes de 1608, baron de Bannes,
maréchal de camp, qui épousa Jacqueline de Monlaur-
Maubec, héritière de la branche cadette des anciens
vicomtes de Polignac.

De ce mariage il eut : 1° Scipion qui suit ; 2° Jeanne
mariée 1° à Jacques d'Audibert de Lussan ; 2° au
baron de Balazue; 3° Françoise, mariée à Georges baron
de Vogué.

V. Scipion de Grimoard, comte du Roure, chevalier
du Saint-Esprit, lieutenant-général des armées du roi,
gouverneur de Montpellier, chambellan de Gaston,
frère de Louis XIII ; reçut à Montpellier Louis XIV
enfant. Il épousa : 1° Gresinde de Beaudan ; 2° Jacqueline de Borne, veuve du marquis de la Fare. Il eut
entr'autres enfants, Jacqueline, mariée au vicomte de
Polignac, père du cardinal (voir lettre B.) et

VI. Pierre-Scipion de Grimoard-Beauvoir, comte du
Roure, marquis de Grisac, lieutenant-général du roi,
gouverneur de la citadelle de Montpellier, qui épousa
Marie du Guast d'Artigny dont il eut Thérèse, mariée
au maréchal de la Fare-Tornac et

VII. Louis-Scipion de Grimoard-Beauvoir du Roure, marquis de Grisac, capitaine de chevau-légers de la maison du roi, tué à la bataille de Fleurus (1690) avait épousé Victoire de Caumont la Force, fille d'honneur de la reine, dont il eut Adelaïde, mariée au comte de Laval de Montmorency et

VIII. Louis-Claude-Scipion de Grimoard de Beauvoir du Roure, marquis de Grisac, baron de Barjac, lieutenant-général du roi, qui épousa, en 1721, Victoire de Gontaut-Biron (voir lettre C.) sœur du maréchal, dont il eut : 1° Denis-Auguste qui suit ; 5° Louise, mariée au marquis de la Garde Chambonas : 3° Marie-Louise, mariée au marquis de la Rivoire la Tourette ; 4° N., mariée à Bernard de Boulainvilliers.

IX. Denis-Auguste de Grimoard-Beauvoir, comte du Roure, marquis de Brissac, baron de Barjac, menin de monseigneur le Dauphin, père de Louis XVI.

Il épousa Scholastique de Baglion dont il eut : 1° N. de Grimoard Beauvoir, dit le marquis du Roure, qui épousa, en 1780, Mᶫᶫᵉ de Noailles, fille du duc d'Ayen, et mourut à 22 ans sans enfants (voir lettre D.) ; 2° Louise, mariée à Claude, marquis de Saisseval ; 3° Denise, mariée en 1782, à Nicolas de Beauvoir du Roure de Beaumont-Brison qui réunit ainsi les deux branches de cette maison séparées depuis 1420.

Le dernier et le seul représentant de la maison du Roure est Scipion du Roure, né à Arles, le 9 janvier 1858, fils de feu Antoine du Roure, baron de Beaujeu et de Mathilde Blühdorn, marié à Arles, le 21 juillet 1884, à Marthe, fille d Edmond de Meyran, marquis de Lagoy et de Siffrénie des Isnards, dont Henri du Roure, élève à l'école Polytechnique et neuf autres enfants.

Devise de la famille du Roure :

Ferme en tout temps. (Allusion au nom patronymique et au chêne qui figure dans leurs armes parlantes.)

Famille d'Agrain.

Cette maison, originaire du Vivarais, est une des plus anciennes et des plus illustres de la noblesse de

France. Ses armes sont à la salle des croisades (*fond d'azur au chef d'or*) au musée de Versailles.

Eustache d'Agrain fut un des chefs de la première croisade ; ses exploits lui méritèrent les titres de prince de Sidou et de Césarée, de connétable, vice-roi de Jérusalem et le surnom de Bouclier et d'Epée de la Palestine.

Ses descendants se sont alliés aux maisons souveraines.

Julien, le septième d'entr'eux, épousa en 1253, la fille du roi d'Arménie (voir les historiens des croisades).

Cette famille obtint le privilège de porter l'épée nue à la procession de Notre-Dame du Puy, en mémoire des services quelle avait rendus à l'Eglise en Orient et des reliques qu'elle avait envoyées à la métropole du Velay (Biog. Michaud 1. 307).

Voici maintenant la généalogie :

I. Bérard d'Agrain, coseigneur de Vernon, épousa, le 10 juillet 1365, Catherine de Vernon dont il eut

Jean d'Agrain, seigneur des Ubas (voir fief Montfaucon) et de Vernon qui épousa, le 8 septembre 1400, Eléonor Bourbat dont il eut :

III. Pierre d'Agrain, seigneur des Ubas, qui épousa, le 7 novembre 1454, Jeanne de la Motte-Brion, dont il eut :

IV. Eustache d'Agrain, seigneur des Ubas, qui épousa, le 15 octobre 1503, Charlotte de Jurquet de Montjé_sieu dont il eut : Gaspard qui suit ; Anne, mariée le 22 juillet 1565, à Charles de Ginestous.

V. Gaspard d'Agrain, seigneur des Ubas, qui épousa, le 5 novembre 1550, Marguerite de Prunet, dont il eut :

VI. Jean d'Agrain, seigneur des Ubas, coseigneur de Vernon et de Valgorge, qui épousa : 1° le 10 octobre 1601, Louise de Beaumont ; 2° le 8 avril 1609, Louise de Chastel de Coudres ; il eut pour fils

VII. Nicolas d'Agrain, seigneur d'Elze, maintenu dans sa noblesse avec son père, par jugement souverain du 13 décembre 1668. Il épousa, le 4 novembre 1659, Anne de Hautefort de Lestrange.

A
Famille de Chalendar.

Les Chalendar, au XVe siècle, formaient trois branches, toutes issues de Jacques de Chalendar, vivant à Charmes, en Vivarais, en 1325.

I. La branche aînée, qui fournit trois générations de lieutenants du bailli du Vivarais pour le Bas-Vivarais, au XVIe siècle, prit fin en la personne de César de Chalendar, maintenu dans sa noblesse par jugement de M. de Lamoignon, en 1697.

II. La seconde branche eut pour auteur Aymé de Chalendar, syndic du Vivarais, fils de Guigon et de Pétronille Le Franc (de la famille de Lefranc, de Pompignan).

Aymé eut pour fils Guillaume de Chalendar qui, en exécution du testament de son père, ajouta à son nom celui de la Motte avec les armes suivantes : *de gueules au lion d'or, sa patte dextre surmontée d'une étoile de même au point dextre de l'écu.*

Guillaume de Chalendar (1513-1597) devint syndic général du Languedoc et se maria à Catherine de Ponhet, en 1546. Il eut de son mariage : 1° Pierre, qui épousa, en 1584, Louise du Roure, fille d'Antoine, baron de Grésac, et de Claude de la Fare Montclar, et devint aussi syndic général du Languedoc, et 2° Jean de Chalendar, dont le fils, Anne, abandonna sa charge de syndic général pour celle de président juge mage à Valence. Il épousa, en 1631, Marie de Merle de la Gorce, fille d'Hérail et de Anne de Balazuc de Montréal. Cette branche tomba en quenouille, à la Restauration, après avoir fourni plusieurs officiers dans la marine et l'armée de terre.

III. La troisième branche, encore subsistant aujourd'hui, descend d'Armand de Chalendar, frère cadet de Guigon. *(*Voir Arch. Nationales, J. C. 200, pièce 235).

Son petit-fils, Guillaume (deuxième du nom), épousa,

13

le 2 décembre 1556, Catherine de Beauvoir du Roure, fille de Claude et de Fleurie des Porcelet. Son fils, Antoine (premier du nom), épousa, en juin 1588, Isabeau de Mars de Liviers (le château de Liviers, près de Privas, existe encore), dont il eut Guillaume Jean, qui épousa, en 1625, Jeanne de Chambaud.

Cette branche se divisa en deux rameaux : celui d'Antoine, qui tomba en quenouille un peu avant la Révolution, et celui de Claude, second fils de Guillaume et de Catherine du Roure, marié en 1589, d'où Charles (premier du nom), né en 1590, qui eut Charles (deuxième du nom), né en 1614, qui eut Joseph, né en 1650, d'où Jean-François, né en 1685, d'où Claude-Joseph, 1716-1771.

Claude-Joseph de Chalendar eut quatre fils, tous officiers, dont deux seulement ont fait souche, Jean-François-Mathieu, qui suit, et Jean-Baptiste-Marguerite.

I. Jean-François-Mathieu (1747-1834), lieutenant des maréchaux au Puy, marié deux fois, ne laissa que deux filles du premier lit. De l'une de ses filles, descend M. Auguste Souchon, professeur à la Faculté de droit de Paris, 51, avenue Bugeaud ; du deuxième lit, deux fils, Jules (1814-1899), et Charles (1822-1897).

Jules, outre beaucoup de filles, laissa : 1° Maurice, né en 1841, ingénieur à Lyon, 30, Cours Eugénie, et père d'Alphonse, ingénieur à Lorette (Loire), né en 1876, célibataire ; 2° Louis de Chalendar, né en 1852, demeurant à Tain (Drôme) ; 3° Jules, né en 1857, demeurant à Saint-Agrève (Ardèche).

Charles de Chalendar a laissé un fils, Joseph, demeurant à Lyon, 65 bis, chemin du Pont-Montch., marié à sa cousine, Anne-Marie de Chalendar, fille de Maurice.

II Jean-Baptiste-Marguerite de Chalendar, fils cadet de Claude et de Jeanne de Forel (1751-1820), officier dans Royal Auvergne (campagne d'Amérique), avec Rochambeau, et à l'armée de Condé, marié en 1788 à Marie-Thérèse de la Barthe, d'où :

1° Marie-Françoise-Amélie (1789-1856), mère du général comte du Barail, ancien ministre de la guerre, mort

sans enfants, et 2° Arsine-Frédéric-Vincent, comte de
Chalendar, général de division, grand officier de la
Légion d'honneur (1792-1869), qui, d'Eulalie Dejardin,
eut : 1° Clémence, veuve de Lamartinière, 88 *bis*, boulevard Latour-Maubourg, à Paris ; 2° Edmond, comte de
Chalendar, mort chef d'escadron en 1875, à 39 ans,
laissant une fille, mariée à M. Klepper, contrôleur civil
à Béja (Tunisie), et 3° Fernand, comte de Chalendar,
né en 1843, général de brigade, du cadre de réserve,
demeurant 10, avenue de Tourville, à Paris, marié à Esther
Roguin, d'où Jeanne-Marie, 1883, Suzanne, 1884 ; Jacques, 1887 ; André, 1889 ; Pierre, 1896, et Claire, 1898.

Armes des Chalendar : *de sinople au levrier d'ar-*
gent surmonté d'un lambel d'or au croissant d'or en
pointe, au chef cousu d'azur à trois étoiles d'or.

B
Famille de Polignac.

Les anciens comtes héréditaires du Velay, plus connus sous le nom de vicomtes de Polignac parce qu'ils
faisaient leur résidence dans le château de Polignac,
chef-lieu de leur domaine, descendaient d'une des plus
anciennes maisons de l'Aquitaine. Ils jouissaient d'une
si grande autorité qu'on leur avait donné le surnom de
Rois des Montagnes.

Le plus ancien des Polignac est Arnaud qui vivait en
870 (voir archives de la cathédrale du Puy).

Raoul, roi de France, accorda, le 8 avril 924, le droit
de battre monnaie au vicomte de Polignac et les pièces
qui furent frappées s'appelaient viscontines.

La première race des vicomtes Polignac s'éteignit avec
les deux frères: Armand IX, mort en 1385, et Armand X,
en 1421 ; leur héritage passa par substitution à Pierre
de Chalençon, fils de leur sœur Valpurge, à la condition de prendre le nom et les armes Polignac.

Cette seconde maison posséda jusqu'à la révolution
les privilèges attachés à la vicomté de Polignac dont le
possesseur présidait les états du Velay, en l'absence
de l'évêque du Puy.

Les nouveaux vicomtes de Polignac continuèrent à exercer dans leur province une telle influence, qu'après la paix de 1475 entre Louis XI et le duc de Bretagne, ils furent appelés à intervenir comme garants de l'exécution des traités.

Nos rois donnaient à ces seigneurs le titre de cousin ainsi que le constatent plusieurs lettres de Charles VII, Louis XI, Charles VIII, Louis XII et Catherine de Médicis.

La vicomté de Polignac fut érigée en duché, l'an 1780, par lettres patentes du roi Louis XVI, en faveur de Jules-François-Armand, mort le 21 septembre 1817, dont le deuxième fils Armand fut créé prince Romain par le Souverain Pontife, en 1820, et confirmé dans ce titre par ordonnance de Louis XVIII, le 30 juillet 1822.

Par suite d'un rescript de S. M. le roi de Bavière, en date du 17 août 1838, il fut porté, ainsi que ses descendants des deux sexes, au registre matricule de la noblesse de Bavière dans la classe des princes.

Armes : *Fascé d'argent et de gueules.*

Supports : deux griffons.

Devise : *Sacer custor pacis.*

C
Famille de Gontaut Biron.

Cette famille, dont des chartes des Xe et XIe siècles attestent l'antiquité, a pris son nom de la ville et baronnie de Gontaut entre la Dordogne et la Garonne.

On voit par plusieurs titres du grand cartulaire de l'abbaye de la Sauve Majeure que, dès le commencement du XIIe siècle, les seigneurs de Gontaut figuraient parmi les hauts barons et princes de la cour de Guillaume, duc d'Aquitaine et comte de Poitou.

Gaston II de Gontaut, seigneur de Biron, accompagna Saint-Louis en Palestine. Ses armes figurent à la salle des croisades du Musée de Versailles où elles sont représentées avec l'écu quarré ou en bannière, comme sa maison l'a toujours porté.

De lui descendait au neuvième degré, Armand de Gontaut, dit le Boiteux, baron de Biron, maréchal de France sous les rois Henri III et Henri IV.

Il assista aux combats de Jarnac, de Montcontour et d'Arques, au siège de Paris et commanda la réserve de l'armée royale à la journée d'Ivry. Il fut tué par un boulet de canon, sous les murs d'Epernay, le 26 juillet 1592. Sa mort confirma la devise qu'il s'était choisie : Une mèche allumée avec ces mots en bas : *Périt sed in armis.*

Charles, fils aîné d'Armand, fut comme lui, maréchal de France. Il obtint de Henri IV·l'érection de la baronnie de Biron en duché-pairie par lettres patentes de 1598; Henri IV dit en le présentant au Parlement de Paris : « Messieurs, voilà le maréchal de Biron que je présente avec un égal succès à mes amis et à mes ennemis».

Le duc de Biron laissait deux frères :1° l'aîné dont la descendance s'est éteinte avec Arnaud-Louis de Gontaut, mort sur l'échafaud révolutionnaire, le 31 décembre 1793, titré duc de Lauzun puis duc de Biron, en 1788 ; 2° Armand II, auteur de la branche des marquis de Saint-Blancard en Astarac, marquis et comte de Biron la seule aujourd'hui existante.

Armes : *L'écu en bannière, écartelé d'or et de gueules.*

Cette famille est actuellement représentée par le marquis de Gontaut-Biron qui habite le château de Saint-Blancard (Gers).

D

Famille de Noailles.

La terre de Noailles, qui a donné son nom à cette illustre famille était la seconde seigneurie de la Sénéchaussée de Brives en Limousin.

Raymond, seigneur de Noailles fit plusieurs dons à l'abbaye de Saint-Michel-de-Limoges (voir bibliothèque royale de l'ordre du Saint-Esprit).

Hugues de Noailles épousa Luce de Comrorn, proche parente des comtes de Champagne et de Périgord et des sires de Beaujeu. De ce mariage est issue une postérité nombreuse qui embrasse dans ses alliances les premières races de France.

François de Noailles, évêque de Dax, fut ambassadeur de France en Angleterre, à Venise et à Constantinople.

Son petit neveu, Aimé de Noailles, lieutenant-général des armées du roi, obtint l'érection du comté d'Ayen en duché-pairie sous le nom de Noailles, par lettres patentes du mois de décembre 1663.

Il se démit quinze ans après de son titre de duc et pair en faveur de son fils Anne-Jules créé maréchal de France, le 27 mars 1693.

Adrien, fils d'Anne-Jules et comme lui maréchal de France est l'auteur commun de diverses branches qui se sont perpétuées jusqu'à nos jours.

Il eut deux fils : Louis l'aîné, tige des ducs de Noailles et Philippe, tige des princes-ducs de Poix.

Ils reçurent l'un et l'autre le bâton de maréchal, ce qui fait dans la même famille quatre maréchaux de France en trois générations.

I. Le duc de Noailles qui fut appelé comme l'un des anciens pairs du royaume au banc des ducs et pairs, le 14 juin 1814, était le fils aîné de Louis.

Il est mort en 1824 sans postérité masculine, laissant ses titres et sa pairie à son petit-neveu Paul de Noailles.

II. Philippe de Noailles, duc et maréchal de Mouchy, prince de Poix, fils puîné d'Adrien-Maurice, devint grand d'Espagne de première classe. Il eut deux fils: Louis-Marie le plus jeune a formé le rameau des comtes de Noailles; l'aîné, Louis-Philippe-Antoine, a continué la branche des princes de Poix.

Ce dernier appelé à la pairie, le 4 juin 1814 a reçu le titre ducal par l'ordonnance du 31 août 1817.

Armes : *de gueules à la bande d'or.*

FOISSAC

CANTON DE SAINT-CHAPTES

Armoiries : *de sinople à un pal losangé d'or et de sinople.*

1292. *Ecclesia de Foissaco.* (Bibl. du grand séminaire de Nimes). — 1314. *Foyssacum* (Dénomb. de la Sénéchaussée). 1634. — Foissac (arch. départ. c. 1080).

Au XIIIᵉ siècle, le roi était propriétaire de la seigneurie de Foissac.

1400, 4 août. Blanche d'Uzès fait le dénombrement au roi de la moitié de cette seigneurie.

1550. Nicolas de Toulouse, écuyer, achète la seigneurie de Foissac, le 13 septembre 1553. Il épousa Jeanne Donzon dont il eut :

Jean de Toulouse, seigneur de Foissac, qui épousa : 1° le 7 mars 1599, Suzanne de Bargeton (voir fief Bargeton} ; 2° le 18 octobre 1608, Diane de Trémolet. (Voir fief Collias). Il fut père de

François de Toulouse, seigneur de Foissac, avocat à Uzès, marié, le 21 janvier 1633, à Philippe Bonhomme et il en eut : Jean-Louis et Charles, maintenus dans leur noblesse avec leur père, par jugement souverain, du 30 septembre 1668. (Ar. de Nimes, 2. 2 série VV p. 2).

Armes : *de gueules au lion d'or écartelé de gueules au lion d'argent.*

1738, 19 mars. Le Blanc François de la Rouvière achète la seigneurie de Foissac au comte Louis de Ginestous (voir lettre A) héritier de son père, lequel avait obtenu cette seigneurie dans la succession de Louise de Toulouse, dame de Foissac. (Goirand, notaire à Saint-Hippolythe. (Voir généalogie de Le Blanc de la Rouvière au fief La Rouvière).

Le château de Foissac devint la propriété du baron Charles-Philippe de Rossel de Fontarèches qui avait épousé Delphine de Gallier. Il mourut sans enfants à Uzès, léguant à sa femme le château de Foissac.

Celle-ci décéda à l'âge de 76 ans, à Tain (Drôme), le 1er octobre 1889, et fut enterrée à Uzès à côté de son mari.

Elle légua le château de Foissac à son frère Joseph-François-Anatole de Gallier qui 'mourut à Nice, le 25 mars 1891 et dont la fille, Jeanne-Charlotte-Philippine-Marguerite, épousa Théophile-Antoine Dufresne qui, par sa femme, est devenu propriétaire actuel du château de Foissac.

Théophile-Antoine, Dufresne, était le fils du docteur Jean-Marie-Edouard, fils lui-même d'un médecin célèbre.

Le docteur Dufresne naquit le 3 septembre 1818.

En 1839, il commença ses études médicales et se lia d'amitié avec Frédéric Ozanam, le fondateur des conférences de Saint-Vincent-de-Paul.

En 1845, le père Lacordaire bénit son mariage avec la fille de M. Foisset, grand orateur catholique, et le docteur Dufresne vint, en 1846, se fixer à Genève où il s'adonna à la médecine homéopathique.

Il établit à Genève des conférences de Saint-Vincent-de-Paul et, en récompense de ses œuvres charitables, le pape le nomma commandeur de l'ordre de Saint-Grégoire.

Un peu avant de mourir, le docteur désira qu'on mit sur sa tombe : J'ai cru, je vois.

A

Famille de Ginestous.

Elle est originaire du château de Galand, entre Sumène et Saint-Roman, dans les basses Cévennes, où elle a possédé très anciennement la seigneurie du château de Galland.

Hugues de Ginestous fit, avec d'autres seigneurs, une reconnaissance à Roger, vicomte de Béziers, le 21

des calendes de septembre 1181, avec serment de fidélité et promesse de le suivre dans toutes les guerres
qu'il aurait à soutenir contre le comte de Toulouse (hist.
du Languedoc, III. 151).

Les preuves de noblesse faites devant M. de Bezons
font remonter la filiation non interrompue de cette
famille à 1181 (proc. verb. des Etats du Languedoc, 1786).

Deux branches de cette maison, celle du Vigan et
celle de Montolieu ont été honorées de lettres patentes
de marquisat au nom de Ginestous. Il y est dit que
l'érection en marquisat a eu lieu « en considération de
l'ancienneté de la famille, une des plus qualifiées
de la province du Languedoc dont quelques membres
ont été barons des états, et des services qu'ils nous
ont rendus et aux rois nos prédécesseurs. »

Le marquis et le comte de Ginestous prirent part aux
assemblées de la noblesse de la Sénéchaussée de Montpellier en 1788.

Armes : *Ecartelé au 1 et 4 d'or au lion rampant
de gueules armé et lampassé de sable qui est de
Ginestous au 2 et 3 d'argent à trois fasces crénelées
de cinq pièces de gueules qui est de Montardier.*

Devise : *Stabit atque floribit.*

FLAUX

———≫≡◦≡≪———

Armoiries : *de vair à un pal losangé d'or et de gueules.*

1294. *Mausus* de Flaux (Gal. Christ. VI, p. 305). — 1314. *Flaucium* (Dénom. de la Sénéchaussée). — 1549. Flaux (arch, dép. c. 1328).

Simon de Montfort donne Flaux à l'église d'Uzès. Cette donation est confirmée, en 1226, par Louis VIII et en 1254, par Saint-Louis (Dict. Goiffon).

1595, 11 août. Vente faite par les commissaires du roi pour l'aliénation de ses domaines à dame Catherine d'Entraigues, veuve de noble Gui de Brueys, de la seigneurie de Flaux. Prix : 1263 écus (arch. ducales. Voir fief Pin pour la généalogie d'Entraigues).

Gui de Brueys était fils de Tristan de Brueys seigneur de Saint-Chaptes et Aubussargues et de Marguerite de la Croix.

De son mariage avec Catherine d'Entraigues il eut un fils, Jacques de Brueys qui acheta, le 27 novembre 1682, l'autre moitié de la seigneurie de Flaux à Etienne de Guérin, seigneur de Domajean, trésorier de France en la généralité de Montpellier. (Voir fief Brueys)

1600. Henri de Baschy, marquis du Caila, mari d'Isabeau de Ricard, était coseigneur de Flaux.

Il vend sa coseigneurie à Claude de Guérin, du lieu de Domessau, le 1er mars 1681. (Adam, notaire à Montpelliér).

Antoine Ricard, fils d'Antoine et d'Elisabeth de Capon, fut maintenu dans sa noblesse par jugement du 10 décembre 1668.

Armes *de pourpre à une rose d'or au chef cousu d'azur, à une croix d'or et un croissant d'argent.*

1742. 9 janvier. Vente de la justice haute, moyenne et basse de la terre de Flaux, par M. Claude Guérin, vicomte d'Aumelas, seigneur de Saint-Paul-la-Calm, Flaux, etc., chevalier, président trésorier de France à Montpellier, à M. Joseph Frémon Brun, chevalier, seigneur de la Martinière d'Avignon, telle que cette terre a été inféodée audit d'Aumelas par le duc d'Uzès, par acte passé devant M. Galofre, notaire, le 8 novembre 1741. (Etude de M. Vailhé, notaire, 1738 à 1743, p. 336).

Les Brun de la Martinière, vinrent s'établir à Avignon au début du XVIII⁰ siècle avec le médecin Joseph Brun, dont le livre de raison est à la bibliothèque d'Avignon, n° 3185 des manuscrits.

Armes des Brun de la Martinière : *Ecartelé au 1 et 4 d'azur à neuf losanges couchés d'or, au chef cousu de geules chargé d'un lévrier d'argent à deux fasces de gueules chargées chacune de trois trèfles d'or.*

1781. Joseph Brun de la Martinière, fils de Trimond, vend la seigneurie de Flaux à Jean Verdier, négociant d'Uzès.

Le contrat de vente est passé dans l'île de la Barthelasse, comme étant du Languedoc.

Famille de Verdier de Flaux.

Elle est originaire de Lédignan.

I. Claude Verdier, premier du nom, notaire à Lédignan, fut mis à la tête de cinquante hommes d'armes pour défendre Anduze assiégée par les catholiques.

II et III. Pierre Verdier, son petit-fils, notaire royal à Lédignan, qui épousa, le 1ᵉʳ mai 1673, Anne Talonc dont il eut .

IV. Claude Verdier, avocat, qui vint à Uzès avec ses frères et se mit dans le commerce des étoffes de laine. Il épousa, le 7 septembre 1705, Isabeau Roustan dont il eut :

V. Jean Verdier, premier seigneur de Flaux, qui

épousa, en 1742, Louise Coste, fille de Jacques, tué par une compagnie de Miquelets, en 1704, au mas de Couteau, quartier de Grésac, près Uzès.

Elle était la petite-nièce du savant Pierre Coste, qui, réfugié en Hollande, après la révocation de l'Edit de Nantes, fut le commentateur de Loche.

C'est pour son fils aîné que Jean Verdier acheta la seigneurie de Flaux, avec le droit d'ajouter à son nom celui de Flaux.

Son intelligence, son honorabilité lui permirent d'accroître sa fortune, en laissant la réputation d'un homme intègre.

VI. Jean-Pierre Verdier, seigneur de Flaux, épousa le 1er mai 1784, Justine Allut. Il fut incarcéré, en 1793, à l'évêché d'Uzès, transformée en prison. et relaché le 9 thermidor ; puis il devint membre du conseil d'arrondissement du Gard, et ensuite sous-préfet provisoire en 1800. Il eut de son mariage

VII. Louis-Edouard Verdier de Flaux, chevalier de la Légion d'honneur en 1844, qui épousa, le 2 juin 1815, Fanny-Gracieuse de Dampmartin. Il eut pour fils

VIII. Armand Verdier, comte de Flaux, littérateur distingué, chargé de missions scientifiques dans la Scandinavie et en Tunisie.

Après ces voyages, il publia deux ouvrages qui furent très remarqués : *Le Danemark* et la *Régence de Tunis*. Il fut membre de plusieurs académies royales, chevalier de la Légion d'honneur et décoré de divers ordres étrangers.

Il épousa, le 25 février 1844, Clémence Pascal, dont il a eu Roger, qui suit, et Marguerite, mariée, le 5 septembre 1879, au baron Paul Arthuys de Charnisay, fils du baron et d'Adrienne de Chevenon de Bigny (voir ci-dessous famille d'Arthuys), dont Philippe, Samuel et Jean.

IX. Roger, comte de Flaux. secrétaire d'ambassade, chevalier de la Légion d'honneur, commandeur de divers ordres étrangers, marié, en 1878, à Madeleine Joly de Banmeville, décédée à Madrid à l'âge de 25 ans, dont

X. Robert, comte de Flaux. et Eliane de Flaux.

Armes : *d'azur à la croix d'or chargé d'un ver-*
dier au naturel les ailes étendues.

Famille d'Arthuys de Charnisay.

Les Arthuys, originaires d'Angleterre, vinrent s'établir en Berry, en 1195. Philippe-Auguste avait alors
cédé à Richard, roi d'Angleterre, Issoudun et plusieurs
autres villes du Berry.

Les armes de cette famille aussi anciennes que son
nom sont : *d'argent au chevron brisé de sinople accom-*
pagné de trois feuilles de chêne deux en chef et
une en pointe.

Elles se voient à Issoudun dans plusieurs églises et
notamment au frontispice du chapitre de Saint-Cyr, bâti
en 1300, et au bas duquel est écrit : Jehan Arthuys, premier lieutenaut du bailliage d'Issoudun.

Sa devise est : Franc au roy suis, espèce d'anagramme
de François Arthuys, procureur au baillage d'Issoudun en 1564, qui fut célébré dans une pièce de vers
par Gabriel Bonnin, bailli de Châteauroux, dont les œuvres furent imprimées à Paris en 1596.

François Arthuys, en soutenant l'autorité royale
dans Issoudun, fidèle à Henri IV comme à sa devise,
fut assassiné, le 4 juin 1593, par un parti de ligueurs,
dans un des faubourgs de la ville pendant qu'il donnait des ordres pour établir le calme et soumettre la ville.

Philippe-Amable Arthuys, premier président à la
cour d'Orléans, membre du collège électoral, fut créé
baron de l'Empire ; la terre de Charnisay fut instituée
en majorat par Napoléon, le 28 décembre 1806. Son titre
fut maintenu par Louis XVIII en 1816 et scellé du
grand sceau par le chancelier de France, Dambray.

FONS

— ◦ —

Armoiries : *d'or à un pal losangé d'argent et d'azur.*

1108. *Fontes* (cart. de N. D. de Nimes, ch. 176. — 1385. *Fontes citra Gardonum* (Dénomb. de la Sénéchaussée).

1744. Fons-outre-Gardon (Mand. de l'évêque d'Uzès bibl. de Nimes, 1109)

Le premier seigneur connu de Fons est du Ranc de Vibrac, dont voici la généalogie :

Famille du Ranc de Vibrac.

I. Bernardin du Ranc, seigneur de Vibrac, épousa, le 10 août 1548, Isabeau de Blausac dont il eut : Bernardin qui suit et Louis, auteur de la branche B.

II. Bernardin du Ranc, seigneur de Vibrac, épousa, le 24 juin 1594, Marguerite de Rochemore dont il eut : Etienne qui suit, et Louis, seigneur de Cabrière, qui épousa, le 28 octobre 1630, Gilette de Valosbure.

III. Etienne du Ranc, seigneur de Vibrac et Saint-Nazaire, qui épousa, le 25 août 1637, Jeanne de Pelet dont il eut : 1° Marc-Antoine, chevalier de Malte; Louis, Henri, Hercule, maintenus dans leur noblessse par jugement souverain du 5 décembre 1668.

Le baron Louis de Vibrac, dernier représentant de la branche aînée de cette maison, fils du baron, seigneur de Saint-Nazaire-des-Gardies, de Saint-Jean-de-Criaulon, Montusargues, Pujols, Sengla, Fons, et de Marie-Françoise Duportail, épousa, le 19 novembre 1770, Laure de Maupel. Il mourut à Sommières (Gard), sans postérité.

Branche B. — II. Louis du Ranc de Vibrac, épousa, le 15 août 1610, Suzanne de Cousin dont il eut

III. Louis du Ranc de Vibrac, colonel d'un régiment de cavalerie étrangère pour le service du roi, maintenu dans sa noblesse, avec son frère, par jugement souverain du 5 décembre 1668. Il épousa le 9 novembre 1663, Angèle de Marimon, dont il eut

IV. Jean-François du Ranc de Vibrac, qui épousa, le 13 mai 1702, Anne de Poitevin (1), dont il eut

V. Jean-François du Ranc de Vibrac, qui épousa, le 17 octobre 1721, Benoîte d'Huon, dont il eut :

VI. Jean-François du Ranc de Vibrac, lieutenant au régiment de Bresse, qui épousa, le 17 septembre 1763, Louise-Magdeleine de Rochemore dont il eut

VII Jean-François du Ranc de Vibrac officier au régiment Royal-Roussillon, qui épousa, le 9 décembre 1790, Henriette de Rochemore, dont il eut : François qui suit; Joseph-Paulin, ancien officier de cavalerie, Amélie, mariée à Eugène de Bornier.

VIII. François du Ranc de Vibrac, ancien officier de cavalerie, qui épousa, le 4 janvier 1822, Marie Hostalier de Saint-Jean dont : Louis-Charles-Fernand, résidant à Saint-Seriez (Hérault).

La maisom du Ranc de Vibrac est originaire du diocèse de Montpellier. On trouve Pierre du Ranc dans un acte du 11 octobre 1112, rapporté par le Thalamus de Montpellier. (Annales de la Sénéchaussée, arch. p 213).

Rivoire, dans sa statistique du Gard, donne à cette maison une origine espagnole dont les principaux auteurs auraient accompagné Christophe Colomb dans son expédition d'Amérique.

En 1498, elle serait venue s'établir à Sauve et y aurait acquis la terre de Vibrac, érigée en baronnie en 1520. (Rivoire 11. 604).

(1) Armes des Poitevin : *de gueules au chevron d'or, accompagné en chef de deux quintefeuilles d'argent tigées de sinople et en pointe d'un lion d'argent.*

Armes : *D'azur au rocher d'or chargé de deux palmes accostées de deux étoiles (alias roses) d'argent, le rocher surmonté en chef d'un croissant aussi d'argent.*

Cette maison s'est éteinte dans celle de Villeperdrix

Un autre seigneur de Fons, fut Jacques-François de Cambis, colonel d'infanterie de ce nom (voir fief Orsan) fils de Louis et d'Elisabeth de Peyre, mariés en 1723. Il épousa Gabrielle-Charlotte de Chimai (arch. duc.)

Enfin la coseigneurie de Fons passa sur la tête de Jean de Parades, seigneur de Gaian et de Sauzet.

Jean de Parades était fils d'Edouard et de Jeanne de Gabriac, mariés le 16 janvier 1593, et petit-fils de Pierre, écuyer, et de Marguerite de la Baume, mariés le 5 juin 1567.

Il épousa : 1° le 25 février 1643, Louise Sarran ; 2° Espérance de Vibrac dont il eut Pierre de Parades, seigneur de Sauzet, Gajan et Fons, qui épousa, le 4 janvier 1663, Jeanne Boschier et justifia de sa noblesse devant les commissaires des francs-fiefs du diocèse de Nimes.

Armes : *Coupé au 1 d'azur à une demi fleur de lis d'or à l'aigle de sable; au 2 d'or à trois tourteaux de gueules, 2 et 1.*

FONS-SUR-LUSSAN

CANTON DE LUSSAN

Armoiries : *de sable à un pal losangé d'or et de sable.*

Il doit son nom à une source qui jaillit sur son territoire et qui s'élève à peu près à 3 mètres au-dessus du sol. (Dict. Germer-Durand).

943. Fons (*Histoire du Languedoc*, 11 p. 87). — 1384. *Fontes prope Lussanum.* (Dénomb. de la Sénéchaussée).

1489, 6 septembre. Hommage au roi par noble Hussus du Queila. (A. D.,caisse 4).

1605. Henri de Saint-Paulet Taraux était seigneur de Fons-sur-Lussan. (A. D. dép. Uzès, nº 935).

Le comtesse de Montjoux en avait aussi la seigneurie.

1687. Etait seigneur de Fons-sur-Lussan.Charles de Barjac, seigneur de Rochegude, fils de Denys et de Magdeleine d'Audibert de Lussan.

Il épousa, le 12 octobre 1648, Antoinette Hilaire et fut maintenu dans sa noblesse par jugement souverain du 19 septembre 1688.

Il passa en Suisse après la révocation de l'Edit de Nantes, en octobre 1685; il mourut dans la même année.

Sa sortie de France et celle de son fils firent passer les terres de Rochegude, la Baume, Saint-Génies et Fons-sur-Lussan à Ennemonde de Barjac, sa sœur, qui mourut en 1718.

Elle avait épousé, Charles Rigot, comte de Montjoux, en Dauphiné, mort au commencement de l'année 1758, laissant un fils mousquetaire, (voir généalogie de cette famille au fief Valérargues).

14

1734, 6 février. Noble Guillaume de Rigot, marquis Montjoux, vend la coseigneurie de Fons-sur-Lussan à Gabriel Chastanier, d'Uzès, avocat au parlement, qui avait déjà acheté l'autre partie à Mre Jean d'Audibert, seigneur de Lussan.

1736, 21 décembre. Gabriel Chastanier, devenu ainsi seul seigneur de Fons-sur-Lussan, en fait le dénombrement au duc d'Uzès.

Il laisse cette seigneurie à sa famille, qui la conserve jusqu'à nos jours.

FONTARÈCHES

———————

Armoiries : *d'hermine à une fasce losangée d'or et de sinople.*

1211. *Villa de Fonte erecto* (Gall. christ. 2. p. 304.) 1265. *Fontarecha* (arch. dép. 11. 3). — 1384 *Fonshe-rectus.* (Dénomb. de la sénéchaussée) — 1426. *Castrum de Fonte erecta.* (Bull. de la société de Mende, t. XVII, p. 36). — 1565. Fontarèches (Ursy, notaire à Nimes).

Fontarèches paraît tirer son nom des belles fontaines qui arrosent son territoire.

Le château, de construction féodale, date du XII°siècle.

Les fossés dont il était entouré ont été comblés ; ses créneaux, son horloge et ses tourelles ont été abattus. On n'a conservé que l'ensemble de sa masse, les mâchi-coulis qui s'élèvent au-dessus des portes et le donjon qui domine encore le château (dict. Rivoire, 2.p. 574).

Au-dessus de ses toitures on peut suivre la trace d'un chemin de ronde.

Les murs du château, construits en moellons et en pierres de taille, ont un mètre d'épaisseur et suppor-tent deux voûtes, l'une au premier étage à plein cein-tre, l'autre au troisième, en ogive.

L'ensemble de l'édifice domine un paysage boisé et accidenté.

1224. Le 4 des ides de janvier, Raymond et Gilles de Maltortel, frères, font hommage de la seigneurie de Fontarèches à Raymond, évêque d'Uzès. (Massargues, notaire d'Uzès. - A. D.)

Pareil hommage est fait en 1260 par Hameffende, veuve de Gilles de Maltortel, à l'évêque d'Uzès, (A. D. Bonhomme, notaire à Uzès).

1292, 2 février. Guilhaume des Gardies rend un pareil hommage à Mre Guilhaume, évêque d'Uzès (Riboty, notaire d'Uzès) et aussi Jean des Gardies, en 1345. à Allies, évêque d'Uzès (Querel, notaire de cette ville), et enfin un autre membre de cette famille, en 1411, à l'évêque d'Uzès (A. D. reg. d'Uzès, 322).

Guiraud des Gardies, marie sa fille Antonie à noble Guigon de Beauvoir du Roure, parent du pape Urbain V.

L'évêque de Saint-Papoul, Pierre Soybert, originaire d'Uzès, va bénir ce mariage à Fontarèches, en juin 1426, et on remarque que selon l'usage de cette époque le fiancé met successivement aux divers doigts d'Antonie la bague qui vient d'être bénite par l'évêque en disant : « Au nom du père, quand il la met au pouce, au nom du fils quand il la place à l'index, au nom du Saint-Esprit, quand il l'introduit au doigt du milieu, et enfin ainsi-soit-il, quand il la laisse au doigt annulaire, qui doit la garder toujours. » (Voir étude de M. Bonnet, notaire à Villefort, Lozère).

Famille des Gardies.

I. Jacques de Grégoire, seigneur des Gardies, fut père de

II. Pierre de Grégoire, seigneur des Gardies, qui eut pour fils

III. Jean de Grégoire, seigneur des Gardies, vicomte de Montpeyroux, qui épousa, le 26 mars 1503, Jeanne d'Aigremont, et il en eut

IV. Audibert de Grégoire, seigneur des Gardies et de Cadoine, qui épousa, le 6 décembre 1541, Magdeleine Clément de Nozières, dont il eut

V. Antoine de Grégoire, seigneur des Gardies, Cadoine, Deux-Vierges, Saint-Martin-Robans, Canaules, vicomte de Montpeyroux, gouverneur de Gignac, qui épousa : 1° Henriette de Girard, dame de Soucanton, dont il eut Louise, mariée, le 14 octobre 1607, à Jacques de Saint-Bonnet, frère du maréchal de Toiras, et 2° le 13 octobre 1576, Claudine de Fay, dont il eut :

VI. Jean de Grégoire, vicomte de Montpeyroux, baron

des Deux-Vierges, de Cadoine et Montfrin, qui épousa, le 7 avril 1614, Françoise de Claret, dont il eut Marc-Antoine de Grégoire des Gardies, comte de Canaules et Cabane, vicomte de Montpeyroux, baron des Deux-Vierges, seigneur de Parlagès et la Garrigue, maréchal de camp, 1650, marié, le 12 septembre 1671, à Anne d'Arnaud de la Cassague, et

VI. Pierre de Grégoire des Gardies, appelé à la succession de son frère Marc-Antoine, en vertu des substitutions de la famille. Il épousa, le 10 mai 1661, Jeanne de Salques, dont il eut

VII. Marc-Antoine des Gardies, vicomte de Montpeyroux, qui épousa, le 24 mai 1665, N. de Roquelaure dont il eut Emmanuel de Grégoire des Gardies, marié en 1749, à N. de la Croix de Candillargues dont il n'eut pas d'enfant.

Cette famille, originaire des environs de Millau (Aveyron), fut maintenue noble à Lodève sur preuves de huit degrés remontant à 1442.

Elle s'était divisée en deux branches : celle de Montpeyroux, éteinte en 1780 dans la maison de Dax d'Avat, et celle de Saint-Bauzely, en Rouergue, éteinte en 1841.

Armoiries : *Ecartelé au 1 d'azur à trois stèles (fers de lance), qui est de Grégoire ; au 2 de gueules à trois pairles d'argent 2 et 1 ; au 3 de sable à deux vierges d'argent soutenant une fleur de lis d'or ; au 4 d'azur à trois fasces d'or.*

1488. La seigneurie de Fontarèches appartenait à la dame Catherine de Gaujac, épouse de noble Jacob Savati.

1490. Noble Jacques Sarrat était seigneur de Fontarèches (A. dép. t. 1, série E p. 291. Il avait épousé Catherine de Gaujac.

1497. Noble Guilhaume Morel, seigneur de Saint-Paulet, époux de noble Louise de Cades, en était coseigneur (A. dép. t. 1, série E p. 293).

1514, 5 février. Mr de Saint-Gelais, évêque d'Uzès, passe l'investiture de Fontarèches à noble Pierre de

Village, acquéreur par échange de noble Jacques Sarrat
(Toulouse, notaire à Uzès) (1).

En 1546, Antoine de Village, mari de Marguerite de
Sarrat. (Ar, dép., 3. 74) ; en 1605, Pierre de Village
époux de Françoise de Rochemore, dame de Bernis,
étaient seigneurs de Fontarèches, et en 1642, Louis de
Village, l'était à la fois de Fontarèches et de Saint-
Quentin. (Ar. dép. 3. 44.)

Le duc d'Uzès, à la tête des catholiques, s'empare du
château de Fontarèches. On voit encore près de la porte
d'entrée les traces de boulet.

1663, mai. Louis de Bérard, seigneur de Bernis,
était baron de Fontarèches, comme héritier de Bernardine de Village, sa mère, laquelle avait hérité de noble
Pierre de Village, son aïeul. (Delgas, notaire d'Uzès).

Il est maintenu dans sa noblesse par jugement souverain du 11 janvier 1669.

Il avait épousé, le 14 février 1650, Louise de Bermond
Saint-Bonnet de Toiras, dont il eut Françoise-Louise,
héritière de la branche aînée, mariée, le 19 mars 1691, à
Jacques-François de Bermond du Cailar, marquis de
Toiras, tué au combat de Leuze le 18 septembre 1691, dont
la fille unique, Elisabeth, épousa, le 30 juillet 1715, Alexandre de La Rochefoucauld, duc de la Rocheguion, pair de
France. (Voir lettre A ci-dessous et Pottelières pour les
autres renseignements sur la famille de Bérard).

1664, 4 mai. Vente de la baronnie de Fontarèches par
les héritiers du Village à Jacob de Rossel d'Aubarne, fils
de François de Rossel, seigneur d'Aubarne, capitaine
d'une compagnie de 100 hommes de pied, et de Claude
de Laudun.

Famille de Fontarèches.

I. Michel de Rossel, écuyer, auteur de la maison de
Rossel, rapportée par le marquis d'Aubais, servait dans
les troupes royales en 1570, au siège de Saint-Firmin

(1) Le château du Village est situé près de Bernis.

d'Uzès, où il fut blessé et alla mourir dans sa maison, rue Fontaine de-la-Ville.

Il avait épousé Catherine de Gondin, dont il eut : Jean, qui suit, et Jeanne, mariée, le 16 mars 1592, à Pierre André, écuyer et capitaine.

II. Jean de Rossel, seigneur de Sainte-Anastasie, épousa, le 11 juin 1582, Marie du Puech, nièce de Jean de Bérard de Montalet et de Jacques de la Fare, baron de Montclar, dont il eut : François, qui suit ; Salomon, seigneur de Russan, conseiller en la Cour des comptes, aides et finances de Montpellier, et Claude, mariée à Jacques de Rossel, écuyer, bailli au comté de Crussol.

III. François de Rossel, seigneur d'Aubarne, capitaine d'une compagnie de 100 hommes de pied, épousa, le 1er mai 1635, Claude de Laudun d'Aigaliers dont il eut : 1° Jacob, qui suit ; 2° Gabriel, auteur de la branche B des barons de Fontarèches ; 3° Diane, mariée, le 14 novembre 1661, à Philippe de Bornier.

IV. Jacob de Rossel, en faveur duquel la terre de la Bruguierette, Aigaliers et autres furent érigées en baronnie-par lettres patentes du mois de mai 1664 en considération des services rendus à la royauté.

Jacob de Rossel épousa Marguerite de Clausel de Fontfrède dont il eut :

1° Jacques, baron d'Aigaliers, qui joua un rôle important dans la pacification de la guerre des Camisards, servit de médiateur entre eux et le maréchal de Villars. Il a laissé des mémoires conservés à la bibliothèque publique de Genève. (*Les Mémoires du maréchal de Villars) ;* 2° Olympe, baronne d'Aigaliers, par la mort de son frère, mariée le 25 mars 1707, à Pons de Brueys, seigneur de Flaux, capitaine au régiment de Boulonnais, chevalier de Saint-Louis.

Elle apporta dans cette maison la baronnie d'Aigaliers et fut l'aïeule de l'amiral de Brueys, mort glorieusement à Aboukir.

Branche B. IV. Gabriel de Rossel d'Aubarne, baron de Fontarèches, seigneur de Cabrières et d'Aureilhac, conseiller à la Cour des aides et finances de Montpellier, épousa, le 23 février 1676, Lucrèce de Carlot, fille de Pierre, baron de Cestairols et de Marie de Toulouse de Lautrec dont il eut

V. Claude-Jacob, chevalier, baron de Fontarèches, colonel du régiment d'Uzès Saint-Louis, qui prêta foi et hommage en 1684 à l'évêque d'Uzès pour la baronnie de Fontarèches, sauf quelques directes réservées au roi. (Arch. duc.)

Ii épousa le 24 février 1706, Claudine de Clausel dont il eut :

VI. Philippe-Gabriel, chevalier, baron de Fontarèches, qui, par suite de l'échange, en 1721, entre le roi et le duc pour la terre de Levi, fut tenu de rendre foi et hommage au duc pour sa baronnie de Fontarèches.

VII. Jean-Antoine Gilles de Rossel, chevalier, baron Fontarèches, lieutenant des maréchaux de France à Villeneuve-lès-Avignon, épousa : 1° le 6 avril 1776, Julie de Dampmartin, et 2° le 20 janvier 1781, Louise de Perault dont il eut : 1° Louis-Rodolphe, qui suit ; 2° le 19 décembre 1783, Pierrette d'Entraigues du Pin dont il eut Ernest, baron de Fontarèches, ancien gendarme de la Garde du roi, ancien membre du Conseil général du Gard, qui épousa le 23 mai 1816, Louise-Blanche de Mathéï de Valfons. C'est lui qui a laissé le château de Fontarèches à son parent, le général de division d'Entraigues.

VIII. Philippe-Louis de Rossel de Fontarèches, capitaine d'infanterie, épousa, le 18 septembre 1805, Magdeleine Revergat dont il eut Charles de Rossel de Fontarèches, qui épousa, le 15 mars 1837, Ottilie de Gallier.

Cette famille est aujourd'hui éteinte.

Ses armes étaient : *d'argent à la bande de gueules accompagné de deux quintefeuilles de même.*

A
Famille de La Rochefoucauld.

Elle tire son origine de Foucauld, cadet du sire de Lusignan, apanage de la terre de la Roche en Angoumois.

Titres de la branche aînée : baron de la Rochefoucauld, comte en 1525 ; duc et pair, 4 avril 1622 ; duc d'Auville à brevet 1732-1746 ; duc d'Estissac, 1737 ; héréditaire dans la branche aînée 1758 ; accordé à la seconde branche en 1839 ; duc de Liancourt, 1765 ; le nom de Liancourt substitué à celui d'Estissac en 1828, avec son ancienne date de 1747 est porté héréditairement par le fils aîné du chef de la maison.

Branche de Doudeauville, grand d'Espagne et duc de Doudeauville, 1780 ; pair de France, 4 juin 1814.

Armes : *burelé d'argent et d'azur à trois chevrons de gueules, le premier écimé, brochant sur le tout.*

Devise : *c'est mon plaisir.*

FONTAINEBLEAU

COMMUNE D'UZÈS

Ce domaine est situé à gauche de la route de Bagnols,
à deux kilomètres d'Uzès, et l'habitation, construite sur
le versant d'une montagne, a vue sur un très riant et
verdoyant paysage où l'on remarque Saint-Quentin,
Saint-Victor et Saint-Siffret.

Ce domaine fut érigé en seigneurie, avec droit de
colombier, par le bienveillant intermédiaire du duc
d'Uzès, en faveur de Marc-Antoine Folcher, dont la
famille s'est éteinte dans la maison d'Albiousse (1).

Durant son exil, à la suite de son duel avec le prince
de Rantzau, parent de la reine Lekzinka, le duc
d'Uzès, dit le bossu, alla déjeuner à Fontainebleau
dans les circonstances suivantes :

Il dit au bisaïeul de l'auteur qui demeurait au
domaine de Fontainebleau, près d'Uzès, qu'il viendrait
le surprendre tout en chassant et lui demander à
déjeuner.

En effet, à quelque temps de là, il se présenta à l'improviste, mais des ordres avaient été donnés d'avance
pour n'être pas surpris, et tandis qu'on faisait promener
le duc dans le parc, le valet de ferme était parti à la
hâte pour prévenir le maître d'hôtel du duc d'apporter

---

(1) Voir acte du 13 octobre 1748 passé devant Me Bouchet,
notaire à Uzès confirmé par un autre acte du 15 octobre 1839
devant Mᵉ Bauquier, notaire à Uzès. — Voir aussi les actes
de l'état civil d'Uzès, notamment celui du 28 octobre 1728.

au domaine de Fontainebleau son déjeuner avec toute
sa vaisselle

Un fourgon ne tarda pas d'arriver, apportant tout ce
qu'il fallait et en entrant dans la salle à manger le
duc comprit le stratagème : « Vous avez voulu nous
surprendre, monsieur le duc, lui dit-on, et c'est vous
qui devez être le plus surpris de voir ici votre propre
déjeuner. »

Et on se mit gaiement à table. (*Histoire des ducs
d'Uzès*, par Lionel d'Albiousse, p. 225.)

Généalogie de la famille Folcher d'Albiousse.

Cette famille est fort ancienne.

En 1593, Lionel Folcher fut consul de la ville d'Uzès.
(C'est à ce souvenir de famille que je dois mon prénom
de Lionel).

En 1616, Pierre Folcher, docteur en droit, fut aussi
premier consul de la ville d'Uzès.

En 1623, un Folcher, seigneur de Montaren, fut envoyé par la ville en députation auprès de Louis XIII
avec son cousin, Jean de Janas. Il leur fut alloué 600
livres pour leur frais de voyage à Paris. (Manuscrit de M. Siméon Abauzit. Arch. municipales d'Uzès).

I. Jean Folcher, époux de Judith Tullier, fut père de

II. David Folcher, né en 1613, décédé en 1673, coseigneur
de Montaren, qui avait épousé, le 11 octobre 1639, contrat
reçu Josué Chabert, notaire, Jeanne (das Pierres) des
Pierres ou de Pierre, fille de noble André des Pierres et
de Louise de Bastide ; ces deux derniers mariés le
11 octobre 1617. (Valéry, notaire).

Jeanne des Pierres, épouse de David Folcher, eut
douze enfants. Elle mourut, le 25 juin 1674, à Sauzet,
un de ses fiefs. J'ai retrouvé son épitaphe dans mes
papiers de famille : *Mère de douze enfants, plus
fertile en vertus.*

Parmi ces douze enfants il est utile de mentionner :
1° Jean qui suit ; 2° Scipion, né 5 avril 1651, qui épousa
Jeanne de Sabatery ; 3° Anne, née en 1646, qui épousa
le 1er février 1674, noble David de Lubelax ; 4° Louise,

mariée le 24 novembre 1661, à David Danger, fils de Guillaume et de Jeanne Folcher ; 5ᵉ Marguerite, mariée le 17 juillet 1672, à Louis Buliod ; 6° Catherine, mariée le 15 mars 1672, à Louis Dupuy.

III. Jean de Folcher, seigneur de Montaren, Saint-Médier et la Flesque royale, qui épousa, le 28 septembre 1675, noble Rose de Boileau, fille de noble Jean de Boileau, et de Catherine de Boyer.

Il émigra comme protestant en 1686. (Arch. dép. de l'Hérault, c. 312).

Ses récoltes furent vendues au profit de l'Etat.

Il eut de ce mariage : 1° Jean Scipion qui suit ; 2° Marc-Antoine, qui forma la branche B.

IV. Jean-Scipion, seigneur de Montaren, né le 23 août 1676, épousa : 1° le 21 décembre 1707, noble Catherine de Gally de Gaujac, et 2° le 4 juillet 1716, Marguerite Abauzit, dont il eut une fille, Louise, mariée en 1743 à Jacques-François, avocat en Parlement.

Branche B. IV. Marc-Antoine Folcher, seigneur de Fontainebleau, né le 8 juin 1677, épousa, le 2 février 1701, Elisabeth Rafin, fille d'André Rafin, receveur des Tailles au diocèse d'Uzès, et de Domergue de Meynier.

Il eut de ce mariage

V. Jean Folcher de Fontainebleau, né en 1704, marié, le 26 janvier 1728, à Louise Goirand (de la Baume) dont

VI. Louise de Folcher de Fontainebleau, qui épousa, le 2 février 1761, Antoine d'Albiousse, avocat en Parlement, député d'Uzès, en 1713, aux Etats du Languedoc, capitaine châtelain, fils de Louis, aussi capitaine châtelain (1). (Arch. municipales d'Uzès, Actes de l'état civil).

_____

(1) Le titre de capitaine châtelain, transmis de père en fils, comportait anoblissement. (Voir *Notice de Gallier*, p. 3, et jugement du tribunal d'Uzès en date du 20 décembre 1859, qui maintient Lionel d'Albiousse en possession de la particule nobiliaire). ·

De ce mariage il eut : Pierre qui suit ; 2° Salvator, prêtre, qui émigra durant la Révolution, et 3° Elisabeth, qui épousa Philip.

VI. Pierre-Jules d'Albiousse, né à Uzès, le 6 mars 1777, chevalier du Lys, qui épousa : 1° le 14 avril 1806, Alexandrine Graffand de Laval, fille de François et de Thérèse de Chansiergues du Bord, (Voir fief Laval-Saint-Roman), dont il eut Honorine, mariée à Albin d'Amoreux, officier de la Légion d'honneur, sous-intendant militaire de 1re classe, dont Louise, mariée à Paul de Surdun, chevalier de la Légion d'honneur. (Voir fief Cruviers); 2° le 19 janvier 1823, Virginie Roux, fille d'Augustin et de Marie Dessombz, dont il eut :

Lionel, qui suit; Amélie, décédée à l'âge de 19 ans, et Numa, colonel des zouaves pontificaux, chevalier de Saint-Grégoire-le-Grand et de plusieurs ordres, créé comte romain héréditaire par le pape Léon XIII, *proprio motu*. Il épousa, le 25 janvier 1875, Jeanne Chomel fille de Joseph et de N. de Montcla, dont il a eu : Jean, Joseph, marié à Henriette Marsaut, Henri et Pierre.

VI. Lionel d'Albiousse, président honoraire du tribunal d'Uzès, décoré de la croix *pro ecclesia et pontifice*, membre de l'Académie de Nimes, auteur de l'*Histoire des ducs et de la ville d'Uzès*. Il a épousé, le 24 août 1875, Thérèse de Massilian de Montpellier (voir fief Sanilhac), dont il a eu

1° Amélie, mariée, le 1er juin 1904, à Louis de Brunelis ; 2° Marie-Louise ; 3° Isabelle, aspirante à devenir sœur de charité de Saint-Vincent-de-Paul.

Armes des Folcher : *D'or à trois guidons d'azur posés en pal ; écartelé d'azur à une fasce d'argent posé en face et surmonté de flammes (Revue héraldique de Paris*, 1904, p. 296).

Armes des d'Albiousse ; *D'azur au bœuf passant d'or au chef cousu de gueules à trois étoiles d'argent*.

Devise : *Justitia et armis. (Armorial du Languedoc. Devises héraldiques*, par Louis de la Roque, page 358).

Le domaine de Fontainebleau appartient actuellement à Mme Paul de Surdun, fille d'Albin d'Amoreux et d'Honorine d'Abiousse.

FOURNÈS

Armoiries : *de sinople à un pal losangé d'argent et de sable.*

Un énorme mamelon incliné vers le couchant supporte dans sa partie orientale le village de Fournès. Ce mamelon est tout raviné et présente à l'endroit appelé les Fosses, de profondes crevasses.

Il domine toute la vallée du Gardon et la vue s'étend sur de riants paysages.

L'étymologie de Fournès vient de Fornas, four, fournaise, à cause des nombreuses excavations de son sol et peut-être aussi de la haute température qui règne en été dans ces contrées.

En 776 Fournès avait deux églises, l'une à l'occident dédiée à Saint-Pierre et bâtie en 736 par Charles Martel, après sa victoire sur les Sarrasins ; et l'autre à à l'Orient, dédiée à Notre-Dame de Beaulieu.

1211. *Castrum de Fornesis.* (Gall. Christ, VI, p. 304).

Philippe-Auguste donne ce château aux évêques d'Uzès.

1295. La terre de Fournès fait partie de la baronnie de Rochefort par suite d'un échange entre le roi Philippe-le-Bel et Géraud d'Amy.

Celui-ci, devenu baron de Rochefort et de Fournès, passe une convention avec les consuls en 1325, au sujet des remparts.

Les remparts de Fournès concordaient avec une vieille tour placée extérieurement pour défendre la porte du Levant ; à l'autre extrémité existait aussi une tour circulaire dont il reste peu de trace.

Les murailles du Nord avaient soixante mètres de longueur.

1397, 26 juin. Guillaume de Montlaur, seigneur de Fournès, fait le dénombrement de la seigneurie au roi.

Famille de Montlaur.

I. Guillaume I eut pour fils

II. Jean de Montlaur, damoiseau, qui épousa Isabeau de Thezan, dont il eut

III. Jean de Montlaur, qui épousa, le 17 janvier 1527, Marie de Saint-Félix, dont il eut

IV. Jean de Montlaur, qui épousa sa cousine, Marie de Montlaur, dont il eut : Philippe de Montlaur, maintenu dans sa noblesse par jugement souverain du 17 décembre 1668, et Charlotte Philiberte de Montlaur, qui épousa, le 23 avril 1739, Alexandre d'Albenon, baron de Loupian.

Cette maison, éteinte de nos jours, était une des plus anciennes du Languedoc.

Armes : *d'or au cor d'argent lié de sable.*

Devise : *Virtuti palma præmium.*

(Au courage la palme pour récompense).

1421, 7 mai. Scaruch dresse et signe un acte de toute sa terre de Fournès, qu'il dénombre au roi.

Le 16 février 1480, il transige avec le consul de Fournès pour certains droits. On lit parmi l'énumération des prérogatives féodales, l'obligation imposée aux habitants de donner à leur seigneur, savoir : le jour de la Nativité, un pain appelé *stenèvre*; le jour des Rameaux, une *placuite* ou *fougasse*, et le jour de tous les saints, deux petits pains appelés *offertes.*

1506, 9 août. Nicolas de Laudun, était seigneur de Fournès (de Costa, notaire à Nimes Voir Laudun).

Ses descendants furent :

Gabriel, marié, le 28 juillet 1578, à Marguerite Camile.

Jean, qui épousa, le 25 avril 1532, Isabeau Favier de Fourniquet ;

Nicolas, époux de Jeanne des Baux. (Arch. départementales, t. 2. p 37).

1570. Louise de Laudun, seigneuresse de Fournès, épouse Pierre de Guerry. Celui-ci, devenu seigneur de Fournès, a une difficulté avec les consuls de Sanilhac, qui viennent lui faire amende honorable.

Il leur pardonne et renonce au droit de prise de corps qu'il avait obtenu par jugement contre quatre des principaux habitants.

1590. Du mariage de Pierre de Guerry avec Louise de Laudun, naît une fille, Sara de Guerry, qui épouse Pierre de Faret, seigneur de Saint-Privat, lieutenant du sénéchal de Beaucaire et de Nimes, fils de Jacques et de Sibille de Fortunié. (Voir pour la généalogie des Faret de Fournès, fief de Saint-Privat).

———

GAJAN
CANTON DE SAINT-MAMERT

———✦———

Armoiries : d'*hermine à une fasce losangée d'or et de gueules.*

957. Gaians (Cart. de N.-D. de Nimes. chap. 201). — 1007. Gaianum (*Ibid*, ch. 114). — 1096. Gajans (Arch. départ. II. 3.)

1207. Pierre de Gajan (Arch. dép. du Gard, t. I, p. 1).

1350, 23 août. — Hugues de Cabrières achète cette seigneurie aux commissaires du roi (Arch. duc. caisse 4.)

1359. Etaient coseigneurs de Gajan, Hugo de Casteris et Bertrand de Fons Bérenger de Montaren. (Arch. duc.)

1373. Noble Jean d'Albenas était coseigneur de Gajan en vertu d'une donation à lui faite par Louis das Pierres (des Pierres) de Sauzet (ancêtre des Bernis), lequel tenait cette seigneurie de Béatrix de Montaren, femme de Guillaume des Gardies, vivant en 1359.

Famille d'Albenas

Originaire du diocèse de Nimes, elle est connue par filiation depuis Raymond d'Albenas, professeur ès-lois, servant dans les chevau-légers de Gascogne, en 1350, contre les Anglais.

Jean était coseigneur de Gajan, comme je viens de le dire ; Emile, marié en 1387, à Aimé de Gondrin, fut père de Paul, premier consul de Nimes, docteur ès-lois lieutenant du sénéchal, marié à Gilette Pouchat.

Claude, fils de Paul, premier consul de Nimes, reçut chez lui le roi de Portugal, Alphonse V, le 3 septembre 1475.

Louis, frère de Claude, eut plusieurs enfants de son

mariage avec Marguerite de Bordes : 1° Jean, auteur de
la branche maintenue en Languedoc par M. de Bezons
et dont la filiation va suivre ; 2° Jacques, consul à
Nimes, en 1520, marié le 18 novembre 1511, à Honorée
Mengaud ; il forma une branche continuée à Nimes
jusqu'en 1685, établie depuis à Lausanne, en Suisse, et
fut père de Jean Poldo, conseiller du roi au siège présidial de Beaucaire et Nimes, auteur du *Discours His-*
torial de l'antiquité de Nimes, 1560. (Baduel Or.
fun. de J. d'Albenas Bib. Mas.. 19, 497. Rivoire,
I. 417.)

I. Jean d'Albenas, coseigneur de Gajan, docteur
ès-lois, premier consul de Nimes, 1516, lieutenant général
clerc en la sénéchaussée de Nimes et Beaucaire, 1522,
députe par la sénéchaussée aux Etats généraux d'Orléans, 1569, avait épousé, en 1510, Catherine d'Anduze,
et il en eut : 1° Jacques, qui suit ; 2° Jean, président au
présidial de Montpellier, 1575, qui épousa : 1° Catherine de Robert ; 2° le 6 novembre 1547, Françoise de
Jonas, dame d'Aubuges, veuve de Jacques, de Sarrat, seigneur de Bernis, dont il eut : *(a)* Robert, seigneur de
Valeirargues et Seyne, marié à Louise Boisse, dont la
fille unique, Diane, épousa Henri de Porcelet, marquis
de Baye (voir fief Serviers) ; *(b)* Diane, mariée : 1° le
15 septembre 1565, à Jacques de la Croix, baron de
Castries ; 2° le 7 mars 1579, à Jean de Trémolet, baron
de Montpezat (voir fief Collias) ; *(c)* Louise, mariée, le
17 janvier 1567, à Antoine de Sarret, seigneur de
Fabrègues (1).

(1) Un descendant d'Antoine de Sarret était désigné sous le
titre de marquis de Fabrègues lors de la vérification des titres
de noblesse par M. de Bezons, en Languedoc, sous
Louis XIV.

Cette seigneurie fut ensuite vendue, en 1720, à M. de la
Moisson.

Depuis lors, la famille de Sarret ajouta à son nom celui de
Coussergues, terre dont elle était en possession depuis

II. Jacques d'Albenas, seigneur de Gajan, premier consul de Nimes, 1538, lieutenant d'une compagnie de 200 hommes en 1542, au siège de Perpignan, avait épousé, le 29 février 1540, Jeanne de Troisermines dont il eut : 1° Jacques, qui suit ; 2° Françoise, mariée en 1598 à Pélegrin de Guibert.

III. Jacques d'Albenas, seigneur de Gajan, lieutenant dans les chevau-légers, tué à la bataille de Coutray, avait épousé, le 4 octobre 1570, Claude Contessi, et il en eut : Jean, qui suit ; Céphas, seigneur de Montaren, époux de Suzanne de Pavée, viguier de Nimes en 1615; Louise, épouse de Mre Gilbert de Porcelet, seigneur de Baye, 1651. (Delgas, notaire, E. Dumas) ; Jacques, seigneur de Pruneyron, et Jeanne, épouse de noble Paul d'Assas (voir letttre B.)

IV. Jean d'Albenas, seigneur de Gajan, capitaine de cavalerie au régiment de Calvisson, 1675, avait épousé, le 2 novembre 1608, Françoise du Verger dont il eut : 1° Jean, seigneur de Gajan, capitaine de chevau-légers, marié, le 16 octobre 1650, à Françoise de Roquefeuil (voir fief Sagriès), dont Blaise, seigneur de Salvensac, Gajan et Prébouquet, marié, le 28 avril 1688, à Françoise de Mestre, et mort sans enfants, 1738, 2° et

V. Jacques d'Albenas, premier consul de Sommières,

Charles VIII, qui la lui céda au moment de son expédition en Italie, en 1494.

Le baron de Sarret de Coussergues, né en 1751, mort en 1815, fut élevé à la pairie par Charles X, en 1827.

Il ne laissa qu'un fils, marié à Nathalie de Mac-Mahon, sœur du maréchal de ce nom.

De ce mariage sont nés :

1° Pierre, vicomte de Sarret, époux de Mlle de Kergorlay.

2° Le baron de Sarret, qui a une fille, mariée au vicomte Benoit d'Azy et cinq autres enfants.

3° Marthe, comtesse de Castellane Majaste.

4° Berthe, marquise de Barbeyrac-Saint-Maurice.

5° Emmanuel, marié à Mlle de Caulaincourt de Vicenne.

qui épousa, le 14 mars 1662, Suzanne de Ronzier dont il eut :

VI. Jean-Joseph d'Albenas, maire perpétuel de Sommières, officier de cavalerie, maintenu dans sa noblesse par jugement souverain du 5 décembre 1668. Il épousa, le 19 juillet 1703, Marie de Rosset dont il eut :

VII. François-Alexandre d'Albenas, seigneur de Gajan, Salvensac, Prébouquet, en vertu du testament de Blaise, 6 mai 1738, acquit, en 1766, de Mlle de Mallevieille, la baronnie de Loupian ; officier au régiment royal comtois ; major au régiment de Vieilleville, épousa, le 23 avril 1739, Charlotte de Montlaur de Murles dont il eut

VIII. François-Laurent d'Albenas, seigneur de Gajan, mort en 1847, qui épousa, le 6 décembre 1784, Marie-Thérèse Banal dont il eut : 1° Jean-Joseph ; 2° Gustave ; 3° Estelle ; 4° Agénor ; 5° Théogène ; 6° Eponime.

Résidence: Montpellier.

Branche B. Jean-Joseph d'Albenas, dit le chevalier d'Albenas, officier au régiment de Touraine, épousa en 1784, Sophie-Elisabeth de Panetier.

Résidence : Toulouse.

Armes : *De gueules au demi vol sénestre d'argent accompagné de trois étoiles d'or.*

1474, 6 mars. Noble Jean Fraine était coseigneur de Gajan (Dorfeuil, notaire à Nîmes.)

1497. Sauveur de Villate, l'était aussi (Arch. dép. t. III, p. 297), et aussi en 1620, (Cormaret, notaire à Nîmes).

1553, 3 mars. Hommage au roi par noble Frezol de Villar, de la huitième partie de la seigneurie de Gajan.

Pareil hommage est renouvelé le 20 septembre 1620 et le 15 juillet 1737.

Frezol de Villar était proche parent de Guillaume de Villar, avocat, qui avait épousé Antoinette du Clap dont il eut:

Pierre de Villars, seigneur de Vallongue, Gajan et

Souvignargues, conseiller au sénéchal de Nimes en 1597, conseiller au Parlement d'Orange, 1599, eut des lettres patentes du roi Henri IV, du 22 octobre 1599, portant permission d'exercer la charge de conseiller audit Parlement, avec les honneurs et privilèges accordés aux titulaires de pareilles charges.

Le prince d'Orange avait accordé les privilèges de noblesse aux conseillers de ladite cour et à leurs descendants vivant noblement.

Pierre de Villar épousa, le 21 juin 1594, Suzanne de Sandres, et il en eut : 1° André, seigneur de Vallongue Gajan, Souvignargues, conseiller au sénéchal de Nimes ; 2° Henri, déclarés, par jugement souverain du 27 septembre 1669, pouvoir jouir du contenu des patentes du roi du 22 octobre 1599. (Arch. duc. sommaire, p. 137.)

1619, 10 septembre. Jacques de Tourtoulon, seigneur de Banières et de Gajan, vend la huitième partie de cette dernière seigneurie à la famille de Vilar, par acte reçu à Nimes (Guiraud, notaire).

Famille de Tourtoulon.

Elle est originaire d'Auvergne, où se trouve le fief Tourtoulon, près d'Aurilhac. Elle possédait cinquante-quatre seigneuries.

P. Tortolon prit part à la croisade contre les Sarrasins de Valence (1238), sous Jacques Ier, roi d'Aragon, seigneur de Montpellier. Son nom figure dans le registre original (conservé aux archives d'Aragon) de la répartition des terres du royaume de Valence après la conquête.

Petrus Tortolo Domicellus fit hommage, en 1280, d'un domaine en Auvergne. (Le parchemin scellé du sceau de P. Tortolo-Donzel, dont l'écu représente une colombe, est conservé aux archives nationales sous la côte S. 1022.)

La filiation suivie commence à Armand de Tourtoulon, chevalier, seigneur de Tourtoulon, Corneilhan, Borèze et coseigneur de Roquenaton, qui est mentionné dans un document de l'an 1284, et dont le fils, Rigal de Tourtoulon, fut témoin d'un accord intervenu entre les coseigneurs de la forteresse de Tournemine, en 1298. *(Dict. historique et statistique du Cantal,* t. V. p. 92, 352 et 453.)

Rigal fut père d'autre Rigal de Tourtoulon, qui épousa Léonie de Colbrand (*Dict. du Cantal,* t. V. p. 461), et eut pour fils Jean de Tourtoulon, père de Guillaume *(Dict. du Cantal,* t. V. p. 93.)

Guillaume de Tourtoulon épousa, vers 1412, Bérengère de Sault, dame de Banières (en Languedoc), et depuis lors, cette dernière seigneurie entra dans la maison de Tourtoulon. (Documents au pouvoir du baron de Tourtoulon.)

Guillaume de Tourtoulon, qui vint se fixer en Languedoc, eut pour fils : 1° Antoine, auteur d'une branche restée en Auvergne et éteinte à la fin du XVI° siècle; 2° Pierre de Tourtoulon, damoiseau, seigneur de Banières, qui épousa, en 1469, Antoinette d'Albignac, et fut père de Pierre de Tourtoulon, marié, le 10 janvier 1489, à Hélix de Rocheblave. (Contrat reçu par Boeri, prêtre et notaire), dont il eut Pierre, auteur de la filiation prouvée devant M. de Bezons. (Proc. verb. des Etats du Languedoc, 1784).

I. Pierre de Tourtoulon, écuyer, seigneur de Banières, rendit hommage, le 28 février 1539 et épousa Isabelle de Montdagout et fut père de

II. Jacques de Tourtoulon, écuyer, seigneur de Banières et de Gajan, capitaine de 400 hommes, grand veneur d'Antoine de Bourbon, roi de Navarre, duc de Vendôme, père du roi Henri IV. Il commanda une compagnie de 300, puis de 400 hommes, sous le fameux baron d'Acier, plus tard duc d'Uzès. Il épousa, le 15 février 1550, Thorenne de la Fare (voir fief de La Bastide d'Engras), dont il eut

III. Pierre de Tourtoulon, écuyer, seigneur de Banières et du Prat, qui épousa, le 31 mars 1557, Marguerite de Villate et il en eut : Jacques, qui suit ; Jean, branche B, et Pierre, branche C.

IV. Jacques de Tourtoulon, seigneur de Banières et du Poujol, épousa, le 25 février 1608, Claire de Valobscure, et il en eut Jacques et Pierrre, maintenus dans leur noblesse par jugement souverain du 14 novembre 1668 et décédés sans postérité.

Branche B. IV. Jean de Tourtoulon, seigneur de Serres et plus tard de Valescure, maréchal de camp de l'armée du duc de Rohan, maintenu dans sa noblesse par jugement souverain du 14 décembre 1668, épousa, le 28 mai 1618, Jeanne de Valescure dont il eut

V. François de Tourtoulon, seigneur de Valescure, capitaine au régiment de Beaufort, qui épousa, le 16 octobre 1654, Antoinette de Béringier des Barbuts dont il eut

VI. Jean de Tourtoulon, chevalier, seigneur de Valescure, La Blaignière, capitaine au régiment de Corte, qui épousa, le 26 janvier 1700, Anne Poujade et fut père de

VII. Jean de Tourtoulon, seigneur de Valescure, qui épousa, le 3 juin 1734, Jeanne Aigoin dont il eut

VIII. Jean-David de Tourtoulon, chevalier, seigneur de Valescure, baron de Lasalle, Salendrenque, officier au régiment de Bourgogne, qui épousa, le 11 septembre 1762, Anne-Marguerite de Vignolles (1), baronne de Lasalle, et fut père de

IX. Alexandre-François de Tourtoulon, baron de Lasalle, qui épousa, le 28 février 1781, Jeanne-Sophie d'André de Montfort dont il eut

X. Charles-Adolphe de Tourtoulon, baron de Lasalle, qui épousa, le 16 août 1834, Marie-Aimée de Villardi de Quinson de Montlaur, dont : 1° Marie ; 2° Louise.

Branche C. IV. Pierre de Tourtoulon, seigneur de la Coste, épousa, le 10 juin 1625, Jeanne de Leuze dont il eut :

V. Jean de Tourtoulon, seigneur de Serres, qui épousa, le 12 août 1650, Jeanne d'Assas, qui le rendit père de

---

(1) Armes : *De sable au cep de vigne chargé de ses pampres et soutenu d'un échalas, le tout d'argent.*

VI. Jean-Jacques de Tourtoulon, officier de cavalerie, qui épousa, le 2 juillet 1683, Jeanne de Savin dont il eut : 1° Michel qui suit ; 2° François, seigneur de la Rouvière, capitaine de cuirassiers, chevalier de Saint-Louis ; 3° Magdeleine, mariée à Jean d'Assas, officier général en Espagne.

VII. Michel de Tourtoulon, seigneur de Serres, capitaine de cavalerie, chevalier de Saint-Louis, épousa, le 10 juillet 1721, Antoinette Metton, fille d'un consul de Lyon. Il fut père de

VIII. Jean-François de Tourtoulon, chevalier, seigneur de Serres et de la Peyrouse, officier de cavalerie, qui épousa, le 24 novembre 1761, Marguerite de Ciron de la Peyrouse dont il eut

IX. Jean-Pierre de Tourtoulon de Serre, capitaine du génie, qui épousa, à Nice, le 7 fructidor an III, Mathilde Stévaire et fut père de

X Antoine-Pierre-Marie de Tourtoulon, né le 1ᵉʳ février 1806, qui épousa, le 20 mai 1835, Marie-Alexis Capblat dont : Charles-Jean-Marie, né le 12 octobre 1836.

Voici maintenant l'état actuel de cette famille (1905) :

La branche aînée des Tourtoulon, Lasalle (1) et de Salendrenque, n'est plus représentée que par Mᵐᵉ Marie de Tourtoulon de Lasalle, fille de Charles-Adolphe de Tourtoulon et de Marie-Aymée de Villardy de Montlaur, qui épousa, en 1860, le vicomte Ludovic d'Estienne de Saint-Jean, fils d'Henry Dieudonné et de la fille du marquis de Lagarde, nièce du comte de Lagarde, ambassadeur en Espagne, pair de France, époux de Mˡˡᵉ d'Antichamp.

(1) La baronnie de Lasalle (en Languedoc) fut apportée dans la famille de Tourtoulon par la fille du président des Vignolles, qui avait épousé Jean-David de Tourtoulon (arrière-grand'père de la vicomtesse d'Estienne), mort en héros au siège de Lyon. (*Histoire du Peuple de Lyon*, d'Adolphe Balleydier. *Histoire de la Révolution*, par Lacretelle.)

La vicomtesse d'Estienne de Saint-Jean a trois enfants : Blanche, Marguerite, religieuse, et Henry.

Sa sœur, la vicomtesse de Pégueiroles, a laissé deux filles : la baronne de Montfort et la baronne de Tavernost.

Résidence : château de Saint-Jean, par Aix-en-Provence.

La branche des seigneurs de Serre, barons de Barre (et par courtoisie marquis de Barre). a pour chef Charles-Jean-Marie, baron de Tourtoulon, veuf de Blanche Daudé de Tardieu de la Barthe. De ce mariage :

I. Henri-Marie-Rigold-Pierre de Tourtoulon, marié, en 1897, à Berthe Deminger de Mayence dont Charles-Albert ; 2° Françoise.

Résidence en France : domaine des Fustes, par Valenzoles (Basses-Alpes).

II. Marguerite de Tourtoulon, mariée, en 1901, à Charles, comte de Bonnecorse de Lubières.

Résidence : Aix-en-Provence et le château de Beauregard, par Mouriès (Bouches-du-Rhône.)

Armes : *D'azur à la tour crénelée d'argent ouverte, ajourée et maçonnée de sable, surmontée d'un étendard de deux bandes ondoyantes d'argent à la hampe d'or et accompagnée de trois colombes d'argent, l'une contournée au canton droit de chef, les deux autres affrontées vis-à-vis le pied de la tour ; en pointe une molette d'éperon d'or,*

Devise : *Turris hosti turtur amico.*

Tour pour nos ennemis, tourterelle pour nos amis.

1650. Paul de La Gorce, demeurant à Nimes, possédait la seigneurie de Gajan.

Il était fils d'Antoine de La Gorce, écuyer, garde des archives du roi en la sénéchaussée de Beaucaire et Nimes, et de Catherine de Maltrait, mariés le 2 avril 1609. Il épousa, le 25 juillet 1652, Catherine Lamoureux et fut maintenu dans sa noblesse par jugement souverain du 23 novembre 1668.

Armes : *de gueules à trois rocs d'or 2 et 1.*

1703, février. Le château est incendié par les Camisards qui brûlent, non seulement les meubles, mais tous les documents et parchemins des archives.

1733. Henri-François de Nivet de Montcalm, marquis de Montclus (voir fief Tresque) possédait la troisième partie de la seigneurie de Gajan. (Arch. duc., sommaire des déclarations de la viguerie d'Uzès, p. 128. Voir fief Tresques.)

1734. Dame Anne Le Blanc, veuve de Mr de Rochemore, seigneur de La Rouvière (voir fief La Bruguière), possédait la cinquième partie de la seigneurie de Gajan : (Arch. duc., som. des déclarations de la viguerie . d'Uzès, p. 132).

Famille Le Blanc.

Anne Le Blanc était parente de

I. Jean Le Blanc, qui testa, le 8 septembre 1543, et fut père de

II. Michel Le Blanc, seigneur de Montabonnet qui épousa, le 15 février 1552, Catherine Deschamps et il en eut

III. François Le Blanc, écuyer, seigneur de Montabonnet, Solignac et Roveiroles, capitaine d'infanterie, 1606, gentilhomme ordinaire de la chambre du roi, gouverneur du château de Saint-Agrève, qui épousa, le 28 août 1628, Colombe Chabannes, et il en eut

IV. Just Le Blanc, seigneur de Chantemale, y demeurant, D. du Puy, capitaine au régiment de Ferron, 1655, qui épousa, le 20 juillet 1669, Marie de Luzi de Pelissac (voir lettre A ci-dessous.)

Armes : *d'azur à la colombe d'argent posée sur un croissant de même. (Arm. du Lang., p. 320.)*

1734, 7 janvier. Jacques de Cambis, chevalier, seigneur de Fons-outre-Gardon, lieutenant d'infanterie, déclare au duc d'Uzès qu'il possède une partie de la seigneurie de Gajan. (Arch. duc. som. des déclarations de la viguerie d'Uzès, p. 132. Voir fief Orsan.)

1734, 8 mai. Catherine de Baudan, veuve de noble Jean Parades, se déclare coseigneuresse de Sagriès. (Arch. duc., sommaire des déclarations de la viguerie d'Uzès, p. 132.)

Famille de Baudan.

I. Catherine, parente de Maurice de Baudan qui épousa Catherine Lombard dont il eut

II. Pierre de Baudan, seigneur de Saint-Denys, qui épousa, le 19 septembre 1574, Etienne Tutèle dont il eut: Jean, qui suit ; Daniel, marié, le 17 juillet 1625, à Rose Tornier dont : *(a)* Pierre, docteur ès-droits, marié, le 12 octobre 1651, à Marie Russelet ; *(b)* Jacques, seigneur de Cabanes, marié, le 19 octobre 1662, à Gabrielle de Bosanquet.

IV. Jean de Baudan, conseiller du roi au bureau du domaine en la sénéchaussée de Beaucaire et Nimes, doyen du présidial et du sénéchal de cette ville, qui épousa, le 30 avril 1610, Marthe de Montcalm-Gozon (voir fief Cornillon), dont il eut Jacques, chevalier, conseiller du roi, président, trésorier, grand voyer de France en la généralité de Montpellier et intendant des gabelles en Languedoc, et Maurice qui prouvèrent leur noblesse devant les commissaires des francs-fiefs au diocèse de Nimes.

Guillaume de Baudan, seigneur de Montaud, fit enregistrer ses armes dans l'armorial de 1696.

Ces armes sont : *Palé d'argent et de sable, écartelé d'azur à un cerf rampant d'argent sommé d'or de six cornichons, au chef cousu de gueules à un croissant d'argent (Armorial du Languedoc, 2. 13.)*

1737, 4 janvier. Jean-Louis de Causse, seigneur de Serviers, Vallongues, acquiert la moitié de la seigneurie de Gajan de noble Alexandrin d'Albenon (Nicolas, notaire à Nimes.)

1759, 2 juin. — Marie-Delphine de Fabry, veuve de Claude de Fransure de Louvet, chevalier de Saint-Louis, décédée à Uzès, était seigneuresse de Gajan. (Bonnet, notaire à Uzès. Et Moulin.)

Lettre A

Les Luzy tirent leur nom de la petite ville de Luzy, en Nivernais, et se rattachent à la branche cadette des ducs de Bourgogne par le mariage de Pierre III de

Luzy, baron d'Oyé, vers 1370, avec Agnès de Montaigu qui appartenait à cette illustre famille.

Le titre de marquis de Pélissac fut apporté dans la maison de Luzy par le mariage de Thomas de Luzy, en 1380, avec Marguerite de Pélissac, d'une vieille famille du Velay dont le château est près du Puy. La famille de Luzy de Pélissac acquit, vers 1550, par mariage, la baronnie du Queyrières qui donnait entrée aux états particuliers du Velay *(Armorial du Langue-doc,* par de La Roque, t. 1 p. 328.)

François de Luzy de Pélissac, seigneur de Queyrières et Villierma, leva une compagnie de chevau-légers pour le service du roi contre les ligueurs et commanda à Tence, en 1591 (Arnaud, 1. 511.)

Cette famille a été maintenue dans sa noblesse par jugement souverain de M. de Bezons, du 2 janvier 1669

Plusieurs de ses membres ont pris part aux assemblées de la noblesse, en 1789.

Elle est aujourd'hui représentée par Imbert, marquis de Luzy de Pélissac, habitant le château de Trianon à Argenteuil (Seine-et-Oise). Il est fils d'Alexandre, marquis de Luzy de Pélissac et de Marie de Moncheron et il a épousé, en 1866, Mathilde de Calamand, dont il a eu : 1° Roger, marié à Marie Taillandier de Berlegit de Rouville d'Olmet, habitant le château de Bresson, par Beaurepaire (Isère) ; 2° Gaston, lieutenant au 22ᵉ bataillon de chasseurs alpins, marié à Olga Mont-Réal, d'une famille noble italienne dont il a trois fils et habite, quand il n'est pas en garnison, à Albertville (Savoie), le château de Gontefrey-Bressieux, par Saint-Siméon de Bressieu (Isère) dont il a hérité de sa mère, et 3° Germaine, mariée au marquis de Mons de Pradier d'Agrain et qui habite Annonay (Ardèche).

La famille de Luzy est aussi représentée de nos jours par les frères et sœurs consanguins de MM. de Luzy de Pélissac, qui sont :

1° Le comte Gabriel de Luzy de Pélissac, capitaine d'artillerie de marine en retraite, chevalier de la Légion d'honneur, qui habite le château de Moissieux, par

Beaurepaire (Isère), et qui a épousé Françoise de Pina de Saint-Didier, dont il a cinq filles et un fils, Jean ;

2° Le vicomte Henri, célibataire, qui habite Roussillon (Isère).

3° Le baron Hugues, qui habite Pact (Isère) et a épousé Henriette de Limairac, dont il n'a qu'une fille.

Enfin trois demoiselles de Lusy qui ont épousé : l'aînée, M. de Levaux et les deux autres, MM. de de Thelin,

Armes : *de gueules au chevron d'argent accompagné de trois étoiles d'or.*

Supports : deux lions.

Lettre B

La famille d'Assas.

Elle a été maintenue dans sa noblesse par jugement souverain du 29 octobre 1668.

De cette famille était Louis, dit le chevalier d'Assas, capitaine au régiment d'Auvergne, célèbre par son dévouement héroïque à Clostercamp, en 1760. Sa statue orne une des places de la ville du Vigan (Gard).

Louis XVI voulant transmettre à la postérité la mémoire du trait patriotique du chevalier d'Assas, créa, en 1777, une pension héréditaire et perpétuelle de 1000 livres en faveur de la famille de ce nom jusqu'à l'extinction des mâles (*Gazette de France*, 1773, n° 88.)

Cette maison fut admise aux honneurs de la Cour en 1786 et 1788.

Elle est actuellement représentée par le marquis d'Assas, qui habite Montpellier et Paris.

GARRIGUES

CANTON DE SAINT-CHAPTES

Armoiries : *de sable au pal losangé d'or et de gueules.*

1179. *Garricæ.* (Carte de Franq.) — 1565. Garrigues (J. Ursy, notaire).

Garrigues vient du mot celtique *Surek.*

Le château était très fort à cause de sa situation sur un plateau entouré de pentes. Ses ruines sont le seul monument qui conserve un caractère d'antiquité dans cette commune. Sa construction indique qu'il devait être imprenable, à l'époque des guerres féodales.

Ses hautes murailles, entourées de larges fossés et hérissées de créneaux, étaient flanquées de quatre tours et surmontées d'un retranchement qui régnait aux quatre faces et derrière lequel était un chemin qui conduisait d'une tour à l'autre.

La première et la seconde entrée du château étaient défendues par un pont-levis et par des meurtrières.

Il y avait à l'intérieur tous les matériaux nécessaires pour soutenir un long siège.

Cet appareil de la force guerrière et ces marques de la féodalité furent détruits ou mutilés en 1793 (Rivoire. Statistique du Gard, t. 2. p. 378).

1144. Bernard de Garrigues (*Bernardus de Garricis*) était seigneur de Garrigues.

Il assiste comme témoin à l'acte de donation par lequel le vicomte Bernard-Aton concède à son peuple la propriété des collines connues encore sous le nom de Garrigues de Nimes.

En 1185, Pons de Garrigues est présent à la charte

octroyée par le roi d'Aragon en faveur de l'abbaye de Franquevaux.

En 1210, Bertrand de Garrigues assiste à l'hommage du seigneur d'Alais au vicomte de Toulouse, dans le château d'Uzès.

En avril 1228, Bertrand de Garrigues fait partie des otages donnés par Raymond VI, comte de Toulouse, au roi Saint-Louis, en garantie de l'accomplissement de la paix conclue entr'eux et en suite de laquelle Louis IX confisque les biens du sire d'Anduze, dont le fief de Vézénobres faisait partie.

C'est vers cette époque que mourut un fervent disciple de Saint-Dominique, Bertrand de Garrigues que l'Eglise a canonisé sous le vocable de Saint-Bernard.

1252. Pierre de Vézénobres, fils d'un bailli de Montpellier, en 1172, était seigneur de Garrigues.

Ce renseignement, fourni par les archives du château ducal, est corroboré par un vieux cartulaire du château de Garrigues, devenu la propriété de M. Lombard Dumas, conseiller à la Cour d'appel de Nimes.

Cet antique document traite du partage des fonctions judiciaires entre le roi Saint-Louis, représenté à l'acte par le sénéchal de Beaucaire et Nimes, et le seigneur de Garrigues, noble Pierre de Vézénobres.

L'acte est passé devant notaire, dans une des salles du château des arènes de Nimes. Au roi seul appartient la justice majeure pouvant entraîner la peine de mort ou suppression d'un membre ; le reste est du domaine de Pierre de Vézénobres et de ses successeurs.

Il est à présumer que ce Pierre de Vézénobres était le gendre de Bertrand de Garrigues dont la descendance était tombée en quenouille.

Quoiqu'il en soit, Pierre de Vézénobres eut deux fils qui lui succédèrent peu après la convention dont je viens de parler. Un acte de 1253 les mentionne tous les deux et les qualifie de chevaliers et de coseigneurs, mais l'indivision dure peu.

En 1256, la seigneurie reste à Guilhaume de Vézénobres seul.

1256. Son fils Guilhaume hérite de cette seigneurie. Il se marie et transmet cette seigneurie à ses trois enfants : Pierre, Sibille et Guilhaume.

Sibille de Vézénobres épouse le chevalier Astor de Tournel, fils de Guilhame de Châteauneuf, famille originaire du Gévaudan (1), et elle apporte en dot une partie de cette seigneurie et plus tard au moyen d'une transaction avec ses frères, Astor devient, par sa femme, seul seigneur de Garrigues.

Il avait pour fidèle ami Raymond Gancelin, coseigneur d'Uzès, qui, par son testament du 30 juin 1316, lui légua à titre compagnon d'armes (*socius*), cent livres et son grand cheval, en souvenir sans doute de leurs campagnes contre les Espagnols, sous Philippe-le-Hardi.

1304. Il prête serment et passe reconnaissance féodale à Guilhaume de Nogaret à qui Philippe-le-Bel avait fait don de la suzeraineté de Garrigues et d'autres seigneuries.

Astor de Tournel, premier du nom, meurt en 1375, laissant ; 1° une fille, mariée, en 1317 à Bertrand de Sollier (2), (Bertrandus de Solério), savant en droit et juge en la Cour du village de Garrigues, et 2° un fils Astor II de Tournel, qui se marie à Bérengère, fille de Bérenger, seigneur de la Calmette.

Il a deux enfants, Louis et Marguerite.

1409. Louis de Tournel, seigneur de Garrigues, meurt sans postérité.

Marguerite, sa sœur, lui est substituée et, en 1420 ; elle épouse François de Fabrègue, originaire de Frontignan, diocèse de Maguelone.

---

(1) Eral de Tournel, l'un des défenseurs de Narbonne assiégée par les Anglais, y fut blessé d'un coup de flèche en 1355.

(2) Armes de la famille de Sollier : *d'azur à la bande d'argent chargée de roses de gueules, accompagnées de deux étoiles d'or au chef d'argent.*

16

Famille de Fabrègue.

Elle était fort ancienne.

Un Guilhaume de Fabrègue avait pris la croix en 1095 et suivi Raymond de Saint-Gilles en Terre Sainte, avec plusieurs gentilshommes de son diocèse et Guillaume de Gabron, coseigneur d'Uzès.

Pons de Fabrègue est témoin de l'hommage que Guillaume, seigneur de Montpellier, rend en 1190 à Raymond, comte de Melgueil.

La seigneurie de Garrigues ne reste pas longtemps aux mains des Fabrègue. Il n'y a pas d'héritier mâle pour la recueillir et de fille en fille elle passe dans la famille de Gaude en qui elle s'éteint en 1715 pour la même cause, après une durée de 200 ans.

Dominique de Fabrègue se marie et a une fille, qui épouse le sire Tourton de Casssagnes originaire de Saint-Gilles (1).

De ce mariage naît Jeanne de Cassagnes, qui épousa Jean de Gaude, le 9 mai 1462.

Famille de Gaude.

Les Gaude étaient originaires d'Aubenas. Jean de Gaude habitait Fourques, située entre Arles et Saint-Gilles.

On lit dans son contrat de mariage que la future épouse était alors âgée de moins de 25 ans et excédait l'âge de 14 ans, formule fort discrète et polie. On lui donne dans ce contrat la juridiction haute, moyenne et basse justice de la seigneurie de Garrigues. On ignorait peut-être que la haute justice appartenait au roi depuis 1252. De cette fâcheuse déclaration naquit entre la représentation royale, les consuls de Garrigues et les seigneurs du lieu un procès qui dura 200 ans (*Garrigues*, par Lombard Dumas, p. 69).

Jean de Gaude n'avait guère cessé d'habiter Saint-

(1) Cassagnes est le nom d'une ferme dépendant encore de la commune de Saint-Gilles.

Gilles, où sa femme, Jeanne de Cassagnes, possédait de grands biens.

Il mourut en 1488, laissant trois enfants, dont un fils qui se maria avec Isabeau de Montclar, fille de noble Bernard de Montclar, seigneur de Durfort.

1532 Mort d'Isabeau de Montclar.

Son fils Jacques de Gaude prend possession de la seigneurie de Garrigues ; il embrasse la Réforme, en 1563, et meurt en 1573, après avoir épousé Louise de Bourdic, dont il a Pierre, marié à Françoise de Vergèse, fille de Claude de Vergèse, seigneur d'Aubussargues et de demoiselle Doumergue de Joannis.

Il eut un fils, Claude. qui épousa Claude d'Astier.

1621. Mort de Claude.

Son fils François lui succède.

Il part en 1636 pour la marine ; commandant de galère en 1651, il périt dans un naufrage.

Il fut le dernier seigneur de Garrigues, car il ne laissa qu'une fille mariée à Pierre de Bazan.

En 1719, 5 octobre, la seigneurie est vendue à Antoine Malarte, bourgeois d'Uzès, déjà viguier de Garrigues, devant Mᵉ Martin, notaire à Uzès.

Armes de Malarte : *de gueules au lion d'or armé et lampassé de même sur le tout une bande de sable au chef d'azur chargé de trois étoiles d'or.* (*Histoire de Garrigues*, par Lombard Dumas p. 110).

Le château de Garrigues appartient à M. Lombard Dumas.

GAUJAC

CANTON DE BAGNOLS

Armoiries : *d'or à une bande losangée d'argent et de sable.*

Le territoire de Gaujac est adossé au versant nord de la montagne qui sépare les bassins de la Tave et de l'Alzon.

Riche en souvenirs antiques, on a exhumé des vases des *Dolia*, des miroirs en bronze, des médailles impériales, etc. (Et. hist. Labaude, p. 103).

Une montagne du nom de Saint-Michel renferme à sa base une grotte très profonde au sommet de laquelle on remarque les débris d'une commanderie des Templiers.

1249. *Gaudiamus*. (Chap. de Nimes, arch. dép.) et Gaujac en 1550 (arch. dép.)

1324, 14 octobre. Rostang de Sabran, fils de Guigues, seigneur de Gaujac fait hommage de sa seigneurie à Mre Guillaume, évêque d'Uzès. (Rebolly, notaire d'Uzès).

1326. Le même hommage est rendu à l'évêque d'Uzès par Pons de Montlaur du chef de sa femme Bérengère de Sabran (Daurière, notaire d'Uzès) et plus tard, en 1341 et le 24 juillet, par Guyot de Montlaur fils de Pons (voir, pour la famille de Montlaur, fief Fournès).

1448, 9 novembre. Hommage par Charles de Poitiers seigneur de Saint-Valier, à l'évêque d'Uzès. (Grimal, notaire d'Uzès).

1490. Noble Jean Malingre était coseigneur de Gaujac.

Même année. Noble Gabriel de Bellecombe, mari de

Catherine de Gaujac, était aussi coseigneur de Gaujac-
du chef de sa femme. Il était aussi coseigneur de Cavil.
largues (Arch. dép. t. 1. Série E, p. 291).

1514. Noble Dominique Rouch d'Arnoye était coseigneur de Gaujac (A. dép. civ. t. eu1, série E, p. 436).

Famille Rouoh d'Arnoye.

I, Dominique Rouch était fils d'Aphrodite de Rouch,
seigneur d'Arnoye et d'Avesne, qui eut pour fils, Dominique et

II. Raymond de Rouch qui eut pour fils

III. Pierre, père de

IV. Jacques de Rouch, seigneur d'Arnoye, qui épousa
le 5 mai 1549, Jeanne de Pantavit de la Pauze (1) don
il eut

V. Jacques de Rouch d'Arnoye, qui épousa Clause
de Lauzières dont il eut

VI. Jean de Rouch d'Arnoye, qui épousa Marie
de Lort (2), dont il eut Gabriel, seigneur d'Arnoye et
de Perdiguier, qui épousa N. de Grave, demeurant à
Béziers.

Cette famille fut maintenue dans sa noblesse par
jugement souverain du 7 septembre 1668.

Armes : *D'azur au monde d'argent sommé d'une
croix de même à trois fasces ondées d'or au chef
d'or à trois roses de gueules.*

1586, 26 mars. Montmorency s'empare de Gaujac. Il
attaque ensuite le château où il y avait des Corses et des
Italiens en garnison qui se rendent par composition
quatre jours après.

(1) **Armes des Plantavit de la Pauze** : *d'azur à l'arche d'or
flottant sar des ondes d'argent supportant une colombe d'or
onglée et becquée de gueules et tenant en son bec un rameau
d'olivier de sinople.*

(2) **Armes de la famille de Lort** : *d'azur au lion d'or soutenant
d'une de ses pattes une étoile de même.*

1605. Louis de Rodulphe était seigneur de Gaujac (Froment, notaire à Uzès).

1619. Gaspard de La Croix de Castries, baron de Meirargue, épouse Jeanne de Piolenc baronnne de Gaujac.

De ce mariage il eut un fils, Jean de la Croix, baron de Meirargue et Gaujac.

Famille de La Croix de Castries.

La maison de La Croix, en latin, *de Cruce*, est une des maisons illustres et anciennes de la noblesse du Languedoc.

On trouve un de La Croix parmi les officiers de la maison de Philippe IV, en 1288.

Jean de La Croix était, en 1371, un des quarante-trois écuyers de la montre de Jean, comte de Sancerre, et un de six écuyers de la montre de Braquemont, à Harfleur, le 14 septembre 1372.

Un chevalier, M⁰⁰ Jean de La Croix, gentilhomme de Languedoc, se distingua à la bataille de Beaugé, dans l'Anjou (1421).

Le 7 février 1421, Jean de La Croix était chevalier chambellan du roi, à 500 livres par mois.

Jacques de La Croix était un des cent gentilhommes de la chambre du roi en 1487.

Le 4 octobre 1482, Louis XI donna à son féal conseiller Guillaume de La Croix, trésorier des guerres depuis 1477, pour ses bons et agréables services, son hôtel et maison de Mirevaux.

Le grand Thalamus de Montpellier traite en 1498, Guillaume de La Croix de « magnifique et puissant seigneur. » (d'Aigrefeuille, 1. 198. 254.)

La terre-baronnie de Castries, à quelques kilomètres de Montpellier, fut acquise, le 19 avril 1495, de Guillaume de Pierre, baron de Ganges, par Guillaume de la Croix, gouverneur de Montpellier.

Elle donnait entrée aux états du Languedoc (C. de la Tour 105).

Cette famille fut maintenue dans sa noblesse par

jugement souverain du 1ᵉʳ octobre 1668 et elle a obtenu le titre de duc en 1783 déclaré héréditaire le 4 juin 1814.

Guillaume de la Croix, baron de Castries, conseilller du roi, gouverneur des ville et baronnnie de Montpellier, épousa Françoise de Gezelly, dont il eut : Louis qui suit et Guillemette; mariée à Jean de Montbel.

Louis de la Croix, baron de Castries, président des grâces et de la justice en Languedoc, qui épousa Jeanne de Montfaucon, fille de Claude, baron de Vézénobres dont il eut : 1° Henri qui suit ; 2° Etienne, marié à Françoise de Frontignan, dame de Montferrier; 3° Françoise, mariée à Jacques de Belloy, chevalier de l'ordre du roi.

III. Henri de la Croix dit d'Ussel, baron de Castries, tué en Allemagne, avait épousé, le 16 décembre 1535, Marguerite de Guillens dont il eut : 1° Jacques qui suit : 2° François qui a fait la branche C. ; 3° Honorée, mariée à Jacques de Lanselergues.

IV. Jacques de la Croix, baron de Castries, chevalier de l'ordre du roi, gouverneur de Sommières, baron des Etats du Languedoc, fut souvent député des Etats à la cour; il épousa, en 1565, Diane d'Albenas et il en eut : 1° Gaspard qui suit ; 2° Jean qui a fait la branche B.

V. Gaspard-François de la Croix de Castries, seigneur de Meirargues et Collias, épousa le 21 juillet 1601, Jeanne de Gueidan, dont il eut

VI. Jean de la Croix, baron de Meirargues, fils de Gaspard et de Jeanne de Piolenc, dame et baronne de Gaujac, épousa le 22 février 1714, Isabeau de Cabot dont il eut : 1° Gaspard de Gaujac, capitaine de vaisseau du roi, chevalier de Saint-Louis ; 2° Jean, évêque de Vabres 1764 ; 3° Jeanne, mariée, en 1759, à Christophe de Bérard de Montalet.

Cette branche est aujourd'hui représentée par Gaspard de La Croix, comte de Castries, marié, en juin 1838 à Alix de Saint-Georges, fille d'Olivier de Saint-Georges, marquis de Vérac, et d'Euphémie de Noailles dont treize enfants.

Branche B. — V. Jean de La Croix, baron de Castries, épousa, le 24 août 1590, Marguerite de la Volhe dont il eut

VI. Jean de La Croix, comte de Castries, gentilhomme ordinaire de la chambre du roi, colonel des légionnaires du Languedoc, fut enveloppé dans la disgrâce du duc de Montmorency et privé de son entrée aux Etats du Languedoc ; il avait épousé, en 1600, Louise de l'Hopital, fille ainée du comte de Choisy, grand sénéchal d'Auvergne, proche parent du duc de Montmorency.

Il eut de son mariage : 1° René-Gaspard, qui suit; 2° Jacques, comte de Gourdièges, colonel d'Infanterie à Maestrich, en 1632; 3° Henri, capitaine de cavalerie, tué à Tarragone en 1641 ; 4° Nicolas, mestre de camp de cavalerie, tué au combat de la Porte Saint-Martin en 1652.

VII. René-Gaspard de La Croix, marquis de Castries par lettres patentes de 1639, baron des Etats du Languedoc, lieutenant-général en Languedoc, qui épousa, en 1644, Elisabeth de Bonzy, sœur du cardinal-archevêque de Narbonne, dont il eut : 1° Joseph-François, qui suit ; 2° Elisabeth, mariée à Joseph de Pujols de Brunet de Lévis, marquis de Villeneuve-la-Gremade, lieutenant du roi en Languedoc; 3° Françoise, mariée au marquis de Doni, à Avignon.

VIII. Jean-François de la Croix, marquis de Castries, baron des Etats du Languedoc, maréchal de camp (1693), chevalier d'honneur de la duchesse d'Orléans, épousa : 1° le 29 mars 1693, Elisabeth de Rochechouart-Mortemart (Voir lettre A) ; 2° le 20 janvier 1722, Marie de Levis de Charlus dont il eut :

IX. Charles-Eugène-Gabriel de la Croix, marquis de Castries, ministre de la marine (1780), maréchal de France (1783), commandant avec le maréchal de Broglie un corps de l'armée des princes (1792), épousa le 19 décembre 1743, Thérèse de Rosset de Fleury dont il eut : Armand, qui suit, Adelaïde, alliée, en 1767, au comte d'Abailly.

X. Armand-Charles de la Croix, duc de Castries, en

1783, duc héréditaire, le 4 juin 1814, se distingua au siège de Josktown, lieutenant-général et pair de France en 1814, commandeur de la Légion d'honneur, avait épousé : 1° la fille du duc de Guines dont il eut : 1° Edmond, qui suit, et 2° en 1805, Elise Goghlan, Irlandaise, dont il eut Henri, dont il sera parlé après son frère.

XI. Edmond-Eugène-Hercule de la Croix de Castries, duc de Castries, maréchal de camp, commandeur de la Légion d'honneur, épousa, le 29 octobre 1816, Claire de Maillé dont il n'eut pas d'enfants.

XII. Armand-Henri de la Croix, comte de Castries, sous-lieutenant aux chasseurs de la Garde royale, épousa, le 23 avril 1833, Marie d'Harcourt dont : 1° Edmond ; 2° Sophie, mariée, le 14 mars 1854, à Patrice de Mac-Mahon, maréchal de France, duc de Magenta, président de la République Française (voir lettre B ci-dessous) ; 3° Jeanne-Elisabeth.

Branche C. — IV. François de la Croix de Castries épousa Jeanne Adhémar de Sueilles et il en eut : 1° Jean qui suit ; 2° Henri, marié à Diane de Rute dont il eut Louis, trésorier de France à Montpellier.

V. Jean-André de la Croix de Castries, professeur de droit à l'Université de Montpellier, qui épousa, le 23 juillet 1616, Anne de Salon et il eut Jean, marié, le 28 décembre 1659, à Gabrielle de Coursule et

VI. Henri de la Croix de Castries qui épousa, le 22 juin 1660, Marquise de Solignac dont il eut : 1° René-Gaspard ; 2° Isabeau, mariée à Jean de Reverzat ; 3° Anne, mariée, le 22 juin 1691, à Jean de Cabot, président trésorier, grand voyer de France, général des finances à Montpellier.

De ce mariage naquit, entr'autres enfants, Jean de la Croix, baron de Gaujac, fils de Gaspard et de Jeanne de Piolenc, baronne de Gaujac.

Cette branche était représentée au milieu de XVIII° siècle, par René de la Croix, marié à Isabeau de Pierre des Ports, de la maison du cardinal de Pierre de Bernis.

La famille de la Croix de Castries est actuellement représentée par

René de La Croix, comte de Castries, résidant au château de Gaujac (Gard) qui lui appartient.

Gabriel de la Croix, comte Gabriel de Castries, résidant au château de la Chapelle, par Longueville (Seine-Inférieure.)

Henri de la Croix, comte Henri de Castries, conseiller général de Maine-et-Loire, au château du Chillon, par Lourause-Beconnais (Maine-et-Loire) et Paris.

Augustin de la Croix, comte Augustin de Castries, capitaine de vaisseau. Résidence : Paris.

Robert de la Croix de Castries, chanoine de la cathédrale de Poitiers. Résidence : Poitiers.

François de la Croix, comte François de Castries, capitaine de frégate.

Jacques de la Croix, comte Jacques de Castries.

Charles de la Croix de Castries, missionnaire aux Etats-Unis.

Armes : *d'azur à la croix d'or.*

Devise : *Fidèle à son roi et à l'honneur.*

1675. Jean-Antoine de Piolenc, seigneur de Montaigu, épouse Jeanne de Rodulphe, le 10 juin 1607, et a un fils, Charles, qui devint, du chef de sa mère, seigneur de Gaujac.

Famille de Piolenc.

La maison de Piolenc, en latin de *Podolieno*, est une des plus nobles et des plus anciennes des provinces du Languedoc et de Provence. Elle a pris son nom du château de Piolenc (Vaucluse), depuis le Xe siècle.

Cette maison avait possédé de grands fiefs dans le Languedoc et des domaines considérables dans le terroir de la ville de Pont-Saint-Esprit.

Trois gentilhommes du nom de Piolenc ont signé à l'acte du prix fait de la construction du Pont-Saint-Esprit, en 1267, et leurs armes y sont gravées, ce qui semble indiquer qu'ils en sont les auteurs.

Raimond de Piolenc, seigneur de Saint-Julien et de Saint-Saturnin-du-Port, au diocèse d'Uzès, suivit aux croisades Raymond et Alphonse de Toulouse (d'Hosier, 1. R. 437.)

Raymond de Piolenc, damoiseau, coseigneur de Saint-Julien-de-Peyrolas, en rendit hommage, le 2 mars 1365.

Catherine de Médicis ayant logé, en passant par Aix, dans le château de Beauvoisin appartenant à Raymond de Piolenc, en fit un fief au titre de Beauvoisin que ses descendants possédaient encore en 1734, (Barcillon, manuscrit nobiliaire de Provence.)

Cette famille fut maintenue dans sa noblesse par jugement souverain du 20 mars 1670.

Voici la généalogie :

I. Guillaume de Piolenc, coseigneur de Saint-Julien-de-Peyrolas, épousa en 1503, Claudine de Genas (1) et il en eut : 1° Thomas qui suit ; 2° Jean qui a fait la branche D.

II. Thomas de Piolenc, procureur général au Parlement de Provence, épousa Pierrette de Filholi dont il eut : 1° Raimond, qui suit ; 2° Antoine, 'qui a fait la branche C ; 3° Charles, marié à Françoise de la Gorce.

III. Raymond de Piolenc, seigneur de Cornillon,

_____

(1) Armes de la famille de Genac : *d'argent à un genêt de sinople boutonné d'or ; écartelé de gueules à un aigle d'argent becqué et membré d'or.* (Armorial de Nimes, 44).

Devise : *Content je suis.*

Louis XI, étant Dauphin, avait reçu quelques services de François de Genac, président de la Chambre des comptes de Grenoble.

Au roi qui voulait l'en récompenser en l'appelant à de plus hautes fonctions Génac répondit : « Non, Sire, content je suis. »

Ces derniers mots furent gravés par ordre du roi sur une médaille au milieu de fleurs de lys d'or sans nombre portant sur le revers les armes de Genac offertes au président par Louis XI, en 1478.

Ils ont été adoptés comme devise par la famille.

président au Parlement d'Aix, qui épousa, en 1557, Marguerite de François et il en eut : 1° Jean-Antoine qui suit ; 2° Raymond, qui a fait la branche B ; 3° Louise, mariée à Laurent de Coriolis ; 4° Honorade, mariée à Claude de Gauther, seigneur de Grandbois.

IV. Jean-Antoine de Piolenc, seigneur de Montagut, qui épousa, le 10 juin 1607, Jeanne de Rodulphe et il eut : Charles, seigneur de Gaujac, et François, seigneur de Montagut.

Branche B. — IV. Reynaud de Piolenc épousa Marguerite de Coriolis dont il eut : 1° Honoré qui suit ; 2° Marguerite, mariée à César de Milan, seigneur de Cornillon ; 3° Louise, mariée à Henri de Boisson de la Sale.

V. Honoré de Piolenc, conseiller au Parlement d'Aix, qui épousa, en 1634, Louise de Bernier dont il eut : Joseph, qui suit, et Louise, mariée à Jules de Ricard.

VI. Joseph-François de Piolenc, conseiller au Parlement de Provence, épousa Madeleine de Forbin-Meynier (1) dont il eut : Honoré-Henri qui suit et Marie-Anne qui épousa Alexandre de Roux de Gaubert, premier président du Parlement de Pau.

VII. Honoré-Henri de Piolenc, premier président du Parlement de Grenoble, qui a épousé : 1° Elisabeth d'Etienne de Chausseyron ; 2° Françoise d'Ise de Galéon dont il eut : Honoré, qui suit, et Marie-Thérèse, mariée, le 22 juillet 1733, à Philippe de Neironnet, marquis de Châteauneuf, conseiller au Parlement d'Aix.

VIII Honoré de Piolenc, président à mortier au

---

(1) Devise des Forbin : *Regem ego comitem, me comes regem*. J'ai fait le roi comte, le comte m'a fait roi ; allusion au rôle considérable de Palamède de Forbin dans la cession du comté de Provence et de Forcalquier faite à Louis XI que le nomma gouverneur de Provence et de Dauphiné, avec un autorité presque royale, 1481.

Parlement de Grenoble, en 1759, qui épousa Jeanne des Champs de Chaumont.

Branche C. — III. Antoine de Piolenc épousa, le 30 octobre 1560, Isabeau Blancard dont il eut

IV. Antoine de Piolenc, qui épousa, le 9 août 1613, Madeleine Jouanaire.

Branche D. — II. Jean de Piolenc, capitaine au régiment de la Roche, fut père de

III. Antoine de Piolenc, qui épousa Claudie de Mezerat et il en eut : 1° André, qui suit ; 2° Antoine, qui a fait la branche E.

IV. André de Piolenc épousa, le 24 janvier 1525, Victoire de Gévaudan, et il en eut :

V. Antoine de Piolenc qui épousa, le 3 août 1631, Marie d'Henrici.

Branche E. IV. Antoine de Piolenc, capitaine au régiment de Normandie, épousa, le 22 janvier 1607, Anne de Gibert dont il eut

V. Marcel de Piolenc, capitaine au même régiment, qui épousa, le 24 juin 1639, Gabrielle d'Oize dont il eut

VI. François de Piolenc, capitaine au régiment de Normandie, seigneur de Serviers et de Lamothe, qui épousa, le 12 février 1715, Thérèse Chapuis de Corgenon (du pays des Dombes) dont il eut

VII. Marcel-François de Piolenc, né le 17 mars 1717, lieutenant-colonel au régiment de Beauce, qui épousa, le 25 octobre 1763, Jeanne de Restaurand, veuve de noble Joseph de Prat dont il eut

VIII. Jean-Joseph-Marcel, marquis de Piolenc, né le 12 septembre 1764, à Pont-Saint-Esprit, décédé en décembre 1847. Il prit part à l'Assemblée de la noblesse tenue à Nimes en 1789 et épousa, en 1800, Louise de Virieu, morte en septembre 1865.

IX. Joseph-Marie-Alexandre, marquis de Piolenc, né en 1801, mort à Paris, ancien officier aux grenadiers à cheval de la Garde royale, en janvier 1857. Il avait épousé, en 1832, Adrienne de Morgan, morte à Belloz-sur-Somme en octobre 1877, fille du baron, ancien maire d'Amiens et député de la Somme sous la Restauration,

et de Pauline de Bellois dont il eut : 1° Joseph-Marcel,
qui suit ; 2° Ludovic, né le 12 janvier 1837, marié :
1° le 28 mai 1868, à Marie-Jeanne des Roys, décédée le
2 juillet 1870 ; 2° le 7 juillet 1873, à Ebba de Sparre
dont : (a) Henri, né le 21 octobre 1874, marié, le
19 août 1905, à Iolande de Moy ; (b) Louise, mariée, le
30 août 1899, à François, vicomte du Jeu, décédée le
1er octobre 1902 ; (c) Raymond, né le 31 août 1882 ;
3° Eugénie, mariée en mai 1854, à Edouard, comte de
Laurencin-Beaufort.

X. Joseph-Marcel, marquis de Piolenc, né le 13 janvier 1834, ancien officier d'infanterie, officier de la
Légion d'honneur, marié, le 4 juillet 1864, à Jacqueline
de Gaigneron de Marolles, décédée le 20 mars 1881, sœur
du comte, ancien page des roi Louis XVIII et Charles X,
ancien officier de cavalerie.

De ce mariage : 1° Marc, né le 28 mars 1869, marié le
15 janvier 1900 à Jeanne de Pavin de Lafarge ; 2° Camille,
né le 4 mai 1874, et 3° Eugénie, décédée le 22 août 1897.

Armes : *de gueules à six épis de blé d'or posés
3, 2 et 1, la bordure égrenée de même.* (Armorial
du Languedoc, par de la Roche, 1. 401.)

Couronne de marquis.

Cimier : *un phénix d'or sur son bûcher enflammé
de gueules.*

Devise : *Campi tui replebuntur ubertate.*

A
Famille de Rochechouart-Mortemart.

Tous les historiens et les généalogistes reconnaissent
pour premier auteur de la maison de Rochechouart,
Aimeri Ier, surnommé Ostofrancus V, fils de Gérard,
vicomte de Limoges, en 963, et de Rothilde de Brosse.

Aimeri ayant été apanagé de la ville et vicomté de
Rochechouart, le nom de ce fief passa à sa descendance.

Il est qualifié prince d'Aquitaine dans une charte de
l'an 1018. Il fut le bisaïeul d'Aimeri IV, vicomte de
Rochechouart, qui figura parmi les chevaliers de la

première croisade en 1096, et dont les armes sont repré‑
sentées au musée de Versailles n° 37

La maison de Rochechouart s'est successivement divi‑
sée en plusieurs branches dont les principales étaient :
1° les vicomtes de Rochechouart dont la dernière héri‑
tière, épousa, le 21 août 1470, Jean de Ponteville, vicomte
de Brenlhez ; 2° les comtes de Rochechouart Faudoas,
dont le dernier descendant mâle fut député par la
noblesse de Paris aux Etats-Généraux de 1789, et 2° les
seigneurs, puis ducs de Mortemart. Cette branche a
reçu en apanage les terres de Salagnac et de Mor‑
temart.

Elle a donné un maréchal de France, trois généraux
et des chevaliers de l'ordre du Saint-Esprit.

La duchesse douairière d'Uzès descend de cette noble
et ancienne famille.

B
Famille de Mac-Mahon.

Originaire de l'Irlande, elle s'est établie en France au
milieu du siècle dernier.

Illustrations : plusieurs officiers supérieurs, un savant
distingué dans les sciences médicales.

Titres et créations : Charles de Mac-Mahon, pair de
France, 5 novembre 1827 ; Maurice de Mac-Mahon, séna‑
teur, 24 juin 1856, duc et Maréchal de France, 6 juin 1859,
Président de la République.

Son fils, Emmanuel, né en novembre 1859, comman‑
dant de chasseurs à pied, a épousé une princesse
d'Orléans.

Armes : *d'argent à trois lions léopardés de gueules
contournées l'une sur l'autre, armés et lampassés
d'azur au chef ducal : de gueules semées d'étoiles
d'argent.*

Devise : *Sic nos sic sacra tuemur.*

(Nous défendons la religion comme nous-mêmes.)

GOUDARGUES

CANTON DE PONT-SAINT-ESPRIT

———✦———

Armoiries : *d'argent à un pal losangé d'argent et de gueules.*

815. *Gardonicus* (Histoire de France, Diplôme de Louis-le-Débonnaire.)

1384. *Gardonicæ* (Dénombr. de la Sénéchaussée.) — 1550. Godargues. — (Arch. dép., c. 1325). — 1620. Goudargues (Ménard, 1. VII, p. 653)

1263, 7 octobre. Reynaud et Pierre de Cola et Guigou de Montclus font hommage de cette seigneurie à Mre Richard, évêque d'Uzés. (Arch. duc.)

1548, 11 décembre. Noble François Pellegrin, seigneur de la Bastide, rend hommage de la seigneurie de Goudargues à Mre de Saint-Gelais, évêque d'Uzès. (Bastide, notaire.)

Famille de Pellegrin.

I. François de Pellegrin, épousa, en 1523, Jeanne de Maubuisson, dame de la Bastide, dont il eut

II. Jean de Pellegrin, seigneur de la Bastide, qui épousa, le 10 septembre 1577, Gabrielle de Saint-Bonnet de Toiras dont il eut

III. Jean de Pellegrin, seigneur de la Bastide et Goudargues, marié, le 9 juillet 1596, à Marie Auger dont il eut

IV. Pierre de Pellegrin, seigneur de la Bastide, maintenu dans sa noblesse par jugement souverain du 4 janvier 1668, qui épousa, le 25 juillet 1624, Lucrèce Torest dont il eut

V. Alexandre de Pellegrin, qui épousa, le 26 août 1632,

Jeanne de la Bastide dont il eut : Louis. (Arm. du Lang. tome 1, p. 392.)

1570. Le duc d'Uzès achète la juridiction totale haute, moyenne et basse justice de Goudargues au prieur de Goudargues. (Arch. duc. Registre d'Uzès nᵒˢ 826 et 863.)

1606, 6 janvier. Hommage à Mʳᵉ Louis de Vigne, évêque d'Uzès, par noble Charles d'Audibert de Lussan, seigneur de Valron, fils de Gabriel, capitaine de chevau-légers, et de Gabrielle de Budos, sœur du marquis des Portes, dont la fille, Louise, épousa, le 19 mars 1593, Henri, duc de Montmorency. (Voir fief Lussan).

Charles d'Audibert de Lussan, pour sauvegarder la foi de ses aïeux, fait arrêter en 1680 un ministre pro-testant, Arnaud, qui, malgré les édits royaux, était venu prêcher l'erreur à Goudargues. (Comité de l'art chrétien, t. 111. p. 102.)

1703. Les Camisards font irruption à Goudargues. Ils saignent au cou six enfants et abandonnent leurs corps innocents dans le bois de la forêt. *(Idem,* t. 111, p. 114.)

1704. Jean-Baptiste de Blain de Marcel du Port était seigneur de Goudargues. (Guiraud, notaire à Uzès. Etude Moulin.)

1736, 13 décembre. Le duc d'Uzès inféode la terre de Goudargues à Mʳᵉ François-René-Charles de la Tour de la Charce, marquis de Montauban, sous l'albergue d'un faucon chaponné. (Arch. duc. Mᵉ Galofre, notaire.)

Le marquis se trouve seul seigneur de ce fief. (Voir fief Bouquet.)

1773, 14 janvier. Il le vend à Mʳᵉ Louis-Alexandre de Juges, chevalier, baron de Cadoène, tout en conservant au duc d'Uzès l'albergue d'un faucon chaponné à chaque fête de Saint-Michel (Blanchard, notaire à la Roque.)

Armes de Juges de Cadoène : *D'azur à l'olivier d'argent aux racures d'or accosté d'un croissant et d'une étoile de même.* (Arm. du Languedoc, 1. p. 268.)

17

1781. Louis-Alexandre de Juges, baron de Cadoène, fait héritier de la seigneurie de Goudargues très haute et puissante dame, Marianne de Juges, veuve de très haut et très puissant seigneur François de Cadolle.

Famille de Cadolle.

Elle est appelée de *Cadolla* dans les actes latins et de Cadoule dans le langage vulgaire, mais son véritable nom est de Cadolle, tiré du château de Cadolle situé dans le canton de Salvetat, province de Rouergue.

Elle s'établit de bonne heure en Languedoc, où sa postérité subsiste encore aux environs de Lunel.

Elle a été maintenue dans sa noblesse de race par jugement de Monseigneur de Bezons, à Montpellier, le 12 novembre 1668, avec les armes suivantes ainsi orthographiées : « *de Gueules à un Croissant d'argent Renversé Accompagné En pointe d'une Estoille d'or dans un Escu à la Romaine, honoré d'Un casque d'argent et de front aux Grilles d'or, son Bourlet chargé pour Cimier d'un Lyon d'or naissant Armé et Lampassé de Mesme supporté par deux Lyons d'or Rempants armés et Lampassés de Mesme.* »

Cette famille, d'ancienne chevalerie, originaire de Rouergue, possédait au XII° siècle plusieurs terres considérables, entr'autres Malleville et Roumégour, puis par divers mariages, elle a été mise en possession de la coseigneurie de Lunel en paréage avec le roi, au XIV° siècle, du fief de Tasques en 1505, des seigneuries de Durfort, Fressac, Saint-Martin-de-Sossenac, Saint-Félix-de-Pallières et autres en 1737 et du marquisat et de la baronnie de Montclus en 1715.

Voici le résumé de la longue généalogie de cette famille qui a formé plusieurs branches.

I. L'auteur connu est Pierre de Cadolle, qui fut témoin dans une sentence arbitrale au mois d'août 1161, sur un différend entre l'abbesse du monastère de Saint-Géniès et Alarois de Barrrières, épouse de Bonnafous. Il laissa

II. Imbert de Cadolle, seigneur de Malleville, officier distingué de l'armée du comte de Toulouse, qui fut témoin dans un accord passé le 1er octobre 1180 entre le comte de Toulouse et l'abbé d'Aurillac, au camp de Capdenac. (Hist. du ch. de Toulouse, t. 5, n° 11). Il laissa

III. Giraud de Cadolle, qui fut un des principaux officiers attachés à la personne de Raymond, fils du comte de Toulouse ; il fut témoin dans un acte de concession d'une justice de la terre de Brissac faite par ledit Raymond à Raymond de Roquefeuil, en janvier 1216. Il eut pour fils

IV. Raymond I de Cadolle, chevalier, père de

V. Bertrand I de Cadolle, époux de Guillemette d'Ozile de Sauvagnargues dont il eut : Guibert, qui a fait la branche B ; Jacques qui a fait la branche C.

Branche C. — VI. Jacques de Cadolle, père de

VII. Gérard, coseigneur de Monestier. Il eut pour fils

VIII. Gilbert de Cadolle, seigneur de Curvalle.

C'est ici que commence l'époque des preuves de la filiation que le désordre des temps a respectées.

Branche B. — VII. Gilbert de Cadolle s'établit à Lunel. Il épousa, le 21 mai 1280, Marguerite de Langlade dont il eut

VII. Guillaume I de Cadolle, élu syndic des nobles de Lunel. Il épousa, le 13 décembre 1330, Anne de Vic dont il eut

VIII. Bertrand II de Cadolle, qui épousa, le 8 février 1339, Bertrandine de Cazaulx, dont il eut

IX. Jean de Cadolle, qui épousa, le 25 juin 1369, demoiselle de Flocard dont il eut : 1° Raymond III, marié à Hermesinde de Pélegrin ; 2° François, qui a fait la branche D, qui suit ; 3° Raymond, mariée à noble Bérenger de Toulq, seigneur de Posquières ; 4° Hélis, épouse de Bernard de Raymond, coseigneur de Brignon.

Branche D. — X. François I de Cadolle épousa, le 15 janvier 1410, Luce de Montredon, qui lui apporta la seigneurie de la partie de Lunel appelée *Campuau*.

De ce mariage il eut

XI. Antoine de Cadolle, qui, le 12 janvier 1440, épousa Marguerite d'Andelle, dont il eut

XII. Guillaume II de Cadolle, qui épousa, le 2 mai 1467, Louise du Puy dont il eut Françoise, mariée à noble Guyon de Pont et

XIII. Charles I de Cadolle, officier dans l'armée de François Ier, marié à : 1° Catherine de Barjac, qui laissa à son mari les seigneuries de Vacquières et de Tresques, et 2° Isabeau de Mourgue dont il eut : 1° François, qui suit ; 2° Antoine, qui a fait branche E.

XIV. François II de Cadolle, officier comme son père, dans l'armée de François Ier, épousa Marguerite de la Fare dont il eut

XV. Fulcrand de Cadolle, tué au service du roi le 19 décembre 1562. Il avait épousé Catherine de Barjac.

Branche E — XIV. Antoine II de Cadolle, époux de Jeanne de Sandres dont il eut Marthe, mariée à Antoine de la Rivoyre, garde pour le roi aux salins de Peccais, et Jacques, qui a fait la branche F.

Branche F. — XV. Jacques de Cadolle, capitaine d'infanterie, épousa, le 12 février 1589, Tiphène de Torrillon dont il eut : 1° Charles II, qui suit , 2° Claudine, mariée à François de Sandres ; 3° Marguerite, mariée à Charles d'Amalry (1) ; 4° Anne, mariée à Philippe d'Hérail ; 5° Françoise, mariée à M. de Froment.

XVI. Charles II de Cadolle, capitaine d'infanterie au régiment de Gondin, qui épousa, le 23 août 1620, Marguerite de Varanda dont il eut : 1° Charles III, qui suit ; 2° Marc-Antoine, qui a formé la branche G, dite des marquis de Montclus ; 3° François, qui a formé la branche H ; 4° Violande, mariée à François de Brun,

(1) Armes de la famille d'Amalry : *Ecartelé au 1 d'azur au lion d'or, au 2 d'or à trois soucis de sinople, au 3 d'azur à trois fasces d'argent, au 4 d'argent au coup de sable.*

seigneur de l'Estève et de Saint-Martin, au diocèse d'Uzès, le 5 juin 1652 (voir fief Domessargues.)

XVII. Charles III de Cadolle, capitaine d'infanterie au régiment de Montpezat, qui épousa, le 14 juillet 1653, Marguerite de Bornier, (voir Castelnau) dont il eut

Branche I. — XVIII. Jean-Louis de Cadolle, chevalier de Saint-Louis, capitaine de grenadiers au régiment de Lionne, épousa, le 22 janvier 1712, Françoise de Solas dont il eut : 1º Charles-François, qui suit ; 2º Marie, mariée : à Jacques de Rieutord ; à Jean de Ruble, et à Victor, comte de Beaujeu ; 3º Etienne, lieutenant-colonel du régiment de Lastic, tué au siège de Cassel, en 1760.

XIX. Charles-François, marquis de Cadolle, capitaine d'infanterie, chevalier de Saint-Louis, qui épousa, le 25 février 1737, Bernardine de Lamusnière de Lamonie de Liméry dont il eut Jacquette, épouse de Bernard de Boysson, chevalier, avocat général de la Cour des aides de Montauban, et

XX. Charles-Joseph, comte de Cadolle, marquis de Durfort, lieutenant des maréchaux de France à Lunel, député suppléant aux Etats-Généraux du Languedoc, qui vit son château de Durfort pillé et incendié en 1794 et lui-même emprisonné comme suspect. Il mourut à Bagnols-les-Bains, en 1807.

Il avait épousé, le 29 octobre 1769, Pauline de Castellane (1) dont il eut

1º Jean-Baptiste, qui suit ; 2º Marie, mariée au marquis de Saillan ; 3º Bernard, qui a fait la branche K ; 4º Clémentine, épouse de Simon de Verdelhan des Malles.

XXI. Jean-Baptiste, comte de Cadolle, marquis de Dur fort, sous-lieutenant d'infanterie, épousa, le 2 mai 1805, Charlotte de Tressemanes dont il eut Charles, qui suit, et Raymond, auteur de la branche L. (Voir lettre A ci-dessous.)

(1) Devise des Castellane : *May d'honnour que d'honnours.*

XXII. Charles, comte de Cadolle et marquis de Durfort, lieutenant d'infanterie, le 27 octobre 1824, qui épousa,
en 1828, Jeanne de Malzac de Sengla dont il eut :
1° Adélaïde, mariée en 1852, à Amédée Granier ; 2° Caroline, mariée en 1852 à Félix de Tessan, et 3° Anne,
mariée à François de Girard.

Branche L. — XXII. Raymond, comte de Cadolle,
marquis de Durfort, épousa, le 2 août 1823, Claire Cola-
vier dont il eut deux enfants, Joséphine et Charles.

Branche C de la maison de Cadolle, dite des marquis
de Montclus.

XVII. Marc-Antoine, lieutenant-colonel au régiment
de Ponthieu, épousa, le 14 août 1656, Charlotte de
Couvers dont il eut

XVIII. Jean-Francois de Cadolle, capitaine d'infan-
terie, gouverneur de Lunel, qui épousa : 1° sa cousine,
Catherine de Cadolle, et 2° le 12 février 1715, Marie de
Vivet dont il eut

XIX. François de Cadolle, marquis de Montclus, qui
épousa, le 14 novembre 1735, Anne de Juges de Cadoène,
dont il eut Marie-Anne, qui épousa, le 9 mars 1767, le
marquis de Vogué.

Branche H. — XVII. François de Cadolle, seigneur
de Campnau, chevalier de Saint-Louis, capitaine au
régiment de Champagne, épousa : 1° le 9 septembre 1682,
Marie de Prisié de la Foulquette, et 2° Violante de
Berger.

Branche K de la maison de Cadolle dite de Calvisson.

XXI. Paulin, comte de Cadolle, lieutenant-colonel
au régiment de Limousin, émigra, le 14 mars 1792 et
combattit dans l'armée des princes, chevalier du Lys et
de Saint-Louis, acheta le château de Bosc, dans le canton
de Lunel.

Il a laissé des mémoires intitulés : *Souvenirs de
dix ans de 1792 à 1801.*

Il épousa, le 1er frimaire an XII de la République,
Agathe de Murat de Nogaret de Calvisson dont il eut

XXII. Joseph, comte de Cadolle, marquis de Durfort,

chevalier du Lys, le 8 juillet 1814, décoré de la croix *Pro Ecclesia et Pontifice,* par Léon XIII, le 26 octobre 1888.

Il épousa : 1° le 9 novembre 1859, Marie de Grasset et 2° le 14 octobre 1854, Cécile de Boussairolles dont il eut :

1° Charles, qui suit ; 2° Marie, née le 1ᵉʳ octobre 1859, mariée, le 18 avril 1885, au comte de Saporta, fils du marquis, membre correspondant de l'Institut de France et de Gabrielle de Subbio.

XXIII. Charles, né le 1ᵉʳ octobre 1875, comte de Cadolle, marquis de Durfort, entra à l'École spéciale de Saint-Cyr, le 27 octobre 1875 et devint capitaine adjudant-major, le 25 janvier 1890, au 122ᵉ régiment d'infanterie. Il donna sa démission d'officier de l'armée active et fut promu chef de bataillon de l'armée territoriale (Service d'Etat-major) par décret du 6 mars 1898, et en 1903 il donna sa démission.

Il avait fait trois compagnes en Algérie, du 23 avril 1881 au 2 juin 1883.

Il épousa, par contrat du 1ᵉʳ juin 1885, reçu Mᵉ Bort, notaire à Montpellier, Mademoiselle Agate de Fleurieu, fille de Lévis et de dame Thérèse de Torton.

De ce mariage, il eut un fils, Imbert, décédé l'année même de sa naissance, en 1889.

Devenu veuf, le 3 mars 1889, le marquis Charles de Cadolle épousa, par contrat du 20 juin 1892, acte reçu Bonfils, notaire à Montpellier, Mademoiselle Marguerite de Ginestous, fille de Gérard, vicomte de Ginestous, baron de la Liquisse. et de dame Edwige de Robert d'Aqueria de Rochegude.

De ce mariage sont nés : 1° François de Cadolle, né au château de Bosc, le 14 août 1893 ; 2° Hedwige, née à Montpellier, le 18 juin 1895 ; 3° Charles, né au château de Bosc, le 13 juin 1897 ; 4° Raymonde, née à Montpellier, le 1ᵉʳ février 1900, morte le 3 mai de la même année ; 5° Françoise, née au château d'Annay, le 27 juin 1901.

En l'an 1906, les membres vivants de la maison de Cadolle sont :

1º Charles, comte de Cadolle, marquis de Durfort, qui réside avec Marguerite de Ginestous, son épouse, et ses quatre enfants : François, Hedwige, Charles et Françoise de Cadolle, au château de Bosc, commune de Mudoison, canton de Mauguio, arrondissement de Montpellier ;

2º Marie de Cadolle, qui réside avec Antoine, comte de Saporta, son époux, et ses cinq enfants : Jean, Joseph, Henry, Cécile et René de Saporta, à Montpellier ;

3º Maddeleine de Cadolle, qui réside, avec Charles de Saint-André, son époux, et ses six enfants : Charles, Cécile, François, Paul, Yvonne et Georges de Saint-André, à Montpellier.

A
Famille de Tressemanes.

Charlotte de Tressemanes, qui avait épousé en 1805, le marquis de Cadolle, appartenait à une très ancienne et noble famille, dont voici la généalogie :

I. Jean I de Tressemanes, consul d'Aix en 1386. (Voir livre rouge d'Aix, folio 28) fut secrétaire de Louis II, roi de Sicile et comte de Provence, et se trouva avec plusieurs gentilshommes à l'assemblée convoquée en 1394, à Tarascon où Raymond, vicomte de Turenne, fut déclaré criminel de lèse-majesté pour avoir porté les armes contre ce prince.

Il mourut en 1400, laissant de sa femme, Belette de Tressemanes

II. Antoine de Tressemanes, syndic d'Aix, secrétaire du roi, qui épousa Catherine d'Esclapon dont il eut

III. Pierre I de Tressemanes-Brunet, qui épousa Marie de Bras, dont il eut Honoré, chevalier de Malte, et

IV. Pierre II, qui épousa, en 1431, Madeleine de Bérengèr, fille de Geofroy et d'Iolande de la Croix dont il eut

V. Poncet de Tressemanes qui épousa, en 1497, Delphine de Puget dont il eut

VI. Raymond de Tressemanes, conseiller en 1569, au Parlement d'Aix, qui épousa, en 1566, Anne Doria de

Marseille, dont il eut : 1° Astier, qui suit ; 2° Vincent, chevalier de Malte ; 3° Morian, commandeur de Renneville, et Jean-Baptiste, conseiller au Parlement d'Aix.

VII. Arthur de Tressemanes, qui épousa, en 1605, Catherine de Rolland dont il eut : 1° Jean, qui suit ; 2° François, chevalier de Rhodes ; 3° Charles, auteur de la branche des Chastenet ; 4° Alexandre, mariée à Honoré de Rasias, seigneur de Canet, conseiller au Parlement d'Aix.

VIII. Jean II de Tressemanes, conseiller à la Cour des comptes, 1629, qui épousa Anne de Forbin dont il eut : Suzanne, mariée à Pierre de Lombard, président de la Cour des comptes, et

IX. André de Tressemanes, qui épousa, en 1670, Françoise de Suffren dont il eut : 1° Gaspard, qui suit ; 2° Jean, procureur général du commun trésor de l'ordre de Malte; 3° Charles, officier au régiment royal comtois ; 4° André, capitaine, marié à Thérèse d'Adaoust ; 5° Anne, mariée à Jean-Baptiste de Paul de Lamanon ; 6° Françoise, épouse de Joseph des Martins de Puylonbier, capitaine au régiment de Nice.

X. Gaspard de Tressemanes, qui épousa, en 1705, Madeleine de Berlier de Draguignan dont il eut : 1° Jean-Baptiste, qui suit ; 2° Charles, capitaine de vaisseau, chevalier de Malte ; 3° Gaspard, évêque de Claudevis, et trois filles, Mmes Granier de Saint-Antoine, Granier de Pontevin et d'Ollières.

XI. Jean-Baptiste de Tressemanes, marquis de Brunet, qui épousa, en 1737, Thérèse de Barque de Laval dont il eut

XII. Jean III de Tressemanes, marquis de Brunet, capitaine de vaisseau du roi, chevalier de Saint-Louis et de Cincinnatus, qui épousa, le 29 décembre 1765, sa cousine, Elisabeth de Tressemanes-Chasteuil dont il eut : 1° Louis-Raimond, qui suit ; 2° Charlotte, mariée au, marquis de Castolle ; 3° Charles, colonel de cavalerie, sans postérité.

XIII. Louis-Raimond de Tressemanes, marquis de Brunet, chevalier non profès de l'Ordre de Malte lieutenant au régiment de l'île-de-France, fit, en 1791, la campagne d'Amérique, obtint en 1794, le brevet de lieutenant-colonel au service de l'Ordre de Malte. Il épousa, le 7 août 1803, Pauline d'Ainezy, fille de François, marquis de Montperat, et de Roselme de Villeneuve-Bargemont et il en eut Marie, mariée à Xavier de Ravel, baron d'Esclapon, et

XIV. Jean III, Paul de Tressemanes, marquis de Brunet et de Simiane par l'adoption de sa tante, veuve du marquis de Simiane. Il épousa, en 1840, Laure de Grolée, et en 1844 Pauline de Magallon, dont il eut : 1° Adrien, qui suit ; 2° Marie, mariée à Gabriel de Saboulin-Bolena ; 3° Pauline, mariée à Gabriel de Montigny; 4° Andréa, mariée à Paulin de Leidet, dont Aimé-Julien, Louis-Gaspard-Ernest, Marthe-Gabrielle.

XV. Adrien de Tressemanes, marquis de Brunet et de Simiane, marié à Marie de Gaudin, dont Jean, François et André.

Armes : *Parti d'argent à une fasce d'azur chargé de trois étoiles d'or accompagnée de trois roses de gueules, posées deux et un, à une bordure de gueules semée de huit besans d'or qui est Tressemanes Brunet et parti d'or semé de tours et de fleurs de lis d'azur qui est Simiane.*

Couronne de Marquis.

Supports : un lion et un ange.

Devise : *Sustentant lilia turres.* (Voir Artefeuil).

Mme Guillaume Guizot, veuve du fils de l'homme d'état bien connu, est propriétaire du château de Goudargues.

LAUDUN

CANTON DE BAGNOLS

Armoiries : *de sable à une bande losangée d'argent et de sinople.*

Les Romains, quand ils vinrent dans notre pays, trouvèrent quelques habitants à Laudun.

Le plateau qui surplombe et qui a reçu le nom de Camp de César, a dû au voisinage du Rhône une importance exceptionnelle.

Aussi a-t-il été habité de bonne heure et il offre beaucoup de souvenirs de l'époque préhistorique et de l'époque romaine. (Etude historique, par Labaude, p. 140).

1088. *Laudunum* (Histoire du Languedoc, 11, p, cot. 325).

1121. *Castrum de Laudinom.* (Gall. Christ., t. VI, p. 304).

C'était un ancien *vicus* gallo-romain.

1211. Philippe-Auguste donne le fief de Laudun aux évêques d'Uzès.

1349. Guillaume de Laudun, né au château de ce fief embrasse dans sa jeunesse l'institut des frères Prêcheurs puis il est élu archevêque de Vienne en 1320.

Le pape, Jean XXII, le nomme en 1327 à l'archevêché de Toulouse.

L'archevêque se démet de sa charge en 1345 et se retire dans le couvent de son ordre, où il meurt avancé en âge.

Il avait fondé en 1352, quatre chapelles dans l'église

du château de Laudun qu'il avait fait bâtir (*Histoire du Lang.*, t. 7, p. 173).

Sa famille, depuis longtemps alliée à celle de Toulouse, avait la baronnie de Laudun.

1437. François de Laudun, échanson du Dauphin, devenu plus tard Louis XI, reçoit le roi de France.

Charles VII, dans son château de Laudun (*Histoire du Languedoc*, t 8, p. 57).

On trouve plusieurs hommages rendus par Raymond, Christophe, François, Albaron, Hugues et Clémence de Laudun en 1352, 1399, 1448, 1533. (Bibl. nat., manuscrit Long, III, 106).

Les armes de la maison de Laudun sont encore gra_vées sur le tympan de l'église : *d'azur au sautoir d'or et un cambel de gueules en chef.*

1577. La baronnie de Laudun passe dans l'illustre maison de Joyeuse, par le mariage du vicomte Paul de Joyeuse, avec l'héritière de la branche aînée de la maison de Laudun, (P. Anselme, III, 810).

En 1666, 15 juin, Etienne de Laudun de la branche collatérale, épousa Marie de la Roque Clausonne. (Arm. de la noblesse du Languedoc par la Roque, t. 1, p. 317}.

LAVAL-SAINT-ROMAN

CANTON DE PONT-SAINT-ESPRIT

———◆———

Le nom de Saint-Roman a été ajouté à Laval pour le distinguer d'un autre Laval situé dans le canton de la Grand'Combe. (Dic. Germer-Durand).

Saint-Roman est un vieux château dont les débris se voient encore sur le territoire de cette commune qui était au XIVᵉ siècle une commanderie des Templiers. Il ne reste qu'une belle ruine de la chapelle, dont le chœur subsiste encore, ainsi qu'une partie du mur. On est sur le point de restaurer cette chapelle. où la dévotion du peuple vient prier pour les enfants rachitiques. (Dic. Goiffon).

Le seul seigneur connu de cette commune est noble Graffand de Laval, qui joua un certain rôle durant les guerres de religion.

Ainsi pendant la première guerre dite de Rohan, le roi en vue de la paix avait autorisé des négociations entre le connétable de Lesdiguières et le duc de Rohan.

Il fut convenu entre ces deux personnages que l'entrevue aurait lieu à Laval, village voisin de Pont-Saint-Esprit, au château de Graffand de Laval.

Le dîner avait été plantureux.

Le duc de Rohan et le connétable étaient accompagnés de plusieurs gentilshommes.

En prenant congé de son hôte, le connétable remercia ainsi : « Adieu Laval et ton demi-repas ». — Monseigneur, répondit Mʳᵉ de Laval, daignerait-il me dire ce qui manquait à mon repas. — « Parbleu, du feu ». En effet, la cheminée n'avait pas vu flamber le moindre sarment,

Le dernier descendant de ce Graffand de Laval, du XVIIIe siècle, grand chasseur et maire de sa commune avait aussi profité de la leçon; il ne donnait pas un dîner, sans qu'il y eut du feu, même en été. *(Histoire de la ville d'Uzès*, p. 161). Il avait épousé une demoiselle de Chansiergues du Bord.

La famille de Chansiergues établie depuis plus de trois siècles en Languedoc et en Dauphiné a toujours été comprise dans la classe de la noblesse. Elle a d'ailleurs été maintenue dans sa noblesse (de race et liguée) par un arrêt de la Cour des comptes, aides et finances de Montpellier, du 4 avril et 3 juin 1775.

Le nom de cette famille était anciennement Saint-Cirque, puis Sancierges et par altération Chanciergues.

Elle a formé deux branches principales :

1° L'aînée, dite actuellement Chanciergues-Ornano, titrée comte par décret de S. A. R. le duc de Parme du 24 août 1728, en faveur de Joseph de Chansiergues. colonel des troupes de la place de Guastalla, qui descendait d'Antoine de Chansiergues, son aïeul, époux de Marie-Colona d'Ornano.

Ce titre de comte accordé à Joseph de Chanciergues était reversible après lui à son neveu, qui a continué la descendance.

2° La branche cadette, dite Chansiergues du Bord, titrée de baron du Bord, éteinte en la personne d'Edouard, décédé le 8 juin 1882.

La filiation authentique de cette famille remonte à

I. François de Chansiergues, demeurant à Rochemaure, diocèse d'Uzès, qualifié noble, qui fut père de

II. Pierre de Chansiergues, époux de Marie Dulcis en 1497, dont il eut

III. Claude de Chansiergues, épousa Catherine Dumas de Loustre, dont il eut : 1° Guillaume, qui suit ; 2° Gaspard, qui fut père de François. capitaine à Pont-Saint-Esprit, vivant en 1585 et qui signala un complot tramé par les ennemis du roi.

IV. Guillaume de Chansiergues, demeurant à Pont-Saint-Esprit, qui épousa : 1° le 28 décembre 1587, Isabeau de Nardin ; 2° le 15 septembre 1614, Magdeleine de Cabiac. Il eut du premier mariage : 1° Antoine, qui suit, auteur de la branche d'Ornano ; 2° Catherine, mariée, le 15 juillet 1627, à Antoine de Piolenc, et du second, Pierre, qui a fait la branche des Chansiergues du Bord.

Branche des Chansiergues d'Ornano. — V. Antoine de Chansiergues épousa, le 14 février 1623, Marie Colonna d'Ornano dont il eut : 1° Isabeau, mariée, le 24 janvier 1639, à Scipion de Magnin, seigneur de Valérian ; 2° François, fondateur du séminaire de la Providence, mort en odeur de sainteté, et

VI. Pierre de Chansiergues, capitaine au régiment de Provence en 1691, qui avait épousé le 7 octobre 1677, Suzanne de Broche, dont il eut Magdeleine, mariée à Emeri de Pons, lieutenant-colonel au service du pape, régiment de Médicis, et

VII. Antoine-Joseph de Chansiergues, qui épousa, le 19 janvier 1764, Marie de Renoyer, dont il eut : 1° Michel-Ignace, qui suit ; 2° Joseph-Benoit, créé comte par le duc de Parme, le 24 août 1728, et devenu colonel-major de la place de Guastalla.

VIII. Michel-Ignace de Chansiergues, viguier royal à Pont-Saint-Esprit en 1760, qui épousa, le 25 novembre 1734, à Montpellier, Anne David, dont il eut

IX. Benoit de Chansiergues, cepitaine de cavalerie et écuyer de S. A. R. le duc de Parme. Il épousa à Parme, le 14 août 1770, la comtesse Hélène de Rados, dont il eut : 1° Ignace, qui suit ; 2° Louis-Antoine, marié à Venise à Anne Baccanello ; 3° Ferdinand, capitaine aux gardes de Marie-Louise, duchesse de Parme.

X. Ignace-Louis, comte de Chansiergues, officier dans les gardes du corps du duc de Parme, qui épousa, le 13 floréal an XIII, au Vigan, Agathe d'Albignac (1) dont il eut

---

(1) La famille d'Albignac est établie au diocèse d'Uzès depuis 1204. Elle semble tirer son nom du château d'Albignac, en Vivarais, relevant de l'ancienne baronnie d'Aps.

Pons d'Albignac, damoiseau, rendit hommage, le 26 février

XI. Paulin, comte de Chansiergues, qui épousa, le
10 Mai 1851, Augustine de Baroncelli-Javon, demeurant
17, Place Crillon, à Avignon, dont il eut : 1° Albert, qui
suit ; 2° Alix ; 3° Valentine.

XII. Albert-Jules, comte de Chansiergues-Ornano, chevalier du Saint-Sépulcre, né à Avignon, le 17 septembre 1855, marié, le 10 mars 1885, à Julia Lacroix de
Tramayes (Saône-et-Loire) dont il a eu

XIII. Paulin-Albert, né le 20 janvier 1886 ; Henry,
Amaury, né le 6 mars 1896.

Résidence : Château du Vernay, à Reyssouse, par
Pont-de-Vaux (Ain), et en son hôtel, 17, rue Saint-
Etienne, à Avignon.

La devise de la famille d'Ornano est : *Deo favente
comes Corsiæ.*

Par la grâce de Dieu, comte de la Corse, (Allusion à
l'ancienne souveraineté de cette famille sur l'île de
Corse).

Branche des Chansiergues du Bord. — V. Pierre de
Chansiergues, écuyer, épousa, le 20 février 1638, Isabeau
de Reboul dont il eut

VI. Guillaume de Chansiergues, seigneur du Bord en
Dauphiné, qui épousa, le 27 janvier 1679, Marguerite
de Piolenc dont il eut : 1° Antoine, qui suit ; 2° Louis,
seigneur de la Martine, mort capitaine au régiment de
Langue loc, chevalier de Saint-Louis, marié, le 27 décembre 1714, à Marie Thibe.

VII. Antoine de Chansiergues, seigneur du Bord,
capitaine au régiment de Limousin en 1695, qui épousa,
le 28 octobre 1707, Marguerite de Brignon dont il eut :
1° Guillaume, capitaine au régiment de Condé, chevalier de Saint-Louis, tué à l'affaire du Col de l'Assiette,

1318, à Géraud d'Adhémar, seigneur d'Aps. (Pethon, cart. III
368).

Armes : *Ecartelé au 1 et 4 d'azur à trois pommes de pin d'or,
au chef de même, au 2 et 3 de gueules, un lion d'or.*

passage entre Briançon et Suze ; 2° Pierre, qui suit ;
3° Guillaume, capitaine au régiment de Condé, cheva
lier de Saint-Louis, pour sa belle conduite au Col de
l'Assiette ; 4° Louis, chanoine de la chapelle de Vincennes.

VIII. Pierre-Louis de Chansiergues du Bord, capitaine au service de l'Espagne avec la permission du
roi Louis XV, qui épousa, le 3 juillet 1750, Marie-Thé
rèse Defort de Saint-Maurin, sœur du lieutenant-général de ce nom.

Il eut de son mariage : 1° Sauveur, qui suit ; 2° Esprit,
qui émigra et fit les campagne de l'armée de Condé ;
et 3° Thérèse, qui épousa François Graffand de Laval-
et de ce mariage une fille, Alexandrine, mariée à Laval,
le 14 avril 1806, à Jules d'Albiousse, d'Uzès. (Voir registre de l'état civil de la commune de Laval).

IX. Sauveur de Chansiergues du Bord, servit dans
l'armée de Condé, chevalier de Saint-Louis, chef de bataillon, qui épousa : 1° en 1804, Sophie de la Roche d'Eurre,
fille de François et de Magdeleine d'Agoult ; 3° en 1816,
Pauline de Lique de Ferraignhe. Du premier mariage, il
eut : 1° Henry, qui suit ; 2° Christine, mariée à Edmond
Blanc de Saint-Laurent, à Die, en Dauphiné, et du second mariage, 3° Charles-Guillaume, qui a fait la troisième branche ; 4° Alexia, mariée à Ulrich d'André de
Renouard, ancien conseiller à la Cour d'appel d'Alger.

X. Henri de Chansiergues, baron du Bord, né le
24 juin 1810, décédé le 8 janvier 1878, ancien membre
du Conseil général de la Drôme, chevalier de la Légion
d'honneur (1860), qui épousa, le 18 février 1833, à
Bollène (Vaucluse), Françoise de Justamond dont :
1° Louise, mariée au marquis Antonin de Bimard ;
2° Edouard, né le 24 juin 1843, décédé le 8 janvier
1882, à Saint-Paul-Trois-Châteaux (Drôme).

Troisième branche. — XI. Charles-Guillaume de Chansiergues du Bord, ancien garde général des Forêts,
ancien sous-préfet de Largentière (Ardèche), épousa, le
29 avril 1857, à Grenoble, Eléonore de Bouffier.

Armes : *D'azur à trois flambeaux d'argent, allu-*

18

*més de gueules et rangés en fasce ; au chef cousu
de gueules chargé de trois étoiles d'or.*

Couronne de comte, autrefois de marquis.

Supports : deux corneilles au naturel.

Devise : *Lux amicis hostibus ignis.*

Cri de guerre : *Virtus cognita.*

La branche aînée accole l'écu à une colonne d'argent
à la base et au chapiteau d'or surmonté d'une couronne
de fer qui est Colonna d'Ornano. (Louis de la Roque,
Paris-Dentus, 1861. *Nobiliaire du Languedoc,* 3ᵉ vo-
lume).

LUSSAN

———◆———

Armoiries : *de gueules à un chef losangé d'argent et de sinople.*

1277. *Lussanum* (Ménard, 1 pr. p. 106. C. 1). — 1415. *Locus de Lussano* (R. Mercier, notaire de Nimes). — 1549. Lussan. (Arch. départ. c. 1330).

Sur son territoire on remarque un vieux château appelé *Fau* et, dans le village même, un château habité jusqu'en 1792 par les descendants du duc de Melfort.

1276. Raymond de Roque, chevalier, était seigneur de Lussan, (Arch. duc. Registre 1610, n° 72).

1415. Noble Jean de Frugières l'était aussi. (Devinsy, notaire à Nimes).

Il eut une fille, Gibelle, qui épousa, le 7 juin 1440, Guillaume de Laudun dont la petite-fille se maria à Pierre de Guérin et institua pour son héritière, le 16 janvier 1607, sa fille Laure, mariée à Pierre de Faret, aïeul du marquis de Fournès.

1504, 16 avril. Jacques d'Audibert, seigneur de Lussan, qualifié de haut et puissant seigneur, fait au roi, le dénombrement de sa seigneurie qui était le fief principal de sa maison. (Voir *Quelques mots sur la maison d'Audibert de Lussan*, par le comte de Cairol).

Famille d'Audibert de Lussan.

Elle est originaire de Provence. Gaubert Audibert, (*Gaubertus Audibertus)* fut témoin d'une donation faite à l'abbaye de Saint-Pierre-de-Vigeois, l'an 1060. (Bibl. Nationale, coll. Moreau, t. 26, f. 188.)

Armand Audibert (*Arnaldus Audibertus*), accompagna le roi Saint-Louis en Terre-Sainte, en 1250. (Roger, *La Noblesse de France aux Croisades,* p. 250).

Jacques d'Audibert cité plus haut, seigneur de Lussan, épousa N. de Barjac dont il eut : 1° Pierre d'Audibert qui suit, et 2° Madeleine, mariée à Jacques d'Aguilhac, seigneur de Rousson dont les armes sont : *d'azur à l'étoile d'or accompagné d'un tourteau de gueules à deux croissants d'or passés en sautoir et mis en pointe.*

La maison d'Agulhac qui possédait les seigneuries de Beaumefort, de Trouillas et de la Blache, au diocèse d'Uzès, était divisée en trois branches au moment de la vérification.

Le chef de la branche aînée fut maintenu avec le titre de Baron de Rousson. (Manuscrit d'Aubay, 11.6.)

II. Pierre d'Audibert, seigneur de Lussan et de Valrose, épousa Claudine de Laudun (voir fief Laudun), dont il eut

III. Gaspard d'Audibert, seigneur de Lussan et de Valrose, capitaine d'une compagnie de 300 hommes d'armes qui reçut ordre du duc de Guise de conduire cinq compagnies en Italie. Il avait épousé : 1° Jeanne Bourdal d'Aramon ; 2° Gabrielle de Pèlegrin.

Il eut de son premier mariage, Gabriel, qui suit ; et du second, Simond, qui a fait la branche B.

IV. Gabriel d'Audibert, seigneur de Lussan et de Valrose, capitaine de chevau-légers (1574), avait épousé, le 11 novembre 1558, Gabrielle de Budos, fille de Jean de Budos et de Louise de Porcelet-Maillane et sœur du marquis des Portes, époux de Louise de Crussol.

Il eut de son mariage : 1° Charles, qui suit ; 2° Jean, chevalier de Malte ; 3° Noémie, alliée, le 9 mars 1576, à Jean Bérard de Montalet, seigneur de Moudras. (Voir fief Potelières.)

V. Charles d'Audibert de Lussan, seigneur de Valrose, reçut dans son château Jean de Saint-Chamand dit de Saint-Roman, qui, d'archevêque d'Arles, était devenu capitaine des huguenots et avait été nommé gouverneur d'une partie du Languedoc avec Nîmes pour chef-lieu.

Il épousa, le 10 janvier 1588, (M° La Palisse, notaire à Barbentane) Marguerite d'Albert de Montdragon, dame de Saint-André et de Sabran, fille d'Edouard d'Albert, qualifié haut et puissant seigneur de Saint-André, Sabran et Cabrières, chevalier des ordres du roi, gouverneur d'Aiguesmortes, et de Marguerite de Bourdic.

De ce mariage, Charles d'Audibert eut Jacques, qui suit, et Jeanne, mariée en 1623, à Antoine de Castillon, baron de Saint-Victor. (Voir fief de Saint-Victor-la-Calm.)

VI. Jacques d'Audibert, seigneur de Lussan, de Saint-André d'Olérargues et de Saint-Marcel-de-Careiret, obtint du roi Louis XIV l'érection de la terre de Lussan en comté, le 9 octobre 1645.

Il reçut des maréchaux de France une commission, datée du 4 novembre 1669, pour terminer les querelles des gentilshommes du diocèse d'Uzès.

Il épousa, le 20 juillet 1628, Jeanne de Grimoard de Beauvoir du Roure, fille de Jacques, maréchal de camp des armes du roi, gentilhomme ordinaire de sa chambre, et de Jacquelin-Raymond de Montlaur-Maubec.

De ce mariage, il eut : 1° Jean, qui suit ; 2° Nicolas, grand vicaire du diocèse d'Uzès ; 3° Charles, seigneur de Saint-André-d'Olérargues ; 4° Joseph, chevalier de Malte ; 5° Gabrielle, mariée, le 26 août 1612, à Jacques II, marquis de la Fare, seigneur de la Bastide-d'Engras ; 6° Jeanne, mariée à Antoine de Castillon de Saint-Victor.

VII. Jean d'Audibert, comte de Lussan, baron de Valrose, chevalier des ordres du roi, 1688, premier gentilhomme de la chambre du prince de Condé, son cousin. (Voir ci-dessous lettre A.) Il mourut en 1712, à l'âge de 85 ans, laissant de son épouse, Marie de Raimond, une fille unique, Marie-Gabrielle d'Audibert de Lussan, née en 1675, mariée : 1° le 20 avril 1700, à Henri de Fitz-James, duc d'Albermale, pair de la Grande-Bretagne, chevalier de l'Ordre de la Jarretière, lieutenant-général des armées navales de France, fils naturel de Jacques II, roi de la Grande-Bretagne, et d'Henriette Chelzy, comtesse de Dorchester, dame d'honneur de la reine d'Angleterre et 2° le 12 mars 1707, à Jean Drumond, duc de Melfort, aussi pair de la Grande-Bretagne, fils de Jean et d'Eugénie Walace, sa seconde femme.

La duchesse de Melfort mourut au château de Saint-Germain-en-Laye, le 11 mai 1741. Elle « était une des plus belles femmes de son temps, d'un esprit éclatant et d'une grâce infinie. Elle fut le joyau de cette triste cour de Jacques II, dans le château de Saint-Germain-en-Laye.

Présentée à la Cour de France, Louis XIV voulut qu'elle occupât un tabouret auprès de la reine Marie-Thérèse, mais elle préféra rester fidèle aux Stuarts malheureux. » (Mercure de France, mai 1741.)

De son mariage avec le duc de Melfort, elle eut plusieurs enfants, entr'autres Fort Drummond de Melfort, comte de Lussan, seigneur de Brignon et Rosières.

Vers cette époque, les Calvinistes étaient nombreux à Lussan et parmi eux se trouvait la grande Marie, la fameuse prophétesse des Fanatiques, dont les prétendues révélations amenèrent de fort nombreux assassinats.

Elle fut arrêtée à Saint-Chaptes, le 28 janvier 1704, condamnée à mort et exécutée au mois de mars suivant.

Les Camisards de Lussan furent les auteurs des massacres de Valsauve. (Dict. Goiffon).

Branche B. — IV. Simon d'Audibert épousa, le 25 août 1621, Claude de Mirman. (Bib. N., manuscrits français, 33.114, fol. 34. Voir lettre B).

Elle était fille de François de Mirman, écuyer, seigneur de Fau, et de Marguerite de Cubières.

De ce mariage naquirent Charles, qui suit, et Louis qui a fait la branche C.

V. Charles d'Audibert, seigneur de la Pize et de la Cournet, demeurant à Marvejols, qui épousa, en 1640, Jacquette de Banne, fille de Raymond de Banne, baron d'Avejan, et de Catherine de Lavergne dont il eut

VI. Charles d'Audibert, seigneur de la Pise, lieutenant au régiment de Massilian, fut père de Charles, maintenu dans sa noblesse par jugement souverain du 29 novembre 1668.

Branche C. — Louis d'Audibert, seigneur de Massilian, maréchal de camp, 1655, capitaine châtelain de Bay, D. de Viviers, y demeurant, épousa, le 17 mai 1643. Magdeleine du Pont, fille de Louis et de Jeanne de Guerre, veuve de Jean de la Tour-du-Pin, seigneur de Verclause dont il eut

VI. Jacques-Alexandre, seigneur de Massilian, colonel d'infanterie, tué par les Camisards, en Vivarais, 1709. Il avait épousé, le 29 avril 1692, Jeanne de Chieza, fille de Sébastien de Chieza, comte d'Eutrope, ministre plénipotentiaire des Pays-Bas, et de Claude-Marie de la Pie, dame de Cromane dont il eut : 1° Charles-Claude-Joachim, qui suit ; 2° Alexandre, chevalier de Malte, mort à Paris, en 1744. (*Mercure de France*, 1774, p. 215) ; 3° Louis-Jacques, archevêque de Bordeaux, primat d'Aquitaine, chevalier des ordres de Saint-Louis et de Saint-Michel, après avoir servi comme guidon de la compagnie des gendarmes du roi, sous le nom de chevalier de Lussan.

Il mourut d'apoplexie, à Bordeaux, le 15 novembre 1769, en visite chez Mlle de la Case, fille du premier président. (Registre de Saint-Proset de Bordeaux, série 66, n° 623), ayant gouverné vingt-cinq ans son diocèse avec une grande modération et un zèle admirable. Son portrait a été gravé par Tardieu. *(Quelques notes sur la maison d'Audibert de Lussan*, par le comte de Carol, p.22)

VII. Charles-Claude-Joachim d'Audibert de Lussan, dit le comte de Lussan, depuis l'extinction de la branche aînée, lieutenant général des armées du roi et gentilhomme ordinaire de la chambre du comte de Charolais, prince du sang, en 1748.

Il mourut le 10 avril 1761.

La maison d'Audibert de Lussan possédait des seigneuries importantes aux diocèses d'Uzès et de Viviers. Elle a fourni cinq chevaliers de l'Ordre de Malte, des officiers généraux et un chevalier des ordres du roi.

La terre de Lussan fut érigée en comté, ainsi que je l'ai dit, le 9 octobre 1645. (*Mercure de France*, 1741. — *Armorial du Languedoc*, par de la Roque, 1. 34).

Armes : *de gueules au lion passant d'or.*

Devise : *Par la grâce de Dieu je suis ce que je suis.*

Cette devise et ces armoiries constituent une allégorie parlante.

Ce que je suis, nous dit un chevalier croisé ou quelque autre de sa race, c'est un lion. Pausanias dit qu'Agamemnon portait sur son bouclier la figure d'une tête de lion avec ces paroles : celui-ci est la terreur du genre humain.

Le lion a représenté la force et le courage.

Les deux anciens châteaux dont on voit encore les ruines furent ravagés en 1792. L'un est situé dans l'enceinte du village, l'autre sur la route départementale d'Uzès à Aubenas, passant par Barjac.

Ils appartenaient tous les deux au duc de Melfort, qui quitta la France en 1792, et ses deux châteaux furent vendus comme biens nationaux.

Ils appartiennent à la commune.

A

Consanguinité de la maison d'Audibert de Lussan, avec les princes de Condé et de la maison royale de France.

Jean de Budos, baron de Portes.
Louise de Porcelet Maillane.

I	I
Gabrielle de Budos. Gabriel d'Audibert, seigneur de Lussan.	Antoine de Budos, marquis de Portes. Louise de Crussol d'Uzès.
I	I
Charles d'Audibert de Lussan Marguerite d'Albert de Mondragon.	Louise de Budos. Henri, duc de Montmorency, connétable de France.

Jacques d'Audibert, comte de Lussan. Jeanne de Grimoard du Roure.	Charlotte de Montmorency. Henri de Bourbon, prince de Condé.
Jean d'Audibert, seigneur de Lussan, gentilhomme du prince de Condé.	Louis de Bourbon, prince de Condé, premier prince de sang, surnommé le Grand,

B

Famille de Mirman.

On la croit originaire de l'Allemagne.

Elle parut en France à Clermont (Auvergne), en l'an 1490, avec Jacques de Mirman, qui épousa Isabeau de Pierrefort.

Les membres de cette famille se répandirent dans le Bas-Languedoc, notamment à Saint-Ambroix, à Nimes, à Montpellier, où ils exercèrent d'importantes charges dans la magistrature.

L'un d'eux, François de Mirman, baron de Florac, chevalier, conseiller du roi, intendant des gabelles était baron de Tour aux états du Languedoc.

. Le chef de la branche aînée de cette famille, Henri de Mirman, protestant, émigra en Suisse à l'époque de la Révocation de l'Edit de Nantes, et sa descendance est encore représentée par la famille de Chambrier, à Bevaix, par Neufchâtel (Suisse).

Famille de Chambrier.

Cette famille, originaire du comté de Bourgogne, s'établit à Neufchâtel, au cours du XVe siècle.

Dès cette époque, on trouve ce nom écrit indifféremment : Le Chambrier ou simplement Chambrier.

Cette dernière forme est actuellement seule en usage.

Dans la première moitié du XVIe siècle, la famille Chambrier fut agrégée à la noblesse du comté de Neufchâtel.

En 1709, Frédéric Ier, roi de Prusse, en sa qualité de prince de Neufchâtel et Valangin, reconnut et confirma sa noblesse et l'immatricula dans le corps de celle de la monarchie Prussienne, comme famille de Chambrier.

Ce ne fut toutefois qu'à partir de la création de la baronnie de Chambrier, en 1787 et 1789, que cette nouvelle orthographe fut généralement adoptée |par les membres de la famille.

La branche cadette, issue de Claude de Mirman, établie en Languedoc, est représentée par la descen. dante directe de Jean de Mirman et de Marie de Grasset, qui demeure aux environs de Saint-Georges et Sovignac, ancienne seigneurie de cette famille.

Armes : *d'or au lion de gueules au chef d'azur chargé de deux étoiles d'or.*

MONTAIGU

CANTON DE CARSAN

———◦———

1204. *Castrum de Monte Acuto* (Gall. Christ., 1. VI. p. 305. — 1294. *Mansus de Monte Acuto*. (Men. 1. pr. p. 132). — 1550. Montagut (Arch. dép., c. 1324). — 1715. Montagu (J.-B. Nolin, carte du diocèse d'Uzès).

1481, 21 mars. Guillaume de Beauvoir, seigneur du Roure (voir Naves), vend la quatrième partie de la seigneurie de Montaigu à noble Gabriel du Roc, et plus tard, le 21 janvier 1547, Rostaing du Roc, écuyer, seigneur de Saint-Christol, achète une autre partie de la seigneurie à Jean et Eustache de Bagnols.

Famille du Roc de Brion.

Elle est inscrite à toutes les pages des fastes consulaires de la ville de Marvejols. Elle s'est ensuite répandue en Auvergne et en Lorraine, a donné plusieurs militaires distingués pendant l'avant-dernier siècle et un grand maréchal du Palais sous l'Empire, duc de Frioul.

Les membres de cette famille ont été connus sous le nom de marquis de Brion, barons de Lastic et de Lodières, seigneurs du Roc, d'Alby, de Viala, vicomtes de Fontverdine.

Par arrêt du 25 janvier 1699, M. Nicolas de Lamoignon, intendant de justice de la province du Languedoc, déclara Géraud de Michel, seigneur du Roc et Honoré de Michel du Roc, capitaine au régiment de Lafère, « nobles et issus de noble race et lignée, et à l'effet de quoi et seront inscrits par nom, surnoms,

armes et lieux de leurs demeures dans le catalogue des
véritables nobles de la province du Languedoc. (Arch.
dép. de la Lozère, jugement sur la noblesse. — Bouillet,
IV, 136.)

I. Géraud Pierre-Michel du Roc, seigneur du Roc,
Aldy, Aubais, au mandement de Brion, épousa : 1° avril
1699, Claude de Cabirou de Carières ; 2° Tulle de
Vachery.

Il eut du premier mariage : 1° Géraud-Pierre, qualifié marquis de Brion, dont la postérité subsiste en
Auvergne ; 2° Christophe, qui suit ; 3° l'abbé du Roc,
vicaire général de l'évêque du Puy, et du second :
4° Hélène, mariée, le 7 octobre 1737, à Jean-François de
Tabre de La Tude. (Voir lettre A ci-dessous.)

II. Géraud-Christophe du Roc, dit le chevalier du
Roc, chef d'escadron au régiment de Custine-Dragons,
chevalier de Saint-Louis, fut père de

III. Géraud-Christophe de Michel du Roc, duc de
Frioul, sénateur, maréchal du Palais, grand-cordon de
la Légion d'honneur, commandeur de la couronne de
fer et de presque tous les ordres de l'Europe, tué à
Wurtchen, le 23 mai 1813, sur la fin de la bataille de
Bautzen.

Il avait épousé N... Hervas d'Almeynaras, d'une
famille espagnole, dont il eut une fille, héritière, par
ordre de Napoléon, du titre et de la dotation de duchesse
de Frioul. Cette jeune fille mourut à l'âge de 17 ans, et
sa mère épousa en secondes noces le général Fabvier.

Armes : *d'azur au roc d'argent surmonté de deux
étoiles d'or.*

1657, 14 avril. — La portion de seigneurie de
Montaigu, que la maison du Roc avait possédée pendant
près de deux siècles, passe à la maison de Porcelet de
Baye, et Mre Henri de Porcelet, baron de Baye, vend
sa coseigneurie à la chartreuse de Valbonne.

A

Famille Fabre de La Tude.

La maison de Fabre, établie dans le diocèse de

Béziers, est originaire du diocèse de Lodève où elle a possédé les seigneuries de Pégueirolles, Madières, Ville-cœur, Lhéraset Saint-Michel. Elle acquit, le 3 juillet 1632, la seigneurie de La Tude, et en prit le nom qu'elle a conservé depuis.

Ses preuves de noblesse ont été fournies en 1546 devant l'Ordre de Malte ; en 1761, devant M. de Bezons, en 1724, pour l'entrée aux pages de la Petite Écurie ; en 1745, devant les États de Languedoc. (Arch. de Montpellier. Rég. des francs-fiefs, diocèse de Lodève, 2 juin 1693. — d'Hozier, 1. R. 225. — Jugement du tribunal de Béziers, 10 février 1859.)

I. George de Fabre, seigneur de Pégueirolles, de Villecœur et de l'Héras, fut père de

II. Louis de Pégueirolles, capitaine d'infanterie, 1545, épousa, le 26 février 1551, Péronne de Pravières dont il eut

III. Pierre de Fabre, seigneur de Pégueirolles, qui épousa, le 1ᵉʳ décembre 1585, Anne de Montfaucon dont il eut : 1° Louis, qui suit ; 2° Henri-Etienne, qui a fait la branche B ; 3° Jean, capitaine d'une compagnie.

IV. Louis de Fabre, seigneur de Pégueirolles, capitaine au régiment du Vigan, épousa, le 5 janvier 1615, Jeanne de Vissec de La Tude dont il eut : 1° Pierre, qui suit : 2° Jean, chevalier de Malte, 1646.

V. Pierre de Fabre, seigneur de Pégueirolles, épousa, le 8 mai 1648, Anne de Franc de Cahuzac dont il eut Jean-François, capitaine d'infanterie, 1646, maintenu dans sa noblesse par jugement souverain du 15 janvier 1671.

Cette branche s'est éteinte vers 1760 en la personne de N. de Fabre de Pégueirolles, dame de la Treilhe, marquis de Foziéres.

Branche B. — IV. Henri-Étienne de Fabre, seigneur de Madières, acquit, par acte du 3 juillet 1632, la terre de La Tude, fit la campagne de 1639, sous les ordres du maréchal de Schomberg, en qualité de volontaire; il avait épousé, le 8 février 1632, Hélène de la Treilhe, sœur de la mère du cardinal de Fleury ; il fut maintenu dans sa noblesse par jugement souverain du 15 janvier 1671, et il eut de son mariage : 1° Gabriel, qui suit ; 2° Gaspard, capitaine au régiment de Castres, marié à N. de Beausset-Roquefort. mort sans enfants ; 3° François, lieutenant au régiment de Castres ; tués, l'un et l'autre, en Catalogne, 1675 , 4° Fulcrand ; 5° Philippe ; 6° Jeanne, mariée à Jean-François de Graille, seigneur de Montredon.

V. Gabriel de Fabre, chevalier, seigneur de La Tude, Madières, Loroux, épousa, le 26 juillet 1673, Claire de Bonnal dont il eut : 1° Joseph-Henri, qui suit ; 2° Louis, qui a fait la branche C ; 3° Alexis, capitaine au régiment de Cambrésis.

VI. Joseph-Henri de Fabre, seigneur de La Tude et de Saint-Michel, épousa, le 22 novembre 1707, Elisabeth Malordi de Truc dont il eut : 1° Jean-François, qui suit ; 2° Gabriel, reçu page du roi le 5 février 1724.

VII. Jean-François de Fabre, seigneur de La Tude et de Saint-Michel, lieutenant général d'épée au sénéchal de Béziers, qualifié baron de La Tude, assista, le 27 novembre 1743, aux États-Généraux du Languedoc comme envoyé du comte de Caylus pour la baronnie de Rouairoux, épousa, le 7 octobre 1737, Marie-Hélène de Michel du Roc de Brion, tante du général, qui fut depuis maréchal du palais de l'Empereur Napoléon Ier, et qu'elle avait institué son héritier, par testament du 19 février 1789.

Le baron de La Tude mourut sans postérité. Il avait institué héritier de ses biens André de Fabre, son cousin germain, par testament du 1er avril 1776.

Branche C. — VI. Louis-Augustin de Fabre de La Tude, chevalier, seigneur de Madières, major au régiment des Landes, 1716, chevalier de Saint-Louis, 1740 ; commandant la ville d'Agde et le fort de Bressieu. gouverneur de Montdidier (1743), avait épousé, le 21 novembre 1730, Catherine des Bouttes de Lancère dont il eut : 1° André, qui suit ; 2° Alexis, enseigne de vaisseau, 1757.

VII. André de Fabre de La Tude, seigneur de Saint-

Michel, héritier des biens et titres de Jean-François, baron de La Tude, son cousin germain, entra dans les gardes du corps du roi, compagnie de Beauveau, 1768, prit part, sous le titre de baron de La Tude, aux assemblées de la noblesse de la sénéchaussée de Béziers, en 1789.

Il avait épousé, le 23 septembre 1773, Marguerite-Madeleine de Ferrouil de Montgaillard dont il eut :

VIII. Henri-Fulcrand de Fabre de La Tude, baron de La Tude, qui épousa, le 27 mars 1803, Pauline de Castillon de Saint-Victor dont il eut : 1° Victorien, baron de La Tude, marié, le 5 avril 1826, à Félicie de Montal dont une fille, Pulchérie, alliée à Joseph de Saint-Vincent ; 2° Félix, marié, le 2 août 1834, à Elisabeth de Colbert-Chabanaïs dont Marie et Pauline, mariée à Henry de Boistel, commandant au 122° de ligne.

IX. Hippolyte de Fabre de La Tude, ex-officier au 10° régiment de cuirassiers, démissionnaire en 1830, épousa, le 4 juin 1839, Joséphine Reboul, dont il eut : Clémence, mariée à Charles de Grasset ; 2° Joseph de Fabre, baron de la Tude, engagé volontaire dans le corps des éclaireurs à cheval de Cathelinau, en 1870, marié en juillet 1873, à Madeleine de Juvenel, dont six enfants : 1° Jeanne, mariée à Charles de l'Epine ; 2° Henri, né le 25 janvier 1876, rédacteur au ministère de la guerre ; 3° Pierre, né le 15 octobre 1877, lieutenant au 9° chasseurs, en garnison à Auch ; 4° Joseph, maréchal des logis au 13° dragons, à Carcassonne, décédé à Belles-Eaux le 25 septembre 1905 ; 5° Marie, et 6° Roger, né le 21 juillet 1890.

Armes : *d'azur à la tour d'argent renversée et surmontée d'un pélican d'or, avec ses petits de même.*

MONTCLUS

CANTON DE PONT-SAINT-ESPRIT

Armoiries : *De vair à un pal losangé d'or et de sinople.*

1263. *Mons Serratus.* (Gall. Christ. t. VI, p. 308).
— 1275. *Castrum de Monte Cluso.* (Généalogie des Châteauneuf-Randon. Germer-Durand. Dictionnaire). —
1376. *Castrum Montis Clusi.* (Cart. de la seigneurie d'Alais, f. 20.) — 1424. *Monasterium Montis Serrati.* (Gall. Christ. t. VI. col. 309). — *Castrum, terra et baronia de Monte Cluso.* (Dict. Germer-Durand, p. 139.)

On trouve sur le territoire de Montclus les restes d'un ancien château et d'un couvent

Pour le château, Germer-Durand renvoie, comme on l'a vu plus haut, à la généalogie des Châteauneuf-Randon.)

Famille de Châteauneuf-Randon.

Elle est connue en Gévaudan, en Vivarais, et dans les Cévennes, depuis Guillaume de Châteauneuf, chevalier, damoiseau, vivant en 1050. Elle a fait plusieurs branches toutes illustres :

1° Les seigneurs de Tournel, marquis de Tournel, dont la généalogie va suivre. qui reconnaissent pour auteur Guigue Méchin de Châteauneuf, seigneur de Tournel, vivant en 1212.

2° les comtes d'Apchier ;

3° les comtes de Barjac et de Rochegude ;

4° les vicomtes, puis ducs de Joyeuse. pairs de France, qui reconnaissent pour auteur Gui de Châteauneuf, vivant en 1198, dont la branche aînée s'éteignit dans la maison de Lorraine par le mariage d'Henriette-Catherine, duchesse de Joyeuse, fille d'Henri, pair et maréchal de France, avec Charles de Lorraine, duc de Guise. (P. Anselme, III, 801. — Burdin, 11, 310).

La filiation prouvée devant M. de Bezons commence à

I. Sigismond de Châteauneuf-Randon, comte de Saint-Rémézy, baron d'Allenc, marié, le 11 'mars 1485, à Gabrielle de Châteauneuf-Randon, sa cousine, héritière de la branche aînée des barons de Tournel, dont il eut : 1° Antoine, qui suit ; 2° Jeanne, mariée en 1512 à Antoine d'Antin, marquis de Ferails ; 3° Marguerite, mariée, le 5 mars 1514, avec Jean de Lescure, en Albigeois; (voir lettre A) ; 4° Françoise, mariée au baron de Calabre

II. Antoine de Châteauneuf-Randon, baron de Tournel, qui épousa, en 1519, Isabeau de Grimaldi de Monaco, (voir lettre B) dont il eut

III. Jean-Gaspard de Châteauneuf-Randon, comte de Saint-Rémézy, baron de Tournel qui épousa, le 10 avril 1560, Madeleine de Combret de Broquié d'Arpajou dont il eut Alexandre de Châteauneuf-Randon, baron de Tournel et d'Allenc, comte de Saint-Rémézy, chevalier de l'ordre du roi, capitaine de 100 hommes d'armes, qui épousa : 1° le 15 janvier 1593, Jeanne de Budos de Portes, sœur de la connétable de Montmorency, dont il n'eut pas d'enfant ; 2° Anne de Narbonne Pelet, dont il eut : 1° Anne-Guerin, qui suit ; 2° Magdeleine-Jourdaine, mariée le 20 août 1620, à Charles de Carcassonne, seigneur de Loubé, Lugaus et Ponsols.

V. Anne-Guérin de Châteauneuf-Randon, comte de Saint-Rémézy, marquis de Tournel et d'Allenc, chevalier de l'ordre du roi, mestre de camp, qui épousa, le 9 septembre 1635, Anne de Crusy de Mareilhac dont il eut : Anne, qui suit ; Timoléon, dont la fille, Louise-Claude, épousa, le 31 décembre 1726, Charles-Pierre de Molette de Morangiès, Sylvestre et Alexandre, maintenus dans leur noblesse par jugement souverain du 15 janvier 1671.

19

VI. Anne de Châteauneuf-Randon, comte de Châteauneuf-Randon, marquis de Tournel, seigneur de Saint-Etienne-de-Valdonnes et capitaine de cavalerie, qui épousa, en 1697, Marie de la Roque du Mazet dont il eut

VII. Guillaume de Châteauneuf, comte de Châteauneuf-Randon, marquis de Tournel et d'Allenc, seigneur de Saint-Etienne-de-Valdonnes, etc.. chevalier de Saint-Louis, capitaine de cavalerie au régiment de Clermont-Prince, qui épousa, le 19 avril 1755, Paule de Launay dont il eut

VIII. Alexandre-Paul, marquis de Châteauneuf-Randon, qui épousa, le 1er août 1780, Marguerite du Chastel, unique héritière du vicomte d'Apchier, tué à la bataille de Fontenoy, dont il eut : 1° Anne-Marie-Albert, qui suit, et 2° Catherine-Éléonore, mariée, le 11 août 1807, au 'vicomte Charles-Aimable de la Rochenély, dont les armes sont : *d'argent à l'aigle de sable posé sur un rocher de même.*

IX. Aunet-Marie-Aldebert de Chateauneuf-Randon, comte de Tournel, qui épousa, en 1815, Elisabeth-Olive de Lestang de Fines dont il eut : 1° Aldebert-Honoré, né le 4 juin 1818 ; 2° Adhémar, né le 30 novembre 1826 ; 3° Espérance ; 4° Mathilde.

Armes : *d'or à trois pals d'azur au chef de gueules, parti de gueules, tranché d'argent qui est de Tournel.* (*Armorial du Languedoc*, 1. 144.)

1603, 14 février. Noble Amet de Montcamp rend hommage de la seigneurie de Montclus à Mre Louis de Vigne, évêque d'Uzès (Genton, notaire. Voir fief Sabran.)

1693, 30 janvier. Lettres patentes portant érection de Montclus et de ses dépendances, en marquisat, en faveur de Jacques de Vivet, baron de Montclus. (Sommaire des déclaratioas, p. 221. 'Arch. duc.).

François de Vivet en rend hommage, en 1734, au duc d'Uzès.

A

Famille de Lesoure.

Cette famille, remontant au XIIIe siècle, tire son nom

d'une baronnie importante, en Albigeois, qui relevait du Pape.

Elle fut maintenue dans sa noblesse par jugement de M. de Bezons, du 18 septembre 1660. Elle était admise aux honneurs de la cour.

On compte parmi ses membres, l'héroïque chef vendéen de Lescure, blessé mortellement au combat de la Tremblaye.

Cette famille est représentée actuellement :

1° Par Mme Marie Mazel de Pézenas, qui a épousé, le 28 août 1888, Joseph de Lescure, baron de Puisserguier, décédé le 14 mars 1894, dont elle a eu une fille, Gabrielle, née le 11 décembre 1890.

Résidence : château de la Guinarde, par Bessan (Hérault).

Et 2° Par Mme Elisabeth de Ricard, résidant à Béziers, veuve d'Emilien de Lescure, dont elle a eu une fille unique, Sophie, religieuse du Sacré-Cœur, expulsée et réfugiée à Tivoli, près de Turin.

Armes : *Ecartelé aux 1 et 4 d'azur au lion d'or armé et lampassé de gueules dextré au premier canton d'une croix pâtée d'argent ; au 2 et 3 du même fond à deux fasces d'or accompagné de trois roses d'argent posées en pal.*

La généalogie complète de cette famille est dans une brochure rédigée par l'abbé Groude, curé de Lescure, près Alby, ouvrage couronné par la Société archéologique de Toulouse.

B

Famille de Monaco

La principauté de Monaco appartenait, dès le xe siècle, comme possession souveraine héréditaire, placée depuis 1450, sous la protection de l'Espagne, à l'ancienne maison de Grimaldi, qui avait encore des possessions considérables dans le Milanais et le royaume de Naples.

Par le traité de Pérouse, en 1641, Honoré II s'était mis sous la protection de la France. Néanmoins, ses

possessions Milanaises et Napolitaines furent confis-
quées par l'Espagne. Pour l'en dédommager, Louis XIV
lui céda le duché de Valentinois et d'autres terres
importantes.

La ligne mâle de la maison s'éteignit le 26 février
1731, dans Antoine Grimaldi, dont la fille, Louise,
morte le 29 décembre 1731, avait épousé, le 20 octobre
1715, Jacques de Goyon Matignon.

Le prince Antoine céda, en 1715, le duché de Valentinois à son gendre, qui prit pour lui et ses descendants le nom et les armes de Grimaldi et lui succéda
dans la propriété de Monaco, en 1731.

Le seigneur de Goyon de Matignon, dont était issu le
nouveau prince, appartenait à une race noble du pays
de Bretagne.

Son petit-fils, Honoré IV, perdit, par la Révolution
française, la principauté de Monaco, réunie à la France
le 14 février 1793.

La paix de Paris, du 30 mai 1814, la lui rendit dans
les mêmes relations avec la France.

Le traité de Paris, du 20 novembre 1815, le mit sous
la protection de la Sardaigne.

Armes : *Fuselé d'argent et de gueules.* (*Armoiries
de la noblesse de France*, 1843, p. 171).

C
Famille de Launay

Paule de Launay, comtesse de Châteauneuf-Randon,
était la fille de Louise de Launay, comte de Boulin, né
le 25 avril 1678, et de Paule de Lairle, mariée le 25 avril
1716.

Elle avait pour frère Pierre de Launay, né à Tarbes
le 6 novembre 1718, et marié, le 7 février 1751, à Anne-
Marie-Sophie Le Noir de Cindré.

Pierre de Launay était le trisaïeul du comte Adolphe
de Launay, né à Clarey (Aube), le 27 mai 1854, marié,
le 6 juillet 1881, à Marie-Thérèse de Reaulx, demeurant
au château de Courcelle, par Clerey (Aude).

Il a trois enfants : Louis, né le 21 novembre 1887 ;

Marguerite, 5 novembre 1889 ; Maurice, 20 novembre 1872.

Sa sœur, Mme de la Hamayde, habite Saint-Parris-les-Vaudes (Aube), et a cinq enfants : Louise, née le 12 septembre 1877 ; Maurin, 1er avril 1879 ; Maximilien, 10 septembre 1880, Robert, 12 septembre 1881 ; René, 14 septembre 1888.

Armes : *D'or à l'arbre de Sinople*, avec couronne de marquis.

Le comte de Vogué est propriétaire du château de Montclus.

———

MONTAREN

CANTON D'UZÈS

Armoiries : *D'or à un pal losangé d'argent et de sinople.*

1151. *Mons Helenus* (Mén. 1, p. 33, c. 1).—1277. *Mons Arenus* (Ibid. p. 103).—1294. *Castrum de Monte Areno.* (Mén. 1 pr. p. 119, c. 1). — 1514. Montaren-lès-Uzès (Bobichon, notaire d'Uzès). — 1815, 28 septembre. Décret qui réunit à Montaren le village de Saint-Médier.

1151. Arnaldus de Monte-Heleno est témoin dans un acte par lequel permission d'avoir un four à chaux à Nimes est accordée aux Templiers par le vicomte Bernard-Aton. (Ménard, *Histoire de Nimes*, 1 Preuves, F. 33).

1210. Evremond de Montaren fait hommage de sa seigneurie. (Arch. dép. de l'Hérault, B. 8, p. 160).

1211. La seigneurie de Montaren était possédée par l'évêché d'Uzès en vertu du diplôme de Philippe-Auguste.

Cette seigneurie est disputée à l'église par le sénéchal de Beaucaire, mais un arrêt du Parlement de Paris, rendu sur la plainte de l'évêque, confirme les droits épiscopaux. (Dict. Goiffon. – Arch. dép. B. 8, reg. f. 44, 2).

1253, 5 mars. Guillaume de Dions, chevalier, seigneur de Montaren, fait hommage de cette seigneurie à Decan, seigneur d'Uzès.

1289, 9 août. Aymon de Montaren, damoisel, coseigneur du château de Montaren, rend hommage à Brémond, seigneur d'Uzès, tandis qu'Audibert rend pareil hommage à l'église de la même ville. (Arch. duc.).

1290, 4 mars. Bernard de Sauvignargues, coseigneur de Montaren, en fait hommage à Brémond, seigneur d'Uzès, sous l'albergue de cinq chevaliers. (Arch. duc.).

1305, 25 février. Armand de Montaren, seigneur de Montaren, se trouve à l'assemblée convoquée à Montpellier dans le couvent des Frères Mineurs au sujet de l'affaire du différend du Pape Boniface VIII avec Philippe-le-Bel (Manuscrit d'Aubais, *Pièces fugitives*, II. *Mélanges,* 52).

1329, 4 octobre. Acquisition faite par Abbat d'Arpaillargues et Bedos, damoiseau, seigneur de Foissac, d'une partie de la juridiction du château de Montaren. (Acte reçu Rostan de Peyron, notaire. — Arch. dép. de l'Hérault. Uzès, B. 457, p. 19).

1331, 28 février. Transaction entre le vicomte d'Uzès et Jacques de Montaren. (Arch. dép. de l'Hérault, B. 456, p. 19).

1331, 4 octobre. Mathieu Fulginé, damoisel de Collias, reconnaît à Robert d'Uzès le château de Montaren. (Arch. duc., caisse 4).

1358. Foucher était coseigneur de Montaren (Arch. du Gard, 1 p. 197).

1369. Raymond de Montaren, docteur ès-droits, juge royal d'Uzès, fait hommage de sa seigneurie au seigneur d'Uzès. (Arch. duc., registre Uzès, n° 224. — Bardou, *Histoire d'Alais,* p. 98).

1374. Elzéard de Montaren, premier consul d'Uzès, se rend, avec les conseillers politiques de cette ville, au-devant du duc d'Anjou, frère de Charles V, à Saint-Eugène, près Uzès, où il harangue ce prince.

1397, 29 septembre. Jean Rostaing, d'Uzès, fait hommage au vicomte d'Uzès de la part de juridiction qu'il avait acquise de noble Mathieu Fulginé.

1415. Catherine de Montaren, épouse de noble Jean Gasquet de la Bovaire, rend hommage au roi de la seigneurie de Montaren. (Arch. duc., Inventaire 1610, n° 294).

1423. Béatrix de Montaren épouse Guilhaume de

Saint-Just, qui devient ainsi seigneur de Montaren.
(Arch. dép. de Nimes. EÉ, 3, 1423).

1462. Mathieu Bargeton était seigneur de Montaren.
(Arch. dép. de l'Hérault, B. 457, p. 40).

1467. Noble Jean de Cabussol l'était aussi. (Arch.
dép. du Gard, E. 296).

1499. Jean de Vaulx (de Vallibus), juge royal d'Uzès,
était également seigneur de Montaren. [Arch. dép. du
Gard, E. 653).

Il était probablement le père du chambellan du roi
René.

1503, 4 mars. Hommage au roi par Jacques de Crussol, vicomte d'Uzès, avec les autres coseigneurs, parmi
lesquels Jean de Montlaur. (Arch. dép. de l'Hérault, B. 8).

1535. 11 mars. Froment (auteur des Froment, barons
de Castille), était seigneur de Montaren. (Arm. du Languedoc, par de la Roque, 2, p. 5). Il fait le dénombrement de la seigneurie, en 1550. (Voir sa généalogie,
fief Argilliers).

1550, 18 décembre. Hommage au vicomte d'Uzès par
Balthazar de Johannis, seigneur de la Roche, coseigneur
de Montaren. (Arch. duc., caisse 4).

1550. Mathieu de Bargeton, seigneur de Cabrières,
était coseigneur de Montaren. (Archives municipales de
Montaren). (Voir fief Vallabrix).

1571. Jacques Arnaud, fils de Jean, seigneur de Saint-
Bonnet, l'était aussi.

1595, 24 avril. Les commissaires du roi vendent la
haute, moyenne et basse justice de Montaren à François Payron. (Arch. dép. de l'Hérault, B. 457, p. 72).

1597. Simon Lévèque, avocat d'Uzès, acquiert une
portion de la seigneurie de Montaren des recteurs de la
chapelle de N.-D. des Neiges, fondée dans la cathédrale
de Viviers. (Arch. dép. de l'Hérault, B. 8. p. 196).

Son arrière-petit-fils, David, en fait hommage au duc
d'Uzès, en 1692.

Armes de la famille Lévèque : *d'azur à un chevron
d'argent, accompagné en chef d'un soleil d'or, accosté de deux palmes posées en pal et affrontées et,*

*en pointe, d'une rose aussi d'or. (Questions héral-
diques de Paris*, année 1904, p. 132).

1611. Noble Jean de Javon était coseigneur de Montaren. (Délibération du Conseil général de Montaren,
1789).

1614, 1er décembre. Brevet du roi qui fait remise des
droits de Lods à Céphas d'Albenas, capitaine et viguier
à Nimes, à raison de la vente de la moitié de la juridiction de Montaren à lui faite par le sieur Niquet.

1615, 28 septembre. Céphas d'Albenas, époux de
Suzanne de Pavée, coseigneur de Montaren, vend cette
coseigneurie devant Rovière, notaire à Uzès, à Jacques
d'Arnaud, écuyer, seigneur de Saint-Bonnet, mari de
Jeanne Bastide, dont le père était premier consul d'Uzès.

1630. Daniel de Roche, coseigneur de Blauzac et du
mandement d'Aigaliers, juge mage au sénéchal ducal,
achète la coseigneurie de Montaren au marquis de Baye.

Famille de Roche

Elle a formé plusieurs branches : d'Uzès, d'Alais, de
Toul, du Pont-Saint-Esprit et de Génolhac et elle a été
maintenue dans sa noblesse, en 1669, 1717 et 1788.

Vingt-trois membres de cette famille ont servi dans
les armées de terre et de mer.

Ils descendent tous de Bertrand de Roche, damoiseau,
seigneur de Montaren, vivant en 1308.

Je ne m'occuperai que de la branche de cette famille
établie à Uzès.

I. Antoine de Roche, qualifié *nobilis vir*, vivant dans
notre ville à la fin du XVe siècle. Il était fils de Roche
et d'Eléonore de Castillon.

Il épousa Jean d'Izarn dont il eut

II. Claude de Roche qui épousa, le 19 novembre 1570,
Claudine Portalis dont il eut

III. Guillaume, qui épousa, le 24 juin 1593, Jeanne
de Rochier de Rodil de Grandval dont il eut

IV. Jacques I, qui épousa, le 22 mars 1626, Gillette
de Bondurand dont il eut

V. Jacques II qui épousa : 1º Françoise de Leires

dont il eut Jacques, lieutenant, tué à Barcelone ; et
2° Jeanne de Nicolas de la Montagne dont il eut

VI. François qui épousa, en 1706, Marguerite de
Valentin de la Croix dont il eut

VII. Jean-Baptiste qui épousa, en 1742, Jeanne de
Pontier dont il eut

VIII. François qui épousa, en 1780, Marianne du
Pont de Ligonnès (voir lettre A ci-dessous) dont il eut

IX. Hippolyte qui épousa, en 1375, Delphine de
Larochenégly dont il eut

X. Zoë qui épousa le comte de Maures et Marie de
Roche vivant actuellement, demeurant à Nimes et aussi
à Génolhac (Gard).

Armoiries : *d'azur à la bande d'or chargée d'un
lion passant de sable, armé et lampassé de gueules
accompagné de deux rocs d'argent l'un en chef,
l'autre en pointe.* (Arm. du Languedoc, t. 1, p. 430).

Cette famille est alliée aux familles d'Escombier, de
la Faye, de Leires, de Possac, de la Roche, de Salel.

1637. Jean Génolhac était coseigneur de Montaren.
(Délib. du Conseil général de Montaren, 6 mai 1660).

Noble David de Janas l'était aussi. (Arch. dép. du
Gard, E. 599), ainsi que Nicolas de Mancelle et Thomas Clément. (Arch. dép. 213 et 214).

1639, 8 juillet. Dénombrement fait au duc d'Uzès par
noble Denis de Bargeton, époux de Marguerite Puget
(voir lettre A ci-dessous), seigneur de Montaren, Cru-
vièrs et Cabrières. (Arch. duc. — *Sommaire des déclarations*, p. 183. Voir Vallabrix).

Pierre de Bargeton fait aussi un autre dénombrement,
le 27 juillet 1672, par lequel il déclare posséder : 1° la
coseigneurie de Montaren dans toute l'étendue de sa
terre indivise avec le roi, le duc d'Uzès, les seigneurs
d'Albon, Lévêque et Folcher ; 2° un château noble confrontant avec les rues la maison d'Albon et celle du
prieur dans le fort dudit Montaren et deux basses-
cours. *(Sommaire des déclarations du duché,*
p. 179).

1660. Daniel d'Arnaud était coseigneur de Montaren. (Délib. du Conseil général de Montaren, 6 mai 1660).

1669. Autre coseigneur Alexandre d'Albon. (Id. 27 mai 1669).

1671, 23 mai. David Folcher, époux de Jeanne de Pierres, fille de noble André des ou de Pierres et de Louise de Bastide (contrat reçu Josué Chabert, notaire), achète devant Mᵉ Guilhem, notaire à Beaucaire, au prix de 19,500 livres, les coseigneuries de Montaren et de la Flesque royale, à Louise d'Albenas, épouse de Mʳᵉ Henri de Porcelet, marquis de Baye, comte de Laudun et de Rochefort. (Arch. duc., caisse 4).

Plus tard, un descendant de David Folcher, Jacques déclare, en 1731, posséder noblement un château et des droits seigneuriaux dans l'étendue de la paroisse où « nous sommes, dit-il, seigneurs et où l'exercice de la justice est au premier occupant ». Son château confrontait, du levant et du midi, les rues publiques ; du couchant, Jacques Hugon, et du nord, le chemin et Pierre Bonnet.

En 1738, le château était si délabré qu'il était abandonné aux fermiers. (Arch. duc., caisse 4. — Arch. dép. du Gard, c. 1343).

La famille Folcher qui avait les seigneuries de Montaren, de la Flesque royale et de Fontainebleau près Uzès, s'est éteinte dans la maison d'Albiousse par le mariage de Louise Folcher de Fontainebleau, en 1762, avec Antoine d'Albiousse, capitaine châtelain. (Voir la généalogie de cette famille au fief Fontainebleau).

1693, 8 octobre. Noble Jean Chapelier, conseiller, secrétaire du roi et son procureur dans la ville d'Uzès et maire de Montaren, achète une portion de la seigneurie de Montaren à Henri de Narbonne Cailus, seigneur de Faugière.

Il en revend une petite partie à Baptiste Brune, garde du Trésor royal, et il en achète une partie plus considérable, le 17 mai 1696, aux commissaires du roi chargés de l'aliénation des domaines privés de Sa Majesté. (Arch. duc., *Sommaire des déclarations de la Viguerie d'Uzès*, p. 184).

1694. Don par le roi d'une partie de la seigneurie de Montaren au seigneur de Lacossière, camérier du secrétaire d'Etat, le marquis de Barbesieux. (Arch. dép. de l'Hérault. Registre 65, 1695, p. 217).

Vers cette époque, noble Charles de Toulouse, seigneur de Foissac, était coseigneur de Montaren, ainsi que noble Baptiste de Foucaude. (Délib. du Conseil général de Montaren, en 1711).

1712, 16 novembre. Jean Chapelier fait le dénombrement de sa coseigneurie au duc d'Uzès.

Il déclare posséder le château que les auteurs de noble Balthasar de Janas, seigneur de la Roche, avaient acquis de M. de Cabrières.

Ce château était situé dans le fort de Montaren et confrontait, du levant et du midi, des pièces roturières ; du couchant, M. d'Albon et la maison Claustral, et du vent droit ladite maison.(Compoix de Montaren, 1699, f.349)

1712, 20 septembre. Noble Alexandre d'Albon fait le dénombrement de sa coseigneurie de Montaren. Il déclare posséder aussi le tènement appelé le Bacou, sous l'albergue d'un soldat lorsqu'on le demandera. (Arch. duc., caisse 4).

Ce dénombrement se renouvelle le 4 décembre 1724 (Bonnet, notaire à Uzès) et aussi en 1786. (Voir arch. de Toulouse, Serre B, t. III, p. 297).

Le fils d'Alexandre d'Albon, Hector, est saisi dans son château et emprisonné pour avoir assisté à une assemblée de nouveaux convertis dans l'arrondissement de Serviers, le 11 avril 1746. (Arch. dép. de l'Hérault, c. 220).

Le nom primitif de la famille d'Albon est Darbon qui signifie, dans le dialecte Dauphinois, Taupe. Voilà pourquoi on remarque dans ses armoiries parlantes trois taupes. Cette famille remonte au XIVe siècle.

On trouve : I. Un Pierre Darbonis, à Crest, en Dauphiné, en 1342.

II. Son fils épousa, le 9 décembre 1410, Philippe Perret dont il eut

III. Antoine Darbon, mari, en 1492, de Marguerite de Précomtal dont il eut

IV. Bernoud Darbon, archer de la compagnie de Bayard, qui épousa Blanche de Saint-Huberge, et testa le 12 septembre 1536.

Il eut de son mariage

V. Balthasar Darbon, coseigneur d'Esparrel, qui épousa, vers 1625, Isabeau de Rigot, dont il eut Alexandre, coseigneur de Montaren, dont les descendants ont modifié leur nom et se sont fait appeler d'Albon, prenant indûment le même nom des marquis d'Albon représentés aujourd'hui par le marquis d'Albon qui occupe une très haute situation sociale à Paris, 17, rue Vanneau, et dans le département du Rhône.

Il a épousé Mlle de Nettancourt Vaurecourt.

La famille d'Albon de Montaren est aujourd'hui éteinte. Son château a été acheté par M. Puget, conseiller à la Cour de Paris, qui l'a démoli en partie.

Armes des d'Albon : *d'azur à un lion d'or et une bande d'argent brochant sur le tout, chargée de trois taupes de sable.* (Arm. du diocèse d'Uzès, 320).

1720. Noble Jacques de Vergèze, seigneur d'Aubussargues, était coseigneur de Montaren.

1790. Le Conseil général de Montaren invite verbalement tous les coseigneurs à enlever toutes les marques seigneuriales, armoiries, créneaux, etc., de leurs châteaux et à ne prendre que le vrai nom de leur famille. (Arch. dép. 14, 8, 27).

1794. Pierre de Vergèze vend le château de Montaren (château actuel) par devant Me Darlhac, notaire à Nimes, le 12 vendémiaire an III, à M. Jean-Pierre Roux Sagriès.

1851, 2 avril. Celui-ci meurt et laisse ce même château à son neveu, Louis Puget, conseiller à la Cour de cassation.

1895, 20 février. Décès de Louis Puget, et le château de Montaren devient la propriété de son fils, M. Paul Puget, docteur en droit, conseiller à la Cour d'appel de Paris.

A
Famille Puget

Elle est originaire de Saint-Geniès-de-Malgoirès et, chose curieuse, en 1632, une demoiselle Puget Marguerite épousa Denys de Bargeton, docteur ès droits, seigneur de Montaren (Arm. général 2, p. 9) et 219 ans après c'est encore un Puget qui devient propriétaire du château de Montaren.

L'auteur commun de cette famille est

I. Jean Puget, consul de Montaren, en 1478, et qui fut père de

II. Jean Puget, bourgeois d'Aramon, qui épousa Honorade Guizard dont il eut : 1° Blaise qui suit ; 2° Marguerite, mariée, en 1632, à Denys de Bargeton de Cabrières, coseigneur de Montaren, et 3° Louis, consul moderne de Montaren, en 1685.

III. Blaise Puget qui épousa Anne de la Roque, dont il eut : 1° Pierre qui suit ; 2° Suzanne, mariée, en 1664, à Claude Bonnaud.

IV. Pierre I Puget, né en 1638, qui épousa, le 19 octobre 1674, Magdeleine Abric, dont il eut : 1° Pierre II qui suit ; 2° Louis, marié à Catherine Laurens.

V. Pierre II Puget qui épousa Louise Félix, en mai 1708, dont il eut

VI. Louis Puget qui épousa Jeanne Ranc, le 31 mai 1756, dont il eut

VII. Pierre Puget qui épousa, en décembre 1779, Madeleine Duffès, dont il eut

VIII. Guillaume-Antoine Puget, né le 25 mai 1783, décédé le 19 avril 1868. Il avait épousé, le 2 avril 1807, Julie Roux, dont il eut

IX. Louis Puget, né le 20 mars 1810, conseiller à la Cour de cassation, officier de la Légion d'honneur, décédé le 21 janvier 1895. Il avait épousé Célina Cartier, dont il eut

X. Paul Puget, conseiller à la Cour d'appel de Paris, propriétaire actuel du château de Montaren, qui a épousé Pauline Tourneur-Davelane, dont il a eu : André, Jean, Geneviève et Madeleine.

A
Famille de Ligonnès

Marianne du Pont de Ligonnès était la fille de Jean-Baptiste, marquis de Ligonnès et de C. des Serre de la Rochette, mariés le 6 mars 1745. Son frère était Charles-Gabriel du Pont de Ligonnès, officier de cavalerie, qui épousa, le 21 novembre 1792, Mlle A. de la Rochenesly, dont il eut

Amédée, qui suit; Félix-Edouard, marié à Mlle de Lamartine.

Amédée du Pont de Ligonnès qui épousa, en 1832, Bouygues de Boschatel, dont il eut

Edouard de Ligonnès, époux de Mlle de Loulames, dont il eut

Bernard du Pont, comte de Ligonnès, capitaine au 75e de ligne, époux, en 1893, d'Alice Pellat.

Et Pierre du Pont, vicomte de Ligonnès, lieutenant au 11e dragons, qui épousa, en 1900, Mlle Saint-René Taillandier.

Cette famille est originaire du Haut-Vivarais, du Pont de Mau, près Sainte-Agrève.

La seigneurie de Ligonnès se trouve près de Sablières, canton de Joyeuse (Ardèche).

Armes: *de gueules au heaume d'or à trois étoiles, deux en chef, une en pointe.*

MONTFAUCON
CANTON DE ROQUEMAURE

Armoiries : *d'hermine à un chef losangé d'or et de sable.*

1225, 28 janvier. Le troisième jour de la fête de la conversion de Saint-Paul sont convoqués à Paris les notables du royaume.

Le roi Louis VIII, d'après les agissements du cardinal Saint-Ange, légat, se décide à faire la guerre au comte de Toulouse, Raymond. Comme seigneur lige, on trouve parmi les signataires René de Moutfaucon.

1345. Guerre des Anglais en Languedoc et Guienne. Gérard de Montfaucon était sénéchal de Toulouse, capitaine général en Languedoc. Il était dans la milice du duc de Normandie contre les Anglais, ayant sous sa bannière Guillaume de Rougemont, chevalier, puis huit autres chevaliers et cent soixante-onze écuyers.

Famille de Montfaucon.

1351, 19 novembre. Gérard de Montfaucon, capitaine général, député par le roi en Languedoc, conjointement avec le prieur de Saint-Martin, réformateur général de la même province, confirme à Castelsarrazin, le 30 novembre, le privilège que le roi Jean, et Charles, roi de Navarre, son lieutenant dans le Languedoc, avaient accordé aux habitants de Moissac.

1439, 2 janvier. François de Montfaucon, seigneur de Roquetaille, est député vers l'évêque d'Albi, lieutenant du gouverneur de la province, pour retenir les troupes qui devaient partir pour la Bourgogne, les Aragonnais étant sur le point de faire irruption en Languedoc.

1490. Dans la liste des maréchaux de Carcassonne, on trouve Claude de Montfaucon, chevalier, baron des baronnies de Vézénobres et d'Alais en Languedoc, conseiller-chambellan du roi, capitaine de cent gentilshommes de l'hôtel du roi, pourvu de la sénéchaussée, le 25 avril 1487. Il meurt à Naples, le 10 mars 1490, étant lieutenant-général du royaume de Naples, ne laissant qu'une fille unique qui épouse Antoine de Lextrange.

1570, 2 novembre. Jacques de Montfaucon, seigneur de Vissec, président à la Cour des aides de Montpellier, puis premier consul de cette ville, assiste aux Etats généraux de la Provence tenus à Beaucaire.

1655, 13 janvier. Naissance du célèbre bénédictin Dom Bernard de Montfaucon, fils de Timoléon de Montfaucon, seigneur de Roquetaillade et de Couilhac de Razes. Il fait ses premières études au collège de Limoux et professe successivement dans les abbayes de Lagrasse et de Gorèze.

Les seigneurs de Montfaucon étaient convoqués comme barons des Etats du Languedoc.

Ils appartenaient à la vieille famille des Auger de Montfaucon, aujourd'hui éteinte.

Elle était originaire d'Allet et Limoux et avait pour armoiries : *de gueules à un faucon d'argent sur une montagne de même.*

On lit dans une lettre du 28 mai 1877, adressée à la sœur du marquis de Vernon, au château de Leix (Ariège), par le juge de paix de Saint-Lizier (même département) le récit suivant : « En adossant un établi à l'un des murs du cloître (cathédrale de Saint-Lizier) les ouvriers ont remarqué que la muraille rendait un son creux. On a aussitôt fait un trou qui a mis à découvert les restes d'un évêque. Les chairs, la peau, les vêtements, la chaussure, les gants, tout y était dans un état remarquable de conservation. Une inscription fait connaître le nom de cet ancien prélat : Auger II de Montfaucon. Il avait été nommé évêque de Causerans, en 1279, et il mourut en 1302. Au Concile de Nougarel, en 1293, il tint la première place après l'archevêque d'Auch. Il était de l'illustre famille de Montfaucon et se distingua par ses talents, son savoir et ses vertus.

Il fit des restaurations importantes à l'église de Saint-Lizier ainsi que dans le cloître, vrai bijou des IX° et X° siècles et dans le chœur de l'édifice. Il fut enseveli là où on l'a trouvé.

Les branches collatérales de la famille de Montfaucon, représentées par des filles, s'éteignent dans les familles de Seregaud, de Peyrefitte, de Colages, de Guibert Escande.

Les représentants actuels de cette illustre famille sont les de Balby de Vernon dont les ancêtres étaient, au XIV° siècle, barons de Montfaucon par possession de fief dans le diocèse de Rieux. (Chartrier, case E, n° 9, parchemin *Ne varietur*, L. Laboureur).

Famille de Balby de Vernon

Elle a été maintenue dans sa noblesse par jugement souverain de M. de Bezons, du 10 décembre 1668, (Parchemin cote G, n° 5) concernant les Balby de Montfaucon, dont la filiation généalogique depuis le XIII° siècle fut établie par J. Laboureur, conseiller du roi, historiographe de France. (Cote F, n° 2).

Pour les Vernon, nom patronymique du XIV° siècle, ils furent reconnus de noble lignée, le 17 février 1556, par Raymond Aymeric, ordonnateur du sénéchal de Carcassonne (Cote B, n° 21) et par ordonnance de M. de Bezons, conseiller du roi, le 10 octobre 1648 (Cote 4, n° 28).

Cette famille est représentée aujourd'hui en ligne directe par :

1° Georges, marquis de Balby de Vernon, fils de Léon, marquis de Vernon (Chartrier, case 1, n° 9) et de Marie-Laurent-Thérèse de Mathon. Il a épousé Marguerite de Fresnois de Levin dont : un fils, Henri, marié à Alice Lescaudy de Maneville et une fille, Marie-Thérèse, mariée à Albéric de Marc.

Armes de la famille de Marc : *d'azur à la fasce d'argent, accompagnée de trois coquilles de même.*

2° Sosthène de Balby de Vernon, frère de Georges qui a deux fils : Camille et Joseph.

3° Deux sœurs, Marie, célibataire, et Louise, veuve d'Emile de Thézac.

La famille de Balby de Vernon blasonne : *au 1er d'or à trois poissons d'azur fascés de même côté* qui est Balby ; couronne de marquis ; *au 2e d'azur un chevron accompagné en chef d'une étoile, le tout d'or, l'étoile accostée de deux roses d'argent. Sous le chevron, deux roses du 3e émail surmontées d'une étoile de 2e*, qui est Vernon. Couronne de marquis.

Le château de Montfaucon est la propriété du baron de ce nom.

NAVACELLE

———

Armoiries: *de sinople, à un chef losangé d'or et de sable.*

1384, *Nova-Cella* (dénombr. de la sénéchaussée). — 1549. Navacelle. (Arch. dép., c. 1320) — Navacelle (Carte géol. du Gard).

Cette seigneurie appartenait primitivement à la maison d'Uzès. C'est ainsi qu'en 1400 et le 27 septembre, Marguerite de Beaux, veuve et héritière de son mari, Guillaume d'Uzès, rend hommage de cette seigneurie au roi.

Pareils hommages sont faits, le 8 décembre 1408, par Blanche d'Uzès, en 1465 et le 13 janvier, par Guillaume de Laudun, seigneur de Montfaucon, et, en 1485, par Claude de Montfaucon, tous parents de la maison d'Uzès.

1580. Le baron de Fain de Péraut qui avait épousé une demoiselle de Montmorency, (voir lettre A ci-dessous) en devient seigneur.

Madeleine de Fain laisse cette seigneurie à son héritier, Abel-Antoine de Calvière, baron de Boucoiran.

1730, 2 mai. Roustan, avocat en parlement, achète la seigneurie de Navacelle à Marie de Calvière, veuve de Joseph de Roux, colonel de dragons, au prix de 13,000 livres. (Dict. du Gard, p. 149).

Son fils, Bonaventure Roustan, épouse, le 14 avril 1768, Marie-Claire Chambon, fille de Pierre-Henri Chambon, avocat en parlement, et de Jeanne-Gabrielle Marceau de Champloit de Maleval.

Famille Chambon

I. André Chambon, notaire, épousa Catherine Rafin, dont il eut

II. Pierre Chambon, notaire et consul d'Uzès, qui épousa, en 1645, N. de Russac, décédée en 1689, dont il eut : 1° Antoine-Ignace qui suit, et 2° Claire, mariée, en 1699, à noble François de Vigne, conseiller du roi, auditeur à la Cour des Comptes à Montpellier, fils de noble Louis de Vigne, conseiller à ladite Cour, et d'Elisabeth de Massillois.

III. Antoine-Ignace Chambon, juge au chapitre d'Uzès, mort en 1731, avait épousé Marie de Bourdan, dont il eut : 1° Pierre-Henri qui suit ; 2° Joseph, subdélégué de l'intendant de la province du Languedoc, et 3° Marie, mariée, en 1715, à noble Jacques de Roger, fils de noble Jean et de Madeleine Riessor de Beaucaire.

IV. Pierre-Henri Chambon, né en 1692, juge en la temporalité, prévôté et chapitre d'Uzès, qui épousa Jeanne-Gabrielle Moreau de Champlois de Malaval, dont il eut Claire-Marie, née en 1738, mariée, le 4 avril 1768, à Bonaventure Roustan, ancien garde du corps, fils de Jean, seigneur de Navacelle, et d'Elisabeth de Rossel et

V. Jean-Baptiste-Michel Chambon de Latour, né à Uzès, le 22 août 1739, maire de cette ville, député de Nimes et Beaucaire à l'Assemblée Nationale de 1789, député à la Convention, qui épousa Mlle de Privat, dont il eut

VI. Jean-Joseph-Julien-Auguste Chambon de Latour, officier de cavalerie, marié à Ursule Chabrond, dont il eut

VII. Paul Chambon de Latour, président du Tribunal civil de Nimes, chevalier de la Légion d'honneur, marié à Louise Badin, dont il eut : 1° Rodolphe, né le 26 janvier 1835, et Nelly, mariée à Charles Lenthéric, inspecteur général des Ponts et Chaussées, officier de la Légion d'honneur, de l'Instruction publique et du Mérite agricole, fils de M. Pierre Lenthéric, professeur à la Faculté des sciences de Montpellier, et de Virginie Laurens.

A
Famille de Montmorency

Cette maison est la première de France par la splendeur et l'antiquité de son origine, par la foule de grands hommes qu'elle a produits et par les hauts emplois dont ils ont été revêtus.

Son premier auteur connu est Bouchard de Montmorency qui, en 954, prenait déjà le titre de « Premier baron Chrétien », titre qui, depuis ce temps, a été porté par le chef de la famille.

Il avait épousé la fille d'Edouard, comte de Blois, cousine germaine de Hugues-Capet.

En 1139, Mathieu II de Montmorency, dit le grand, connétable de France, épousa Adélaïde de Savoie, veuve de Louis VI dit le Gros, roi de France.

La ville et la baronnie de Montmorency, situées sur une éminence de quatre lieues nord de Paris, relevaient de la couronne sous le relief d'un faucon d'or à chaque mutation de seigneur. Elles étaient défendues par un château flanqué de tours que sa position sur une éminence rendait une des plus fortes places de l'Isle de France.

Ce château, résidence habituelle des seigneurs de Montmorency, mettait Paris à l'abri des incursions et, en 978, il arrêta l'empereur Othon II qui, à la tête de soixante mille hommes, marchait sur la capitale.

Les Anglais détruisirent entièrement ses fortifications pendant la captivité du roi Jean, en 1360.

La baronnie de Montmorency a été érigée, pour la première fois, en duché pairie en juillet 1551, en faveur du connétable Anne de Montmorency. Son petit-fils, Henri II, maréchal de France, fut condamné à mort, en 1632, et exécuté par les ordres de Richelieu et ne laissa pas de postérité.

Par cette mort, le duc d'Uzès devint premier duc et pair de France.

Armes de Montmorency : *d'or à la croix de gueules cantonnées de seize alérions d'azur.*

Devise : *Dieu aide au premier baron chrétien.*

Avant 1214, les barons de Montmorency ne portaient que quatre alérions. Ils en ajoutèrent douze, en mémoire des douze aigles ou enseignes impériales que Mathieu II de Montmorency enleva à la bataille de Bouvines.

La tradition porte que les quatre premiers alérions avaient une origine semblable.

NAVES

Au XIII° siècle, la seigneurie de Naves était possédée par plusieurs seigneurs : Regardan, Gaucelin de Châteauvieux, Gui de Laudun et Raymond de Pierre qui associèrent, en 1273, Philippe, roi de France, à leur seigneurie pour un cinquième.

1416, 4 mai. Noble Bertrand de Malbosc fait hommage au roi de la seizième partie de la seigneurie de Naves.

Famille de Malbosc

Elle doit son nom à la terre de Malbosc, en Gévaudan. Elle a été maintenue dans sa noblesse par un jugement souverain du 27 août 1669. Son plus ancien auteur connu est **André de Malbosc**, damoiseau, vivant en 1275.

André, son fils, fut père de Guy, marié à Pérégrine de Cubières, dame de Miral. Pierre, leur fils, épousa Marguerite de Rocheblave. (D'Hozier, armorial général, III, B).

Armand, fils de Pierre, épousa Louise de Vilaret, dont il eut

I. Odilon de Malbosc, seigneur de Miral, qui épousa, le 18 janvier 1467, Smaragde de Beauvoir du Roure, dont il eut

II. Claude de Malbosc qui épousa Amphélize de Gabriac (voir fief Saint-Paulet) dont il eut

III. Antoine de Malbosc qui épousa : 1° le 4 juin 1542, Françoise de la Garde de Montvaillant ; 2° le 18 mai 1558, Claude de Chapelle de la Vigne. Il eut de son premier mariage

IV. Antoine de Malbosc qui épousa, le 25 novembre
1571, Louise de Grégoire de Lambrandes et il en eut :
1° Antoine qui suit ; 2° Anne, mariée, en 1610, à N. de
de Gueiffier ; 3° Marguerite, mariée, le 7 janvier 1610, à
noble Jean Maurin, seigneur de Bizac.

V. Antoine de Malbosc qui épousa, le 10 novembre
1591, Marguerite de Ginestous des Plantiers de Mont-
dardier (voir Arpaillargues) dont il eut : 1° Pierre qui
suit ; 2° Claudette, mariée, le 31 août 1633, à Jacques
de la Valette de Boulogne.

VI. Pierre de Malbosc, seigneur de la Vernède, qui
épousa, le 4 mai 1643, Balthazarde de Ginestous de
Madières dont il eut

VII. Pierre-Antoine de Malbosc, capitaine d'infanterie au régiment de la Fère (1666), qui épousa N. de
Seguin de Prades et mourut sans postérité.

Branche B. — VII. Charles de Malbosc épousa Marguerite de Richard de Boyer, dont il eut : 1° Charles
qui suit ; 2° Isabeau, mariée, avant 1711, à Antoine du
Claux, major au régiment de la Fère, dont six filles.

VIII. Charles de Malbosc, demeurant à Quézac, diocèse de Mende, colonel d'un régiment de milice bour-
geoise, épousa, le 25 janvier 1723, Marie de Palamour-
gue du Pouget, dont il eut : 1° Félix, reçu page du roi
en 1742 ; 2° Marie-Thérèse, alliée, le 26 février 1743, à
Hercule d'Altier de Borne, écuyer, seigneur du champ·

En 1734, cette famille possédait encore cette seigneurie.

Armes : *d'azur à trois chevrons d'argent posés
l'un au-dessous de l'autre.*

1417, 16 février. Dénombrement fait au roi par noble
Aimeric de Saint-Félix, époux de Marie de Garde, de
sa coseigneurie de Naves qu'il avait acquise des officiers
du roi. (Arch. duc.).

1456, 11 septembre. Hommage au roi de sa coseigneurie par noble Barthélemy Flandin, fils de Pierre
et de Gabrielle de Châteauvieux. (Arch. duc.).

1456, 18 septembre. Hommage au roi de la coseigneurie de Naves par noble Pierre de Lagarde de

Chambonas, époux de Françoise de Malbosc. (Voir fief La Capelle).

1483, 27 octobre. Hommage au roi par Guillaume de Chalençon, chambellan de France, seigneur de Roche-baron (Arch. duc.).

1484, 9 juillet. Autre hommage par noble Guillaume de Naves, seigneur de Mirandol et de dame Mandett Dorlha, son épouse.

1626, 26 septembre. Mʳᵉ Jacques du Roure, seigneur de Saint-André, achète la coseigneurie de Naves à noble Claude Robert, seigneur de Malbousquet et en fait le dénombrement au roi, à la date du 5 décembre 1640.

1664, 11 avril. Il en acquiert une autre partie de la dame de Lozières. Cette seigneurie était encore dans sa famille en 1339. (Voir fief Elze).

1672, 18 juin. Dénombrement au roi de la coseigneu-rie de Naves par Paul de la Baume, seigneur de Castel-jan. (Voir famille de la Baume, fief Verfeuil).

Elle a été maintenue dans sa noblesse par jugement souverain du 14 juin 1769.

1672. La dame Jacques d'Izarn de Coursoules, née Marguerite de Bellan, fait hommage au roi pour la seizième partie de la coseigneurie de Naves qu'elle tenait de noble Claude de Montjeu, son aïeul maternel.

Plus tard, en 1775, le marquis d'Izarn de Villefort fait mal ses affaires et sa seigneurie de Naves est adju-gée au seigneur de la Forest.

1673, 10 avril. Dénombrement au roi par noble Jacques de Narbonne de Largues.

Famille de Narbonne de Largues

I. Bertrand de Narbonne, seigneur de Lédignan, fut père de

II. Guillaume de Narbonne qui épousa, le 6 janvier 1506, Isabeau de la Garde, dont il eut

III. Antoine de Narbonne qui épousa, le 10 avril 1530, Isabeau de Cardailhac (voir lettre A) dont il eut

IV. Jean de Narbonne qui épousa, le 8 juin 1582, Marie d'Hérail, dont il eut

V. Louis de Narbonne qui épousa, le 7 septembre 1624, Jacqueline Manouin, dont il eut

VI. Jacques de Narbonne, seigneur de Largues, qui eut pour fils

VII. Charles-Ismidore de Narbonne, seigneur de Largues, qui épousa Isabeau d'Hérail de Brésis dont la postérité s'éteignit dans la maison de Rivière.

Armes : *d'azur au lion d'argent armé et lampassé de gueules au chef cousu de gueules chargé de trois étoiles d'or, écartelé d'or à trois chevrons de sable.* (*Arm. du Lang.*, par de la Roque, 1, 377).

1773, 22 juin. Le dénombrement de cette seigneurie est fait par Jean-Baptiste-Charles, baron d'Agrain de Hubac, baron d'Elze, demeurant à la ville des Vans. (Bonhomme, notaire à Uzès. — Voir fief Elze).

A
Famille de Cardaillac

Elle tire son nom de la seigneurie de Cardaillac, en Quercy.

D'une très ancienne noblesse, elle était représentée à la deuxième croisade par un de ses membres. Ses alliances sont nombreuses, quelques-unes fort belles, notamment avec la maison souveraine de Turenne par le mariage de Bertrand I de Cardaillac avec Hélène de Combord, de cette puissante maison, avec la maison de Crussol d'Uzès par le mariage de François de Cardaillac, seigneur de Peyre, en Gévaudan, le 22 mai 1564, avec Marie de Crussol, sœur d'Antoine de Crussol, duc d'Uzès, fils de Charles et de Galiote de Genoullac.

Maintenue dans sa noblesse, en 1666-1667, par de Fortra, intendant d'Auvergne, cette famille a formé plusieurs branches dont il serait trop long de donner la généalogie.

Deux seules subsistent encore : celle des Bigorre représentée par le baron Fernand de Cardaillac, juge au Tribunal de la Seine, et Xavier de Cardaillac, avocat à Pau, et celle des Veyenne, dont voici la généalogie, du moins dans ces derniers temps, depuis François-Emmanuel qui suit, seizième descendant de sa famille, jusqu'à nos jours:

XVI. François-Emmanuel, marquis de Cardaillac, seigneur de Veyenne et de Latrayne, fils de Jean III et de Marie de la Ramière, épousa, le 28 janvier 1748, Jeanne de Montalembert (1).

Elle était sœur de Gratien de Montalembert qui fut guillotiné le 24 juillet 1794, sous la Terreur, le même jour qu'André Chénier.

Ils figurent tous deux au beau et saisissant tableau de Muller : *L'Appel des Condamnés.*

Du mariage du marquis de Cardaillac et de Jeanne de Montalembert naquirent onze enfants, entr'autres : 1° Joseph qui suit; 2° Gratien, chevalier de Malte, le 21 juin 1788; 3° Jacques, inspecteur général de l'Université (1845) ; 4° Louis, émigré, qui fut élu par les émigrés lieutenant-colonel du régiment d'Orange.

XVII. Joseph, marquis de Cardaillac, seigneur de Veyenne, lieutenant du roi, de la province de Quercy, qui épousa, le 27 mars 1783, sa cousine Charlotte de Roquemaurel, fille du seigneur d'Espinassal, dont il eut : Auguste qui épousa sa cousine, N. de Bouy de Lavergne et

XVIII. Frédéric, marquis de Cardaillac, marié, le 9 septembre 1819, à Jeanne-Elisabeth-Aspasie de Poullain de Trémons.

De ce mariage naquirent une fille, Gratienne, morte religieuse de la Charité et

XIX. Henri, marquis de Cardaillac, qui épousa, le 6 novembre 1843, Marie Dufour, dont il eut : 1° Jacque, qui suit ; 2° Frédéric, mort en 1869, au 16° de ligne, en Afrique ; 3° Joseph, capitaine des mobiles du Lot (1870-1871).

(1) Les armes des Montalembert sont : *d'argent à la croix rouge de sable.*
Cimier : Une tête de loup de sable colletée d'or.
Devise : *Ferrum ferro, ferro ferros.*

XX. Jacques, marquis de Cardaillac, ancien capitaine des mobiles du Lot, chevalier de la Légion d'honneur, marié, le 20 août 1873, à sa cousine Marie-Henriette de Lamberterie, dont il eut : 1° Gabriel qui occupe, à Rennes, une situation à la Société Générale ; 2° Galiot en ce moment au Canada pour y être colon, et 3° une fille, Henriette.

Principales alliances en outre de celles déjà mentionnées :

D'Adhémar, d'Archiac, de Brioule, de Cérizoles, de Cornac, de Comborn, de Cour, de Cosnac, de Floyrac, de Fontanges, Galiot de Génolhac, de Laquille, de Lestrade, de Liguérac, de Périgord, de Plas, de Pontanier, de la Barnière, de Ricard, de la Roche, de la Roque, de Toiras, de Vaissac.

Armes : Les armes de la branche de Cardaillac Veyenne en Limousin (vicomte de Turenne) portent : *d'argent, à la croix de gueules, au chef d'azur bretessé par le bas de quatre bretèches.*

Devise : *Tot noscuntur orbe.* (Ils sont connus de tout l'univers).

NOZIÈRES

CANTON DE LÉDIGNAN

Armoiries : *de vair d'un chef losangé d'argent et de gueules.*

1218. R. de Noderus (Cart. de la reigneurie d'Alais. — 1237. Nuzeria (Chap. de Nimes, arch. dép.). — 1384. Nozeriœ (Démemb. de la sénéch.). — 1557. Nouzières (J. Ursy, notaire à Nimes). — 1620. Le prieuré de Saint-Jean-de-Nozières. (Ménard, VII, p. 654).

1257. Cette seigneurie appartenait à Pierre de Tuffes de Tarans, dont voici la généalogie :

Famille de Tuffes de Tarans

I. Hugues de Tuffes eut pour fils

II. Jean de Tuffes, qui épousa, le 9 février 1484, Mirande de Salavas, dont il eut

III. Thomas de Tuffes, qui épousa, en 1512, Marie Poupian, et il en eut

IV. Thomas de Tuffes de Tarans, qui épousa Jeanne Dubois, dont il eut

V. Gaspard de Tuffes de Tarans, seigneur de Poupian, qui épousa, le 5 octobre 1586, Louise de Cambis (voir fief Orsan) dont il eut

VI. François de Tuffes de Tarans, seigneur de Poupian, qui épousa, le 9 novembre 1607, Honorade de Rozel, et il en eut Simon, marié, le 8 juillet 1644, à Isabeau de la Hillière, et Francois, maintenus dans la noblesse par jugement du 13 décembre 1668.

Armes : *d'azur à la fasce de gueules chargé d'un cœur d'or, accompagné de trois étoiles de gueules au lion d'or, porte d'argent à trois fasces de sinople*

La veuve de Pierre de Tarans vendit la seigneurie de Nozières à Raymond de Brignon. (Voir fief Brignon).

Le seigneur de Nozières ayant été condamné à mort, ses biens sont confisqués au profit du roi.

1677, 13 mai. Les commissaires du roi vendent cette seigneurie au comte de Lussan pour le prix de 2,833 fr. (Arch. duc., *Sommaire des déclarations d'Uzès*, p. 79. — Voir fief Lussan)..

Au XVIII⁰ siècle, cette seigneurie appartenait : la moitié au marquis de Calvière (voir fief Navacelle) et l'autre moitié à Charles de Brun, seigneur de Domes_sargues, époux de Suzanne de Carrière. (Voir fief Domessargues).

Le château de Nozières appartient à M. Carenou.

Par ordonnance du 18 janvier 1813, la commune de Nozières a été réunie à celle de Boucoiran pour en faire la commune de Boucoiran-Nozières.

ORSAN

CANTON DE BAGNOLS

Armoiries : *d'hermine à un chef losangé d'or et de gueules.*

1310. Orsanum (Mén. 1, pr. p. 163, c 1). — 1550· Orsan (Arch. dép., c. 1323).

Jacques de Montaren fait hommage de la seigneurie d'Orsan. (Arch. dép. de l'Hérault, B. 8, p. 168).

1359. Accord par lequel les officiers du roi baillent à Raymond de Montaren la justice haute d'Orsan, moyennant un florin annuel valant seize livres. (Arch. dép. de l'Hérault, B. 8, p. 165 et 166).

1453, 24 septembre. Jean Gasc était seigneur d'Orsan.

1525, 23 octobre. Pierre de Cambis, écuyer, épouse Françoise de Perussis, dame d'Orsan, et devient, par son mariage, seigneur de ce fief.

Famille de Cambis

Cette famille, connue depuis 1256, est originaire de Florence, où elle occupait les premières dignités de l'Etat. Devenue française, elle se signala par sa valeur et son épée au service de la France.

Marc de Cambis fut un des chefs de l'armée du roi Louis XII, à la conquête du Milanais.

Son fils, Marc, fut si zélé au service de la France, qu'il quitta Florence pour suivre le roi Louis XII et s'établit en Languedoc.

On peut suivre la généalogie de cette famille à partir de

I. Luc de Cambis, qui fixa sa résidence à Avignon et épousa, en 1448, Marie de Pussis, dont il eut

II. Pierre de Cambis, dont je viens de parler, seigneur d'Orsan, qui avait épousé Françoise de Perussis, dont il eut

III. Jean de Cambis, seigneur d'Orsan, premier consul d'Avignon, qui le délégua auprès du Pape Sixte V et du roi Henri III. Il épousa, le 26 avril 1555, Françoise de Cléricy, et il en eut Louis, qui suit, et Richard, qui fit la branche B.

IV. Louis de Cambis, seigneur d'Orsan, chevalier de l'Ordre du roi, épousa, le 20 mai 1583, Georgette de la Falèche, et il en eut

V. Jean de Cambis, seigneur d'Orsan, qui épousa, le 1er mai 1616, Marguerite de Simiane, dont il eut

VI. Louis de Cambis, seigneur d'Orsan, citoyen d'Avignon, qui épousa, le 14 avril 1638, Magdeleine de Beaumefort d'Agulhac (voir lettre A) et il en eut

VII. Charles de Cambis, seigneur d'Orsan et de Sagriès, qui épousa, le 30 août 1673, Marie-Anne Pilchotte du Pape, et il en eut Francois de Cahorne, capitaine d'infanterie au régiment d'Angoumois, et

VIII. Jacques de Cambis, seigneur d'Orsan, coseigneur de Sagriès, marié, en 1690, à Magdeleine de Guilhems, et il en eut

IX. Louis-Charles de Cambis, seigneur d'Orsan et de Sagriès, qui épousa, en 1723, Anne-Elisabeth de Peyre, dont il eut

X. Jacques-François de Cambis, vicomte de Cambis, colonel d'un régiment d'infanterie de son nom. Il épousa Gabrielle-Charlotte-Françoise de Chimai.

Branche B. — Richard de Cambis d'Orsan, seigneur de Servières, auditeur de Rote au Palais apostolique d'Avignon, épousa : 1° le 20 décembre 1595, Isabelle de Baroncelli, dont il eut : Jean-François, qui continua la postérité dans le pays venaissin ; 2° le 22 janvier 1602, Marguerite de Sade (voir lettre B ci-dessous) ; 3° le 11 décembre 1607, Marguerite de Robin, dont il eut

V. Charles de Cambis, seigneur de Montillet, et Jacques de Cambis, baron d'Alais, lieutenant-général des armées du roi, blessé à mort à Girone, fut inhumé, le 8 septembre 1653, dans l'église collégiale d'Alais. On conserve encore, dit Laschesnaye Desbois, dans la sacristie de cette église, l'épée de bataille de ce brave officier général. Sur cette épée sont gravés ces mots : « *Je suis Cambis pour ma foi, ma maîtresse et mon roi. Si tu m'attends, confesse toi.* »

Cette famille fut maintenue dans sa noblesse par jugement souverain du 20 décembre 1668.

Elle fut admise aux honneurs de la cour le 7 février 1752, et les 10 janvier 1770, 15 octobre 1787 avec les titres de comte et de marquis.

Armes : *d'azur au pin d'or, fruité de même, accosté de deux lions affrontés d'or.*

A
Famille de Baumefort

Madeleine de Baumefort, épouse de Louis de Cambis, était la fille du haut et puissant seigneur Pierre de Baumefort d'Anduze, conseiller du roi, juge en la cour du sénéchal de Beaucaire et Nimes, et d'illustre et généreuse dame Gabrielle de Bérard de Charabias. (Chabert, notaire à Nimes. — Archives du Palais de Justice d'Avignon).

Il existe une autre famille de Baumefort, do t le nom primitif était d'Agulhac, originaire du Gévaudan avant le XIIIe siècle, et qui a possédé le château de Baumefort de la moitié du XVe siècle à 1533.

A cette époque Françoise d'Agulhac épousa Jean de Borne, à qui elle apporta en dot le fief de Baumefort, auquel est venu se joindre le titre de baron de Roussan. (Château entre Alais et Saint-Ambroix).

M. d'Agulhac de Soulage, se voyant sans descendant, adopta, en 1854, Mme de Romeuf, épouse du baron de Baumefort, demeurant au château de Soulage, par Langogne (Lozère), dont la fille a épousé M. de Limayrac, ami et compagnon d'armes du colonel comte d'Albiousse, des zouaves pontificaux.

Son oncle, Joseph de Baumefort, ancien ingénieur

des mines à Privas, est seul propriétaire du château de Baumefort.

B
Famille de Sade

La maison de Sade a réuni les genres de célébrité les plus divers. Son nom a été chanté par Pétrarque, amoureux de Laure de Noves, dame d'Hugues de Sade.

Au XVIIIᵉ siècle, l'abbé de Sade, vicaire général de l'archevêque de Toulouse, se distinguait par sa piété, tandis que son frère aîné, le lieutenant-général des provinces de Bresse et de Gex, se faisait connaître dans les lettres par un recueil d'anecdotes sur la guerre de 1741 à 1746, et que le marquis de Sade, fils de ce dernier, se créait une réputation par son libertinage effréné et par la profonde immoralité de ses écrits.

La maison de Sade était originaire d'Avignon, où une rue portait son nom, où ses armes étaient gravées sur la première arche du pont du Rhône, construit par saint Bénézet et où elle florissait dès le XIIᵉ siècle.

L'écusson de la famille de Sade a été écartelé par l'aigle noir d'Autriche, décerné à Elzéard de Sade par l'empereur Sigismond, qu'il avait aidé à repousser les Turcs au XIVᵉ siècle.

Voici la description de cet écusson : *Une étoile d'or à huit rayons sur fond de gueules, avec l'aigle noir d'Autriche onglé, becqueté et couronné de gueules.*

Devise : *Opinone de Sada.*

Cette famille n'est représentée dans sa descendance mâle et directe que par le comte de Sade, ancien zouave pontifical, qui a deux fils, Elzéard et Bernard, et qui habite le château de Condé, en Brie (Aisne).

Le château d'Orsan appartient aujourd'hui à M. de Laprade.

LE PIN

Armoiries: *d'azur à une bande losangée d'argent et de gueules.*

Les plus anciens vestiges de l'habitation de l'homme ont été trouvés dans les cavernes de Gandiol, près du Pin, par M. de Saint-Venant, inspecteur des forêts. Ils démontrent que ces lieux avaient été habités par une tribu d'hommes préhistoriques. Les Romains y établirent une villa.

Puis vint la tribu des Volces Arécomiques, véritables aïeux des habitants du Pin.

Non loin du château actuel, tout près d'un vieux puits aujourd'hui comblé avait poussé un *pin* qui donnait beaucoup d'ombrage.

Les étrangers et surtout les soldats qui voyageaient par étapes prirent l'habitude d'en faire un *lieu de halte* qu'on désignait par ces mots: *La Halte du Pin.* (*Le Pin,* par l'abbé Sicard, p. 8 et 9).

Il y avait autrefois deux châteaux, l'un, aujourd'hui en ruines, appelé Lou Castellas, au bas du village, au quartier de Vallespèce ; l'autre situé dans le village. C'est le château actuel.

1537, 19 septembre. Paul de Cayres, premier possesseur connu de la terre du Pin, passe un acte de vente à Mᵉ Michel, prieur de Masmolène, dans lequel il est qualifié du titre de seigneur du Pin et de Cabrières. (Arch. du château de Fontarèches).

1554. Paul de Cayres vend la terre du Pin à Charles des Micheaux (de Michellis) et à Claude d'Entraigues de Interaquis). (Arch. dép., caisse 46. – Arch. duc.).

Après la mort de Charles des Micheaux, son fils Jean hérite de sa part. Il épouse Jeanne de Rodulphe de Lusman et meurt peu après, laissant une fille, Domergue des Micheaux.

1586, 22 novembre. Celle-ci épouse Claude d'Entraigues, qui devient ainsi seul seigneur de la terre du Pin, laquelle a été conservée dans sa famille jusqu'au mariage de Pierrette avec le baron de Fontarèches, à qui elle l'apporta en dot.

Famille d'Entraigues

Elle est originaire du Vivarais. Sa noblesse a été reconnue par jugement de M. de Lamoignon, le 10 février 1699, et devant les Etats Généraux du Languedoc, le 23 décembre 1786. (Procès-verbal des Etats du Languedoc, 1786. — D'Hozier, armor. général, 1, B. — Arch. municip. d'Uzès).

Le premier titre de noblesse de la famille d'Entraigues ressort d'une quittance originale du 16 février 1456, qui nous apprend que Jehan d'Entraigues était seigneur de Montare, premier écuyer de Charles de Bourbon, comte de Clermont, lieutenant-général du roi Charles VII, en son pays et duché de Guienne.

Son fils, Pierre d'Entraigues, vint habiter Uzès.

Voici la généalogie de cette famille :

I. Jean d'Entraigues eut pour fils

II. Pierre d'Entraigues, écuyer, qui épousa, le 2 septembre 1527, Firmine de Jaufresenque, dont il eut

III. Claude d'Entraigues, qui épousa, le 22 novembre 1586, Domergue des Micheaux, dame du Pin, dont il eut

IV. Jean II d'Entraigues. C'est lui qui aurait fait construire la vaste demeure qui porte encore le nom de château du Pin, contigu du côté du nord à la *Bastimento* et probablement avec les ruines et les débris de l'ancienne villa Romaine.

Un beau portail en plein cintre, mais sans ornement architectural, donne accès à une vaste cour.

Le château, du style de l'époque, est remarquable par sa porte d'entrée ; son beau vestibule, sa majes-

tueuse montée d'escaliers, avec sa solide rampe en fer
forgé et ses grandes fenêtres.

Jean II, épousa, le 14 avril 1644, Louise de Guérin,
dont il eut Louis, page du prince de Condé, et

V. Gabriel d'Entraigues, seigneur du Pin, qui épousa,
le 24 février 1674, Bernardine de Brueys, dont il eut :
1° François, qui suit ; 2° Jean, capitaine dans le régiment d'Angoumois.

VI. François d'Entraigues, écuyer, seigneur du Pin,
épousa, le 31 juillet 1708, Marie-Anne du Baudan, dont
il eut

VII. Jean-François d'Entraigues du Pin, qui fit hommage au roi de sa seigneurie, dont le vieux château
était flanqué de tours, avec colombier et autres marques seigneuriales. (Arch. duc.).

Il épousa, le 17 décembre 1735, Marie-Charlotte d'Hozier (1) dont il eut : 1° Pierre-Louis, qui suit ; 2° Louis,
seigneur de Cabanes, envoyé de Tour, du Vivarais,
pour la baronnie de Montlor, aux Etats de Languedoc,
en 1786.

VIII. Pierre-Louis d'Entraigues, seigneur de Cabanes, épousa, le 2 mars 1767, Charlotte de Trinquelague, dont il eut

IX. Jean-Charles d'Entraigues, seigneur de Cabanes et
du Pin, officier de l'armée de Condé, chevalier de Saint-
Louis, chef de bataillon d'artillerie, qui épousa, en
1795, Jeanne-Judith Choderlos de Laclos (voir lettre A
ci-dessous) dont il eut : 1° Prosper, qui suit, 2° Jules,
lieutenant de vaisseau, chevalier de la Légion d'honneur et de l'Ordre du Christ du Portugal.

Il épousa Marie Dupont de Rivoire, dont : (A) Albéric,
né en 1843, général de division, officier de la Légion
d'honneur, qui a épousé Mlle Thérèse de Trinquelague ;

---

(1) Devise de la famille d'Hozier : *Et habet sua sidera tellus.*
La terre a aussi ses astres (allusion aux six étoiles d'or rangées en orbe qui figurent dans leurs armes).

(B) Marc, né en 1845, mort en 1863 ; 3° Cécile, mariée à Maiffredy de Robernier, colonel, commandant l'Ecole militaire de la Flèche, commandeur de la Légion d'honneur.

X. Prosper d'Entraigues, conservateur des eaux et forêts, chevalier de la Légion d'honneur, qui épousa Eulalie Droz de Gevinger, dont il a eu : 1° Gaston, né en 1831, marié à Béatrix de Saint-Didier ; 2° Clotilde, mariée à de Larminat, dont Victor, marié à Suzanne de Taillason, et René, marié à Madeleine de Pazzi, tous les deux inspecteurs des Eaux et Forêts.

Armes : *Ecartelé au 1 et 4 de gueules à une tour maçonnée d'argent*, qui est d'Entraigues : *au 2 d'or à un lion de gueules*, qui est de Brueys ; *au 3 d'azur à trois chiens d'argent à demi-corps posés 2 et 1, accompagné d'un croissant et d'une étoile de même*, qui est des Micheaux.

A
Famille de Laclos

Jeanne-Judith Choderlos de Laclos, épouse d'Entraigues, était fille d'Ignace-Antoine et de Marie de Foissy.

Ignace-Antoine était arrière-petit-fils, petit-fils et fils d'officiers et officier lui-même.

Blessé à Parme, puis à Quastalla, il fut fait chevalier de Saint-Louis au siège de Berg-op-Zoom.

Jeanne d'Entraigues, née de Laclos, avait deux frères:

1° Philippe-Emmanuel, lieutenant au régiment d'artillerie de la Fère, émigré à l'armée de Condé, en 1791, et mort dans les neiges, en Suisse, en 1793 ;

2° François-Xavier, né en 1764, lieutenant aux chasseurs à cheval du Gévaudan, émigré de l'armée de Condé, en 1791, chevalier de Saint-Louis.

Les seuls survivants du nom sont : Albert Choderlos de Laclos, demeurant au château de Lux, par Chalon (Saône-et-Loire), et ayant six enfants : deux fils, Henri, lieutenant au 26° dragons, à Dijon, qui continue les traditions guerrières et chevaleresques de sa famille, et

Jean ; et quatre filles : Hélène, Marguerite, Geneviève et Jacqueline.

Armes : *d'argent à deux piques renversées de sable passées en sautoir accompagné de quatre flammes de gueules au chef de gueules chargé de neuf bellettes d'argent posées 5 et 4.*

Supports : Deux sauvages appuyés sur leur lance.

Devise : *Pro Deo et rege.*

Ces armes sont un peu différentes de celles de la branche du général Choderlos de Laclos, auteur des *Liaisons dangereuses.*

M. Courtin est propriétaire actuel du château du Pin.

POTELIÈRES

CANTON DE SAINT-AMBROIX

—————

Armoiries : *d'azur à trois pals d'or et un chef d'argent chargé de trois feuilles de lierre de sinople.*

1314. *Ecclesia de Putelleriis.* (Rot. eccl., arch. munic. de Nîmes). — Pautelières, 1694. (Arm. de Nîmes). — Potelières, 1715. (J.-R. Nolin, carte du diocèse d'Uzès).

Avant 1790, Potelières faisait partie de la viguerie et du diocèse d'Uzès, doyenné de Saint-Ambroix.

Ce fief ressortissait au sénéchal d'Uzès.

Les consuls de Saint-Jean-de-Valériscle y avaient des droits nobles, mais le seul seigneur était le marquis de Montalet, sur la famille duquel nous donnons la notice suivante tirée du *Nobiliaire universel*, publié en 1855 par le vicomte de Magny, p. 41.

Famille de Bérard de Montalet

D'ancienne chevalerie, elle est l'une des plus illustres et des plus importantes de la province de Languedoc, d'où elle paraît tirer son origine et où elle a possédé, dans les temps les plus reculés, la seigneurie de Potelières et de Montalet.

On la regarde comme descendue des anciens comtes de Toulouse, à cause des nombreux biens qu'elle possédait et qui semblaient provenir par héritage du domaine privé de ces comtes, notamment de la ville d'Alais, qui en faisait partie, et dont les armoiries sont semblables à celles des Bérard de Montalet.

Pendant les guerres qui arrachèrent aux Raymond

leurs états patrimoniaux, Arnault de Bérard II du nom est assiégé dans son château de Montalet, par Montfort-Lamaury en personne, accompagné de ses plus braves chevaliers.

Sur le point de succomber, Arnault met lui-même le feu à son château. Profitant de la surprise que causait l'incendie à ses ennemis, il se jette avec les siens sur la troupe de Montfort dont il fait un affreux carnage et se retire ensuite dans un de ses châteaux, sur la montagne de Banassac.

Lorsque la paix fut rétablie dans ces contrées, on reconstruisit le château, que son architecture fait connaître aisément aujourd'hui pour un monument du XIIIᵉ siècle, et dont la possession par les Bérard de Montalet est suffisamment démontrée par des titres authentiques. On y voit encore la preuve que le demi-vol était alors les armoiries des Bérard de Montalet, car il est sculpté sur la porte principale ; le château lui-même a la figure d'un demi-vol exactement dessiné.

Plusieurs membres de cette famille ont pris part aux croisades : Raoul de Bérard, sous Philippe-Auguste, de 1188 à 1195, ainsi qu'en fait foi une charte datée de Saint-Jean-d'Aire, 1191 ; Bernard, avec son parent Bermond d'Anduze, en 1218, et Hugues et Guillaume, en 1249 et 1250.

Il est sorti de cette maison un grand nombre d'hommes illustres, entr'autres un Bérard de Montalet, chevalier, seigneur de Mercueil, chef d'une fameuse ambassade, envoyée à Rome, en 1304, par le roi Philippe-le-Bel au Pape, Benoît XI, pour aplanir toutes les difficultés élevées entre le Saint-Siège et la cour de France.

Le Saint-Père reçoit splendidement l'ambassade, dont la mission est couronnée d'un plein succès. (Voir *Histoire de France*, par l'abbé Vely, t. VII).

Hugues de Bérard de Montalet, fils de Guillaume et d'Isabelle de Pierre de Ganges, devient successivement évêque de Tréguier et de Saint-Brieuc.

Puis la duchesse de Bretagne, l'ayant créé cardinal, lui fait prendre le nom de « cardinal de Bretagne ».

C'est en cette qualité qu'il porte l'hommage de son souverain, Jean IV, au roi Charles V, en 1366.

Charles de Bérard, marquis de Montalet, commandant des mousquetaires en 1622, a l'honneur de recevoir chez lui Louis XIII, lorsque, voyageant en Languedoc, il passe par Alais.

Jacques de Bérard, baron d'Alais, son fils, remporte une grande victoire sur les protestants et plante aussitôt sur le champ de bataille une croix de bois qu'on portait devant lui comme une marque de chef catholique.

Les officiers municipaux en élèvent bientôt une de fer entre le pied des murs du château et la rivière du Gardon, qu'on nomme encore Croix du Baron.

La maison de Bérard de Montalet se rattache à la maison de France par Cécile de Montalet, qui était, par la maison de Budos, une des aïeules de Charlotte de Montmorency, princesse de Condé.

La maison de Bérard de Montalet a formé plusieurs branches.

D'après la généalogie publiée dans l'*Armorial général*, l'auteur de cette maison fut Arnault de Bérard, seigneur de Montalet ou Montalais, en latin *Monte-Aleto*, Saint-Ambroix, Potelières, coseigneur d'Alais, de Genouillac, vivant en 1180.

Sa descendance forma plusieurs branches, qu'il serait trop long de mentionner. Voici celle qui s'est perpétuée jusqu'en ces derniers temps et dont M. de Bouchony, d'Avignon, est actuellement l'héritier et le seul représentant.

I. Arnaud de Bérard de Montalet, chevalier, vivant en 1180.

II. Arnault, vivant en 1258.

III. Guillaume, seigneur de Potelières, époux, en 1332, de dame Hesmenarde.

IV. Guillaume II, époux d'Isabelle de Pierre de Ganges.

V. Guillaume, époux, en 1342 et le 24 mai, de Catherine de Montdagous.

VI. Louis, époux, le 30 juin 1362, d'Hélix de Châteauvieux.

VII. Richard, époux : 1° le 15 octobre 1389, de Sibille d'Ussel, et 2° le 11 février 1411, de Guillemette de Moret de Pierrelatte.

VIII. Antoine, époux, le 26 décembre 1450, d'Agnès de Borne d'Altier du Champ.

IX. Antoine, époux, le 21 novembre 1492, d'Alix d'Abzac de Grammont.

X. Bertrand, époux, le 13 novembre 1538, d'Alix de Vesc. Il obtint des lettres royales, le 25 décembre 1564, sur l'incendie de son château de Potelières.

XI. Jean, qualifié marquis de Montalet, époux, le 9 mars 1576, de Noémie d'Audibert de Lussan, tante d'Henri, duc de Montmorency, et de Charlotte de Montmorency, princesse de Bourbon Condé.

XII. Charles, marquis de Montalet, époux, le 20 décembre 1611, de Louise de la Garde Chambonas, fille d'Henri et de Gabrielle de Morangiés.

XIII. Jacques, baron d'Alais, marquis de Montalet, mort en 1684 et inhumé, ainsi que ses descendants, dans le chœur de la cathédrale d'Alais. Il avait épousé, le 8 janvier 1647, Isabeau de Cambis-Alais, héritière en partie de la baronnie d'Alais, fille de Jacques, général de cavalerie, et de Catherine d'André.

XIV. Jacques-Marcelin, époux, le 4 septembre 1679, de Marguerite de la Fare, de l'illustre maison de ce nom, fille d'Antoine, marquis de la Fare, vicomte de Monclar, baron de Salendrenques, gouverneur de la ville d'Agde, et d'Angracie de Mirabel.

XV. Jean-Scipion, baron d'Alais, marquis de Montalet, époux, le 15 février 1732, de Marie-Louise de Perussis, fille du marquis de Perussis, lieutenant-général des armées du roi.

XVI. François de Bérard, marquis de Montalet, baron d'Alais, gouverneur de Saint-Ambroix, épousa, le 17 février 1773, la fille unique du marquis de Rigaud de Belvèze, dont il eut

XVII. Louis de Bérard, marquis de Montalet-Alais, épousa, en 1804, Alix de Suffren-Saint-Tropez, sa cousine, dont il eut quatre enfants.

XVIII. 1° Alfred, marquis de Montalet-Alais, né le 20 mai 1820, épousa, le 5 septembre 1849, Fanny de Veirac, dont la grand'mère, dans la ligne paternelle appartenait à la maison du Roure, l'une des plus puissantes du Languedoc, puisqu'elle possédait quatre baronnies : celle du Roure et de Florac, dans le Gévaudan ; celle de Largentière, en Vivarais, et celles de Barjac et de Tornas, dans le Bas-Languedoc ;

2° Valérie de Bérard de Montalet-Alais, qui épousa N. de Lomède, et dont elle eut Ozurale et Hilota, laquelle épousa M. de Bouchony, et de ce mariage naquirent Marthe, Maurice, Henri, Louis et Alfred, lequel fut héritier du fief de Potelières, par testament d'Alfred, son grand-oncle ;

3° Amélie de Montalet-Alais, qui épousa le comte de Lozère, dont elle n'eut pas d'enfants ;

4° Hilda de Montalet-Alais, qui épousa Ivan de Labruguière, et eut deux filles : Alix, mariée à Iwan de Villeperdrix, et Valentine, mariée à Robert de Lisleroy, juge à Largentière, dont quatre filles.

Armes : *d'azur au demi-vol d'argent.*

Couronne de marquis.

Supports : Deux sauvages.

Devise : *Donec dent sidera sedem.*

Famille de Bouchony

Elle est originaire de Venise, où un de ses membres, Nicolas Trono, fut doge vers le X° siècle. (Note de la famille).

Plus tard, un autre de ses membres vint s'implanter à Avignon et y épousa une fille unique, Mlle de Bouchony, dont il prit le nom, et depuis cette époque les Bouchony n'ont pas quitté Avignon.

Albin Trono de Bouchony épousa Mlle de Coton, dont il eut

1° Auguste de Bouchony, chef actuel de la famille, qui épousa Mlle Delpuech de Lomède, et en eut cinq enfants ;

2° Paulin de Bouchony, inspecteur des Eaux et Forêts

en retraite, qui épousa Mlle Reynaud de la Barrèze, et en eut trois enfants : Germain, Geneviève et Ludovic.

Les enfants d'Auguste sont :

1° Marthe, épouse de Bart, sept enfants ;

2° Maurice, lieutenant au 157° régiment, marié à Mlle Boutus, deux enfants ;

3° Henri, lieutenant d'infanterie de marine ;

4° Louis, administrateur en Cochinchine ;

5° Alfred, garde-général, marié à Mlle Colignon.

Armes : *Bandé d'or et de gueules de six pièces, un chef d'or chargé de trois fleurs de lis de gueules au pied nourri,* qui sont du Trono.

Couronne de marquis.

POUGNADORESSE

CANTON DE LUSSAN

Armoiries : *d'azur à un pal losangé d'argent et de gueules.*

1156. *Castrum de Pugnixduritia (Hist. de Lang.*, II, pr. coll., 561). — 1331. *Castrum de Pougna-Durissia* (Gall. Christ. I, VI, p. 625). — 1384. *Locus de Pugna-Duricia.* (Dén. de la sénéchaussée). — 1565. La seigneurie de Pougnadoresse. (Lett. patentes de Charles IX). — 1634. Pougnadoresse. (Arch. dép., c. 1285).

Ce lieu était anciennement aux évêques d'Uzès, auxquels il fut confirmé, en 1156, avec toutes ses dépendances, par le roi Louis-le-Jeune, rappelant les donations faites par ses prédécesseurs, Louis l'Aveugle, Raoul et Louis IV.

Aussi, en 1144, Bermond I, et, en 1254, Decan II d'Uzès, ainsi que leurs successeurs, font hommage de cette seigneurie aux évêques d'Uzès. (Etudes d'archéologie, par Lalande, p. 19).

1257. Raymond de Sernhac était coseigneur de Pougnadoresse. On lui fait hommage des terres et maisons situées dans le château *(Castrum),* et il y est question de château vieil et de maison du peuple ou maison de ville. (Arch. du château de Pougnadoresse).

1286. Relaxe par le juge des terres de l'évêché d'Uzès de Raymond de Sernhac et de Pierre-Albert, coseigneur de Pougnadoresse, parce que Pierre Mercier, mis dans la prison du château pour avoir volé des choux dans un jardin, s'y est pendu. (Id.).

Au commencement du XIVe siècle, Pougnadoresse comptait plusieurs coseigneurs : Bertrand de Sernhac, le vicomte d'Uzès, Rostang de Saint-Laurent, Jean de Saint-Paul, Raymond de Sainte-Croix, Jean de Nozera, et plus tard Aubert, damoiseau de Cavillargues.

1331. Guillaume de Mondagout, vicomte d'Uzès, constitue les droits de l'évêché à Pougnadoresse en dotation de plusieurs chapellenies fondées par lui à l'église Notre-Dame-la-Neuve d'Uzès, bâtie tout à côté de la cathédrale à gauche. (Gall. Christ.).

1332, 27 mars. Le vicomte d'Uzès achète une partie de la coseigneurie de Pougnadoresse à Jean de Saint-Paul (Me Guichard, notaire), et, en 1449, un de ses successeurs acquiert les droits de l'évêque sur Pougnadoresse.

1391, 2 septembre. Nobles Nebé et Girard de Pouzilhac, père et fils, héritent de noble Pons de Saint-Laurent de Pougnadoresse et la Cour d'Uzès les maintient dans cette possession.

1403, 19 février. En échange d'une vigne, noble Paule, veuve de Pierre de Clermont, et Isabeau, sa fille, cèdent à noble Giraud de Pouzilhac, la moitié de la huitième partie du château de Pougnadoresse ensemble de la juridiction moyenne et basse dudit lieu et son mandement comme aussi la moitié d'une tour qu'elles ont au château, indivise avec les hoirs de feu noble Jacques de la Pierre de Valabres.

1503, 4 mars. Jacques de Crussol fait hommage au roi de la seigneurie de Pougnadoresse avec tous ses coseigneurs parmi lesquels Jean de Cubière, seigneur du Cheilar et de Pouzilhac, mari de Marguerite de Malbuisson et Odouard de Maledun, seigneur de Ribeshaute.

1550. Honoré Le Chantre achète des portions de la seigneurie de Pougnadoresse à André Duvacen, écuyer, à Claude et à Jean de Cubière.

1559. Toutes ces coseigneuries lui sont inféodées par Antoine de Crussol, vicomte d'Uzès.

1562. Le même vicomte, en souvenir des services

qu'il lui avait rendus, lui donne la seigneurie de Pougnadoresse tout en se réservant la haute juridiction. (Arch. duc., Inventum 1610, n° 528).

Par suite de tous ces dons et acquisitions, Honoré Le Chantre est le seul seigneur foncier de l'entier lieu de Pougnadoresse, ainsi que cela résulte d'une sentence arbitrale rendue, en 1591, par les sieurs Roussel et Salières, avocats de la ville d'Uzès. (Arch. de Pougnadoresse, E. 20).

1694, 12 février. Transaction entre noble Gabriel Le Chantre, seigneur de Pougnadoresse, et les consuls portant abonnement des droits féodaux. (Aub. E. 20).

1720, 11 avril. Hommage à Mre Jean-Charles de Crussol, duc d'Uzès, premier pair de France, par noble Joachim Le Chantre de Pougnadoresse, gouverneur de Cadenet, capitaine des gardes de Monseigneur le duc d'Uzès, et son vice-sénéchal.

Cet hommage indique que *Joachim Le Chantre possède le terroir de Pougnadoresse, sous-fief franc et noble pour une partie, et pour deux autres parties sous l'albergue d'une maille d'or, payable à chaque mutation de seigneur et de tenancier.* (Arch. de Pougnadoresse, B. 17).

1769, 19 octobre. Louis-François-Xavier et Charles-Antoine Le Chantre, oncle et neveu, seigneurs de Pougnadoresse, par indivis rendent une ordonnance de police. (Id. D. 22).

1770, 31 août. Arrêt du Parlement de Toulouse consacrant le droit qu'ont les officiers du seigneur d'assister aux assemblées du Conseil politique. (Id., D. 21).

1772, 18 juillet. Jugement du sénéchal d'Uzès condamnant divers habitants à enlever les bancs par eux placés dans l'église de Pougnadoresse, en contradiction avec les droits du seigneur, patron de cette église. (Id. D. 23).

Famille Le Chantre de Pougnadoresse

Honorat I Le Chantre, seigneur de Pougnadoresse, ainsi que nous l'avons vu ci-dessus, était conseiller du roi, docteur en médecine, et habitait Uzès. Il épousa, le 15 mars 1554, Marguerite de Masméjean, dont il eut

II. Guillaume I Le Chantre, seigneur de Pougnadoresse, né en 1556, qui épousa : 1° Louise de Gramis, et 2°, le 31 décembre 1586, Esther d'Audibert de Lussan. fille d'Audibert et de Gabrielle de Bidor, dont il eut : 1° Gabriel, chef de la branche des Pougnadoresse, qui suit ; 2° Pierre, qui épousa, en 1619, Marguerite de Pradenc, et qui fut le chef de la branche des Le Chantre, seigneurs de Saint-Julien-de-Cassagnas, capitaine d'infanterie, prit part au siège de Salers, en Roussillon.

III. Gabriel I, seigneur de Pougnadoresse, capitaine d'infanterie au régiment de Blacous, épousa, le 28 octobre 1603, Jeanne de Jossaud, fille de Jean, conseiller au présidial de Nimes, et de Veryte Coutresse, dont il eut : 1° Jean, qui suit ; 2° Etiennette, qui épousa, le 29 mai 1635, noble Pierre de Vaux, seigneur de Saint-Victor-des-Oules, fils de Jean de Vaux et d'Isabeau de Lagorce ; 3° Marthe, mariée à Jacques de Brueys, seigneur de Flaux. (Voir fief Brueys).

IV. Jean I, seigneur de Pougnadoresse, prit part, en 1641 et 1642, à la conquête du Roussillon et fut nommé lieutenant-colonel du régiment d'Anduze. Il épousa, le 8 juin 1630, Suzanne de Bouet, fille de Nicolas, conseiller du roi, lieutenant à la viguerie d'Uzès, dont il eut

V. Gabriel, seigneur de Pougnadoresse, lieutenant aux chevau-légers du Dauphin, qui épousa, le 31 mai 1673, Jeanne de Riffard, fille de Charles, docteur ès droits, et d'Alix des Andrées, dont il eut : Jeanne-Amable, qui épousa, le 20 novembre 1716, noble Louis Domergue de Gaujac, et

VI. Joachim, seigneur de Pougnadoresse, sénéchal ducal, qui reçut les dénombrements des seigneuries relevant soit de l'ancien patrimoine du duché pairie, soit de celui de l'échange de 1721 et opéra lui-même le dénombrement de la propre seigneurie de Pougnadoresse, le 8 janvier 1724. Il épousa, le 14 mars 1715, Delphine d'Estival, dont il eut : 1° Jean, qui suit ; 2° Jeanne, religieuse aux Ursulines de Pont-St-Esprit ;

3° Claude, qui fit la campagne de Bohême et y mourut à Eyra ; 4° Marie-Magdeleine, qui épousa, le 20 octobre 1738, noble Pierre David, seigneur de Gicon, docteur en droit ; 5° Joseph, capucin, puis chanoine régulier de l'ordre des Augustins à Uzès ; 6° Jean-Joseph, chanoine, puis, après la Révolution, doyen du clergé d'Uzès et investi d'une sorte de juridiction épiscopale par l'évêque d'Avignon, dont le diocèse comprenait le Gard et Vaucluse. Il fut enterré, à Uzès, dans le cimetière du Chapitre.

VII. Jean II, seigneur de Pougnadoresse, épousa, le 19 juillet 1745, sa cousine germaine, Marie d'Estival, fille (1) de Claude et de Madeleine de Posquières, dont il eut plusieurs enfants qui ne laissèrent pas de descendances. Par suite, la seigneurie de Pougnadoresse passa sur la tête du seizième enfant de Joachim I qui suit :

VIII. Xavier I, seigneur de Pougnadoresse, sénéchal du duc d'Uzès, capitaine d'artillerie, chevalier de Saint-Louis, à Besançon, qui épousa, le 25 janvier 1774, sa nièce Marie Le Chantre, fille de Jean II ci-dessus. Celle-ci fut l'héritière testamentaire de son mari et devint ainsi dame de Pougnadoresse.

Armes : *d'azur à un chevron d'argent accompagné en pointe d'un lion passant d'or et au chef de même chargé de trois trèfles de sable. (Armorial du Languedoc,* par de la Roque, t. II, p, 15).

Famille de Sorbier de Pougnadoresse

Marie Le Chantre, fille de Jean II, veuve à 26 ans, épousa, le 28 novembre 1780, dans l'église de Pougna-

---

(1) Posquières porte : *d'azur à un puits d'or maçonné de sable.*

Au commencement du XVIII° siècle, François de Posquières, ancien capitaine au régiment du Plessis Bellières, retiré dans sa maison de campagne appelée *Ripaille,* près de Villeneuve-lès-Avignon, créa le fameux ordre de la Boisson. Il était le père de Madeleine de Posquières.

doresse, Jean-François de Sorbier de la Condamine, capitaine au corps royal du génie, fils de Mᵉ Jean-Claude, coseigneur de Saint-Quentin-la-Poterie, et de noble Thérèse de Venent. Elle lui apporta en dot entr'autres choses, la seigneurie de Pougnadoresse dont elle avait hérité de son mari. Dès ce moment, il adjoignit à son nom celui de Pougnadoresse conformément aux usages antiques ayant force de loi. (Cast. 10 mars 1862, D. P. 1862, 1, 219) et forma une nouvelle famille. Il suivit la carrière militaire dans l'arme du génie et ne tarda pas à devenir capitaine et chevalier de Saint-Louis. Il resta trois ans en Amérique, durant la guerre de l'Indépendance. Revenu en France, bien qu'il n'eut pas la moindre sympathie pour les idées révolutionnaires, il crut de son devoir de servir la Révolution quand la France était attaquée et il devint chef de bataillon, puis chef de brigade, titre équivalent à celui de colonel, chevalier, puis officier de la Légion d'honneur, après de nombreux et glorieux faits d'armes.

A la restauration, il se rallia à la royauté et Louis XVIII lui accorda la décoration du lys. Il mourut le 13 juin 1826 et fut enterré dans un tombeau de famille établi dans l'ancienne église de Pougnadoresse, laissant un fils.

XI. Charles I, né à Pougnadoresse, le 13 octobre 1781, qui épousa, le 8 février 1808, Marie de Belleval (voir lettre A) fille de Gaspard et de Marie du Vivier de Lansac, dont les armes sont: *de gueules plein*. Ardent royaliste, Charles assista au combat de La Palud pour résister à Napoléon et devint maire de Pougnadoresse. Il donna sa démission en 1830 et ne voulut exercer aucune fonction publique. Il mourut, à Aramon, le 23 avril 1835, et laissa de son mariage avec Mˡˡᵉ de Belleval, qui décéda en 1850: 1º Jules I, qui suit ; 2º Jelia, mariée à Ernest Gaussand, riche propriétaire à Remoulins. Elle mourut en 1866 ; 3º Hippolyte, secrétaire général de la Gironde et commandeur de l'Ordre de Charles III d'Espagne, chevalier de la Légion d'honneur, qui forma la branche B.

III. Jules I de Sorbier de Pougnadoresse, né à Montpellier, le 30 octobre 1809, lieutenant d'infanterie, sorti
de l'Ecole de Saint-Cyr, démissionnaire en 1830. Il
épousa, le 15 avril 1839, Elisabeth de Pascal (1), fille de
Ferdinand et de Marie-Louise de Barre de Leuzières,
dont il eut

IV. Joseph I de Sorbier de Pougnadoresse, né à Pougnadoresse, le 19 mars 1847, décédé le 25 avril 1873. Il
avait épousé, en 1871, Marie de Puech de Comeiras (2),
fille d'Auguste et de Valentine Bergeret (3), décédée le
21 juillet 1874, dont il avait eu un fils qui suit :

V. Georges de Sorbier de Pougnadoresse, né à Nimes
le 15 août 1872, docteur en droit, membre du Conseil
général du Gard, qui a épousé, le 25 janvier 1894, Marthe de Saint-Sauveur-Lorraine (4), fille de Georges et de
Blanche d'Esparbès de Lussan (5).

De ce mariage sont nés :

1° François (1899) ; 2° Joseph (1901) ; 3° Solange (1902)
4° Jeanne (1903).

Branches B. H. — Hippolyte de Sorbier de Pougnadoresse, père de: 1° Marie de Saintvis, née le 2 février
1855, veuve de Pierre de Sorbier de Pougnadoresse,

(1) De Pascal porte : *de gueules à l'agneau pascal d'argent,
au chef d'azur chargé d'un croissant d'argent cantonné à dextre
et à senestre d'une étoile d'or.* (Aubais, f. B, p. 63).

(2) Armes : *d'azur à l'angle héraldique d'argent couronné de
gueules au chef de gueules cantonné à senestre d'un quart de
soleil rayonnant d'or.*

(3) Bergeret, de noblesse franc-comtoise, porte : *de sinople au
lion d'or surmonté d'un chef de gueules chargé de trois croissants
d'argent.*

(4) Armes : *de gueules à la fasce d'argent, accompagnée en
chef de deux merlettes et en pointe d'un chêne arraché de même.*

(5) D'Esparbès de Lussan porte : *d'argent à la fasce de gueules,
accompagnée de trois merlettes de sable.*

La maison d'Esparbès, qui remonte au XIIᵉ siècle, compte
parmi ses membres deux maréchaux de France.

ancien sous-préfet, chevalier de l'Ordre *Pro Pontifice et Ecclesia*, né le 17 février 1852, marié le 8 septembre 1877, décédé le 21 décembre 1898.

De ce mariage sont nés :

1° Hélène (1878), décédée en 1879 ; 2° Pierre (1879) ; 3° Jeanne (1881) ; 4° Françoise (1884).

2° Jean de Sorbier de Pougnadoresse, inspecteur des finances, chevalier de la Légion d'honneur, né le 23 décembre 1854, marié, le 17 juin 1885, à Adélaïde de Laprade (1), née le 7 décembre 1856, fille de Victor, membre de l'Académie française, et de Joséphine de Parieu.

De ce mariage sont nés :

1° Victor (1886) ; 2° Marie (1894).

La famille de Sorbier de Pougnadoresse porte : *Parti au 1er d'or au sorbier au naturel, terrassé de sinople, surmonté d'un chef d'azur à une étoile d'argent ; au 2e de gueules au chevron d'or accompagné en pointe d'un lion de même et surmonté en chef de trois trèfles en fasce d'argent ; bordure de gueules brochant sur l'écu.*

A
Famille de Belleval

Cette famille est originaire de Picardie où elle a été maintenue dans sa noblesse par arrêt du Conseil du roi du 25 octobre 1668, commune remontant à Edmond de Belleval, écuyer, anobli par le roi Louis XII. (*Nobiliaire de Picardie*, 1665, p. 36).

Au commencement du XVIe siècle, elle était divisée en plusieurs branches. C'est à l'une d'elles qu'appartenait Pierre Richer de Belleval, qui vint se fixer à Montpellier vers 1580, et qui contribua à la fondation du jardin botanique en 1589. Il mourut sans postérité, mais il laissa son neveu, Martin Richer de Belleval,

(1) Laprade porte : *de gueules au chevron d'argent accompagné en chef de deux étoiles de même et en pointe d'un besant d'or.*

qui devint l'auteur de la branche établie à Montpellier.

Cette famille a donné trois présidents à la Cour des Comptes de Montpellier, un prévôt à l'église-cathédrale et plusieurs maires ou premiers consuls à la même ville. (D'Aigrefeuille, hist. de Montpellier).

Armes : *de gueules à la bande d'or, accompagnée de sept croisettes de même potencées dites de Jérusalem, 4 en chef, 3 en pointe.*

———

POUZILHAC

CANTON DE REMOULINS

———◦———

Armoiries : *De sable à une fasce losangée d'argent et de sinople.*

1121. Castrum de Pozilhac. (Gall. Christ, t. VI, p. 301).

1290, 7 mars. Le roi Philippe vend à Brémond, seigneur d'Uzès, le château et la seigneurie de Pouzilhac.

1291. Guillaume Amouroux, Guillaume Bernard, Rostang, damoiseau, seigneurs en partie de la juridiction de Pouzilhac, en rendent foi et hommage à Brémond, seigneur d'Uzès, et s'engagent à lui livrer au besoin les munitions et les forteresses du château. (Arch. duc. Registre Uzès 1610, n° 121).

Alexis de Pouzilhac fait le même hommage à Robert, vicomte d'Uzès, en 1719. (Arch. duc. Registre sommaire 1610, n° 180).

1302. Hélias Gondefray, étant seigneur de Pouzilhac (Id. 149) en fait hommage au vicomte d'Uzès. Même hommage est rendu par Elie Godefroy, damoiseau, le 15 mai 1380.

1526. Noble Gaspard de Malaudes était coseigneur de de Pouzilhac.

1531. Noble Jean de Cubière qui l'était aussi. (Arch. duc., Uzès, n° 606), se présente au ban et arrière-ban, le 6 mars 1540.

Famille de Cubière

Jean de Cubière épousa Marguerite de Malbuisson, dont il eut

II. Claude, écuyer, seigneur de Pouzilhac, qui épousa,

le 29 novembre 1540, Catherine de Sarrat de Bernis, (Arch. dép. du Gard, t. III, p. 78) dont il eut

III. Louis de Cubière, seigneur de Pouzilhac, époux de Douce Ripe, dont il eut

IV. Pierre de Cubière, seigneur de Pouzilhac, qui épousa, le 8 décembre 1631, Marguerite Robert, dont il eut

V. Daniel de Cubière, seigneur de Pouzilhac, maintenu dans sa noblesse par jugement du 31 janvier 1669.

Armes : *de gueules à l'étoile d'or porté d'azur au griffon rampant d'or, armé et vilainé d'argent.*

Cette famille, originaire d'Uzès, descend de Hugues de Cubière, vivant en 1269.

1340. Une sœur de Claude de Cubière, Symone, dame en partie de Pouzilhac, épouse Rostaing de Lauberge, qui devient ainsi coseigneur de Pouzilhac.

De ce mariage naquit Mathieu de Lauberge, écuyer, seigneur de Cassagnoles, et Rocheblave, coseigneur de Rocheblave et de Ribaute, qui épousa Marie de Beauvoir du Roure, dont il eut

Antoine de Lauberge, seigneur de Cassagnoles, qui épousa, le 24 septembre 1665, Marguerite de Trémolet.

Armes : *de gueules à trois roses d'argent 2 et 1 accostées de deux besants.*

1622. Le château de Pouzilhac tombe entre les mains des protestants. Le duc de Rohan y laisse une garnison qui se débande bientôt après, ce qui permet au marquis de Portes de reprendre le château pour le roi. *(Histoire du Languedoc*, t. IX, p. 149).

1662. La seigneurie de Pouzilhac appartient à Georges de Picon, écuyer, seigneur de la Balme, conseiller du roi et son maître d'hôtel ordinaire, commissaire général de ses troupes, maître des requêtes de la reine, fils de Pierre, seigneur de la Balme, et de Jeanne d'Almeres, mariés le 14 mars 1593. Il épouse, le 23 avril 1623, Alix de la Coste, et est déclaré noble par arrêt du Conseil du 3 juin 1668, avec ses enfants.

Famille de Picon

Antoine-Hercule de Picon, seigneur de Pouzilhac, conseiller du roi en ses Conseils d'Etat et privé (1663), secrétaire au Conseil de la reine, épousa, le 30 décembre 1662, Marguerite-Anne de Villède, et Gabriel de Picon, écuyer, conseiller et trésorier-général du duc de Mazarin, pair de France, grand maître et capitaine général de l'artillerie, épousa, le 17 mars 1658, Anne de Faucon.

Armes : *d'azur au bras d'argent, armé d'une demi-pique en fer d'argent, un chef cousu de gueules chargé de trois couronnes fleurdelisées d'or. (Arm. du Languedoc,* par L. de la Roze, t. II, p. 9).

Cette famille descend de Nicolas de Picon, gouverneur de la ville de Savoie, en Italie, en 1259.

Alliances outre celles ci-dessus mentionnées :

De Balme d'Enna, d'Hérail de Brisis Mazerai, de Montjeu.

1677, 15 décembre. Vente par Antoine-Hercule de Picon, chevalier, conseiller du roi en ses conseils, au seigneur Pierre de Baudet d'Avignon, au prix de cent mille livres, de la seigneurie de Pouzilhac. Elle est inféodée, l'année suivante, par le duc d'Uzès, le 12 octobre 1678, à Pierre de Baudet.

Le fils de ce dernier, Louis-Ignace de Baudet, chevalier de l'ordre de Sa Sainteté, seigneur de Pouzilhac, fait le dénombrement de cette seigneurie au duc d'Uzès et il déclare qu'à cause de la mort subite de son père et des grands procès qu'il a eus avec le seigneur de Picon, entr'autres pour l'érection en baronnie de la terre de Pouzilhac, il ne connaît pas les précédents propriétaires. Il sait qu'il possède noblement le château de Pouzilhac et les terres qui en dépendent, qu'il a la haute moyenne et basse justice qu'il fait exercer par un juge, un lieutenant de juge, un greffier et un huissier, qu'il nomme et destitue à sa volonté.

Il a les clés de la Pousterle, près du château, et celles des portes du lieu pendant qu'on crée de nouveaux consuls dont il reçoit ensuite le serment, ainsi que tous les autres droits compétents au seigneur.

A raison de cette seigneurie, ledit seigneur doit au duc d'Uzès, foi, hommage et serment de fidélité pour une partie dont il jouit à fief franc, noble et honoraire et pour une autre partie sous l'albergue d'une paire de gants de senteur.

1754, 22 mars. Vente à l'abbé Jean-Joseph Duplessis, prieur de Vers, de la seigneurie de Pouzilhac, par le comte de Dagnon, donataire contractuel et héritier de dame Elisabeth de Dagnon, sa tante, héritière de Paul-Antoine de Fougasse. (M⁰ Rousset, notaire à Bagnols).

Le duc d'Uzès en fait l'investiture à l'abbé Duplessis, le 20 mai 1755 (Galoffre, notaire à Uzès) et celui-ci lui en fait le dénombrement, le 28 février 1761.

Il déclare posséder noblement les château, forteresse et terre de Pouzilhac, avoir les clés de la Pousterle, près le château, celles des portes et fenêtres du lieu pendant la nomination des consuls qui doivent ensuite prêter serment devant lui, sous l'albergue d'une paire de gants de senteur au duc d'Uzès. (Arch. duc , caisse 4).

Famille Duplessis de Pouzilhac

1784. Le prieur Duplessis de Pouzilhac avait un frère Jean-Baptiste qui épousa, en 1754, Madeleine de Savy, et de ce mariage naquit Louis-Antoine qui suit, un autre fils qui épousa Mˡˡᵉ de Canilhac, et deux filles qui furent l'une la marquise d'Olonne et l'autre la comtesse de Robin.

II. Louis-Antoine Duplessis, seigneur de Pouzilhac, neveu et héritier du prieur Duplessis de Pouzilhac, fut nommé conseiller maître à la Cour des Comptes du Dauphiné, le 17 avril 1780.

Il se maria, en 1806, avec Antoinette de l'Espine, et ce fut en sa faveur qu'à la date du 14 août 1818, le roi Louis XVIII érigea en baronnie la terre de Pouzilhac avec majorat. Il mourut, maire d'Avignon, en 1820.

De son mariage, avec Antoinette de l'Espine, il eut Marie-Louis-Joseph, qui suit; une fille, devenue la comtesse d'Huteau, et deux autres fils, l'un marié à Augustine de Verna, l'autre à Marie de Sèze, petite nièce du défenseur de Louis XVI.

III. Marie-Louis-Joseph, baron de Pouzilhac, épousa, en 1837, Paule de Laugier de Beaurecueil, dont il eut Marie-Antoine-Hubert, qui suit, quatre filles devenues la comtesse de Barbeyrac de Saint-Maurice, la marquise de Grille (1) d'Estoublon, Mᵐᵉ de Portalon de Rosis et Mᵐᵉ de Misery. Il mourut le 17 mai 1894.

IV. Marie-Antoine-Hubert, baron de Pouzilhac, a été confirmé dans la possession de son majorat par décret du 27 octobre 1894.

En récompense de sa brillante conduite durant la guerre de 1870, il a été nommé chevalier de la Légion d'honneur.

Il a épousé, en 1880, Sidonie de Possac Genas, dont il a eu

Antoinette, mariée à Armand de Conchy, et Cécile, mariée le 12 juin 1906, au baron Gabriel de Ponnat, qui demeure au château de Lavesure, par Bigny et Arroux (Saône-et-Loire).

La famille de Pouzilhac est originaire de Vallabrègues et sa filiation remonte jusqu'en 1634. Tous les membres de cette famille ont été qualifiés de conseillers du roi et tous aussi, suivant les époques, ont été consuls ou maires perpétuels de Vallabrègues, plusieurs ont été députés aux Etats du Languedoc.

Armes : *de sinople à un chevron d'argent accompagné en chef de deux cœurs d'or et en pointe d'une gerbe de même.*

(1) Devise de la famille de Grille : *Nitimur in vetitum.* (A l'assaut des obstacles).

REMOULINS

———×———

Armoiries : *de sable à un pal losangé d'argent et d'azur*. (Armorial de Nimes). Elles seraient, d'après Gastelier de la Tour : *de gueules à un ormeau de sinople entre deux tours :* le mot Remoulins partagé.

1121. *Castrum de Romolinis*, Gall. Christ, t. VI, p. 304. 1551. Remoulins. (Arch. dép., c. 1332).

1140. Le plus ancien seigneur de Remoulins est Pierre I de Remoulins, qui fait alliance avec Guillaume de Château-Renard, en faveur de la maison des Baux contre Raymond Bérenger II, comte de Provence (Henri de Valois. Hist. de Château-Renard en Provence. — Note, page 34).

II. Il eut deux fils : Arnaud I qui fut témoin dans une donation faite, en 1160, par le comte de Toulouse Raymond V, en faveur de diverses églises, et Pierre II qui fut aussi présent à une donation faite, par le même comte, en 1164, en faveur du monastère de Saint-Saturnin-du-Fort (Pont-Saint-Esprit), et Paul I.

Arnaud eut son fils Paul I, Raymond II et

III. Guillaume de Remoulins, père d'une fille qui épousa son cousin, Pierre III, et de ce mariage naquirent Albert et Tiburge. Celle-ci épousa Vézian, seigneur d'Aigremont, qui décéda en 1239. Son fils, Vézian, prit le titre de coseigneur de Remoulins et épousa Marie Rabasse, fille de Raymond Rabasse, chevalier, qui possédait le château de Rabasse, que l'on voit encore sur la route de Fournès.

On y remarque de petites tourelles posées sur des culs

de lampe hardiment détachées des angles quadrilaté-
raux de l'édifice.

Les Faret, seigneurs de Saint-Privat, alliés aux
Rabasse, finissent par avoir cette tour passée ensuite à
la famille de Rénepont.

Albert de Remoulins épousa, vers 1266, Esmengarde,
et mourut avant 1282 laissant deux fils : Pierre IV et
Guillaume. Celui-ci succéda à son frère et épousa, vers
1315, Bertrande Lombard, d'Aramon, dont il eut Bertrand, religieux de Saint-Augustin et chanoine régulier
de l'église de Nimes, et Azalais qui épousa, en premières noces, Blaise des Arbres, coseigneur d'Aramon, et
en deuxièmes noces, Philippe Bras-Fort, coseigneur de
Nimes et chevalier des arènes, dont elle eut un fils qui
épousa, en 1374, Azalais d'Aramon.

Les seigneurs de Remoulins portaient : *Coupé d'azur
et fascéondé d'argent et d'azur, à la meule de
moulin d'argent percée de sable.* (Ch. de Tourtoulon,
t. I, 663, col. 2).

1290, 7 mars. Le roi Philippe-le-Bel fait un échange
avec Brémond, seigneur d'Uzès. Il lui cède la seigneurie
de Remoulins pour les salins de Pacais que Brémond
possédait. (Arch. duc , Uzès, n° 37).

Toutefois le roi se réserve le cheval armé que les
nobles et coseigneurs de Remoulins étaient obligés de
lui fournir.

1565. Remoulins (Moulins du roi) est érigée en baronnie en même temps qu'Uzès en duché en faveur d'Antoine de Crussol.

1569. Coligny après avoir été battu à Jarnac et à
Montcontour, vient à Nimes pour se rendre à Paris
comme s'il avait été vainqueur et il va coucher au château de Remoulins.

1587. Le duc de Montmorency s'empare de Remoulins à l'aide de Chastillon et du vicomte de Turenne
qu'il avait chargé d'en faire le siège. (*Hist. du Languedoc*, t. IX, p. 212).

1628. Le duc de Rohan s'en empare aussi. Les remparts de Remoulins étaient défendus, au nord, par une

tour taillée en bossages, et, au couchant, par le Gardon.
La porte principale était au levant. Comme c'était le côté
le plus attaquable, on l'avait flanqué d'une énorme tour
couronnée, au sommet, d'un cordon de machicoulis.

L'ancienne église paroissiale remonte au XII° siècle.
Elle sert aujourd'hui de mairie et de justice de paix.
Elle était attenante à l'ancien château seigneurial. Elle
était sous le vocable de Notre-Dame de Béthléem.

M. Gazagne est le propriétaire du château de Remoulins.

ROBIAC

CANTON DE SAINT-AMBROIX

———◆———

1199. *Ecclesia sancti Andeoli de Robiaco.* (Bullaire de Saint-Gilles). — 1121. Villa de Robiaco. (Gall. Christ., t. VI, p. 304). — 1547. Robiac (Arch. dép., c. 1320).

1228. Le premier seigneur connu est Pelet, comte d'Alais, qui fit hommage de la seigneurie à Bertrand, évêque d'Uzès, par acte reçu Mathieu, notaire. (Voir généalogie de Narbonne, fief Cabrières.

1608, 2 juin. Noble Jean de Coutelier fait hommage de la seigneurie de Robiac à Louis de Vigne, évêque d'Uzès. (Bouyer, notaire à Saint-Ambroix).

Famille de Coutelier

I. Claude de Coutelier fut père de

II. Simon de Coutelier, seigneur de Peyremales, qui épousa, le 21 janvier 1559, Jeanne de Langlade, dont il eut

III. André de Coutelier de Peyremales, seigneur de Dieusse, conseiller du roi, lieutenant particulier au sénéchal de Nimes, qui épousa, le 2 août 1599, Marguerite Fontanon, dont il eut : 1° Balthazar, seigneur de Peyremales, conseiller du roi en la sénéchaussée de Nimes ; 2° Antoine, seigneur de Dieusse, demeurant à Nimes ; maintenus dans leur noblesse par jugement souverain du 7 juin 1671.

1640, 17 octobre. Scipion de Grimoard, comte du Roure, rend hommage de sa seigneurie à Mre Nicolas de Grillet, évêque d'Uzès. (Me Chabert, notaire. — Voir famille du Roure au fief Elze).

1713. Le prince de Conti, héritier de la marquise de

Portes, devient coseigneur de Robiac. Il appartenait à la maison de Condé, issue des rois de France, dont voici l'origine :

Famille royale de France

Elle remonte à Robert-le-Fort, comte d'Anjou, créé par Charles-le-Chauve, en 861, gouverneur ou duc de tout le pays, situé entre la Loire et la Seine.

C'est la seule dynastie actuelle dont l'ascendance franchisse sans lacunes et sans ténèbres le milieu du IX⁹ siècle.

Les princes de la race capétienne régnaient sur la France quand les ancêtres des plus anciennes maisons souveraines de l'Europe étaient encore de simples vassaux.

Suivant l'histoire du moine Richer, contemporain de Hugues-Capet, dont le manuscrit, découvert il y a quelques années, dans la bibliothèque de Ramberg, a été publié, pour la première fois, en 1839, par le savant M. Pert, Robert-le-Fort était fils de Witikin, d'origine allemande, qui vint s'établir en France sous le règne de Louis-le-Débonnaire.

Robert-le-Fort perdit la vie, en 866, dans un combat contre les Normands, à Bissarthe, en Anjou. Ses deux fils furent élevés à la royauté : Eudes, le cadet, en 888 ; Robert, l'aîné, en 922.

Ce dernier fut père de Hugues-le-Grand qui monta sur le trône en 987.

Robert de Clermont, sixième fils de saint Louis, forma la tige de la maison de Bourbon. Elle parvint à la couronne en la personne de Henri IV par l'extinction de son aînée, la branche de Valois.

Philippe, duc d'Orléans, frère cadet de Louis XIV est l'auteur de la branche d'Orléans qui subsiste encore.

Philippe d'Anjou, petit-fils de Louis XIV et oncle paternel de Louis XV, appelé au trône par le testament de Charles II, en 1700, est la source de laquelle sont sortis tous les rameaux d'Espagne, de Naples et de Lucques.

La maison de Bragance, qui règne en Portugal et au

23

Brésil, est issue d'Alphonse de Portugal, créé duc de
Bragance en 1442. Ce prince était fils naturel de Jean Ier,
roi de Portugal, qui descendait en ligne directe et mas-
culine de Robert-le-Vieux, duc de Bourgogne, fils de
Robert-le-Pieux, roi de France, et petit-fils de Hugues-
Capet.

Armes: Depuis le règne de Louis-le-Jeune jusqu'à
celui de Charles-le-Sage, nos rois ont porté: *un écu
d'azur semé de fleurs de lis d'or sans nombre.*
Depuis, les fleurs de lis ont été réduites à trois.

L'héritier des rois de France est actuellement le
duc d'Orléans.

LA ROUVIÈRE

CANTON DE SAINT-CHAPTES

Armoiries : *d'hermine à une fasce losangée d'or et de sable.*

1108. *Ecclesia sancti Martini de la Roveria.* (Cart. de N.-D. de Nimes, chap. 176). — 1121. Villa de Roveria. (Gall. Christ., t. VI, p. 304). — 1547. La Rouvière-en-Malgoirès. (Arch. dép., c. 1574).

1677. Dénombrement rendu devant les commissaires du roi par noble René Le Blanc de la seigneurie de la Rouvière. (Arch. duc., caisse 4).

Famille Le Blanc de La Rouvière

Noble Durand Le Blanc, de la ville de Toulouse, descendait d'une famille qui devait son élévation au Pape Benoît XII, et qui a donné un chevalier de Malte, plusieurs évêques et hauts dignitaires ecclésiastiques. (Pithon, curt I, 150).

I. Durand Le Blanc fut père de Pierre, marié à Claudine de Vaux, dont il eut

II. Robert Le Blanc, chevalier, seigneur de la Rouvière et Fourniguet, reçut des reconnaissances en 1556, obtint des lettres patentes, le 11 septembre 1559, portant que, quoique pourvu de l'office de juge royal, il jouirait du titre de chevalier en considération de ses services et surtout du combat de Doye où les Anglais furent battus et après lequel le maréchal de Brissac l'avait fait chevalier.

Ces patentes furent enregistrées à la Cour des Aides de Montpellier, le 10 janvier 1566. Robert avait épousé Magdelaine de Pavée de Villevieille (voir fief Servas) et il en eut : 1° Pierre, qui suit ; 2° Honorade, mariée, le 25 juin 1574, à Jean de Boileau de Castelnau. (Voir fief Castelnau).

III. Pierre Le Blanc, seigneur de la Rouvière et Fourniguet, épousa Suzanne de Rosel, et il en eut : 1° Jacques, qui suit ; 2° Jean, chevalier de Malte, 1610, capitaine au régiment de Champagne, 1625.

IV. Jacques Le Blanc, seigneur de la Rouvière, qui épousa, le 16 juillet 1624, Marie Masclari, et il en eut

V. Pierre Le Blanc, seigneur de la Rouvière, Fourniguet et Gajan, conseiller du roi et juge des conventions royales de Nimes, qui épousa, le 21 décembre 1660, Marguerite Ferrier, et fut maintenu dans sa noblesse par jugement souverain du 6 décembre 1668.

Armes : *d'azur à la fasce d'or accompagnée d'une croix d'argent entre deux étoiles d'or en chef et d'un cygne d'argent nageant dans une rivière de même en pointe.*

Devise : Une vie et une mort.

(Pithon, curt. I, 159. — *Armorial du Languedoc*, par de la Roque, t. I, p. 320).

1687, 29 janvier. Hommage de François Brun, seigneur de Saint-Etienne-de-Sermentès, par-devant les commissaires du roi. (Arch. duc.).

Sa veuve, née Marianne de Brueys de Saint-Chaptes, fait une donation d'une partie de cette seigneurie, en 1725, en faveur de Jean Chambon. (Fages, notaire à Alais. — Arch. duc., caisse 4).

1738, 14 janvier. Chambon achète l'autre partie de cette seigneurie à Anne Le Blanc, fille unique et héritière de noble Pierre Le Blanc, suivant acte reçu Me Nanton, notaire à Montpellier. (Arch. duc., caisse 4).

1757, 20 novembre. Jean-Philippe Chambon, seigneur de la Rouvière, fait hommage de cette seigneurie au duc d'Uzès en la personne de Jean Trinquelague, avocat-procureur fondé du duc, et il mentionne qu'il a la faculté d'instituer des officiers, de les destituer à sa volonté, d'avoir un auditoire pour l'exercice de la justice, des prisons, des fourches patibulaires, un carcan et pilori et autres marques de la justice, telles que faire des criées et proclamations, de nommer des consuls et de faire prêter serment entre ses mains ou de leurs officiers. (Arch. duc., caisse 4).

En 1768, Mre Jean-Philippe Chambon, seigneur de la Rouvière et de Saint-Etienne de Sermentès, habitait son château de la Rouvière. (Bonhomme, notaire à Uzès. Et. Dumas).

MM. Bastide-Delafont et le docteur Martin, d'Uzès, sont propriétaires du château de la Rouvière.

SABRAN

CANTON DE BAGNOLS

Armoiries : *de vair à un·chef losangé d'or et de sinople.*

1020. *Sabranum. (Hist. du Lang.;* II, pr. col., 182. — 1156. *Castrum de Sabrano.* (Id. 1314). — 1550. Sabran. (Arch. dép., c. 1323).

L'ancien château de Sabran, dont il ne reste que des ruines, avait été solidement construit. Il est attenant à l'église paroissiale qui, avec ses tours et ses murailles crénelées, formait une véritable forteresse, espace assez grand pour contenir tous ses habitants.

Le château était dominé par un donjon féodal, une tour quadrangulaire qui subsiste encore et qui est classée parmi nos monuments historiques en vertu d'un arrêté du ministre des Beaux-Arts, du 28 mars 1892.

Cette tour est couronnée, à l'angle Nord-Est, par une échauguette qui dominait tout le château et par où le guettier pouvait voir facilement arriver l'ennemi. Les trois autres angles se terminaient par une tourelle demi-cylindrique, le tout réuni par des murs crénelés saillant sur une ligne d'arcatures gothiques.

Non loin du donjon féodal était la tour de Ribas qui appartient aujourd'hui à la commune.

1211. Louis VII donne le fief de Sabran aux évêques d'Uzès et cette donation est confirmée par son successeur, le roi Philippe.

1233, 1er avril. Rostaing de Sabran fait hommage de cette seigneurie à Berlione, évêque d'Uzès. (Massargues, notaire de cette ville).

Pareil hommage est fait, en 1324 et le 14 octobre, à Mre Guillaume III de Montdagout, évêque d'Uzès.

Famille de Sabran

Elle est originaire du Languedoc et a pris son nom d'un ancien château à quatre lieues de la ville d'Uzès.

Les anciens seigneurs de Sabran se qualifiaient, *par la grâce de Dieu, connétables du comte de Toulouse*, et ils ont possédé cette grande charge jusqu'à la réunion du Toulousain à la couronne.

Guillaume de Sabran accompagna Raymond de Saint-Gilles, comte de Toulouse, à la première croisade et fut un des soixante chevaliers qui, au siège d'Antioche, défendirent un pont contre toute une armée de Sarrasins.

Les historiens mentionnent avec détails ses exploits; son nom et ses armes figurent, à la salle des Croisades, au Musée de Versailles (n° 18).

Guillaume fut la tige de la maison de Sabran qui s'illustra dans les armes et dans l'église et dont un rejeton, Elzéard de Sabran, comte d'Ariano, mort le 27 septembre 1323, fut canonisé par le Pape Clément XII à la demande des Etats du Languedoc.

Les seigneurs de Sabran possédaient, en franc-alleu, plusieurs domaines considérables et notamment une portion de la ville d'Uzès, qu'ils avaient recueillie par suite d'un mariage contracté, vers l'an 1156, entre Rostang de Sabran et Rosie d'Uzès.

L'alliance de cette maison avec deux héritières des anciens comtés de Forcalquier, vers 1140 et 1178, a transmis, à deux de ses branches, des droits sur le comté de Forcalquier que l'une d'elles a soutenus par les armes et fait reconnaître par un traité, en 1220.

La branche de Beaudinar, détachée de la souche vers la fin du XIIIᵉ siècle, est devenue comtale titulaire d'Ariano et d'Apici, par succession de son aînée, en 1568, pairiale en 1814, ducale en 1825.

Armes : *de gueules au lion grimpant d'or*.

Devise : *Noli irritare Leonem.*

Cette famille est actuellement représentée par le duc de Sabran-Pontevès.

1292, 2 février. Guillaume II des Gardies, seigneur de Fontarèches, fait hommage du quart de la seigneurie de Sabran à l'évêque d'Uzès et pareil hommage est fait à Mᵉ Grille, évêque d'Uzès, en 1319. (Voir pour la famille des Gardies, le fief Fontarèches).

1326, 22 mai. Hommage à l'évêque d'Uzès, Guillaume III de Montdagout, de la moitié de la baronnie de Sabran, par Pons de Montlaur, que sa femme, Bérengère de Sabran, lui avait apportée en dot. (Daurière, notaire).

En 1343 et le 29 juillet, Guilhot de Montlaur, fils émancipé de noble Pons de Montlaur et de dame Catherine de Sabran, prend possession de la baronnie de Sabran en vertu d'une ordonnance de maintenue de la Cour. (Voir pour la famille de Montlaur, fief Fournès).

Un des coseigneurs de Guilhot de Montlaur était Louis de Nicolay, du chef de sa femme Catherine de Bane ; un autre coseigneur était Pierre Peyreri, qui eut une fille mariée à Donadieu et de ce mariage naquit un fils, Louis.

1428, 28 juillet. Louis Donadieu vend sa coseigneurie à noble Antoine de Bellecombe, seigneur de Gaujac et de Cavillargues, qui avait pour armes : *d'argent à la bande d'azur.*

1486. Une partie de la seigneurie de Sabran est vendue à Charles de Poitiers qui la cède à Catherine de Combes et à son frère Philippe, qui en font hommage à Mᵉ Nicolas I Malgras, évêque d'Uzès. (Arch. dép., 21, p. 291).

Famille de Combes

I. Jean de Combes, écuyer, premier consul de Montpellier, en 1558, baile pour le roi en cette ville, fut père de

II. Pierre de Combes, écuyer, premier consul de Montpellier, héritier de Nicolas de Combes, marié à Tiphoine de Roquefeuil et d'Etienne de Combes, général à la Cour des Aides de Montpellier, lequel épousa, le 27 septembre 1559, Catherine de Trémolet, dont il eut

III. Pierre de Combes, premier consul de Montpellier en 1604 et 1607, qui épousa, le 18 juillet 1604, Marguerite de Rochemore, et il en eut.

IV. Charles de Combes de Montagut, chevalier de l'Ordre du roi, premier consul de Montpellier, en 1638 et 1662, qui avait épousé, le 23 janvier 1637, Marie de la Vergue de Tressan. Il fut maintenu dans sa noblesse par jugement souverain du 28 mars 1670.

Armes : *d'or au chevron de sable.*

1575. Le duc d'Uzès s'empare de Sabran.

1619. Par suite d'une transaction entre Pierre d'Augier et Aimé de Montcamp, celui-ci devient coseigneur de Sabran.

Famille de la Cour de Montcamp

Elle est originaire du lieu de Saint-Martin-d'Aulas, dans les Cévennes, et elle a été maintenue dans sa noblesse par lettres patentes du 16 août 1733, enregistrées à Montpellier.

I. André de la Cour épousa Jeanne de Mandajors, et il en eut

II. Fulcrand de la Cour, seigneur de la Bellière, qui épousa, le 17 juin 1582, Liette de Tarron, dont il eut : 1° Pierre, qui suit ; 2° André, marié à Jeanne de Villaugea ; 3° Catherine, mariée à François de Caladon ; 4° Isabelle, mariée à Jean Nissoles ; 5° Jeanne, mariée à François Vaquier.

III. Pierre de la Cour, écuyer, seigneur de Montcamp, épousa, le 9 avril 1613, Jeanne de Laune, et il en eut : Antoine qui suit et Abraham qui a fait la branche B.

IV. Antoine de la Cour de Montcamp, épousa, le 30 avril 1674, Suzanne de Villaret, dont il eut

V. François de la Cour de Montcamp, qui épousa, le 28 février 1718, Marie de Laune.

Branche B. — IV. Abraham de la Cour, écuyer, qui épousa, le 18 novembre 1664, Jeanne de Seguin, dont il eut

V. Jacques de la Cour, écuyer, qui épousa, le 20 août 1711, Marie Daudé de la Valette (1) dont il eut

VI. Jean de la Cour, écuyer, seigneur de Viala, commandant à Valleraugue, en Languedoc, qui épousa, le 6 février 1743, Jeanne Law, nièce du contrôleur général des finances, fille du baron de Lauriston, dont il eut : Jean et Alberte.

Armes : *de gueules à un aigle d'or couronné d'azur, langué, becqué, membré et onglé d'argent.*

1634, 22 juin. Antoine du Roure, comte de Saint-Remez, épouse Françoise de Montcamp, qui lui apporte en dot la baronnie de Sabran. Il la vend, peu après, la moitié à Geoffre de Bécherand (2), conseiller à la Cour des aides et finances de Montpellier, maintenu dans sa noblesse par jugement de M. de Lamoignon, du 22 mars 1699, et l'autre moitié à Jacques de Nicolay. Celui-ci achète à Geoffre de Bécherand sa moitié de seigneurie, de telle sorte que Jacques de Nicolay devient seul propriétaire de cette baronnie à l'occasion de laquelle il prête foi et hommage à Mre Nicolas de Grillet, évêque d'Uzès.

Le château de Sabran n'est plus qu'une ruine qui fut acheté naguère par le duc de Sabran, par l'intermédiaire de son compagnon d'armes, le colonel comte d'Albiousse, des zouaves pontificaux, au marquis de Nicolay.

Famille de Nicolay

La maison de Nicolay, dit la Chenay Desbois, est d'ancienne noblesse en Vivarais et très distinguée dans la robe par une suite non interrompue de premiers présidents de la Chambre des Comptes et dans l'épée par un maréchal de France.

Elle a donné un chancelier du royaume de Naples

(1) Elle est la grand'tante de M. Daudé de la Valette, qui demeure à Saint-Jean-de-Bruel (Aveyron).

(2) Armes des Bécherand : *d'argent à un olivier et un laurier arrachés, posés en sautoir de sinople.*

(1502) et un maréchal de France (1775), un lieutenant-général du grand maître d'artillerie sous le règne de Louis XIII, plusieurs officiers généraux, un colonel du régiment de dragons Nicolay, un évêque de Verdun, devenu premier aumônier de Mme la Dauphine, mère de Louis XVI, plusieurs chevaliers de Malte et de Saint-Louis, un premier président du grand conseil, un membre de l'Académie française, chancelier des ordres du roi et neuf premiers présidents de la Chambre des Comptes, de 1506 jusqu'en 1791 (époque de la suppression des Cours souveraines) qui se succédèrent sans interruption, exemple unique dans les fastes de la magistrature française.

Enfin, le 19 mai 1815, Louis XVIII appela la maison de Nicolay à la pairie héréditaire en la personne de Théodore, marquis de Nicolay.

Vers la fin du XVe siècle, cette famille qui reconnaît pour premier auteur Guy Nicolay, vivant au Bourg-Saint-Andéol, vers 1380, se divisa en deux branches : l'une dite des barons de Sabran et l'autre des marquis de Goussainville.

Il serait trop long de reproduire la généalogie de ces deux branches qu'on trouvera dans d'Hozier et aussi dans l'*Annuaire de la noblesse*, 1864, par d'Hauterive, p. 202.

Je me contente de dire que la seconde branche de cette famille est actuellement représentée par la marquise douairière Scipion de Nicolay, née de Turenne d'Agnac et son fils, le marquis Scipion de Nicolay, marié à Mlle Negroni, de Gênes.

Ils reconnaissent pour auteur de leur branche Aboult Nicolay, lieutenant de bailli de Bourg-Saint-Andéol, mort le 2 novembre 1428, qui laissa deux enfants : Jean et Raymond, dont le fils épousa, en 1479, Catherine de Banne, dame en partie de Sabran.

Armes : *d'azur au lévrier courant d'argent accolé de gueules et bouclé d'or.*

Supports: Deux lévriers.

Devise : Laissez dire.

SAGRIÈS

———

1096. Ce village fut un de ceux que Raymond de Saint-Gilles donna à l'église du Puy, au moment de son départ pour la croisade à condition qu'on y célèbrerait solennellement la fête de Saint-Gilles. (Dict. Goiffon). — 1156. Villa de Sagrano. *(Hist. du Lang.*, II, pr. col., 561).

1500. Mathieu de Bargeton, seigneur de Valabris, de la Baume, de Cabrières, de Lédenon, d'Arpaillargues, de Montaren et de Laugnac était seigneur de Sagriès. (Voir fief Valabris. — Arm. du Lang., par L. de la Roque, t. II, p. 13).

1696, 23 août. M. de Roquefeuil, petit-fils de l'Aguillon, se rend adjudicataire du domaine de Sagriès, moyennant 1,000 livres. (Arch. duc.).

Famille de Roquefeuil

Elle tire son nom d'un château dans les Cévennes, en Languedoc, diocèse d'Alais. Il n'en reste plus que des ruines dans la paroisse de Dourbie.

Cette famille a formé plusieurs branches qui se sont fixées en Languedoc, en Rouergue et en Bretagne.

La branche de Languedoc a produit les marquis de la Roquette, vicomtes de Gabriac, comtes de Peralada, grands d'Espagne.

Guillaume de Roquefeuil, qui est la tige de cette filiation, s'attacha à Jacques, roi d'Aragon, et le servit à la conquête des royaumes de Valence et de Murcie. Il reçut une lettre de Jacques, datée de Lenda, du 17 mai 1273, dans laquelle le roi reconnaissait son ancienne

noblesse, la proche parenté qui était entr'eux, son expé-
rience dans l'art militaire, son entière valeur dont il
avait donné si souvent des preuves et les services infi-
nis qu'il avait rendus. Il fut lieutenant du roi Jacques
à Montpellier et grand amiral de Murcie. (Moreri, IX, 355).

Armes : *de gueules écartelé par un filet d'or à
douze cordelières de même, trois dans chaque quartier.*

Devise : L'honneur me reste.

Les derniers descendants de cette famille, en 1860,
étaient :

XVIᵉ descendant : Marie-François-Henri, marquis de
Roquefeuil, qui épousa, en 1798, Marie de Serres, et il
en eut

XVIIᵉ, Marie de Roquefeuil, qui épousa, le 20 mars
1823, Cécile de Mac-Mahon, sœur du maréchal, dont il
eut : 1° Elie, qui suit ; 2° Cécile, alliée, le 29 septembre
1857, à Adolphe, comte de Chastelier ; 3° Marie-Isabeau,
alliée, le 27 avril 1854, à Georges, vicomte de Louvencourt

XVIIIᵉ, Elie, marquis de Roquefeuil, qui épousa, le
17 septembre 1855, Marie de Maubec.

Résidence : Montpellier.

1586. Mathieu de Gondin, à la tête des protestants,
s'empare de Sagriès et y laisse une garnison de trente
hommes.

1697, 7 juin. M. de Roquefeuil cède ses droits sur
Sagriès au comte de Lussan, père de dame Jean Drumond de Melfort, veuve du duc d'Albemarle.

Par son dernier mariage, son mari, le duc de Melfort,
devient seigneur de Sagriès. (Voir fief Lussan).

1760, 14 octobre. Le duc d'Uzès vend la seigneurie
de Sagriès à Simon Froment, avocat. (Galoffre, notaire
à Uzès. — Voir fief Argilliers).

Sur le territoire de Sagriès se trouve la tour de la
Boissière, qui appartenait à Maurice-Léon de Baudan,
seigneur de Trescol. (Voir fief Gajan).

Le château de Sagriès appartient actuellement à
Mᵐᵉ Rousselier, veuve d'un conseiller à la Cour d'appel
de Nimes.

SAINT-CHAPTES

ARRONDISSEMENT D'UZÈS

Armoiries : *de vair à un pal losangé d'argent et de sinople.*

1121. Villa *Sancta-Agatha.* (Gall. Christ., t. VI, p. 304). — 1330. *Castrum Sanctæ Agathæ.* (Mén. I, 164, c. 9). — 1715. Saint-Chattes. (J.-B., carte du diocèse d'Uzès). — 1736. Saint-Chaptes. (Arch. dép., c. 1303 et 1307). — 1793. Beauregard. (Id. 4, 393).

La terre de Saint-Chaptes fut comprise dans l'ensemble des terres qui furent données par le roi Philippe-le-Bel à Guillaume de Nogaret.

Famille de Nogaret

Il y avait, en Languedoc, deux maisons de Nogaret : celle des Nogaret-Calvisson, dont la généalogie va suivre, établie dans le Bas-Languedoc ; celle des Nogaret la Valette anoblie, en 1372, par Charles V, dans la personne de Jacques de Nogaret, capitoul de Toulouse, tige des ducs de la Valette et d'Epernon.

La maison de Nogaret-Calvisson a pour chef le chancelier de Nogaret, originaire du haut Languedoc. Cette maison s'est éteinte à la fin du XIV° siècle. Ses biens sont passés successivement dans les maisons d'Apchier, de Murat, de Louet et de Calvière.

Guillaume de Nogaret naquit à Saint-Félix-de-Caraman (D. de Toulouse), il enseigna le droit à Montpellier, il fut juge mage de la sénéchaussée de Beaucaire et de Nimes, 1294, conseiller du roi et anobli en 1299. *(Hist. du Lang.,* IV, I, 28).

Nous avons déjà parlé des services peu avouables qu'il

rendit à Philippe-le-Bel dans ses démêlés avec Boniface VIII. Le roi, pour le récompenser, lui accorda entr'autres faveurs une rente de 500 livres. Tournois assignés sur le château de Calvisson ainsi que sur toute la Vaunage et plusieurs seigneuries, notamment Saint-Chaptes.

La seigneurie de Calvisson devint plus tard baronnie et fut érigée en marquisat, en 1641, en faveur de Jean-Louis Louet, un des trois lieutenants du roi en Languedoc. (Rivoire II, 537).

Guillaume de Nogaret, chevalier, chancelier du roi de France, assista, en 1308, au nom de la noblesse du Languedoc, à l'assemblée des Etats généraux tenus dans la ville de Tours, réunie pour délibérer sur l'arrestation et le sort des Templiers.

I. Gautier Nogaret fut père de Guillaume, qui eut pour fils

II. Raymond, qui épousa Hélix de Clermont, fille de Bérenger Guillem, dont il eut : 1° Raymond, qui suit ; 2° Guillaume, marié à Tiburge de Simiane ; 3° Isabeau, mariée à Raymond d'Uzès, qui fut héritier de ses biens.

III. Raymond de Nogaret, épousa : 1° en 1354, Blonde d'Adhémar, veuve de Bertrand de Baux ; 2° le 10 avril 1377, Marie de Beaufort, veuve de Guérin de Châteauneuf, fille de Guillaume Roger, comte de Beaufort, frère du Pape Clément VI. (Voir lettre A ci-dessous). Le même jour, 10 avril 1377, Raymond de Nogaret maria Raymond d'Apchier, fils de sa femme, avec Bourguine de Narbonne, sa cousine germaine, fille d'Amalric et d'Isabelle de Clermont-Lodève, sœur de sa mère. Il leur donna tous ses biens. Le roi Charles V confirma cette donation par lettres patentes du 16 avril 1579.

Blanche d'Apchier, fille de Raymond, héritière d'un frère et d'une sœur, hérita de tous les biens de la maison de Nogaret qu'elle apporta dans celle de Murat vers l'an 1420. Sa fille unique, Marguerite de Murat, les porta dans la maison de Louet, d'où sont venus les seigneurs de Calvisson. (P. Anselme, VI, 300. — Bibl. imp., Manuscrit Long, 108).

Armoiries des Louet : *Palé d'azur et de gueules semé de roses d'or brochantes sur les pals. (Arm. du Languedoc*, I, p, 282).

Armes des Nogaret : *d'argent au noyer de sinople.*

1490, 9 octobre. Pierre de Brueys, avocat du roi à la sénéchaussée de Beaucaire et Nimes, devient du chef de sa femme, Catherine de Gaujac, propriétaire d'une portion de la seigneurie de Saint-Chaptes, et en 1532 et le 22 janvier, son fils Tristan de Brueys acquiert de Bernard Pavée une autre portion de cette seigneurie cédée par le roi Philippe-le-Bel à Guillaume de Nogaret,

Il devient ainsi seul possesseur de cette seigneurie dont sa famille jouit fort longtemps, mais les commissaires chargés par Louis XIV de réformer l'administration de la justice et des finances, contestèrent à Jean-Louis de Brueys la propriété de cette seigneurie et il fut dépouillé de la moitié dont il rendit hommage au roi. (Voir pour la généalogie des Brueys, le fief Brueys).

Plus tard, la seigneurie de Saint-Chaptes passa aux deux créanciers de cette famille : la dame Braguet et André Chabaud, négociant de la ville de Nimes.

Le château de Saint-Chaptes appartient à M. de Roux-Larcy.

A
Famille de Beaufort

Cette maison, l'une des plus illustres de la province d'Artois, a pris son nom de l'ancienne baronnie de Beaufort, située près d'Avesne-le-Comte.

Plusieurs sires ou chevaliers de Beaufort versèrent leur sang aux croisades. Jean et Beaudoin de Beaufort, dont le nom et les armes sont au Musée de Versailles dans l'ancienne salle, accompagnèrent le comte d'Artois à la première croisade de saint Louis et Beaudoin fut tué à la Massoure. Geoffroy de Beaufort mourut au siège de Tunis. Jacques périt sous les murs de Nicopolis en 1396.

La souche des sires de Beaufort s'est divisée en plusieurs branches qui se sont ilustrées par leurs services militaires ou par leurs grandes alliances.

Elles ont donné des gouverneurs d'Arras, de Bapaume, etc., des chevaliers du Temple, de Malte, de la Toison d'Or, des capitaines des gardes de l'empereur Charles de Luxembourg et de Philippe IV, roi d'Espagne, des chambellans des ducs de Bourgogne, des rois de France et de l'empereur Charles-Quint, etc. Elles ont contracté des alliances avec les maisons d'Antoine, d'Arras, de Barbançon, de Brimeu, de Brace, de Croy, d'Halluin, de Lalaing, de Landas, de Lannoy, de la Marck, de Mérode, de Montmorency, d'Ougnies, de Reuty, de Saveuse, de Wignacourt, etc.

Armes : *d'azur à trois jumelles d'or.*

Supports : Deux levrettes d'argent colletées d'or et d'azur.

Devise : *In bello fortis.*

Cimier : Une tête de licorne dans un vol.

SAINT-CÉZAIRE-DE-GAUZIGNAN

CANTON DE VÉZÉNOBRES

Armoiries : *de gueules à un pal losangé d'argent et de sinople.*

1295. *Villa Sancti Cesarii.* (Ménard, VII, p. 724).
— 1384. *Sanctus Cesarius.* (Dén. de la sénéchaussé).
— 1694. Saint-Césaire. (Arm. de Nimes). — 1744. Saint-Césaire de Gauzignan. (Mandement de l'évèque d'Uzès).

1564, 15 décembre. Dénombrement de cette seigneurie fait au roi par Guillaume de Calvière.

Famille de Calvière

Elle est originaire du Languedoc, suivant d'autres, du Comtat Venaissin.

On trouve un Arnaud Calvière, témoin au serment de fidélité prêté par les habitants de Moissac à Raymond VI, comte de Toulouse, le 12 des Calendes de mai 1197. (Pithon curt., IV, 418).

Antoine et Raymond de Calvière, frères, chevaliers, résidants à Montfrin, diocèse d'Uzès, transigèrent avec Clément Albaron, leur seigneur dominant, le 4 août 1508, et vendirent des biens nobles qu'ils avaient dans la seigneurie de Montfrin, le 16 mai 1516. (Lach Desb. III, 453).

I. Raymond de Calvière épousa Félice Vidal, dont il eut : 1° Guillaume, qui suit ; 2° Nicolas, qui a fait la branche B ; 3° Robert, qui a fait la branche C.

II. Guillaume de Calvière, seigneur de Saint-Césaire, président au Parlement d'Orange, 1568, avait épousé, le 23 juillet 1540, Rose de Faucon (voir Brouzet) dont il eut : 1° Guillaume, qui suit ; 2° Françoise, alliée : 1° à

Jacques d'Eutil de Ligonnès ; 2° à Joseph de Jossaud,
fils de Jean et d'Etienne de Laudun, mariés le 15 février 1529.

III. Guillaume de Calvière, président du Parlement
d'Orange, épousa, le 23 septembre 1559, Isabelle d'Affis,
dont il eut

IV. Pierre de Calvière, viguier de la ville de Nimes,
qui épousa, le 31 mai 1604, Hélix du Terrous, dont il
eut : 1° Marc, baron de Confoulens et d'Hauterive, conseiller au Parlement de Toulouse, qui épousa, le 2 juin
1646, Magdeleine de Cayres d'Entraygues, dont une
fille unique, Charlotte, mariée, le 8 juin 1660, à Ful-
chrand Guilhem de Clermont Lodève de Castelnau ;
2° Antoine, qui suit

V. Antoine de Calvière, colonel d'infanterie, épousa,
le 26 août 1656, Marthe de la Roche, et il en eut : Claude-
Charles, qui suit et Claude-Louis, capitaine de dragons,
demeurant à Montpellier, maintenus dans leur noblesse
par jugement souverain du 3 décembre 1668.

VI. Claude-Charles de Calvière, baron de Confoulens
de Lanas de Valbonne, qui épousa, à Avignon, le 26 juin
1692, Antoinette d'Albon (voir Montaren) dont il eut

VII. Charles-François de Calvière, page du roi (1711),
chef de brigade des gardes du corps du roi, compagnon
de Villeroi, 1743, lieutenant-général des armées du roi,
1748, commandeur de Saint-Louis. Il avait épousé, en
1733, N. de Calvière de Vézénobres, sa cousine, dont il
eut : Charles et une fille, 1750.

Branche B. — II. Nicolas de Calvière, seigneur de la
Boissière, gouverneur de Nimes, 1580, gentilhomme de
la Chambre du roi, 1581, épousa, le 13 mars 1552,
Françoise Brochet, dont il eut : 1° François, qui suit ;
2° Daniel, qui a fait la branche C ; 3° Rose, mariée,
le 15 octobre 1576, à Jean de Boileau de Castelnau (voir
Castelnau). Nicolas avait acquis, le 19 septembre 1557,
la seigneurie de la Boissière, de Jacques de Bozène

III. François de Calvière, seigneur de la Boissière,
mestre de camp d'infanterie, épousa, le 3 décembre
1581, Marie de Saint Juery, dont il eut

IV. Claude de Calvière, seigneur de la Boissière, qui épousa, le 2 octobre 1601, Julie de Nogaret de Calvisson, dont il eut : 1° François, qui suit ; 2° Rose, mariée, le 10 mars 1630, à Antoine de Brueys ; 3° Marguerite, alliée, le 14 juillet 1640, à Georges de la Roque Boulhac.

V. François de Calvière, seigneur de la Boissière, capitaine au régiment de Calvisson, 1635, épousa, le 15 juillet 1647, Marguerite Périnet d'Arzeliers, 1666. Il fut maintenu dans sa noblesse par jugement souverain du 22 août 1669.

VI. Gaspard de Calvière, seigneur de la Boissière, colonel d'un régiment de milice, épousa, le 15 octobre 1674, Françoise d'André, et il en eut

VII. Jean-François de Calvière, seigneur de la Boissière, qui épousa, le 25 avril 1721, Madeleine de Genas.

Branche C. — III. Daniel de Calvière, juge criminel à Nimes, 1590, épousa, avant 1600, Jeanne de Rochemore, dont il eut

IV. Charles de Calvière, lieutenant criminel à Nimes, qui épousa, le 27 octobre 1615, Gabrielle de Fontfroide, dont il eut cinq filles.

Branche D. — II. Robert de Calvière, seigneur de Boucoiran, écuyer, acheta, le 26 novembre 1566, la seigneurie de Boucoiran. Il épousa, vers 1546, Claudine de Longue, et il en eut

III. Guillaume de Calvière, qui épousa, le 6 juillet 1591, Isabeau de Barrière, et il en eut : Anne, mariée, le 16 mars 1619, à Nicolas de Boileau de Castelnau et

IV. Louis de Calvière, baron de Boucoiran, président au présidial de Nimes, qui épousa, le 30 octobre 1650, Anne Thierry, et il en eut : Jean, seigneur de Massil- largues, marié à Olympe Brun de Domessargues et

V. Abel-Antoine de Calvière, baron de Boucoiran, seigneur de Vézénobres, qui épousa, le 21 décembre 1671, Isabelle de Seyla (1) dont

(1) Armes de la famille de Seyla : *de gueules à trois fasces d'argent, au chef cousu d'azur chargé d'une étoile d'or, parti de gueules au lion d'or.*

VI. Alphonse de Calvière, baron de Boucoiran et de Vézénobres, qui épousa, en 1716, N. Durand, et il eut : Jean de Calvière et trois filles dont une mariée à Charles-François de Calvière, son cousin, lieutenant-général des armées du roi, en 1748.

SAINT-GENIÈS-DE-MALGOIRÈS

CANTON DE SAINT-CHAPTES

1119. *Sanctus Genesius de Mediogoses*. (Bullaire de Saint-Gilles'. — 1463. *Castrum Sancti Genesii*. (L. Peladan, notaire de Saint-Geniès). — 1547. Saint-Geniès-de-Malgoirès. (Arch. dép., c. 1314). — 1793. Mont-Esquielle. (Arch. dép., I, 393).

1388. Noble Béringuier de Montpezat, baron de Saint-Geniès, est, pour crime de lèse-Majesté, exécuté et ses biens confisqués au profit du roi qui donne, le 6 août de la même année, la baronnie de Saint-Geniès à Jean de Bezizac.

1405. Guillaume de Thézan était seigneur de Saint-Geniès. *(Armorial du Languedoc*, par de la Roque, I, 491).

1586. Montmorency s'empare de Saint-Geniès-de-Malgoirès.

Le gouverneur est pendu et on met le feu au château. *(Hist. du Lang.*, t. IX, p. 197).

1615. Saint-Geniès est au pouvoir des protestants. Ceux de Nimes et d'Uzès y envoient des renforts.

1621. Les troupes royales s'en emparent, mais le 22 juillet 1622, elles en sont chassées par les habitants.

1627. Rohan, pour éviter que les catholiques s'emparent avec profit de Saint-Geniès, fait démanteler les fortifications. L'année suivante, à la suite d'un combat acharné, les catholiques le reprennent.

1704, 13 avril. Cavalier et les Camisards s'en emparent et font périr un grand nombre de catholiques. (Dict. Goiffon).

1733, 21 août. Le marquis de Toiras déclare tenir

en fief Saint-Geniès relevant du duc d'Uzès. (Arch.
duc. — Sommaire des déclarations de la viguerie d'Uzès,
p. 109).

Famille de Bermond de Toiras

Les sires de Bermond et de Pelet appartiennent aux
deux plus anciennes et plus illustres maisons du Languedoc. Raymond de Pelet couvrit son nom d'une
gloire immortelle durant la première croisade ; moins
heureux les Bermond dont descendent les marquis de
Toiras, n'inscrivirent le leur que dans l'histoire des
troubles religieux qui déchirèrent le Languedoc au
XIIIᵉ siècle. Ils étaient alliés à Raymond VI et Raymond VII de Toulouse. (Bib. de l'Ecole des Chartes
1845, 95).

Le sixième descendant de cette dernière famille, Guillaume du Caila, épousa, le 27 juin 1386, Louise de Saint-
Bonnet Toiras, héritière de sa maison à condition d'en
porter le nom et les armes, et il en eut

VII. Jean du Caila de Toiras qui fut père de

VIII. Guillaume du Caila de Toiras qui épousa : 1° le
9 décembre 1444, Marguerite de la Fare, dont il n'eut
pas d'enfants, et 2° le 22 mai 1445, Marguerite de
Cadoine, dont il eut : 1° Guillaume, qui suit ; 2° Thomas, chanoine de Narbonne ; 3° Antoinette, mariée à
Odilon de Malbosc, seigneur de Collias.

IX. Guillaume du Caila de Toiras, qui épousa, en 1491,
Marguerite de Nogaret, dont il eut Marguerite, mariée,
en 1528, à Claude de Balazuc et

X. Antoine du Caila de Toiras, qui épousa, le 24 avril
1526, Gabrielle de Rochemure, dont il eut : 1° Aymar,
qui suit ; 2° Jeanne, mariée, en 1561, à N. de Pampelonne ; 3° Gabrielle, mariée, le 10 septembre 1567, à
Jean de Pélegrin, seigneur de la Bastide ; 4° Claude,
mariée, le 12 décembre 1581, à François de Bonnail,
seigneur de la Baume.

XI. Aymard de Saint-Bonnet de Toiras, épousa, le
19 février 1572, Françoise de Claret de Saint-Félix,
dont il eut : 1° Jacques, qui suit ; 2° Simon, sénéchal de
Montpellier, 1627, maréchal de camp, 1628, enterré dans

l'église de N.-D. des Tables ; 3° Claude, évêque de Nimes ; 4° Jean, maréchal de France.

XII. Jacques de Saint-Bonnet de Toiras, gouverneur de Clermont-Lodève, 1617, blessé à la bataille de Leucate, 1637, épousa, le 14 octobre 1607, Louise de Grégoire des Gardies, dont il eut : 1° Louis, qui suit ; 2° Françoise, mariée, le 22 novembre 1625, à Jean de Murat de Nogaret, baron de Calvisson ; 3° Louise, mariée, le 14 février 1650, à Louis de Bérard, seigneur de Bernis.

XIII. Louis de Bermond, marquis de Toiras, à qui Christine, duchesse de Savoie, donna le marquisat de San-Michel, Pinito et Ussolo. Il fut héritier du maréchal de France, de Toiras, son oncle, et il épousa, le 22 février 1645, Elisabeth d'Amboise, comtesse d'Aubijoux, dont il eut

XIV. Jacques-François de Bermond, marquis de Toiras, comte d'Aubijoux, capitaine des chevau-légers du Dauphin, brigadier des armées du roi, tué au combat de Leuze, 1691. Il avait épousé, le 19 mars 1691, Françoise de Bérard, dame de Bernis et de Fontarèches, dont il eut : Louise, marquise de Toiras, mariée, le 30 juillet 1715, à Alexandre de la Rochefoucauld, duc de la Rocheguyon, pair de France, chevalier des ordres du roi.

Armes : *d'azur à l'ours de gueules sur pied, accolé d'une ceinture d'argent, armé d'une épée de même.*

SAINT-HIPPOLYTE-DE-CATON

CANTON DE VÉZÉNOBRES

Armoiries : *de gueules à un pal losangé d'argent et d'azur.*

1295. *Villa Sancti Yppoliti de Catone.* (Ménard, VII, p 725). — 1384. *Sanctus Ipolitus de Catone.* (Dénom. de la sénéchaussée). — 1565. Saint-Hippolyte-de-Caton. (J. Ursy, notaire de Nimes). — 1793. Hippolyte-de-Caton.

Ce lieu a pris son nom d'une montagne de son territoire.

On y a trouvé des inscriptions et d'autres antiquités.

Au XVIII° siècle, M. de Montolieu, de Nimes, en était seigneur.

Famille de Montolieu

I. Sanche de Montolieu épousa Louise Foucard, dont il eut

II. Arnaud de Montolieu, qui épousa, le 4 novembre 1515, Jeanne d'Assas, dont il eut

III. Jacques de Montolieu, écuyer, qui épousa, le 29 janvier 1552, Françoise de Vergèze, dont il eut

IV. Antoine de Montolieu, seigneur de Caveirac, qui épousa, le 21 octobre 1589, Isabeau Carles, dont il eut

V. Théophile de Montolieu, seigneur de Saint-Jean-de-Ceirargues et de Saint-Hippolyte-de-Caton, capitaine au régiment de Normandie, chevalier de Saint-Louis, qui épousa, en 1695, Anne de Bornier, vicomtesse d'Héran, dame de Teillan, dont il eut

VI. Philippe de Montolieu, chevalier, vicomte d'Héran, seigneur de Teillan, Saint-Jean-de-Ceirargues et Saint-Hippolyte-de-Caton, qui épousa, en 1727, Françoise d'Albenas, dont il eut : 1° Charlotte, mariée à Pierre Melchior d'Adhémar ; 2° Jeanne, mariée à Pierre Gaspard de Pandin de Biarges.

Armes : *de pourpre à une montagne d'argent en chef et un olivier de même, fruité de sinople en pointe ; écartelé de gueules à une lance d'or mise en pal.*

SAINT-JULIEN-DE-CASSAGNAS

CANTON DE SAINT-AMBROIX

———

Armoiries : *de sable à une fasce losangée d'argent et de sable.*

1121. *Villa Sancti Juliani de Cassagnas.* — 1549. Saint-Julien-de-Cassagnas. (Arch. départ., c. 1320). — 1793. Cassagnas. (Id. 4., 393).

1250, 6 mai. Ce fief appartenait à Decan d'Uzès, qui l'inféoda à Guillaume de Castelnau. (Arch. duc.).

1259, 1er novembre. Hommage de la coseigneurie de Saint-Julien-de-Cassaguas par B. de la Farelle. (Arch. duc , caisse 3).

Famille de la Farelle

Elle a été maintenue dans sa noblesse par jugement souverain du 7 janvier 1669.

I. Bertrand de la Farelle fut père de

II. Pierre de la Farelle qui testa le 23 décembre 1347, et fut père de

III. Armand de la Farelle qui eut pour fils

IV. Jean de la Farelle, damoiseau, père de

V. Armand de la Farelle, qui épousa, le 7 juillet 1437, Magdeleine Castanet, dont il eut

VI. Jean de la Farelle, père de : 1° Jean, qui suit, et 2° Fulcrand qui a fait la branche B.

VII. Jean de la Farelle père de

VIII. Jacques de la Farelle, qui épousa, le 25 juillet 1565, Guillemette de Malmazet (Voir lettre A) dont il eut

IX. Jacques de la Farelle, docteur ès droits, père de

X. Claude de la Farelle, docteur et avocat, demeurant à Nimes, qui épousa, le 2 septembre 1662, Claude

Craverol, dont il eut Pierre, qui épousa, le 7 mai 1685, Alexandrine Martin de Laval, et

XI. Jean de la Farelle, qui épousa Marie Bertrand, dont il eut : 1° François, qui suit ; 2° Simon, marié à Pierrette Granier de Granvilliers.

XII. François de la Farelle, commandant pour le roi à Uzès, épousa Magdeleine de Nogaret de Calvisson.

Branche B. — VII. Fulcrand de la Farelle, seigneur de la Rouvière (D. de Nimes), épousa Gilette Guitard, dont il eut Jean, qui suit, et Gabriel qui a fait la branche C.

VIII. Jean de la Farelle, seigneur de la Rouvière, épousa, le 15 juillet 1583, Diane de Barjac, dont il eut

IX. Jean de la Farelle, qui épousa, le 23 décembre 1626, Marguerite de Saint-Etienne

Branche C. — VIII. Gabriel de la Farelle épousa, le 13 décembre 1609, Anne Lauret, dont il eut : Antoine de la Farelle, conseiller du roi, son bailli et juge à Montagnac (D. d'Agde), et

IX. Frédéric de la Farelle, maire d'Anduze, mort en 1811. Il avait épousé Jacquette Falgueirette de Rebourguil, issue d'une famille de l'Aveyron. Il eut de ce mariage un seul enfant.

X. François-Félix de la Farelle, né à Anduze le 8 mai 1800, substitut du procureur du roi à Millau (Aveyron). Peu après, en 1824, il fut adopté par son oncle, le chevalier de Rebourguil, lieutenant-général des armées du roi, grand-croix de l'ordre de Saint-Louis, qui lui transmit son nom et sa terre de Rebourguil, située près de Camarès. En 1826, il épousa Nancy de Saltet, née à Saint-Jean-de-Bruel. Peu de temps après, il quitta la magistrature et vint se fixer à Nimes où il écrivit plusieurs ouvrages d'économie politique et sociale, qui lui valurent le prix de Monthyon à l'Académie française, et, plus tard, le titre de correspondant de l'Institut. (Académie des sciences morales et politiques).

En 1842, les électeurs de l'arrondissement d'Alais l'envoyèrent siéger à la Chambre des députés où il resta jusqu'en 1848.

En 1861, il entra au Conseil général du Gard jusqu'en 1870 et il mourut le 20 février 1872.

Il a laissé deux filles établies à Nimes : 1° Jacquette-Louise de la Farelle-Rebourguil, mariée au baron Emile Fornier de Clausonne, mort le 9 novembre 1903, dont François et Alfred de Clausonne, mariés à Paris ; 2° Françoise-Pauline de la Farelle-Rebourguil, qui a épousé M. Edouard Mazars de Mazarin, mort le 26 août 1898, dont trois filles : 1° Mme Albert Donnedieu de Vabres, établie à Nimes ; 2° Mme Ernest de Lairolle, mariée à Nice ; 3° Mme Georges de Rouville, mariée à Montpellier.

Armes : d'azur à trois tours d'argent maçonnées de sable sur un rocher d'argent, séparées, celle du milieu plus élevée. (Arm. du Lang., 1, 282).

1493, 28 mai. Hommage est rendu par Bernard de Vernière.

1550, 4 janvier. Autre hommage par Antoine d'Alesti. (Me Rossel, notaire à Uzès).

Famille d'Alesti

I. Pierre Alesti fut père de

II. Antoine Alesti, qui épousa, le 18 mai 1545, Jeanne de Rocoules, dame de Saint-Julien-de-Cassagnas, dont il eut

III. Thibaud Alesti, seigneur de Saint-Julien-de-Cassagnas, qui épousa, le 4 mai 1574, Françoise de Sauzet, dont il eut

IV. Tristan Alesti, seigneur de Saint-Julien-de-Cassagnas, qui épousa, le 19 mars 1620, Isabeau Despeisses, dont il eut

V. Jacques de Saint-Julien, demeurant à Alais, marié, le 2 août 1658, à Tifaine Ginhoux. Il fut maintenu dans sa noblesse par jugement souverain du 19 mars 1670. *(Arm. du Lang., 1, 13).*

1664, 29 mai. Hommage par noble Pierre Le Chantre, seigneur d'Alzon, de la coseigneurie de Saint-Julien-de-Cassagnas, qu'il acquiert de noble Jacques d'Alesti· (Arch. duc., caisse 3).

1712, 17 novembre. Hommage de la coseigneurie de Saint-Julien-de-Cassagnas, par Françoise de Portal, veuve de noble Isaac d'Alesti. (Arch. duc.).

1713. Dénombrement de cette coseigneurie par Elisabeth de Closter d'Astriche, veuve d'Hercule de Castillon, baron de Saint-Victor. Celui-ci était fils d'Antoine et de Jeanne d'Audibert de Lussan, mariés le 1er juin 1623. Lui-même avait épousé, le 3 novembre 1648, Martine de Baratier.

1772, 11 septembre. Louis des Gardies, habitant Uzès, était coseigneur de Saint-Julien-de-Cassagnas. (Chambeiras, notaire, Et. Lahondès).

1773, 3 mai. La seigneurie de Saint-Julien-de-Cassagnas appartenait au haut et puissant seigneur Aimé-Joseph de Louet de Murat de Nogaret, marquis de Calvisson, baron des Etats du Languedoc, demeurant à son château de Massillargues. (Voir la généalogie des Nogaret, fief Saint-Chaptes).

A
Famille de Malmazet de Saint-Andéol

Elle est originaire du Comtat Venaissin.

Elle a fait preuve, en 1786, devant la Cour des Comptes de Montpellier, de quatorze générations d'une noblesse remontant à l'année 1310.

Cette famille est actuellement représentée par M. de Saint-Andéol, dont le bisaïeul, le baron de Malmazet de Saint-Andéol, a été fait, en 1781, comte héréditaire du Saint-Empire Romain, par le Pape Pie VI, dans une bulle qui relate les titres nobiliaires conférés à cette famille par les rois de France.

M. de Saint-Andéol habite Dijon, 11 *bis*, rue Pasteur, et possède deux châteaux : l'un à Mayenne-sur-Loire (Nièvre), l'autre à Santranges, canton de Léret (Cher).

SAINT-LAURENT-LA-VERNÈDE

CANTON DE LUSSAN

Armoiries : *de sable à un chef losangé d'or et d'azur.*

1121. *Villa Sancti Laurentii.* (Gall. Christ., VI, col. 304). — 1384. *Sanctus Laurentius de Vernada.* (Dénombrement de la sénéchaussée). — 1793. Laurent de la Vernède. (Arch. dép. du Gard, 1, 393).

1503. Jean de Bozène, écuyer, seigneur de Saint-Laurent, de Foissac, de Collorgues, de La Bruguière. (Arch. dép., serre E, 1, 108), et, en 1576, 20 novembre, Madeleine de Bozène, dame de Saint-Laurent, épouse François de Rochemore.

1552. Nicolas de Fares, seigneur de Saint-Laurent et de La Bruguière. (Arch. dép., 3, 140).

1578. François d'Agoult, coseigneur de Saint-Laurent, chevalier de l'ordre du roi, capitaine de 200 hommes d'armes. (Voir fief Arpaillargues).

1642, 1er juillet. Guillaume de Montfaucon, fils d'Hugues de Laudun, fait au roi le dénombrement de la seigneurie de Saint-Laurent-la-Vernède. (Arch. duc., caisse 4. — Voir Laudun).

1677, 19 septembre. Dame Françoise de Rochemore, veuve de noble Charles de Rochemore, fille et héritière de Charles de Rochemore, seigneur de Saint-Laurent-la-Vernède, vend cette seigneurie à dame Philiberth de Julien, veuve de M. André de Bruneau, docteur ès droits. (Arch. duc., Sommaire des déclarations, p. 231).

1745, 29 octobre. Mre Joseph de Tomas, comte palatin et ancien vice-gérant du Comtat Venaissin, achète la seigneurie de Saint-Laurent-la-Vernède à Mre Antoine

de Julien, seigneur de Saint-Laurent-la-Vernède, Bouquet et autres places, par acte sous seing privé passé
devant M⁵⁵ Pierre Rovière et Paul Pagès, notaires. —.
(Voir aussi dictionnaire Germer-Durand, p 216).

Voici la notice sur la maison de Saint-Laurent telle
qu'elle m'a été envoyée par un membre de cette noble
famille :

Maison de Thomas ou Tomas

La maison de Thomas, originaire de Provence, remonte
à Charles de Thomas qui était, au XI⁰ siècle, gouverneur de Provence et général d'armée de Gilbert, comte
de Provence. Il fut à la première croisade (1098) où
Godefroy de Bouillon lui donna des marques de son
estime et il mourut, en 1119, en défendant Toulon contre
le roi de Tunis. Dans le cours des XII⁰, XIII⁰ et XIV⁰
siècles, la maison de Thomas ne cessa de s'illustrer par
les armes comme nous l'apprennent l'histoire de Provence de Nostradamus, les manuscrits de Peiresc et les
chroniques de Guillaume de Nangis. Au XV⁰ siècle,
Antoine de Thomas fut en grande considération près du
roi René, qui l'appelle « son ami et son familier ».
Antoine fut mandé à Gènes, en 1438 pour commander
les galères que le comte de Provence y avait laissées,
puis envoyé en ambassade auprès du roi de Castille
qui le nomma chevalier de son ordre par brevet du
23 mai 1444.

Sa descendance forma de nombreuses branches dont
les membres servirent dans les armées de terre et de
mer. Quelques-uns furent au Parlement d'Aix. Cette
famille donna à l'ordre de Malte jusqu'à vingt-deux chevaliers dont plusieurs commandeurs.

Les Thomas possédèrent, en Provence, un grand nombre de seigneuries ; la terre de Sainte-Marguerite fut
érigée en baronnie en faveur de Nicolas de Thomas,
chevalier de l'ordre du roi par lettres patentes de 1586.
La terre de la Garde fut érigée en marquisat par lettres
données, à Versailles, au mois de juin 1690, vérifiées
au Parlement d'Aix, le 12 mars 1691, en faveur d'Auguste de Thomas, chevalier, président à ce Parlement.

Ces deux branches sont actuellement éteintes ainsi que
celles des marquis de la Valette et de Villeneuve, des
comtes d'Orves, des seigneurs de Pierrefeu, de Gignac,
du Val d'Ardenne, de Châteauneuf, etc. Elles ont été
maintenues dans leur noblesse par jugements rendus
en 1669, par les commissaires députés par Louis XIV ;
ces différents jugements font tous remonter la maison
de Thomas à Charles de Thomas, au sujet duquel il
est cité deux Chartes du 2 octobre et du 4 novembre
1096.

L'une des branches de la famille de Thomas vint
s'établir dans le Comtat Venaissin avec Antoine II,
petit-fils d'Antoine I, dont nous avons parlé plus haut.
Il fut élu deux fois consul d'Avignon, en 1479 et 1493.
Cette branche était représentée, au XVIIIᵉ siècle, par
Joseph de Thomas, qui se fixa en Languedoc par l'acquisition qu'il fit des seigneuries de la Bastide-d'Engras
et de Saint-Laurent-la-Vernède.

Joseph de Thomas de Saint-Laurent exerça diverses
charges dans les Etats Pontificaux. Il fut nommé, en
1725, par le Pape Benoît XIII, pour exercer l'office de
vice-gérant, auditeur de la Chambre apostolique en la
ville et légation d'Avignon et dans tout le pays en deçà
des monts. Il fut continué avec éloge dans cet emploi
par bulles du 29 juillet 1731. Par bref du 14 juillet
1739, le Pape Clément XII le fait et crée comte de la
Cour de Latran et du Palais apostolique. Il fut deux
fois primicier de l'Université d'Avignon, en 1749 et
1761. Enfin, il fut confirmé dans sa noblesse : 1° par
bref de Clément XIII du 30 janvier 1760, enregistré
aux archives du Palais, dans le registre des bulles et
aux archives de Sa Majesté, en Provence, par arrêt de
la Cour des Comptes du 23 septembre 1763 et au bureau
des finances de Provence par ordonnance du 14 octobre
1763 ; 2° par lettres patentes de Louis XV, du mois de
mars 1770, enregistrées au Parlement d'Aix, par arrêt
du 2 avril 1770.

Deux de ses petits-fils : Jean-Joseph de Thomas de
Saint-Laurent et Louis-Joseph de Thomas, chevalier de

25

la Bastide, servirent dans la marine ; Jean-Joseph fit une campagne dans l'Inde, sous les ordres de l'amiral d'Estaing ; il émigra pendant la Révolution et reprit du service en 1814, époque à laquelle il fut nommé commandant des élèves de la marine à Toulon. Il ne voulut pas servir en 1830 et prit sa retraite comme contre-amiral.

Son fils aîné, Joseph de Thomas de Saint-Laurent, nommé garde du corps, en 1814, prit sa retraite comme capitaine d'état-major, en 1840.

Son fils cadet, Henri-Gabriel de Thomas de Saint-Laurent, sombra sous voiles en février 1836, commandant, comme lieutenant de vaisseau, la goëlette l'*Estafette*, en destination de Cayenne.

La famille est aujourd'hui représentée par Henri-Joseph-Esprit-Marie comte de Thomas de Saint-Laurent, né le 16 février 1841, ingénieur des Ponts et Chaussées, qui, de son mariage avec Marie-Acéline-Octavie Bolot d'Ancier, a eu :

1° Marie-Joseph-Raymonde de Thomas de Saint-Laurent, mariée, le 12 février 1896, à Henri del Puech de Comeiras, dont un fils.

2° Madeleine-Catherine-Fernande-Marie de Thomas de Saint-Laurent, mariée, le 12 août 1901, à Paul-Richard de Laprade, d'où deux fils et une fille.

3° Jeanne-Marie-Joseph de Thomas de Saint-Laurent, mariée, le 27 juin 1899, à Raoul Baguenault de Puchesse, d'où trois fils et une fille.

4° Joseph-Louis-Marie, vicomte de Thomas de Saint-Laurent.

5° Raymond-André-Joseph de Thomas de Saint-Laurent, de la Compagnie de Jésus.

6° Hélène-Marie-Joseph-Catherine de Thomas de Saint-Laurent.

7° Jean-Stanislas-Marie-Joseph de Thomas de Saint-Laurent.

La maison de Thomas porte : *Écartelé de gueules et d'azur, à la croix d'or fleuronnée, au pied fiché brochant sur le tout.*

Supports : Deux lions.

Cimier : Deux bras armés sortant du timbre, dont les·
mains jointes soutiennent une semblable croix.

Cri d'armes : *Godifridus mihi apicem dedit.*

Devise : A tort on me blasme.

La famille Bolot est originaire de Franche-Comté.
Guillaume Bolot, seigneur de Chauvillerain, gouver_
neur de Faucogney, fit enregistrer à la fin du XVII⁰ siècle, dans l'*Armorial général*, de d'Hozier, ses armoiries qui sont : *De gueules aux trois besants d'argent.*

Del Puech de Comeiras : *de gueules à un château
d'argent donjonné de trois tours de même, maçonnées de sable.*

Richard de Laprade : *de gueules au chevron d'argent, accompagné en chef de deux étoiles de même
et·en pointe d'un besant d'or.*

Baguenault de Puchesse : *d'argent au chevron de
gueules, flanqué de deux étoiles d'azur; en pointe
une fois au naturel surmontée d'un lys ; au chef
cousu d'or chargé de trois merlettes de sable.*

En même temps que la seigneurie de Saint-Laurent,
les ancêtres du comte de Tomas de Saint-Laurent possédaient le château de la Bastide, du même canton. Il
ne figure pas au nombre des fiefs du château ducal
parce qu'il relevait de l'évêché d'Uzès. Il est possédé
par le comte de Saint-Laurent.

Il avait été acquis, le 13 décembre 1746, par M. de
Tomas, ancien primicier et vice-gérant d'Avignon, de
la marquise de Villevieille, née Françoise-Mélanie de
la Fare.

SAINT-MARCEL-DE-CAREIRET

CANTON DE LUSSAN

Armoiries : *de sable à une fasce losangée d'argent et de gueules.*

On a signalé sur son territoire quelques tumulus préhistoriques et une inscription romaine.

1121. *Villa Sancti Marcelli.* (Gall Christ., 6, instr. col. 304).

1326, 22 mai. Hommage de la seigneurie de Saint-Marcel-de-Careiret par Pons de Montlaur et Bérengère, sa femme, fille de Rostang de Sabran, à Mre Guillaume III de Montdagout, évêque d'Uzès. (Arch. duc., caisse 4).

1345, 1er septembre. Hommage par Raymond de Ferrier à Elias de Saint-Iriès, évêque d'Uzès. (Queirol, notaire).

1354, 1er septembre Pareil hommage par Pons de Sabran de tout ce qu'il possédait en ce lieu. (Avignon, notaire à Uzès).

1357. Hommage à Mre Bompar, évêque d'Uzès, par Pierre de Montlaur, fils de Bertrand, tant pour lui que pour son neveu mineur Antoine de Sabran, fils de Bertrand. (Avignon, notaire à Uzès).

1367, 17 août. Hommage au même évêque par Pons de Sabran, fils de feu Bertrand, et par Auzias, fils de Pierre. (Même notaire).

1380, 12 octobre. Hommage à Mre Martial, évêque d'Uzès, par Auzier de Sabran, comme héritier de Pons de Sabran, son oncle. (Thome, notaire à Uzès).

1453, 1er janvier. Hommage à Mre Gabriel du Châtel, évêque d'Uzès, par Pons de Gaujac. (Jousque, notaire).

1486, 10 février. Hommage de la moitié de la sei-

gneurie par nobles Cathelice et Philippe de Combes, à
Mʳᵉ Nicolas de Malgras, évêque d'Uzès.

1597, 5 juillet. Vente de la moitié de la seigneurie
à Marguerite d'Albert, par les commissaires délégués
pour la vente des biens temporels de l'église d'Uzès.
(Voir lettre A ci-dessous).

1606, 7 janvier. Hommage par noble Charles d'Audibert, seigneur de Lussan, en son nom et en celui de sa
femme, Marguerite d'Albert, à Mʳᵉ Louis de Vigne, évêque d'Uzès. (Froment, notaire à Uzès).

1694, 9 septembre. Jean d'Audibert de Lussan vend
à noble Charles de Raymond de Pégueirolles, coseigneur de Saint-Marcel, la terre, seigneurie et château de
Saint-Marcel et, dans ce même acte, l'évêque d'Uzès,
Michel II Poncet de la Rivière, reçoit l'hommage de
cette seigneurie.

Famille de Pégueirolles

La famille de Pégueirolles, originaire du Languedoc,
a obtenu des lettres patentes de marquisat au mois de
novembre 1750.

Elle s'est particulièrement distinguée dans la magistrature et a donné un secrétaire du roi en la chancellerie
de Montpellier (1677), plusieurs conseillers et un président à mortier, au Parlement de Toulouse (1753).

Sa filiation remonte à François de Julien, qui vivait
en 1500.

Armes : *Ecartelé au 1 et 4 d'azur à trois molettes
d'éperon d'argent au chef d'or ; au 2 et 3 émanché
d'or et d'azur ; sur le tout d'azur à la gerbe d'or
surmontée de trois étoiles de même.*

1715, 12 septembre. La comtesse de Lussan fait hommage du château de Saint-Marcel au même évêque,
Poncet de la Rivière. (Arch. duc , caisse 4).

1731, 2 janvier. Joseph de Bruneau d'Ornac possédait
la seigneurie de Saint-Marcel. (Bonnaud, notaire d'Uzès).

Famille de Bruneau d'Ornao

Ancienne famille du diocèse d'Uzès, dont la noblesse

remonte à 1531, d'après un jugement de M. de Basville, intendant de la province du Languedoc.

Elle avait les seigneuries de Saint-Marcel, de Verfeuil, de Saint-Auban, des Aupiats, Cavignac, Artifel, Soupian

Elle forma deux branches: celle de Saint-Marcel et celle de Saint-Auban. Nous ne nous occuperons que de la première :

I. Noble Blaise Bruneau ou Brunel, écuyer de la ville de Bagnols, épousa, en 1521, Jeanne Teissière, et fut enterré dans l'église de Bagnols, en la tombe de ses ancêtres. Il eut de son mariage

II. Simon de Bruneau, qui épousa, le 13 janvier 1548, Jeanne de Gauthier, fille de Jean, bailli noble d'Orange et d'Anne de Lamberge. Il rendit aveu au duc Henri de Montmorency, au nom du roi. (Arch. nationales, sect. hist., cote M. 300).

Il eut de son mariage Pierre, écuyer, marié, en 1591, à Anne de Sibert, fille d'Hector, avocat et chef de la maison de Saint-Auban, et

III. Imbert de Bruneau, seigneur d'Ornac, conseiller en la Cour du Parlement d'Orange, qui épousa, le 29 mars 1589, Marie de Vallet de Bagnols, dont il eut : Guillaume, docteur ès droits, régent de la ville de Bagnols, et

IV. Ulysse de Bruneau d'Ornac, gentilhomme de la Chambre de Monsieur, frère du roi, qui épousa, le 30 avril 1634, Pierrette de Chanciergues, dont il eut

.V. Henri-François de Bruneau d'Ornac, lieutenant et régent de S. A. R. le prieur de Conti, pour la ville de Bagnols, colonel d'un régiment des milices provinciales de son nom, marié, le 18 octobre 1660, à Marie de Pluviers, fille de Pierre, seigneur de Saint-Michel, écuyer ordinaire et lieutenant des gardes de S. A. R. la duchesse de Savoie, tante du roi.

Il laissa plusieurs enfants parmi lesquels : 1° Pierre, qui suit ; 2° Joseph, prieur de Saint-Marcel, dont il acheta la seigneurie avec celle des Aupiats, le 15 décembre 1729, qu'il donna, le 11 avril 1736, au premier enfant de son neveu, Henri, marié à Claire de Grossetête. Il mourut le 13 mai 1740, et fut enterré dans l'église de Saint-Marcel, qu'il avait dotée d'une chapelle de Saint-Joseph et d'un tableau de Saint-Joseph et de Saint-Blaise.

VI. Pierre de Bruneau d'Ornac, colonel d'un régiment d'infanterie de milices provinciales qui portait son nom, se rendit redoutable aux Camisards. (Voir *Histoire des Camisards*, par Court de Gebelin, t. 2, p. 196).

Il épousa Catherine d'Adhémar de Montfalcon, élève privilégiée de Mme de Maintenon, à Saint-Cyr, fille de Balthazar et de Jeanne d'Ayneaux de Pontoise, dont il eut : 1° Charles, qui suit ; 2° Louis, chanoine de l'église collégiale et abbatiale de Saint-Gilles.

En 1791, il refusa de prêter le serment schismatique et, après avoir bien souffert pour la religion, il mourut, à Verfeuil, en septembre 1798 ; 3° Christine, mariée, le 22 mars 1730, à Saint-Marcel, à Mre François d'Agoult, seigneur de Montmaur, l'un des quatre barons de la province du Dauphiné, fils de Charles, comte d'Agoult et de Justine Allemand de Pannissol.

VII. Charles-Henri de Bruneau d'Ornac, qui épousa : 1° le 11 avril 1736, à Uzès, Marie de Grossetète, fille du colonel d'infanterie sous les ordres du maréchal de Barvick, pour l'établissement de Philippe V, au trône d'Espagne, et de Catherine de Laurens de l'Olive, dame de Jonqueirolles, qui mourut, à Uzès, le 21 juillet 1737 ; 2° le 12 avril 1742, à Nimes, Anne de Becdelièvre, sœur de l'évêque de Nimes ; 3° Marguerite de Beauvoir du Roure.

Le 25 août 1765, il acheta de Mre de la Tour du Pin Gouvernet de Verclause, la terre, le château et la seigneurie de Verfeuil, au prix de 95,315 livres, et il en fut investi, par le duc d'Uzès, le 4 novembre 1765.

Il mourut, au château des Aupiats, le 27 juillet 1780.

Il laissa entr'autres enfants de sa première femme, Marie de Grossetète: une fille Catherine-Claire, qui épousa, le 12 juillet 1763, au Pont-Saint-Esprit, Charles de Plantin, seigneur de Villeperdrix, fils de Jérôme, écuyer, et de Françoise de la Tour du Pin de la Chaux Montauban de Gouvernet.

Le 7 juin, elle fut héritière universelle de son oncle, Gabriel du Laurens de l'Olive.

Elle mourut, le 4 mai 1821, âgée de 85 ans, laissant : 1° Joseph de Plantin de Villeperdrix, officier aux chasseurs des Ardennes, marié à Catherine de Gasc, fille du baron et d'Anne de Monery ; 2° Jeanne, mariée, en 1798, au comte Claude de la Croix de Chevrières de Pisançon, chevalier de Malte et de Saint-Louis, officier de l'armée de Condé, fils du comte et de Gabrielle de Condé, dont : (a) Léon, comte de Pisançon, marié à Aimé de Rostaing, le 30 septembre 1839 ; (b) Constance, mariée, en 1820, à Joseph de Cadoïne de Gabriac ; (c) Joséphine, mariée, en 1832, à Louis de Mayran de Gaste ; (d) Pauline, mariée, en 1838, au baron de Gélis Monteils ; (e) Elisabeth, mariée, en 1838, à Jean-Baptiste Lombard de Fontirun.

Du mariage avec Anne de Becdelièvre, il eut : 1° Charles qui suit : 2° Henri, nommé par le roi, à vingt-deux ans, chanoine de Nimes, puis prévôt de la cathédrale, vicaire-général de son oncle, Mgr de Becdelièvre, décédé le 3 septembre 1806, à Uzès, où il avait été placé par l'évêque du diocèse d'Avignon, comme doyen de l'ancien diocèse d'Uzès ; 3° Gabrielle, mariée, le 19 mai 1769, à Jean-Pierre Le Noir, chevalier, seigneur de Comps, habitant Mus, dont une fille, mariée à M. de Montolieu.

VIII. Charles-Prudent de Bruneau d'Ornac, baron de Verfeuil, né au château des Aupiats, capitaine au régiment de Navarre (infanterie), marié, à Bollène, au Comtat Venaissin, le 11 avril 1774, à Pauline de Niel, fille du baron, chevalier de Saint-Louis, et de Marie-Thérèse de Beaussier, veuve de Joseph de Lestang, colonel des Croates Français, dont la fille Henriette, dame de Bourdic-Viot, se rendit célèbre par son esprit et ses talents pour la poésie.

Il assista, à Nimes, le 17 mai 1789, à l'assemblée de la noblesse de la sénéchaussée pour l'élection des députés

aux Etats généraux. Il eut la douleur de voir son château de Verfeuil envahi, le 21 mai 1792, par une bande
de furieux qui brûlèrent ses meubles et ses archives.
(Voir Rouvière, *Histoire de la Révolution dans le
Gard*, t. III, p. 224) et ne dut son salut qu'à sa fuite
à Paris où il demeura caché tout le temps de la Terreur.

Il mourut à Verfeuil, le 20 mai 1803, laissant de son
mariage : 1° Pauline, mariée, le 11 juillet 1809, au
vicomte de Brettes, fils de Martial et de Léonarde de la
Celle de Châteauclos. Leur fille épousa N. de la
Valette, dont le neveu a été ministre de Napoléon III et
ambassadeur en Angleterre ; 2° Jean-Pierre-Amédée, qui
suit ; 3° Charles, sous-chef de l'administration de l'enregistrement à Paris.

IX. Jean-Pierre-Amédée de Bruneau d'Ornac, baron
de Verfeuil, vice-consul de Corot, en Irlande. Il mourut
à Uzès, vers 1853.

Armes de la famille de Bruneau d'Ornac : *Parti
d'argent à un lion de sable lampassé et armé d'or
et le second de vair*. (D'Hozier, *Armorial général
de France*, p. 485).

A
Famille d'Albert
(Ducs de Luynes, de Chevreuse, de Chaulnes)

La maison d'Albert vient des Alberti, seigneurs de
Catenai, famille puissante de Florence, qui fut exilée
vers la fin du XIVᵉ siècle.

Les preuves faites par le connétable de Luynes, pour
être reçu chevalier des ordres du roi, ne remontent qu'à
Thomas Alberti, qui était venu s'établir à Pont-St-Esprit
lorsque la proscription contraignit sa famille à quitter
Florence.

Pierre Alberti, fils de Thomas, se distingua au siège
de Beaucaire et devint panetier du roi Charles VII.

Honoré d'Albert, chambellan du duc d'Alençon, se
battit, en 1576, en champ clos, au bois de Vincennes,
en présence du roi et de la cour, contre le capitaine
Panier, exempt de la compagnie des gardes du corps
écossais, qui l'avait accusé d'avoir favorisé l'évasion du

duc d'Alençon et du roi de Navarre depuis Henri IV. Il tua son adversaire et ce fut le dernier duel autorisé par nos rois.

Charles d'Albert de Luynes, favori de Louis XIII, fut élevé à la dignité de connétable, vacante en 1614, par la mort d'Henri de Montmorency, et fut créé duc de Luynes par lettres patentes de 1619 et au titre de duc furent ajoutés, par lettres patentes, en 1620, 10 juillet, celui de duc de Chevreuse et pair de France, et, en 1677, celui de duc de Chaulnes.

Le duc d'Uzès Louis de Crussol a épousé Mlle Marie-Thérèse d'Albert de Chevreuse-Chaulnes, qui descend de cette très noble famille.

Armes : *Ecartelé aux 1 et 4 d'azur à quatre chaînes d'argent en sautoir, aboutissantes en cœur à un anneau de même; aux 2 et 3 d'or, au lion couronné de gueules; sur le tout : d'or au pal de gueules chargé de trois chevrons d'argent.*

SAINT-MAXIMIN

CANTON D'UZÈS

Armoiries : *de sinople à une fasce losangée d'argent et de sable.*

1096. Le comte Raymond de Saint-Gilles, avant de partir pour la croisade, s'empare de la forteresse de Saint-Maximin. *(Castrum Sancti Maximi).*

1156. Ce château, dont il ne reste aucun vestige, est cédé par Louis VII, dit le Jeune, à l'église d'Uzès· (Dict. Rivoire, t. II, p. 658).

1250. Decan, seigneur d'Uzès, en devient seigneur suzerain, et plusieurs coseigneurs lui en font hommage, entr'autres :

1290, 14 novembre. Guillaume de Castillon. (Arch. duc., caisse 3).

1298, 3 février. Raymond de Latour. (Id.).

1327, 3 octobre. Robert d'Uzès reçoit l'hommage de Pons de Saint-André et Rostang de Castillon, et, en 1359, de Raymond, damoiseau. (Falcon, notaire).

1393, 3 février. Brémond d'Uzès reçoit l'hommage de Paul de Masmolène, damoiseau, et, en 1415, 12 octobre, celui de noble Pons de Gissac. (Arch. duc., caisse 3).

1473. Philippe de Sauvignargues fait hommage de la coseigneurie de Saint-Maximin. (Id.).

1575. Le duc de Montpensier Damville se met à la tète des huguenots, reconnaissant pour chef le prince de Condé. La reine Catherine lui oppose le duc d'Uzès. Celui-ci, à peine investi de son nouveau commandement, part pour le Languedoc et réunit son corps d'armée à Pont-Saint-Esprit. Après s'être emparé de plusieurs châteaux des environs, il fait escalader, la nuit, et occuper Saint-Maximin.

1648. Olivier de Thézan, baron de Saze, est seigneur de Saint-Maximin, comme héritier de Jacques de Thézan. Il était sénéchal ducal d'Uzès. (Id.). (Voir pour la généalogie des Thézan, fief Saze.

1713, 21 septembre. Hommage au duc d'Uzès de la seigneurie de Saint-Maximin, par Mre de Castillon, marquis de Saint-Victor. seigneur de Saze, sous l'albergue de six chevaliers, payables à la fête de Saint-Michel, au duché. (Arch. duc., caisse 3). (Voir pour la généalogie de cette famille, fief de Saint-Victor-de-Malcap).

1714, 8 août. Mre Antoine Sconin, conseiller du roi, commissaire provincial des guerres de la généralité de Paris, syndic général des commissaires de guerre, achète la seigneurie de Saint-Maximin au marquis de Castillon de Saint-Victor. (Arch. duc., caisse 3).

En 1768, cette seigneurie revient à Mre Louis-Etienne Sconin, écuyer, seigneur d'Argenvillers, président-trésorier de France, de la généralité de Montauban. Il habitait Uzès et était parent du père Sconin, vicaire général et official du diocèse d'Uzès, oncle de Racine, à qui il voulut apprendre la théologie pour lui faire avoir un bénéfice, mais notre poète ne se sentit aucune vocation pour l'état ecclésiastique.

1776, 8 avril. Vente de la seigneurie de Saint-Maximin, par Sconin, seigneur d'Argenvillers, au prix de 134,000 livres, à M. de la Place, conseiller, secrétaire du roi, maison et couronne de France. (Arch. duc., caisse 5).

Le château de Saint-Maximin appartient à Mme Aubert, née de la Baume, d'Uzès.

SAINT-PAULET-DE-CAISSON

CANTON DE PONT-SAINT-ESPRIT

———✦———

Armoiries : *de gueules à un pal losangé d'or et de gueules.*

1209. *Sanctus Paulus de Caysson.* (Gall. Christ , t. VI, p. 624). — 1470. *Prioratus Sancti Pauleti.* (Sauv. André, notaire d'Uzès). — 1736. Saint-Paulet-de-Caisson. (Arch. départ., c. 1307). — 1793. Caisson. (Id., 4, 393).

1209, 4 juillet. Le comte de Toulouse donne le fief, de Saint-Paulet-de-Caisson à l'évêque d'Uzès et ce don est ratifié par le roi en 1211. (Arch. duc.).

1242, 3 août. Rainon, seigneur de la Tour-d'Aigues, fils de Rainon du Cailar et frère de Gilles de Maltortel, fait hommage de cette seigneurie à l'évêque d'Uzès. (Riegeau, notaire).

1292. Pareil hommage est rendu par Gilles des Gardies. (Riboty, notaire. — Arch. duc.).

1493. Morelly, époux de Louise de Cayres, était seigneur de Saint-Paulet-de-Caisson. (Arch. départ., t. I, p. 291).

1650. François-Joseph de Gabriac, époux de Jeanne de Rodulph, fils de Joachim et de Françoise de Banne d'Avejan, était seigneur de Saint-Paulet-de-Caisson.

Famille de Gabriac

Très ancienne en Languedoc, elle possédait une des douze baronnies qui donnaient entrée aux Etats du Gévaudan.

Les Cadoine ou Cadoène en étaient possesseurs dès le XIIIᵉ siècle et prenaient indifféremment le nom de

Cadoine ou celui de Gabriac et souvent tous les deux. (Lach. Desb., III, 410).

Bertrand de Cadoine fut évêque d'Uzès. Il mourut en 1441. (*Hist. du Lang.*, V, 8).

Aimery de Girard épousa, vers 1410, Isabeau de Cadoine.

Cette famille a été maintenue dans sa noblesse par jugement souverain du 13 septembre 1669.

I. Jean de Gabriac, écuyer, seigneur de Gabriac, fut père de

II. Jean de Gabriac, seigneur de Gabriac, de la Fulquière, Beasse, Rochefort et le Sault, qui épousa, le 28 mai 1542, Anne de Barjac, dame de Sault, et en eut

III. Charles de Cadoine, dit de Gabriac, seigneur de Sault et de Barjac, coseigneur de la ville du Bourg-Saint-Andéol, capitaine de 200 hommes d'armes (1583). Il avait épousé, le 19 octobre 1583, Jeanne de Pelet de Combas, de la maison de Narbonne, et il en eut

IV. Joachim de Gabriac, seigneur de Blancheirette et de Sault, capitaine d'infanterie au régiment de Gordes (1632), qui épousa, le 1er janvier 1633, Françoise de Banne d'Avejan, et il en eut : 1º François, qui suit ; 2º Jeanne alliée, le 26 septembre 1655, à Guillaume de Chanaleilles. (Voir lettre A ci-dessous).

V. François-Joseph de Gabriac, seigneur de Saint-Paulet, qui épousa, le 19 janvier 1659, Jeanne de Rodulph.

Il y avait encore, en 1774, deux branches de la maison de Gabriac, à qui appartenait la baronnie de ce nom.

L'une subsistait dans la personne de X. de Gabriac, seigneur en partie du Bourg-Saint-Andéol, en Vivarais, dont la fille unique épousa Henri de Faret, dit le comte de Fournès, brigadier des armées du roi.

L'autre était connue sous le nom de Gabriac Saint-Paulet et existait en la personne de Joseph-François-Louis, dit le baron de Gabriac, seigneur de Saint-Paulet, en Languedoc, marié à Charlotte de Banne. (Lach. Desb., VII, p. 2).

Le marquis de Gabriac, sous-lieutenant au régiment du Dauphin (cavalerie), fit ses preuves de cour pour monter dans les carosses du roi, en 1789 ; il épousa, en 1790, Marie-Elisabeth Célésia, d'une famille noble de Gênes.

Il prit part aux assemblées de la noblesse de Nimes, en 1789.

La comtesse de Cadoine de Gabriac, née de la Croix de Chevrière de Pisançon, branche d'Orsan (Gard), décédée en 1889, âgée de 92 ans, avait eu deux enfants : une fille, Honorine, religieuse aux Visitandines d'Avignon, et un fils, Ernest de Cadoine de Gabriac, qui avait épousé une demoiselle de Rostand, de Penas (Vaucluse).

Armes : *de gueules à sept losanges, d'or 3, 2 et 1.*
Devise : *Nescit pericula virtus.*

A

Famille de Chanaleilles

Elle est des plus considérables et des plus anciennes du Vivarais et du Velay.

Elle possède encore dans cette dernière province, la terre de Chanaleilles, située sur les confins de la Lozère et de la Haute-Loire.

La filiation, non interrompue de cette maison depuis le milieu du XII° siècle, a été produite, en 1785, devant Cherin, pour être admise aux honneurs de la cour dont elle a joui le 3 novembre 1785.

Guillaume de Chanaleilles, chevalier du Temple, en 1153, prit part à la deuxième croisade. Ses armes figurent dans la salle des Croisades du Musée de Versailles. Hénias de Chanaleilles fit hommage à Messieurs du Chapitre du Puy, en 1339. (Man. d'Aubais, II, 148).

Jean-Claude de Chanaleilles joua un rôle considérable dans l'Auvergne et le Velay, en soutenant la cause du roi Henri IV, pendant la ligue et fut honoré de plusieurs lettres autographes du roi. (V. Berger de Xivrey. — Lett. missives d'Henri IV).

Cette famille a été maintenue dans sa noblesse par jugement souverain du 6 mars 1670.

Elle s'est divisée en deux branches. Il serait trop long de donner sa généalogie entière, il nous suffira de faire connaître les derniers descendants de ces deux branches.

Branche aînée. — Le dixième de la famille : Louis-Etienne-Achille de Chanaleilles, fils de Jean-Baptiste, marquis de la Saumès, et de Françoise de Cadoine de Gabriac, épousa, le 3 septembre 1844, Claude de la Baume, dont il eut : 1° René, marquis de Chanaleilles, chef de bataillon au 117° d'infanterie, marié, le 11 février 1885, à Jeanne Germon de Malmasse, d'où Sosthène, né le 22 octobre 1892.

Résidences : Paris, hôtel de Chanaleilles, 2, rue de Chanaleilles; Orléans, rue du Bourdon-Blanc ; Château de Chanaleilles (Haute-Loire) ; Château de la Saumès-la-Blachère (Ardèche) ; Château du Joucas, près d'Alais (Gard) ; Château de la Renardière Olivet (Loiret);

2° Mlle Blanche de Chanaleilles, château du Joucas, Alais (Gard).

Branche cadette. — X. Charles, marquis de Chanaleilles, chevalier non profès de l'ordre de Malte, capitaine de vaisseau, chevalier de Saint-Louis, officier de la Légion d'honneur, pair de France, avait épousé, en 1807, Marie de Carère, dont il eut : 1° Sosthène, qui suit ; 2° Gustave, lieutenant-colonel au 68° de ligne, chevalier de la Légion d'honneur et de l'ordre de Pie IX, marié, le 18 novembre 1853, à Marie de Lascases ; 3° Adolphe, colonel du 68°, frère jumeau du précédent, marié, en 1850, à Blanche d'Andlau.

XI. Sosthène, marquis de Chanaleilles, ancien page de Louis XVIII, lieutenant-colonel des chasseurs d'Afrique, chevalier de la Légion d'honneur, ancien conseiller général de l'Ardèche, épousa, le 29 mai 1832, Stéphanie des Balbes de Berton de Crillon, tante à la mode de Bretagne de la duchesse douairière d'Uzès, dont une fille, Marie-Isabelle, mariée à M. de Marcieu, qui possède les magnifiques ruines du château de Ventadour, apportées à cette famille par Marie de Langlade.

Armes : *d'or à trois lévriers de sable colletés d'argent courant l'un sur l'autre.*

Devise : *Fideliter et alacriter.*

(Toujours fidèles, toujours allègres ; allusion aux trois lévriers courant qui figurent dans leurs armes).

Le château de Saint-Paulet appartient actuellement au baron Duplessis de Pouzilhac.

SAINT-PRIVAT-DU-GARD

CANTON DE REMOULINS

1121. *Villa Sancti Privati.* (Gall. Christ., t. VI, col. 304). — 1156. *Abbatia Sancti Privati de Gartio.* (Hist. du Languedoc, II, pr. col. 561). — 1620. Le prieuré de Saint-Privat de Garno. — 1715. Saint-Privat. (J.-B. Nolin).

Le château de Saint-Privat, un des plus anciens de France, a été reconstruit, au Xe siècle, sur des ruines romaines qui ont laissé de nombreux vestiges. On y remarque aussi une tour sarrasine.

Lorsque Charles-Martel eut chassé les Sarrasins de la France méridionale, plusieurs points furent fortifiés notamment Saint-Privat contre les incursions des sujets du royaume d'Arles, des Provençaux et des habitants du Dauphiné.

En 1187, les chrétiens ayant été chassés de Jérusalem par les Sarrasins, les chevaliers du Temple, répandus en France, y reçurent plusieurs dotations, entr'autres celle du château de Saint-Privat.

En 1312, les Templiers ayant été supprimés par Philippe-le-Bel, le château ne tarda pas à devenir la propriété de la famille de Faret.

En 1535, la reine Eléonore d'Autriche, devenue femme de François Ier, ayant fait le voyage de Toulouse, le roi, au retour, passant par Narbonne, Béziers, Montpellier et Nimes, s'arrêta au château de Saint-Privat avec toute sa cour qui se composait de sa femme Eléonore, des princes ses enfants, du maréchal de Montmorency, du cardinal du Prat, légat du Pape, et de plusieurs sei-

gneurs, notamment du comte de Crussol, seigneur suzerain de ce fief.

En 1564 et le 12 décembre, le comte de Crussol y
hébergea le roi Charles IX.

Après le dîner, le roi et toute sa suite allèrent visiter
le Pont-du-Gard, tout près du château.

Le comte de Crussol avait fait préparer, dans une
des grottes qu'on voit encore près de ce pont, une
magnifique collation qu'il fit offrir au roi, à la reine et
aux dames, par de jeunes et jolies filles, vêtues en
nymphes, qui sortirent inopinément de la grotte, portant des confitures et pâtisseries de toutes sortes ainsi
que des flacons remplis de liqueurs et d'excellents
vins. *(Histoire des ducs d'Uzès, par Lionel d'Albiousse, p. 75).*

D'autres personnages ont couché ou séjourné au château de Saint-Privat, tels que les ducs de la Trémoille,
de Rohan, de Lesdiguières et le fameux chef des protestants, Coligny, tué à la Saint-Barthélemy.

A cette époque, le château de Saint-Privat était un
des plus importants de la contrée. Tous les ministres,
venant de Genève, y séjournèrent, car il servait tout à
la fois de lieu d'assemblée et de forteresse. 2,000 coups
de canon, disait-on, auraient à peine suffi pour le battre
en brèche. *(Histoire de Nimes, par Germain, t. II,
p. 132).*

En 1601, 10 juillet, Marguerite de Valois, première
femme d'Henri IV, vint le visiter.

En 1629 et le 6 juillet, Louis XIII et Richelieu y
séjournèrent et y reçurent la soumission des religionnaires de Nimes. (Dict. Goiffon).

On conserva avec soin le canapé sur lequel s'était
assis Louis XIII.

Ce château, avec ses hautes tours carrées, ses remparts et ses machicoulis, offre un amas de constructions de tous les âges.

1156. Le roi Louis VII donne le fief de Saint-Privat
aux évèques d'Uzès, et cette donation est confirmée, en
1211, par le roi Philippe-Auguste.

1228. Bertrand Pelet, époux de Tiburge, est coseigneur de Saint-Privat (Villemagne, notaire) et un de ses successeurs, Raymond Pelet, fait hommage de la seigneurie, le 12 septembre 1345, à Elie, évêque d'Uzès. (Querel, notaire à Uzès).

Famille de Pelet

Elle est une des plus anciennes et des plus illustres du Languedoc.

Plusieurs historiens généalogistes et parmi eux Catel et le P. Anselme, font descendre les Pelet des anciens vicomtes de Narbonne.

D. Vaissette remonte leur filiation à Bernard de Pelet, coseigneur d'Alais, vivant au milieu du XIe siècle, qui fut père de Raymond, surnommé le *Croisé*, dont les armes figurent à la salle des Croisades.

Cette maison a fait plusieurs branches dites d'Alais, de Combas et Montmira, de Cannes, de Granges et Moriton, en Dauphiné, de Salgas, en Gévaudan.

La branche de Combas et Montmira obtint l'érection de la baronnie de Combas en vicomté, sous le nom de Narbonne, par lettres patentes du mois d'août 1699.

La branche de Çannes obtint la pairie, en 1815, et le titre de duc de Narbonne Pelet par ordonnance royale du 31 août 1817.

La maison de Narbonne Pelet a été admise aux honneurs de la cour en 1758, 1765 et 1789.

Le marquis d'Aubay donne l'arbre généalogique de la maison de Pelet, contenant vingt-cinq générations depuis Arnaud, lieutenant-général des armées du roi Rodine, dernier roi des Goths, qui eut pour fils Aimeri I, vicomte de Narbonne, par la donation que lui fit Charlemagne pour l'avoir conquise sur Balahac, roi sarrasin. (Man. d'Aubay, II, 425).

Armes : *d'argent au chef de sable à la bordure de gueules*.

1289. Raymond de Roque fait à son fils, Jean, la donation de sa coseigneurie de Saint-Privat. (Dujol, notaire).

1336, 21 mars. Paul de Saint-Privat fait hommage au vicomte d'Uzès de la juridiction de Saint-Privat.

1352, 13 mars. Pareil hommage est fait par Ferrand de Collias.

1363, 27 mars. Raymond de la Roque, damoiseau, coseigneur de Montaren, vend la coseigneurie de Saint-Privat à Guy de Prohins, chevalier.

1376, 11 septembre. Alzias, seigneur, vicomte d'Uzès, tué au siège de Tunis, et dont les ossements furent rapportés à Uzès et ensevelis dans l'église des Frères Mineurs, était devenu seigneur de Saint-Privat par son mariage avec Delphine de la Roche, qui lui apporta en dot cette seigneurie. (Charvet, *Première maison d'Uzès*, p. 70).

1420. Antoine de Banne d'Avejan, fils d'Antoine de Banne, baron de Ferrayrolles, et de Gabriel d'Albert, était seigneur de Saint-Privat. (Voir fief d'Avejan. — *Armorial du Languedoc*, par de la Roque, t. I, p. 47).

1452, 21 avril. Jean, vicomte d'Uzès, inféode la moitié de la seigneurie de Saint-Privat à noble Jacques de Faret, et Antoine de Crussol, autre vicomte d'Uzès, lui en inféode l'autre moitié sous réserve de foi et hommage. (Arch. duc., caisse 4).

Cette vente est notifiée le 26 janvier 1578, pour la moitié de cette seigneurie, par Louise de Clermont, veuve d'Antoine de Crussol, duc d'Uzès. (Jean Borelly, notaire. — Arch. duc., caisse 4).

Famille de Faret

I. Jacques de Faret fut très probablement le père de

II. Pierre de Faret, seigneur de Saint-Privat, qui épousa, le 30 avril 1506, Simonne Blanchon, et il en eut

III. Jacques de Faret, seigneur de Saint-Privat, époux de Sibelle de Fontumé, dont il eut

IV. Pierre de Faret, seigneur de Saint-Privat et Fournès, lieutenant du sénéchal de Beaucaire et Nîmes, qui épousa, le 16 mai 1590, Sara Guère, et il en eut

V. Charles de Faret, seigneur de Saint-Privat, Four-

nès et Jalons, qui épousa, le 9 novembre 1619, Jeanne
Launé, et il en eut

VI. Charles de Faret, seigneur de Montfrin, puis de
Saint-Privat, après la mort de ses quatre frères aînés,
capitaine de chevau-légers, épousa, en 1785, Anne de
Ginestous, dame de Moissac, dont il eut deux fils

VII. Jean de Faret, chevalier, marquis de Fournès,
baron de Moissac, maréchal de camp des armées du roi.
Il fit le dénombrement de sa seigneurie au duc d'Uzès,
le 1ᵉʳ juin 1737. (Arch. duc., caisse 4). Il épousa, le
6 février 1750, Hervé de Montcalm Saint-Véran.

Et Henri de Faret, marquis de Fournès, brigadier des armées du roi, mort à Toulouse, le 16 juillet
1752, père d'un fils né à Toulouse, le 19 janvier 1752, et
de trois filles.

Le marquis de Fournès était, en 1789, le 90ᵉ sénéchal
de Beaucaire et Nimes ; il fut député de la noblesse de
Nimes aux Etats généraux.

Armes : *Bandé d'argent et de gueules.*

VII. Charles de Faret, marquis de Fournès, brigadier
des armées du roi, mort à Toulouse, le 16 juillet 1752,
avait épousé Ambroisine de Cadoine de Gabriac, dont
il eut : Jules, marquis de Fournès, né à Toulouse, le
12 mars 1754, mort à Saint-Privat, le 4 décembre 1826,
avait épousé, le 4 mai 1783, Thérèse de Broglie, née à
Paris, le 5 février 1762, morte à Paris, le 15 août 1843,
dont il eut : Alexandre, qui suit, et une fille, la marquise de Reinepont, qui eut pour enfants : 1° Mᵐᵉ de
Saveuse, décédée, laissant un fils qui a repris le nom
de Reinepont, et une fille, Mᵐᵉ d'Osmoy ; 2° Mᵐᵉ des
Essarts, dont trois filles : Mᵐᵉˢ d'Aunouze, de Campeau
et de Saint-Sauveur ; 3° Mᵐᵉ de Marsac, épouse, en secondes noces, de M. de Neubourg, dont elle a eu une fille,
Mᵐᵉ de Fleurieu ; 4° Mᵐᵉ de Pébrac, qui a eu trois filles.

VIII. Alexandre, marquis de Fournès, a épousé
Emmanuela d'Hericy, dont Arthur, qui suit, et Robert de
Fournès, qui a épousé sa cousine germaine, Mˡˡᵉ Sara
de Mathon, dont il a eu deux filles, la comtesse de Valori
et la comtesse Rochaiel Taschad.

IX. Arthur, marquis de Fournès, a épousé Clotilde de Riquet Caraman, dont il a eu trois filles : la baronne de Charuel, la marquise de Casteju et Mᵐᵉ Le Granet.

La famille de Fournès a vendu le château de Saint-Privat à M. Calderon qui l'a laissé à son fils Fernand, après l'avoir orné de meubles précieux et de riches tapisseries.

SAINT-QUENTIN

CANTON D'UZÈS

Les armoiries de Saint-Quentin sont données deux fois par l'*Armorial* de 1694, et chaque fois d'une manière différente :

1° *De sable à un chef losangé d'argent et de sinople*; 2° *d'hermine à un pal losangé d'or et de gueules*.

1156. *Castrum Sancti Quentini*. (*Hist. du Lang.*, II, pr. col., 561). — 1550. Saint-Quentin. (Arch. dép., c. 1328). — 1565. La seigneurie de Saint-Quentin. (Lett. patentes de Charles IX). — 1793. Quentin-la-Poterie.

On y remarque les ruines du vieux château appelées la Biscontat (la Vicomté) et la tour de Cantadure.

1156. Le roi donne à l'évêque d'Uzès la seigneurie de Saint-Quentin, mais il se réserve une portion de la justice.

1211. Pierre de Latour, seigneur de Saint-Quentin, vend la quatrième partie de cette seigneurie à Raymond de Vézénobres et le quart de la vieille tour, attenante aujourd'hui à l'église.

1257, 24 février. Decan d'Uzès, devenu seigneur de Saint-Quentin, reçoit l'hommage de Pierre et Guillaume de Vézénobres pour leur part de cette seigneurie.

1264, 4 septembre. Pierre de Vézénobres vend la moitié du château de Saint-Quentin à l'évêque d'Uzès.

1265. Elzéard de Sabran était propriétaire d'une partie du château de Saint-Quentin et il la vend, en 1283, à Bertrand de Castillon et à sa sœur Raymonde. (Arch. duc., Reg. 1610, n° 830). (Voir fief Sabran).

1290, 7 mars. Le roi Philippe cède la seigneurie de Saint-Quentin à Bermond, seigneur d'Uzès. (Arch. duc.

Uzès, n° 37). Ce fut à l'époque de l'échange des salins du Peccais que possédait le seigneur d'Uzès. Dans cet échange, le roi cède la *fisca Sancti Quentini*. Sous les Carlovingiens on donnait le nom de fisc (*Fisca*) à un ensemble de terres appartenant au même propriétaire et généralement soumis à la même redevance.

C'est dans ce sens que doit être envisagé le fisc de Saint-Quentin, propriété royale.

Le nom de Vic-le-Fesc et celui de Vic-le-Comte n'ont pas d'autre origine.

1292, 6 février. Hugo de Brozet, damoisel, fait hommage d'une partie de la seigneurie de Saint-Quentin à Bermond d'Uzès, seigneur suzerain.

1298. Pareil hommage est fait à ce dernier par Bertrand Plancher, et, en 1328, par Héligianis.

1322, 22 février. Noble Pierre de la Roque, seigneur de Saint-Victor-des-Oules, fait hommage à l'évêque d'Uzès de la coseigneurie de Saint-Quentin. (Voir fief Saint-Victor).

1371, 1er juin. Testament de Béatrix, dame de Saint-Quentin, qui institue héritier son fils, François de Châteauneuf.

1397. Noble Etienne de Saint-Just, fils d'Etienne et de Béatrix de Montaren, et Raymond de Bros font hommage de leur coseigneurie de Saint-Quentin à Robert, vicomte d'Uzès. (Arch. duc.).

1472. Jean de Vaux était seigneur de Saint-Quentin. (Dumas, notaire à Uzès).

1496. Noble François Sarrat vend sa coseigneurie de Saint-Quentin à Jean de Vaux, juge royal d'Uzès.

1503, 4 mars. Jacques de Crussol, vicomte d'Uzès, rend hommage au roi avec tous les coseigneurs de Saint-Quentin.

1510. Noble Accary Dutil, seigneur de la Roque, fait hommage de sa coseigneurie de Saint-Quentin à l'évêque d'Uzès, Mgr Jean de Saint-Gelais.

1551. Noble Armand Milon était coseigneur de Saint Quentin. (Arch. dép. de l'Hérault, B. 8, p. 215).

1574. Les religionnaires de Nimes et d'Uzès assiègent

le château de Saint-Quentin, mais le cardinal d'Armagnac, colégat d'Avignon ayant envoyé du secours, les
assiégeants sont obligés de se retirer après une perte
considérable. Ils reviennent bientôt et s'en emparent ;
puis ils sont obligés de l'abandonner et ce château seigneurial ne devient plus qu'une majestueuse ruine.
(Hist. du Lang., t. IX, p. 109).

1605. Jean de Gondin, seigneur de Carsan, époux de
Claude de Buis, était seigneur de Saint-Quentin. Il
était fils d'Antoine et de Jeanne de Bagnols. (Voir
Carsan).

1611. Noble Pierre de Ranchin, contrôleur des tailles
au diocèse d'Uzès, était coseigneur de Saint-Quentin.
(Arch. dép., 3, 27).

Famille de Ranchin

Elle est originaire du Bas-Languedoc. Elle s'est illustrée dans la magistrature, les lettres et la médecine
François de Ranchin, né vers 1560, fut chancelier de la
Faculté de médecine de Montpellier, en 1609, après la
mort d'André du Laurens ; premier consul de la ville
de Montpellier, en 1629, du temps que la peste rava-
geait cette ville; il n'omit rien de ce qui était en son
pouvoir pour empêcher de plus grands désordres.

Il avait épousé Marguerite de Carlencas, dont il eut
un fils qui succéda à tous ses bénéfices, et une fille qui
épousa N. de la Baume, lieutenant du roi, à Montpellier.
(Moreri, IX, 50).

Jacques de Ranchin, conseiller à la Cour des Comptes,
est l'auteur du fameux triolet si vanté par Ménage qui
l'appelle le roi des triolets :

> Le premier jour du mois de mai
> Fut le plus heureux de ma vie :
> Le beau dessein que je formai.
> Le premier jour du mois de mai,
> Je vous vis et je vous aimai ;
> Si ce dessein vous plaît, Sylvie.
> Le premier jour du mois de mai
> Fut le plus heureux de ma vie.

I. Jean de Ranchin, général en la Cour des Aides de Montpellier (1558), fut père de : 1° Etienne, qui suit ; 2° Jean, grand vicaire et official d'Uzès.

II. Etienne de Ranchin, professeur ès lois, général en la Cour dès Aides de Montpellier (1561), eut pour fils : 1° Jean, qui suit ; 2° François, chancelier de la Faculté de médecine (1609) ; 3° Guillaume, qui a fait la branche B.

III. Jean de Ranchin, seigneur de Savillac, conseiller du roi, en la Cour des Aides, à Montpellier (1574), qui épousa Jeanne de Castillon de Saint-Victor (voir fief de Saint-Victor-Malcap) dont il eut

IV. Gédéon de Ranchin, contrôleur général des gabelles de Languedoc, père de

V. François de Ranchin, contrôleur général des gabelles, maintenu dans sa noblesse par jugement du 28 janvier 1669.

Théophile-Antoine de Ranchin, conseiller du roi en la Cour des Comptes de Montpellier, épousa Yolande de Fontanon (1) et il en eut : Jeanne, mariée, le 17 octobre 1686, à François de Saint-Julien. (Voir fief Labruguière); Gabrielle de Ranchin épousa, le 5 février 1717, Théodore de Cambis. (Voir fief Orsan).

Plusieurs membres de cette famille ont été consuls de la ville de Montpellier, 1641, 1693 et 1720.

Branche B. — III. Guillaume de Ranchin, conseiller en la Chambre de l'Edit, obtint des lettres patentes du 8 août 1602, portant permission d'exercer en même temps la charge de conseiller et celle de professeur ès lois, vacantes par le décès d'Etienne, son père. Il eut pour fils

IV. Jacques de Ranchin, conseiller au Parlement et

(1) Philippe de Fontanon, ci-devant capitaine au régiment de cavalerie de Balthazar, demeurant à Montpellier, fut déclaré noble le 27 janvier 1670, en conséquence des charges de général en la Cour des aides et de Maître des comptes à Montpellier, exercées par François et Jean, père et aïeul dudit Philippe.

Armes de cette famille : *d'or au lion de gueules, tenant de sa patte senestre un cœur de même.*(*Armorial du Languedoc*, 213).

Chambre de l'Édit de Castres (1605), qui épousa Suzanne de Grefeuille, dont il eut : Etienne, capitaine de chevau-légers, et Daniel, seigneur d'Amalric.

Armes : *d'azur à la fasce d'or accompagnée de trois étoiles de même en chef et d'un puits d'argent maçonné de même en pointe.*

1639. Nicolas de Mancelle était seigneur de Saint-Quentin. (Arch. dép. de l'Hérault, B. 8, p. 213).

1717, 20 octobre. Noble Claude de Gondin vend tous ses droits féodaux sur Saint-Quentin à noble Louis Bonaventure de Ville, conseiller à la Cour des Comptes, aides et finances, à Montpellier. (Larnac, avocat à Uzès).

Cette seigneurie passe ensuite à M. de Bon, premier président de la Cour des Aides de Montpellier, et puis à la famille d'Espérandieu.

1721, 5 mai. Dénombrement de la coseigneurie de Saint-Quentin fait au duc d'Uzès par Bonaventure de Ville, ancien conseiller à la Cour des Aides de Mont-pellier. (Agnel, notaire. Et. Lahondès).

En 1753, cette coseigneurie était encore possédée par sa famille.

1725, 13 avril. Dénombrement de cette coseigneurie au duc d'Uzès, sous l'albergue d'une maille d'or, par : 1° Louise de Rossel d'Aigaliers, veuve de noble Rossel de Saint-Mamert, et 2° Olympe de Rossel d'Aigaliers, veuve de noble Pons de Brueys, chevalier de Saint-Louis, habitant Uzès.

1737. Mathieu de Bargeton était aussi coseigneur de Saint-Quentin. (Agnel, notaire à Uzès. Et. Lahondès).

1763, 23 août. Claude de Carrière était seigneur de la moitié de Saint-Quentin.

1768, 3 janvier. Félix-Vincent-Joseph de Vanel de l'Isle-Roi, chevalier de Saint-Louis, épouse Louise de Lille, qui lui apporte en dot la seigneurie de Saint-Quentin. (Chamand, notaire à Uzès. Etude Lahondès).

Famille de Vanel de l'Isle-Roi

Elle tire son nom de la terre de Vanel dans le man-dement de Vébron.

Elle possédait la seigneurie de l'Isle-Roi, au diocèse d'Uzès et la baronnie de Barenques, dans le Comtat Venaissin, et avait pour premier auteur connu noble Laurent de Vanel, seigneur de Recouilles, qui testa, le 19 juin 1499, au profit de son petit-fils, Etienne de Vanel, auteur de la filiation prouvée devant les commissaires de francs-fiefs, en Languedoc, le 3 décembre 1695, et devant M. de Lamoignon, le 8 juin 1699. (D'Hozier, *Armorial général*, II, B).

Elle forma plusieurs branches, notamment celle qui suit, établie à Pont-Saint-Esprit et maintenue dans sa noblesse par jugement de M. de Basville, le 8 juin 1699.

IV. Jacques de Vanel, conseiller du roi, juge de Gignac, épousa, le 28 octobre 1542, Isabeau de Rozier, dont il eut

V. Guillaume de Vanel, grenetier alternatif de grenier à sel du Pont-Saint-Esprit, qui épousa, le 18 mars 1582, Elisabeth de Joyes, dont les armes sont :

D'azur à une colombe d'argent, bequée de gueules, prenant son essor et tenant dans son bec un rameau d'olivier de sinople.

VI. Louis de Vanel, capitaine d'une compagnie de 100 hommes de pied, dans le régiment de Mazargues, qui épousa, le 1er décembre 1616, Marguerite de la Coste, dont il eut

VII. Jean-Baptiste de Vanel, seigneur de l'Isle-Roi, viguier de la ville de Pont-Saint-Esprit, qui épousa, le 8 février 1644, Gabrielle de Ripert d'Alauzier, dont il eut

VIII. Marcel de Vanel, seigneur de l'Isle-Roi, baron de Barenques, lieutenant des maréchaux de France, qui épousa : 1º le 4 juin 1675, Marthe de Noyel ; 2º le 13 mars 1697, Magdeleine de Sauvan d'Aramon (voir Carsan) et fut maintenu dans sa noblesse par ordonnance de M. de Lamoignon, du 8 juin 1699. Il eut de son mariage : 1º Jean-François, qui suit ; 2º Marthe, mariée, le 10 juin 1718, à Guillaume de Blisson, seigneur de Bagnols.

IX. Jean-François de Vanel, seigneur de l'Isle-Roi, coseigneur de la Motte, baron de Barenques, terre située dans le Comtat Venaissin, et dont il fit hommage au Pape, le 8 mars 1713, lieutenant des maréchaux de France, qui épousa, le 25 juin 1719, Jeanne-Marie de Ville, fille de Louis, seigneur de Saint-Quentin, conseiller à la Cour des Aides de Montpellier, et de Jeanne de Cabot, dont il eut : 1° Charles-Joseph-François, né en 1723, filleul du duc d'Uzès ; 2° Félix, né en 1726, et 3° Prosper, né en 1728.

X. Félix de Vanel, baron de l'Isle-Roi, capitaine au régiment de Le Sarre (infanterie), chevalier de Saint-Louis, qui épousa, le 28 août 1754, sa cousine, Marguerite de Ville, qui lui apporta en dot la seigneurie de Saint-Quentin et de Jols. Incarcéré le 1er août 1792, il fut exécuté le même jour sur l'Esplanade, à Nimes. De son mariage il eut

XI. Joseph-Luc de Vanel, baron de l'Isle-Roi, officier au régiment des gardes françaises, émigra en 1791, chevalier de Saint-Louis, avec le brevet, en 1815, de lieutenant-colonel, épousa, à Nimes, le 18 janvier 1797, Louise de Genas, dont il eut.

XII. Marie de Vanel de l'Isle-Roi, qui épousa, à Paris, le 14 février 1824, Charles de Testu, marquis de Balincourt, lieutenant-colonel de la garde royale, neveu du maréchal, et de ce mariage : Fernand, marquis de Balincourt, capitaine de frégate, officier de la Legion d'honneur, et Edgard, comte de Balincourt, officier supérieur de cavalerie en retraite, officier de la Légion d'honneur, membre de l'Académie de Nimes et président du Comité de l'Art chrétien.

Branche des Vanel de l'Isle-Roi, seigneurs de Saint-Vincent.

X. Joseph-Prosper de Vanel de l'Isle-Roi, capitaine au régiment d'infanterie de La Sarre, chevalier de Saint-Louis, qui épousa, le 14 juin 1767, Marie de Restaurand (1) de Lirac, dont il eut

(1) Devise de la famille de Restaurand : *virtus vitat mori*. Le courage empêche de mourir.

XI. Auguste de Vanel de l'Isle-Roi qui épousa, le
20 février 1786, à Chomérac, Marie de Roux de Saint-
Vincent, dont il eut : Marie, mariée, le 17 février 1821,
à Louis, vicomte de Digoine du Palais, et

XII. Auguste de l'Isle-Roi, capitaine de dragons, chevalier de la Légion d'honneur, qui épousa: 1° le 17 mai
1824, à Saint-Marcel-d'Ardèche, Jeanne d'Abrieu, et
2° Gabrielle de Laincel. Du premier lit il eut : Marie,
mariée, le 29 janvier 1844, à Gabriel-Louis de Plantin
de Villeperdrix, fille d'Augustin et d'Eléonore de Suffren Saint-Tropez ; et du deuxième lit, Marie-Roch et
Maxime, qui suivent

XIII. Marie-Roch de Vanel, baron de l'Isle-Roi, qui
épousa, le 3 juillet 1843, Berthe de Pistorys, fille de
Charles et de Louise d'Assas, dont : Auguste et Ludovic.

Maxime de Vanel de l'Isle-Roi, zouave pontifical, marié, au Fontanil-Saint-Egrève, près Grenoble, le
28 juillet 1874, à Marie Lambert d'Hautefare, fille du
baron et d'Elisa de Rostaing, dont Elisabeth-Marie-
Aimée, religieuse du Sacré-Cœur, et Alexis.

Branche de Bourg-Saint-Andéol.

XII. François de Vanel de l'Isle-Roi, qui épousa, le
5 septembre 1837, Marie de Merle de Lagorce (voir lettre A ci-dessous) fille du baron et d'Adélaïde de La
Denade, dont il eut

XIII. Georges de Vanel de l'Isle-Roi, capitaine de cavalerie en retraite.

XIV. Robert, né le 30 novembre 1844, juge au tribunal de Largentière, qui épousa, le 31 mars 1875, Valentine de Labruguière, fille d'Iwan, maire d'Uzès, chevalier de la Légion d'honneur, et d'Hilda de Montalet-
Alais, dont quatre filles: l'une d'elles, Mathilde, a
épousé, le 18 mai 1901, Henri Chanvet, fils d'André et
de Marguerite de Conchies.

Branche du Pont-Saint-Esprit.

VIII. Guillaume de Vanel, dit de Joyes, fils de Jean-
Baptiste et de Gabrielle de Ripert d'Alauzier, chef de
bataillon, chevalier de Saint-Louis, qui épousa, le 1ᵉʳ février 1686, Marie de Pastour de Costabelle, dont

IX. Jean-Baptiste, capitaine, premier consul de Pont-Saint-Esprit, qui épousa, à Tournon, le 17 novembre 1711, Marie de Bolice, dont il eut

X. Paul de Vanel, capitaine d'artillerie, chevalier de Saint-Louis, marié, à Stenay, le 30 mai 1759, à Marie Duchatel, fille du comte et de Françoise de Kergariou, dont il eut

XI. Armand de Vanel, sous-lieutenant, émigré, qui épousa, le 29 mai 1799, Jeanne de Marmier, dont il eut une fille mariée au baron de Digoine du Palais.

XII. Claude de Vanel, capitaine, chevalier de Saint-Louis, qui épousa, le 15 août 1806, Fanny de la Baume, laissant trois enfants : Armand, Mélanie et Pauline.

Armes : *d'argent au chêne de sinople, mouvant d'une terrasse de même. L'écu surmonté d'un tortil de baron et supporté par deux lions armés et lampassés de gueules.*

Devise : *Roborant lilia robur.* C'est du lys que le chêne a emprunté sa force.

La maison patrimoniale de Vanel de l'Isle-Roi, située sur la place de Pont-Saint-Esprit, n'est pas seulement remarquable par la beauté de l'architecture de sa façade, mais par le séjour qu'y firent trois rois.

Le premier de ces rois fut Louis XII, revenant, en 1509, de la conquête de Milan.

Le second, François Iᵉʳ, en 1533, lorsqu'il alla joindre le Pape Clément VII, à Marseille, pour traiter le mariage de son fils avec Catherine de Médicis.

Le troisième, Louis XIII, en 1642, en revenant du siège de Perpignan.

Sur la cheminée du grand salon de la demeure des l'Isle-Roi, on a fait sculpter plusieurs inscriptions rappelant ces trois visites.

1768, 13 août. Inféodation par le duc d'Uzès à Louis-Honoré de Cléricy, de la moitié de la seigneurie de Saint-Quentin. (Serventy, notaire à Uzès). Louis de Cléricy était chevalier de Saint-Louis et commandant au régiment d'infanterie de Languedoc.

1777, 3 novembre. Jean de Mathon était coseigneur de Saint-Quentin. (Verdier, notaire. Et. Moulin).

1788 L'était aussi Gabriel-Joseph Froment, baron de Castille. (Bonhomme, notaire. Et. Dumas. — Voir fief Argillers).

A
Famille de Merle de Lagorce

Originaire d'Uzès, elle a fait plusieurs branches, dont une seule subsiste. Les deux premières se sont éteintes vers le commencement du XVIᵉ siècle : l'une dans la maison de Molette de Morangiès ; l'autre dans celle de la Baume de Casteljan.

La branche établie, en Vivarais, sous le nom de Lagorce, a été maintenue dans sa noblesse par jugement de M. de Lamoignon, du 10 janvier 1698. Elle était en possession, depuis 1581, de la baronnie de Lagorce.

Cette maison tire son illustration du célèbre capitaine Merle, gouverneur du Gévaudan, pendant les guerres de religion de 1580 à 1590. Sa bravoure et ses exploits lui attirèrent la jalousie de ceux de son parti qui firent agir contre sa famille le procureur général de la Cour des Comptes de Montpellier, pour lui faire rendre compte de l'ordre qu'il avait tenu dans son gouvernement. Henri IV, en ayant été informé, imposa silence et déclara qu'il se souvenait du pouvoir qu'il avait donné au sieur de Merle et des services qu'il lui avait rendus, se conduisant en toutes choses comme un bon et sage gouverneur suivant les droits et les devoirs de la guerre. (Manuscrits d'Aubais, pièces fugitives II, 1).

Un peu avant la guerre de 1870, le Tribunal de Privas, sur mon rapport, maintint cette famille dans le droit de faire précéder· le nom de Merle de la particule nobiliaire.

Armes : *de gueules à l'épée d'argent posée en pal, la pointe en haut ayant la garde et la poignée d'or, coupée d'un échiqueté d'argent et de sable.*

27

SAINT-SIFFRET

CANTON D'UZÈS

———

Armoiries : *d'hermine à un chef losangé d'or et d'azur.*

1284. *Sanctus Suffredus*, puis Saint-Siffred, Saint-Siffret et, en 1793, Pomeyron.

XIIe siècle. Le château remontait à cette époque. Il appartenait aux Templiers. Il fut vendu ou donné au Chapitre d'Uzès, lors de la confiscation de leurs biens.

1294. Le prévôt de la cathédrale était prieur et en même temps seigneur de ce fief. Ce droit avait été confirmé au Chapitre par un arrêt du Parlement de Paris, expédié par lettres patentes du roi du 25 février 1291.

1348. Pour éviter la terrible peste de cette année, les chanoines d'Uzès se retirent dans leur château.

1573. Les protestants, commandés par M. de Gondin, s'emparent du château et en chassent les chanoines. L'année suivante, le duc d'Uzès fait occuper le château et y laisse pour commandant le seigneur de Thézan.

1621, 11 décembre. Ordre est donné, à Uzès, à tous les catholiques de sortir de la ville dans les vingt-quatre heures. Les chanoines se réfugient dans leur château de Saint-Siffret où le duc de Montpensier leur envoie une garnison de 30 hommes.

1622. Le duc de Rohan prend le château d'assaut et fait passer au fil de l'épée une trentaine de catholiques et quelques ecclésiastiques.

Les autres, ayant à leur tête le prévôt, se réfugient dans une tour et en sont quittes pour payer une rançon. *(Hist. du Lang.,* t. IX, 311).

———

1631. François de Gondin était seigneur de Saint-
Siffret. (François, notaire à Uzès). (Voir la généalogie
des Gondin, au fief Carsan).

1728 Jean-Roch de Cabot, chevalier, président-trésorier, grand voyer de France de la généralité de
Montpellier, achète cette seigneurie à Angélique de
Gondin, et, le 22 octobre 1737, il en fait le dénombrement. (Arch. duc., caisse 4. — Voir pour la généalogie
des Cabot, fief Collorgues).

1778, 3 avril. Jean-Pierre Abauzit, gendre de M. Froment, achète, à noble Jean-Louis de Rozier, la seigneurie de Saint-Siffret.

Famille Abauzit

C'est bien la plus ancienne famille d'Uzès, ayant
conservé à travers les siècles une position sociale élevée.

L'auteur commun de cette famille vivait en 1498. Il
s'appelait Thomas et eut un fils, Jean, licencié en
droit, consul d'Uzès, qui fut délégué pour aller, en
1535, offrir les hommages de la ville au roi François Ier,
de passage à Nîmes. (*Histoire de la ville d'Uzès*, par
Lionel d'Albiousse, p. 106).

Il fut père de Benoît, nommé diacre de la nouvelle
église réformée d'Uzès, et dont le fils, Firmin Abauzit,
né, dans notre ville, le 11 novembre 1679, licencié en
droit, devint bibliothécaire de Genève, où il mourut le
6 mars 1707.

On l'appelait le philosophe.

Sa vieille domestique voulut mettre sa patience à
l'épreuve en ne lui faisant pas son lit, tandis qu'il
aimait à être mollement couché ; M. Abauzit s'en aper-
çut et lui en fit l'observation. Le lendemain elle répondit qu'elle l'avait encore oublié. Il ne dit rien de plus,
ni les autres jours et finit par dire à sa domestique qu'il
n'y avait pas grand mal et qu'à présent il s'y était
habitué. (*Histoire de la ville d'Uzès*, p. 179).

Le duc d'Uzès voulut faire anoblir la famille Abauzit.
Par modestie celui des Abauzit, auquel le duc s'adressa,
n'accepta pas cette flatteuse proposition.

Un autre Abauzit acheta, ainsi que nous l'avons vu, la seigneurie de Saint-Siffret dont il pouvait prendre le nom selon les traditions féodales. Il n'en fit rien.

Cette famille est actuellement représentée par M. Ludovic Abauzit, juge au tribunal civil de Nimes, fils d'Alphonse Abauzit et de Laure Aigoin d'Espradelle, qui a épousé Laure-Vincent, fille de Ferdinand et de N. Ollier dè Marichard, et par son cousin, Frédéric Abauzit, qui a épousé, le 9 avril 1889, Adrienne Gauthier de Biauzat, et qui est fils d'Henri Abauzit, maire d'Uzès, et de N. Lafont.

SAINT-VICTOR-LA-COSTE

CANTON DE ROQUEMAURE

Armoiries : *de gueules à une fasce losangée d'argent et de sinople.*

1220. *Ad Sanctum Victorem.* (Lay du Tr. des chart., t. L., p. 512). — 1384. *Sanctus Victor de Costa.* (Dénombrement de la sénéchaussée). — 1550. Saint-Victor-de-la-Coste. (Arch. dép., c. 1327). — 1793. Serre-la-Coste. (Id. L, 393).

Le château de Saint-Victor paraît remonter aussi haut que la fondation de la monarchie française. Don Vaissette en parle comme d'un château fort du VIIIe siècle.

Les murs du château existent en entier ; ils sont circulaires et d'une assez grande élévation. L'intérieur n'est qu'un monceau de ruines.

Ce château, bâti sur le roc, est assis sur le plateau d'une haute montagne placée elle-même sur deux autres montagnes: l'une au levant, l'autre au couchant.

1250, 19 janvier. Le sénéchal de Beaucaire et Nîmes, Oudard de Villars, préoccupé au point de vue du bon ordre et du repos public de l'importance des châteaux forts et, en particulier, de celui de Saint-Victor appartenant à Rostaing de Sabran, décide ce dernier à le vendre au roi.

L'acte est passé, dans l'église de Roquemaure, en présence de l'évêque d'Uzès, Bertrand II, et de quelques témoins.

Le château est rasé et l'emplacement rendu à Rostaing de Sabran, moyennant une indemnité de 800 livres, 7 sols, 6 deniers. (*Bulletin du Comité de l'Art chrétien*, t. VIII, p. 49).

1422, 6 février. Gilles de Poitiers, vicomte de l'Etoile, fait hommage de cette seigneurie à Mre Gérard, évèque d'Uzès.

Pareil hommage est renouvelé, le 20 janvier 1459, par le même, à Mre Grillet, évèque d'Uzès. (Janequin, notaire).

1501. Noble Jean de Nicolay, qui avait acquis cette seigneurie d'Aymard et de Jean de Poitiers, père et fils, en fait hommage à Mre Nicolas, évêque d'Uzès. (André, notaire).

(Voir la généalogie de la famille de Nicolay au fief Sabran).

1540. Aymes de Nicolay vend cette seigneurie à Thomas de Gadagne, qui en fait hommage à Jean de Saint-Gelais, le 4 novembre 1541. (De Médicis, notaire).

1599, 30 septembre. Hommage à l'évèque d'Uzès par Imbert du Roy, de cette seigneurie qu'il venait d'acheter à Thomas de Gadagne. (Salvy, notaire).

1609, 1er mai. Ordonnance du sénéchal de Nimes, rendue entre l'évèque d'Uzès, le procureur du roi et Imbert du Roy, seigneur de Saint-Victor, par laquelle la mouvance de cette seigneurie est adjugée audit évèque. (Arch. duc. Indice des anciens fiefs, caisse 12, p. 120).

Noble Antoine du Roy se marie, en 1636, avec Françoise de Boissay d'Aramon (Arch. du Gard, p. 461) et en 1639 et 1667, il fait hommage de sa seigneurie à l'evèque d'Uzès. (Delzas, notaire à Uzès).

1714. Louis Domergue acquiert cette seigneurie de M. du Roy et en fait hommage à l'évèque d'Uzès.

1721. Cet hommage est reporté au duc d'Uzès.

1789, 6 juin. Noble Charles-Auguste de Croy devient seigneur de Saint-Victor par la vente qui lui en est faite par le précédent seigneur, Louis Domergue.

SAINT-VICTOR-DE-MALCAP

CANTON DE SAINT-ANDRÉ

1384. *Sanctus Victor de Malocaton.* — 1549. Saint-Victor-de-Malcap.

Elle reçut pour armoiries en 1694 : *d'azur à la figure de Saint-Victor, vêtu à la romaine, la tête couronnée de rayons. tenant sa main dextre appuyée sur sa poitrine et de sa main sénestre une palme et ayant à ses pieds un casque de profil ; le tout d'or sur une terrasse de même.*

Cette seigneurie a été occupée, durant de longs siècles, par la famille Castillon de Saint-Victor, dont voici la généalogie :

Famille de Castillon de Saint-Victor

I. François de Castillon et de Saint-Victor-de-Malcap, épousa, le 5 avril 1518, Françoise de Blauzac, dont il eut : 1º Pierre, qui suit ; 2ª Jeanne, mariée à Jean de Ranchin ; 3ᵉ Marguerite, mariée à Paul de la Baume ; 4º Isabeau, mariée à Jacques de Langlade.

II. Pierre de Castillon, baron de Saint-Victor, qui reçut, le 7 juillet 1622, Louis XIII et Richelieu, au château de Saint-Victor, avait épousé, le 3 avril 1592, Françoise de Thézan-Pujol (voir fief Saze) dont il eut : Jacquette, mariée, le 4 septembre 1620, à Jacques d'Hilaire de Jovyac. (Voir lettre A).

III. Antoine de Castillon, baron de Saint-Victor, épousa, le 1ᵉʳ juin 1623, Jeanne d'Audibert de Lussan, dont il eut : Marguerite, mariée à N. de Massanne, trésorier-général de France, à Montpellier, et

IV. Hercule de Castillon, baron de Saint-Victor,

Saint-Julien, etc., épousa : 1° le 3 novembre 1648,
Martine de Baratier, dont il eut : Antoine qui suit et
Marie, mariée au baron de Gibertet ; 2° le 13 avril 1680,
Elisabeth de Cleuster de Stucht.

V. Antoine, marquis de Saint-Victor, seigneur de
Saint-Julien, Belvezet, sénéchal d'Uzès, épousa, le
20 avril 1708, Marie de Thézan de Saze, dont il eut

VI. François Olivier, marquis de Saint-Victor, seigneur de Saze et de Saint-Maximin, épousa, le 20 avril
1724, Gabrielle de Guérin de Flaux, dont il eut :
1° Louis-Victorien, qui suit ; 2° Louis, lieutenant-général des armées du roi, qui épousa Marie d'Oignier, baronne de Courières.

VII. Louis-Victorien, marquis de Saint-Victor, colonel
de dragons, chevalier de Saint-Louis, épousa, le 25 janvier 1763, Louise de Macé, dont il eut : 1° Claude, qui
suit ; 2° Louis-Hippolyte, qui a fait la branche B ;
3° Louis, chevalier de Malte ; 4° Pauline, mariée, en
1803, à Henri de Fabre de Latude. (Voir fief Montaigu).

VIII. Claude-Louis de Castillon, marquis de Saint-
Victor, épousa Sophie de Guignart de Saint-Priest (voir
lettre B) fille du comte, ministre de la maison du roi, et
de Mlle de Ludolf, dont il eut

IX. Pierre de Castillon, marquis de Saint-Victor, qui
épousa, le 17 juillet 1829, Marie Teissier de Montainville,
dont : Hippolyte, Emilien, Joseph et Alexis.

Branche B. — VIII. Louis-Hippolyte de Castillon,
comte de Castillon de Saint-Victor, épousa, le 18 janvier 1802, Marie de la Treille-Fozières de Gléon, dont il
eut : 1° Eugène, qui suit ; 2° Louis, qui a fait la branche C ; 3° Aimée, mariée à Albin de Gestas.

IX. Eugène-Hippolyte, comte de Castillon de Saint-
Victor, ancien député de la Haute-Garonne, épousa, le
3 mars 1829, Marie de la Treille-Fozières de Gléon,
dont

X. Joseph de Castillon de Saint-Victor, officier de
chasseurs à pied, qui épousa, le 11 janvier 1859, Elisabeth de Bon.

Branche C. — IX. Louis de Castillon, vice-consul,

chancelier du consulat français de Livourne, épousa
Zoé de Giron, dont: Anne, mariée, le 1ᵉʳ décembre 1857,
à Henri de Fleury.

La maison de Castillon tire son nom de la seigneurie
de Castillon et de Saint-Victor, près d'Uzès (Gard).

Armes : *d'azur à la tour d'argent sur un rocher
de même, surmontée d'un croissant aussi d'argent.*

Devise : *Pro rege et fide.*

A
Famille d'Hilaire de Jovyac

Jacques d'Hilaire de Jovyac, gentilhomme ordinaire
de la Chambre du roi, assista, avec son père, au siège
de Montpellier et au siège de Leucate, en 1637. Il était
fils de Jacques et de Gabrielle de Froment, mariés le
25 septembre 1591.

Sa famille, très ancienne en Vivarais, se distingua
par ses alliances et ses services militaires.

Elle fut maintenue dans sa noblesse par jugement de
M. de Lamoignon, du 2 janvier 1698, et forma plusieurs
branches dites de Jovyac, de Chauvert et du Teil.
(Bib. imp., manuscrit nobiliaire de Vivarais, 906).

Jean d'Hilaire signa, comme témoin, en 1353, le testament d'Humbert II, prince du Dauphiné. (Valbon-
nais, 577).

Jean d'Hilaire, damoiseau, fut blessé, en 1356, à la
bataille de Poitiers.

Charles d'Hilaire fut tué, sous François Iᵉʳ, au siège
d'Ivry, en 1540. (Bib. imp., manuscrit Lany, 106).

Armes : *Ecartelé au 1 et 4 d'azur, au lévrier courant d'argent surmonté d'une tour de même.*

Devise : Fayt bien et laisses dire.

B
Famille de Saint-Priest

Elle a donné, à la province du Languedoc, deux inten-
dants (1751-1782) elle s'est, en quelque sorte, naturali-
sée dans la province par les bienfaits d'une administration progressive et paternelle qui inspirèrent aux Etats

la pensée de tenir sur les fonds baptismaux le fils de leur intendant et d'ajouter à ses noms celui de Languedoc, comme un témoignage de vénération pour le nom de Saint-Priest.

La terre de Saint-Priest, située entre Lyon et Vienne, en Dauphiné, fut érigée en vicomté par lettres patentes de Louis XIV, en novembre 1646, en faveur de Jacques de Guignard de Saint-Priest, président en la Cour des Aides de Vienne, et, plus tard, au Parlement de Metz. (Chorier, III, 29).

Cette maison a donné des militaires, des ambassadeurs et des magistrats distingués et, parmi eux, un ministre de la maison du roi, sous Louis XVI, le comte de Saint-Priest, pair de France sous la Restauration. Son fils, Louis, a été créé grand d'Espagne de première classe et duc d'Almazar, par diplôme du roi Ferdinand VII, du 26 septembre 1836.

Armes : *d'azur au chevron d'argent accompagné en chef de deux tours d'argent.*

Devise : Fort et ferme.

SAINT-VICTOR-DES-OULES

CANTON D'UZÈS

—————

Armoiries : *d'hermine à un pal losangé d'or et de sable.*

1124. *Villa Sancti Victoris.* (Gall. Christ., t. VI. Instr. col. 304). — 1384. *Sanctus Victor de Olis.* (Id. E. v.). — 1549. Saint-Victor. (Arch. dép., c. 1329).— 1715. Saint-Victor-des-Oules. (Carte du diocèse d'Uzès). 1793. Victor-des-Oules. (Arch. dép., 1, 393).

La dénomination des Oules vient des poteries que, de temps immémorial, on fabrique dans ce village.

1211. Ce fut un des lieux qu'un diplôme royal confirma aux évêques d'Uzès.

1288. Barthélemy, damoisel, était coseigneur de Saint-Victor-des-Oules. (Arch. duc. Registre 1610, n° 95).

1322, 5 février. Pierre de la Roque l'était aussi. (Bertrand, notaire à Uzès). Il en fait hommage à l'évêque d'Uzès, et, en 1345, le 5 avril, Grille de la Roque en fait hommage également à l'évêque. (Arch. duc.). (Queirol, notaire).

1510, 12 février. Accassy de Monteils en fait hommage à Mre Saint-Gelais, évêque d'Uzès. (Toulouse, notaire).

1545. André de Vaux était coseigneur de Saint-Victor (Arch. dép., t. III, p. 66) sous l'albergue d'un demi-teston d'argent.

Il laisse sa coseigneurie à sa fille, Gabrielle, qui épouse, le 6 novembre 1610, noble Claude de Fontanès.

1618. Le chevalier de Montagne était seigneur de Saint-Victor. (Arch. duc.).

Famille de Montagne alias Montaigne

Etienne de Montagne et son fils, Jean, conseiller du roi, lieutenant principal civil et criminel en la sénéchaussée, siège et présidial de Montpellier, étaient issus d'ancêtres qui avaient eu des emplois très considérables pendant plusieurs règnes tant dans les armées que dans l'administration de la justice et de la même famille de Michel de Montaigne, illustre par ses beaux écrits. (Catalogue uni des gentilshommes de la province du Languedoc).

I. Jacques de Montagne, avocat-général en la Cour des Aides de Montpellier (1551), eut pour fils

II. Jacques de Montagne, maître des requêtes de l'hôtel de la reine, mère du roi, président en la Cour des Aides de Montpellier (1575), obtint des lettres d'anoblissement, le 25 février 1576, et eut pour fils

III. Henri de Montagne, conseiller au présidial de Montpellier, qui épousa, le 21 avril 1598, Marie Gaillard, dont il eut

IV. Etienne de Montagne, seigneur de Puechvilla, demeurant à Béziers, qui épousa, le 18 février 1652, Anne de Geoffroi de Boussigues, dont il eut

V. Jean de Montagne, conseiller au présidial de Montpellier, qui épousa, le 2 décembre 1662, Marguerite Brouzet.

Armes : *d'azur au lion d'or, armé et lampassé de même, couronné d'or à une couronne antique.*

1668, 24 octobre. Hommage par David de Perrotat à Mre de Grignan, évêque d'Uzès, de la seigneurie acquise aux enchères sur le chevalier de Montagne. (Drome, notaire à Uzès).

Famille de Perrotat

Elle obtint des lettres d'anoblissement à la date du 25 mai 1670.

I. Nicolas Perrotat, capitaine au régiment d'André Cérac, fut tué au service du roi. Il eut pour fils

II. David de Perrotat, seigneur de Saint-Quentin et de Saint-Victor, capitaine au régiment de Montpezat, devint membre du Consistoire d'Uzès, lors de sa création, et quitta le pays lors de la révocation de l'Edit de Nantes.

Armes : *d'azur à trois griffons d'or, 2 et 1.*
(Arm. du Lang., t. II, 8).

1708, 1er février. Jean d'André, seigneur de Mulary, conseiller-secrétaire du roi, maison et couronne de France, habitant la ville de Paris, représenté par son frère, Géraud d'André, contrôleur des tailles au diocèse d'Uzès, achète, au prix de 30,000 livres, la seigneurie de Saint-Victor, à Mre Philibert de Bon, chevalier, conseiller du roi, premier président de la souveraine Cour des Comptes, Aides et Finances du Longuedoc, héritier, sous bénéfice d'inventaire, de noble David de Perrotat.

L'acte de vente fut passé, à Montpellier, à l'hôtel de M. Vaudan, en présence de Me Folcher, avocat, d'Uzès, le 7 février 1708. (Voir pour Folcher, fief Fontainebleau).

En 1715, noble d'André de Saint-Victor, fils de Jean, fait hommage de cette seigneurie à l'évêque d'Uzès, sous l'albergue d'un demi-teston d'argent, payable annuellement, par acte du 31 octobre 1708.

Le 6 septembre 1740, Jeanne de Cabot, veuve de noble Louis-Joseph d'André, seigneur de Saint-Victor, fait son testament en faveur de son fils aîné, Charles-Joseph d'André de Saint-Victor, capitaine au régiment de Limousin, et elle élit sa sépulture dans l'église des Capucins d'Uzès, dans le tombeau de la chapelle de Jean de Cabot de Collorgue, son frère.

Le 18 septembre 1780, Louis-Roch d'André Montfort, seigneur de Saint-Victor, capitaine des vaisseaux du roi, chevalier de Saint-Louis, fait hommage au duc d'Uzès de la seigneurie de Saint-Victor.

Pareil hommage est fait, en 1787 et le 14 mars, par Charles d'André, seigneur de Saint-Victor, commandant pour le roi à Monteil, mort en 1806. Il avait pour sœur Jeanne-Marguerite d'André, veuve de François de Rouvière de Lascombes, chevalier de Saint-Louis, résidant à Avignon. Charles eut pour fils François de Paul de

Saint-André, père d'Egide de Saint-Victor, dernier propriétaire du château de Saint-Victor.

Ce château, considérablement agrandi et embelli,
appartient aujourd'hui à M. Léonce Pascal, maire
d'Uzès, membre du Conseil général et ancien député de
notre arrondissement.

SANILHAC

CANTON D'UZÈS

Armoiries : *d'hermine à une fasce losangée d'argent et de sinople.*

1156. *Castrum de Sennilhac. (Hist. du Lang.*, II, pr. col., 561). — 1311. *Castrum de Senillaco.* (Arch. communales de Collias). – 1380. *Senilhacam.* (Men. III, pr. p. 49, c. 1). — 1694. Senilhac. (Armor. de Nimes). — 1735. Sanilhac. (Arch. dép., c. 1304).

L'ancien château fut tellement ébranlé par les rudes assauts que lui livrèrent, au commencement du XIIIᵉ siècle, le duc de Rohan et le duc Henri de Montmorency, qu'il fut démoli et entièrement reconstruit vers l'an 1650, tout en conservant l'ancienne tour, (Sanilhac, par l'abbé Amons, p. 6).

Le château actuel s'élève entre cour et jardin. La cour d'honneur est vaste et spacieuse ; elle est entourée, au levant et au midi, d'une grille en fer forgé. Au fond de cette cour, à gauche, se trouve la loge du concierge qui était autrefois probablement l'ancien prétoire du bailli seigneurial. (Id.).

1156. Par diplôme de Louis VII, le fief de Sanilhac est donné aux évêques d'Uzès.

1186, mai. Ricou fait hommage de la moitié de cette seigneurie à l'évêque d'Uzès, Pons de Breuil, avec reddition des clés du château et élévation de l'étendard, sous l'albergue de sept chevaliers. (Arch. duc.).

1240, 19 février. Il fait hommage à Mʳᵉ Pons, évêque d'Uzès, de la forteresse et de tout ce qu'il y a dans le château. (Humberti, notaire).

1287. Bernard de la Baume était coseigneur de Sanilhac. Il fait le dénombrement de sa seigneurie à diverses époques, en 1412 et en 1503. Le dernier des la Baume maria sa fille unique à Raymond, seigneur de Brignon.

1361. On fortifie le château pour repousser les routiers sur l'avis des consuls d'Uzès.

1461. Bertrand de la Baume était seigneur de Sanilhac. (Arch. de Nimes, t. I, p. 3).

1562 Mre de Saint-Gelais, évêque d'Uzès, voulant reconnaitre les services que Jean de Ranchin, docteur ès droits, avocat à Uzès, avait rendus à l'évêché d'Uzès, lui inféode la moitié de la seigneurie de Sanilhac. (Voir pour la généalogie de la famille de Ranchin, fief Saint-Quentin).

Le 26 octobre 1576, Jean de Ranchin rend foi et hommage à Mre de Girard, évêque d'Uzès, et, le 15 novembre 1595, il institue pour son héritier André de Ranchin, qui marie sa fille avec noble Antoine de Gasquet,

1586. Mathieu de Gondin, à la tête des protestants. s'empare du château et y laisse une garnison de 40 hommes.

1623, 4 avril. Inféodation de cette seigneurie par Mre Antoine du Fay de Pérault, évêque d'Uzès, à Claude de Banne, seigneur de Cabiac.

1635. L'évêque Nicolas de Grillet vend une partie de la seigneurie de Sanilhac au sieur de Brignon, malgré l'opposition des catholiques, parce que celui-ci ne nommait que des officiers protestants. (Voir pour la généalogie de la famille Raymond de Brignon, fief Nozières).

1636, 28 septembre. Jacques de Gasquet était coseigneur de Sanilhac. Il assiste, à cette date, au mariage, au château ducal, de François de Crussol, duc d'Uzès, et de Marguerite d'Acier.

1678, 6 juin. L'évêque d'Uzès vend la moitié de la seigneurie de Sanilhac, à Jean d'Audibert, comte de Lussan, chevalier des Ordres du roi (1688), premier gentilhomme du prince de Condé, fils de Jacques et de Jeanne de Beauvoir du Roure et époux de Mme de Brignon, fille d'Henri et de N. de Brueys de Saint-Chaptes.

En 1719, le duc Drummond de Melfort, réfugié anglais,

épouse Françoise de Lussan, qui lui apporte en dot la seigneurie de Sanilhac.

Le fils du duc de Melfort, né en 1727, était, en 1745, aide de camp du maréchal Maurice de Saxe. Il se distingua à la bataille de Fontenoy. (Genolhac, notaire à Uzès). (Voir la généalogie de la famille d'Audibert de Lussan, au fief Lussan).

En 1715, 12 septembre, la comtesse de Lussan avait l'entière possession des tours, château et forteresse de cette seigneurie. Elle en fait hommage à M⁰ᵉ Poncet de la Rivière, évêque d'Uzès. (Rouvière, notaire à Uzès).

1703. Les Camisards s'emparent de Sanilhac. Le curé est égorgé et l'église incendiée.

1749 et le 1ᵉʳ août. Mᵉᵉ Jean de Massilian, chevalier, seigneur de Massureau, président, trésorier de France, général des finances et grand voyer de la généralité de Montpellier, intendant des gabelles du Languedoc, conseiller du roi, habitant Montpellier, achète la seigneurie de Sanilhac à Jacques Drumont, marquis de Forth, comte de Melfort et de Lussan, baron de Valcrose, seigneur de Sanilhac, Brignon, Nozières et autres places, fils et héritier de feu Mᵉᵉ Jean d'Audibert, comte de Lussan, et de dame Françoise de Raymond de Brignon, ses père et mère, habitant en leur château de Lussan. (Acte reçu, à Nimes, dans la maison de M. Jean Le Comte, conseiller au présidial, en présence de Mᵉ Alison, avocat, de Nimes, devant Etienne Fontanier, notaire. Enregistré, à Nimes, le 4 août 1749).

Famille de Massilian

Cette famille, qu'on croit originaire de l'Aragon, vint se fixer à Avignon vers le commencement du XVIᵉ siècle. A cette époque, la ville d'Avignon comprenait trois classes d'habitants : les Originaires, les Ultramontains ou Italiens et les Citramontains ou Espagnols.

Chaque classe nommait un consul qui appartenait à la noblesse et ces trois consuls formaient le corps politique de la cité. (Voir Pitancourt. *Hist. de la Noblesse du Comtat Venaissin*, t. III, p. 222).

Le premier des Massilian, qui vint s'établir à Avignon, fut élu deux fois consul par la classe des Citramontains en 1549 et 1554. (*Fasti consulares anno* 1549 et 1554).

Cette famille a donné des magistrats distingués aux Cours souveraines du Languedoc et des consuls à la ville de Montpellier.

Elle a été maintenue dans sa noblesse par jugement de M. Bernage, du 25 juin 1718.

I. Antoine de Massilian, élu, en 1549 et 1554, consul à Avignon, avait eu, de sa femme Marguerite Polini, douze enfants, entr'autres : 1° Henri, qui suit ; 2° Paul-Antoine, formant la branche C ; 3° Anne, mariée à François de Gros, docteur ès droits ; 4° Jeanne, mariée à Pierre de Belli, fils de Jacques et d'Anne de Verdelin ; 5° Perrette, mariée, en 1565, à Pierre de Bermond, conseiller au Parlement de Provence. (Voir fief Saint-Geniès). De ce mariage naquit Françoise de Bermond, fondatrice de l'Ordre des Ursulines en France ; 6° Clémence, mariée à François de Féris, docteur en médecine ; 7° Julien, chanoine d'Avignon, qui assista, le 9 janvier 1598, à la dédicace de l'autel du B. Pierre de Luxembourg, dans l'église des Pères Capucins, faite par François Bordiny, vice-légat d'Avignon ; 8° François, qui épousa, le 6 mai 1580, Suzanne de Renis. (Serpillon, notaire à Avignon).

II. Henri Ier de Massilian, seigneur de Saint-Véran, qui épousa, le 3 décembre 1595 (Me Moiroux, notaire à Avignon) Magdeleine de Bordin, fille de Jérôme et de Françoise de Bus, dont il eut : 1° Henri, qui suit ; 2° Clémence, mariée, le 20 janvier 1614, à noble Jean de Siffrédy-Mornas, docteur ès droits (voir ci-dessous lettre A) ; 3° Françoise, mariée à Louis de Beaumont, coseigneur de la Garde Paréal.

III. Henri II de Massilian, seigneur de Beauchamp, au diocèse d'Orange, épousa : 1° le 16 octobre 1621 (Richard, notaire à Avignon), Yolande de Brancas, et 2° le 7 août 1633 (Appari, notaire à Avignon) Madeleine de Bresset.

Henri de Massilian fut un de ceux qui contribuèrent

le plus à calmer l'émeute excitée par le peuple d'Avignon, le 5 novembre 1651, pendant les troubles des Pévoulins et des Passegaux.

Il eut, de son premier mariage, Simon, qui suit, et, de son second, François, auteur de la Branche B ; Elisabeth, mariée, le 21 janvier 1666 (Mᵉ de Rotta, notaire à Avignon) à noble Paul de Salvador, fils de Jean et de Catherine de Ruffi.

IV. Simon de Massilian, capitaine d'une compagnie de 100 hommes d'armes au régiment de Ferrière, qui épousa, le 7 décembre 1653 (Vany, notaire à Avignon) Françoise de Camet, fille de François et de Marguerite d'Escuyès, dont il eut

V. Henri III de Massilian, qui épousa, le 17 janvier 1682 (Moselli, notaire) Thérèse de Fache, fille de François, docteur ès droits, comte Palatin, primicier de l'Université d'Avignon, et de Jeanne de Zanobis, dont il eut : 1° François, qui suit ; 2° Ignace, chanoine d'Avignon ; 3° Pierre, lieutenant des vaisseaux du roi, chevalier de Saint-Louis, capitaine d'une compagnie franche de la marine au département de Toulon.

VI. François-Edouard de Massilian, capitaine au régiment de Costellet (1706), premier consul de la ville d'Avignon, en 1746, qui épousa, le 29 janvier 1720 (Desmarès, notaire) Jeanne Bardet, fille de Jean, comte Palatin, dont il eut : 1° Henri, qui suit ; 2° Jean-Baptiste, chanoine à Avignon ; 3° Joseph, prévôt de l'église collégiale de Saint-Didier, d'Avignon.

VII. Henri-Léon de Massilian, lieutenant des vaisseaux du roi (1756), chevalier de Saint-Louis, puis fut ordonné prêtre et devint prévôt coadjudeur à l'église de St-Didier.

Branche B. — IV. François de Massilian, seigneur de Beauchamp, épousa, le 5 avril 1687 (de Rotta, notaire à Avignon) Jeanne d'Honorati, fille de Jean, primicier de l'Université d'Avignon (1) et d'Isabeau de

(1) La fille du dernier marquis d'Honorati a épousé le comte de Pontmartin, fils de l'illustre écrivain, demeurant à son château, aux Angles, canton de Villeneuve-lès-Avignon.

Dalmas, dont il eut : 1° Pierre, qui suit ; 2° Henri, dit l'abbé de la Marque ; 3° Thérèse, mariée, le 9 mars 1724 (Vinay, notaire à Avignon) à Joseph de Vérot, fils de Jacques et d'Anne de Florans.

V. Pierre de Massilian, chevalier, seigneur de Beauchamp, gentilhomme ordinaire de la Chambre du roi, consul de la ville d'Avignon, en 1742, et viguier de la même ville pour le Pape, en 1744, épousa, le 24 juin 1736, Marguerite de Justamond, fille du marquis Jean de Justamond, dont il eut

VI. Marie-Gabrielle de Massilian, dame de Beauchamp, mariée, le 24 janvier 1759, à Jean de Piquet, marquis de Méjanes, demeurant à Arles, fils du marquis Pierre et de Jeanne de Bergue. Elle décéda, sans postérité, à son château de Beauchamp, le 19 août 1827.

Branche C. — II. Paul-Antoine de Massilian, conseiller au présidial de Montpellier, épousa, le 15 décembre 1578 (Chargrer, notaire) Dauphine de Guichard, et devint premier consul de la ville de Montpellier. Ses enfants furent : Marie, mariée à Pierre de Broussonnet, et

III. François I de Massilian, docteur ès droits, seigneur de Massureau, qui épousa, le 21 octobre 1607 (Toudon, notaire) Claudine de Métereau, dont il eut : 1° François, qui suit ; 2° Anne, mariée à Pierre de Sales ; 3° Isabeau, mariée à Louis de Vigne.

IV. François II de Massilian docteur ès droits, épousa : 1° le 3 novembre 1654, Tiphanie de Salgues, fille de Guillaume et de Tiphanie de Nissoles, et 2° le 3 mai 1663 (Monal, notaire) Catherine de Boirargues et d'Isabeau de Talamandier, dont il eut : Jean-Joseph de Massilian, fameux missionnaire dans les Cévennes, et

V. Etienne de Massilian, chevalier, seigneur de Massureau, conseiller du roi, trésorier de France, en la généralité de Montpellier, intendant des gabelles du Languedoc, qui épousa, le 7 octobre 1697, Louise de Plomet, fille de Gilbert, conseiller à la Cour des Aides à Montpellier, et de Françoise de Courdurier, dont il eut : 1° Gilbert de Massilian, juge mage (1730), président au présidial de Montpellier (1733), maire de la même ville

de 1743 à 1753, qui épousa, le 7 mars 1724, Louise-Charlotte de Montcalm, fille du marquis et de Louise-Thérèse
de Laures de Castellane, et sœur du marquis de
Montcalm, lieutenant-général des armées du roi, blessé
à mort, le 13 septembre 1759, à Québec ; 2° Jean, qui
suit ; 3° Louise, mariée, le 15 novembre 1732, à Jean-
Baptiste d'Icart des Vannes.

VI. Jean de Massilian, seigneur de Sanilhac et de
Massureau, chevalier, président, trésorier de France au
bureau des finances de la généralité de Montpellier, en
1750, épousa, le 13 juillet 1790 (Granier, notaire) Françoise de Vidal, dont il eut : 1° Gilbert I, consul, maire
de Montpellier, qui épousa, le 27 avril 1783 (Granier,
notaire) Marie de Gros, fille de Jean, président en la
Cour des Aides, à Montpellier, et de Françoise de Beaus-
set de Roquefort. De ce mariage : 1° Eugénie, qui
épousa noble Joseph de Lameunière de Lamonie de
Liméry, décédé, à Lyon, le 12 février 1859 ; 2° Rodolphe,
qualifié dans les actes publics de marquis de Massilian-
Sanilhac. Il devint colonel de cavalerie, chevalier de
Saint-Louis, officier de la Légion d'honneur. Il avait
épousé Blanche de Chavillé d'Ecquevilly, fille du marquis d'Ecquevilly. Il mourut, sans laisser de postérité,
le 23 juillet 1834, à Auteuil, près Paris ; 2° Etienne,
qui suit ; 3° Marie-Magdeleine, mariée, le 10 septembre
1778 (Bernier, notaire à Montpellier) à noble Charlemagne Desmarets de Montdevergues, ancien mousquetaire de la garde du roi, capitaine de cavalerie,
demeurant à Avignon. Elle mourut, à Montpellier, le
23 février 1841.

VII. Etienne-Antoine de Massilian, né le 15 septembre 1748, décédé, à Montpellier, le 12 novembre 1827,
capitaine des vaisseaux du roi, chevalier de Saint-
Louis, épousa, le 24 février 1795, Marie Castan, fille
d'André, avant la Révolution, chevalier, président, trésorier de France, en la généralité de Montpellier, et de
Jeanne Bardon, dont il eut : 1° Gilbert, né à Montpellier, le 22 mai 1796, décédé le 25 décembre 1854, chevalier de la Légion d'honneur, conseiller à la Cour royale

de Montpellier ; 2° Amédée, né à Montpellier, le 16 avril 1798, chanoine honoraire à la cathédrale, et

VIII. Louis de Gonsague de Massilian, né à Montpellier le 13 décembre 1805, décédé, dans la même ville, le 13 mai 1867, avait épousé, le 13 mai 1839, Constance Duffours, fille d'Auguste, président du Tribunal civil de Montpellier, chevalier de la Légion d'honneur, et de Jeanne Méjan, dont il eut :

1° Louise, née à Montpellier, le 17 juillet 1840, Sœur de Saint-Vincent-de-Paul, décédée le 21 septembre 1870 ;

2° Isabelle, née à Montpellier, le 2 mai 1842, mariée, le 4 mai 1863, à Raymond Labranche. De ce mariage est née Eulalie, qui a épousé, en avril 1892, le vicomte Gabriel de Ledinghem ;

3° Thérèse, née à Montpellier, le 5 mai 1844, mariée, le 24 août 1875, à Lionel d'Albiousse, juge au Tribunal civil d'Uzès, membre de l'Académie de Nimes, décoré de la croix *Pro Ecclesia et Pontifice*, frère du colonel des zouaves pontificaux. De ce mariage sont nées : *(a)* Amélie, qui épousa, le 1er juin 1904, Louis de Coys de Brunelis, fils de Paul et de . F. D u saul ; *(b)* Marie-Louise, née le 12 décembre 1879 ; *(c)* Isabelle, née le 18 août 1884, novice au Séminaire des filles de charité de Saint-Vincent-de-Paul, à Paris ;

4° Gilbert, qui suit ;

5° Auguste, né le 30 mars 1848, sous-lieutenant de réserve au 122e de ligne, marié, le 15 mai 1872, à Mlle Valentine Bort, décédé, à Montpellier, le 30 juin 1906 ;

6° Gabrielle, née le 30 août 1851 ;

7° Eugène, mort en bas âge ;

8° Marie, née le 28 juin 1856, religieuse dominicaine ;

9° Berthe, née le 28 octobre 1858, mariée, le 24 septembre 1879, à Georges Captier, et de ce mariage deux fils : Jacques, né en 1880, docteur en droit, et Henri, né le 13 décembre 1883, bachelier ès lettres.

X. Gilbert de Massilian, né le 25 mars 1846, avocat près la Cour d'appel de Montpellier, décédé le 8 janvier 1891, avait épousé, le 19 avril 1870, Césarine Poujol, dont il eut : Marie-Madeleine, née à Montpellier, le

19 novembre 1872, mariée, le 14 juin 1893, à Pierre Martel, dont : Henri, né le 1ᵉʳ octobre 1897.

Armes : *de gueules à l'aigle essorante d'argent au chef cousu d'azur, chargé de deux molettes d'éperon d'or.*

Le château et le domaine de Sanilhac sont actuellement possédés par M. Lionel d'Albiousse, président honoraire du Tribunal d'Uzès, par Mᵐᵉ Lionel d'Albiousse et par M. Auguste de Massilian, comme l'ayant reçu, en 1897, chacun pour un tiers dans la succession Achardy.

A
Famille de Siffrédy

Elle est originaire de la Sicile. On trouve son nom à des dates reculées notamment aux Vêpres Siciliennes. *(Histoire des Républiques Italiennes).*

Un Siffrédy, du prénom de Léontio, illustra sa famille par l'épisode historique suivant :

Roger, roi de Sicile, avait un frère et une sœur Mainfroi et Mathilde.

Mainfroi se révolte contre le roi, son frère, mais ayant été battu dans deux batailles, il est emprisonné et meurt en prison, laissant deux enfants : Eurique et Pidre.

Le roi a l'idée de s'en défaire, mais Léontio de Siffrédy, alors ministre, obtient qu'ils aient la vie sauve.

Il se charge de l'aîné Eurique et confie le cadet au connétable de Sicile.

Léontio de Siffrédy avait deux filles : Blanche et Porere.

En grandissant, Eurique aime Blanche qui est fort belle et veut l'épouser, mais, pour des motifs politiques, Léontio décide sa fille à renoncer au prince et il la marie au connétable de Sicile.

Celui-ci s'aperçoit bientôt que sa femme conserve de tendres sentiments pour le prince et, dans un accès de jalousie, il la tue.

Léontio, en proie à la plus vive douleur, quitte en ce moment la République (1281) se retire en Espagne avec sa seconde fille, près d'Avila, et c'est là qu'il meurt après l'avoir mariée à don Gérôme de Silva.

Ce fait historique est détaillé dans le *Gil Blas,* de Santillane, p. 182 à 200.

Les Siffrédy sont restés longtemps au service du Pape, à Rome, puis à Avignon, et c'est dans cette dernière ville que la branche française a pris son origine.

Jean de Siffrédy, dont il est parlé ci-dessus, mari de Clémence de Massilian, était fils de Jean-François et d'Isabeau de Bord. Il eut de son mariage six enfants : quatre garçons et deux filles.

L'aîné, Charles, après une brillante campagne, durant la guerre de Hollande, fut nommé lieutenant-général. Louis XIV l'envoya ensuite à Palerme où les Siffrédy ont joué un rôle important au point de vue politique durant plusieurs siècles.

Le second, Claude, fut nommé gouverneur militaire de Strasbourg, chevalier de Saint-Louis à la création de cet ordre.

Le troisième, Joseph, gouverneur du fort de Belin, à Salnes, épousa Mlle de Laclos.

Le quatrième, resté à Avignon, épousa Jeanne de Bédarides, sans postérité.

Le troisième, Joseph, est seul survivant des enfants et c'est de lui que descend le comte de Siffrédy, actuellement vivant.

Il est fils du comte et de la comtesse, née B. de Lallemand, et a épousé Mlle de Boigue, fille du comte, ancien député de la Savoie, décédé en 1895, et de Delphine de Sabran-Pontevès, fille du duc et de la duchesse, née Régine de Choiseul-Praslin.

Le comte de Siffrédy a trois enfants : Emmanuel, Marie-Henriette et Delphine.

Armes : *d'azur à trois annelets d'or posés un et deux avec la molette d'éperon à ses pointes d'argent en tête.*

Devise : *Si fert non cadut.*

SAUZET

CANTON DE SAINT-CHAPTES

——◆——

Armoiries : *d'or à une croix losangée d'argent et de sinople.*

1121. *Villa de Salzeto.* (Gall. Christ., VI, p. 304. — 1252. *Sauzetum.* (Chap. de Nimes. Arch. dép.). — 1384. *Sauretum.* (Dénombrement de la sénéchaussée). 1557. Sauzet. (J. Ursy, notaire, Nimes).

Sauzet faisait partie du diocèse et de la viguerie d'Uzès.

1539, 3 mars. Noble François de Pierre, écuyer, viguier de Sauzet, rend hommage de cette seigneurie au roi. (Arch. duc., caisse 4). Il fait un pareil hommage, en 1639.

1672, 31 mars. David Folcher, seigneur de Montaren, mari et maître des biens dotaux de Jeanne das Pierres (de Pierre), fait le dénombrement de cette seigneurie sous l'albergue d'un homme à pied. (Voir la généalogie des Folcher-d'Albiousse, au fief Fontainebleau).

Famille de Pierre de Bernis

Elle tire son origine des seigneurs de la baronnie de Ganges, en Languedoc.

Guillaume, seigneur de Pierre, baron de Ganges, fut du nombre des chevaliers du Midi de la France qui partirent pour la première Croisade et ce fut son chapelain qui découvrit à Antioche le fer de la lance dont avait été percé le corps de N.-S. Jésus-Christ. (*Hist. gén.*, de don Vaissette).

Ses armes, qui sont encore aujourd'hui celles de

la famille de Pierre de Bernis, figurent, à Versailles, à la salle des Croisades.

Aux XIIᵉ et XIIIᵉ siècles, la maison de Pierre était alliée aux fameux comtes de Toulouse.

Au commencement du XIIIᵉ siècle, elle obtint la seigneurie de Bernis, du diocèse de Nimes, par le mariage de Raymond II de Pierre, avec la fille aînée et héritière du sire de Bernis, seigneur de Nages.

En avril 1751, par lettres patentes du roi Louis XV, les seigneuries de Saint-Marcel, Saint-Etienne-de-Dions, Saint-Just, etc., possédées par la maison de Pierre depuis 1380, furent érigées en marquisat sous la dénomination de Pierre de Bernis, en faveur de Philippe de Pierre, baron de Châteauneuf et de Présailles. Il mourut sans descendance et le marquisat revint au célèbre cardinal de Pierre de Bernis, qui, le 1ᵉʳ décembre 1739, pour être reçu chanoine et comte de Brioude, fit ses preuves de seize quartiers de noblesse. Il fut nommé cardinal le 2 octobre 1758.

En dehors de cette branche éteinte à laquelle appartenait le cardinal de Bernis, il y a eu celle des Pierre Beaucaire, datant du XIVᵉ siècle, et celle des Pierre d'Arènes ; la première s'est éteinte au XVIᵉ siècle et la seconde au XVIIIᵉ.

Une autre branche, celle des Pierre de Bernis-Laboutières, est la seule qui existe encore aujourd'hui.

Pons-Simon de Pierre, chevalier, baron de Pierrebourg et des Etats généraux de Languedoc, maréchal de camp sous Louis XVI, épousa, à Rome, le 6 mai 1776, Jeanne, fille aînée du marquis Jacques II du Puy Montbrun et de Marie de Narbonne Pelet, et reçut la bénédiction nuptiale des mains de son oncle, le cardinal de Pierre de Bernis, qui était alors ambassadeur de France auprès du Saint-Siège.

Ce dernier, par stipulation expresse du contrat de mariage, fit donation du marquisat à son neveu.

La famille de Pierre de Bernis s'est alliée aux plus illustres maisons de France, les Polignac, La Tour Maubourg, La Tour d'Auvergne, Rohan, Mortemart,

Sarrazin, etc. *(Le Parlement Français 1889*, par Mallet).

Cette famille forme aujourd'hui trois branches : celle de l'Ardèche, celle de la Lozère et celle de Nimes.

Branche de Nimes. — Elle était naguère représentée par le comte de Pierre de Bernis (Jules-Henri-François), ancien officier de cavalerie, sorti de Saint-Cyr, conseiller municipal de Nimes, membre du Conseil général et député du Gard, né le 7 mai 1848. Il était le fils aîné du comte Joachim-Albert de Bernis.

Son frère cadet, le vicomte Aymé de Pierre de Bernis, vicomte de Marsac, sous-préfet de Réthel, en 1781, fut décoré de la Légion d'honneur pour sa ferme attitude pendant l'occupation Romaine.

Il a épousé Mlle Sabatier, dont il a eu trois enfants : Antoine et Raymond de Pierre de Bernis, et Mme de Lastic Saint-Jals.

Son second frère, le baron Pons, fut décoré de la médaille militaire, à la suite de la guerre de 1870, lieu-tenant de cavalerie, il donna sa démission en 1883.

Il a épousé Mlle de Chastellier, dont il a eu cinq en-fants : Charles, Bernard, Simon, Françoise et Louise.

Son oncle, le général de division, vicomte Raymond de Pierre de Bernis, grand-officier de la Légion d'hon-neur, général de brigade, eut l'honneur de donner le premier coup de sabre ; il anéantit, le 25 juillet 1870, à Scheverlenhof, en Alsace, la première reconnaissance ennemie qui mit le pied sur le territoire français. Il combattit si bien durant cette guerre, qu'il fut l'objet d'un rapport spécial du maréchal de Mac-Mahon.

Son grand-père, le comte Henri de Pierre de Bernis, colonel de la légion des volontaires du Gard, en 1815, montra un grand dévouement à la cause royale. On cite un mot de lui, à Louis XVIII, dont il était le filleul, relativement au peu de résistance rencontrée par l'empereur à son retour de l'île d'Elbe :

« Sire, avec quelques mauvaises têtes de ma sorte, Votre Majesté se serait peut-être évité les ennuis du voyage de Gand. »

Le comte Jules de Bernis, député du Gard, épousa, en 1867, Paule de Chabert, fille du baron de Chabert, conseiller général de Châteaurenard (Bouches-du-Rhône).

Par son dévouement sans restriction à la cause monarchique et catholique, par son intelligence, son énergie et la gaîté de son caractère, il avait, à Nimes, une popularité dont son nom a toujours joui dans le pays.

La comtesse de Bernis, née de Chabert, habite Nimes et elle a eu de son mariage : 1° Alexis-Alfred-René de Pierre, comte de Bernis, né au mois de mai 1868, officier de cavalerie au 7e hussards, marié à Mlle de Chabrol ; 2° Victor-Alfred de Pierre de Bernis, marié à Mlle d'Aupias de Blanat ; 3° Marguerite-Marie-Paule de Pierre de Bernis, née le 15 juin 1877.

Un autre de ses fils fut tué aux colonies.

Armes : *d'azur à la bande d'or, accompagné en chef d'un lion passant de même, armé et lampassé de gueules.*

Devise : **Armé pour le roi.**

SAZE

Armoiries : *De vair à un chef losangé d'or et de gueules.*

1100. *S. de Sado.* (Cart. de Saint-Victor-de-Mars). — 1170. *Sadum.* (Cart. de France).

1292, novembre. Cette seigneurie directe passe, des mains des rois de France, à Giraud d'Aime, baron de Lunel.

Les seigneurs d'Uzès en deviennent seigneurs.

1327. Rostang d'Aramon et Olivier de Coiras en font hommage à Robert d'Uzès.

1567. Les protestants s'en emparent. C'est dans son territoire que se trouve la plus grande partie de la plaine de Signargues, où Charles-Martel accabla les Sarrasins au commencement du VIIIe siècle.

1570. Olivier de Thézan, chevalier de l'Ordre du roi, maréchal de camp, commandant en Gévaudan, était baron de Saze ainsi que de Saint-Maximin, près Uzès.

Ses descendants devinrent marquis de Saint-Geniès. *(Armorial du Languedoc,* par de la Roque, t. I, p. 494).

Maison de Thézan

La maison de Thézan est une des plus anciennes et des plus illustres du Midi : elle a la même origine que les vicomtes de Béziers qui descendaient des ducs de Gascogne et est connue, dans l'*Histoire du Languedoc*, depuis Pons de Thézan, né vers 930, qui tenait, en fief, le territoire de Boujan, et était seigneur de la baronnie et ville fortifiée de Thézan, près Béziers, dont la justice eut le titre de « Cour royale » quand elle devint com.

mune affranchie, en 1301 ; elle fut prise par l'armée de
Simon de Montfort, lors de la Croisade contre les Albigeois, en 1209, et, en 1577, étant tombée au pouvoir des
religionnaires, le maréchal de Damville, en personne,
vint en faire le siège.

L'*Histoire du Languedoc* renferme, à chaque page,
des monuments qui attestent l'illustration de la maison
de Thézan. Dès le XIᵉ siècle, elle nous présente ses
membres, tantôt comme médiateurs, tantôt comme
émoins ou garants dans les principaux traités passés
entre les comtes de Toulouse, de Rodez, de Melgueil ;
les vicomtes de Béziers, d'Albi, de Carcassonne, de Narbonne ; les seigneurs de Montpellier et autres souverains du Midi.

Elle a donné un évêque de Maguelone, en 1030 ; un
autre d'Albi, cardinal, mort à Avignon, en 1317 ; un
grand nombre de chanoines et d'abbés commendataires
ou crossés-mitrés ; plusieurs chevaliers croisés, entre
autres Bertrand de Thézan qui a ses noms et armes
dans la troisième salle des Croisades, au Palais de Versailles ; cinquante-deux chevaliers de l'ordre de Saint-
Jean de Jérusalem, dont onze commandeurs, trois
grands-commandeurs, un grand-maître de l'artillerie de
la religion et un général de l'artillerie tué au siège de
Malte, en 1565 ; des bannerets pendant le moyen-âge ;
deux généraux d'armée au XVIᵉ siècle ; un commandant
général en Provence pour le roi Henri III ; un vice-
amiral de France et un conseiller d'Etat sous Louis XIII ;
des capitaines de cent hommes d'armes ; des ordonnan_
ces du roi ; des gentilshommes ordinaires de sa Chambre ; des gouverneurs de provinces et de villes ; des maréchaux de camp ; des ambassadeurs du Comtat Venaissin près le Pape et le roi de France : des colonels, des
capitaines de vaisseau ; des chefs de la noblesse du
Comtat et de la viguerie de Béziers ; deux sénéchaux
d'Uzès ; un député du Gers, un président du Tribunal
civil d'Auch ; des barons des Etats du Languedoc ; des
officiers des gardes du corps du roi, etc.

Elle a possédé la principauté de Mondragon, les mar-

quisats de Thézan, de Saint-Geniès, de Saint-Gervais,
de Montaigut, les comtés du Poujol, de Cessenon, de
Nabuton, de Venasque, les vicomtés du Nébouzan, de
Boisseson, de Minerve, de Murat, les baronnies d'Aspi-
ran, de Boussagues, de Castanet, de Castelnau, de Luc,
de Morcayrol, de Nages, d'Olargues, de Pérignan, de
Saint-Nazaire, de Saint-Maximin, de Saze, de Villeneuve, de Gaussan, de Lescout, de Biran, de Saint-
Christaud, etc.

Elle a contracté des alliances directes avec les maisons
souveraines, ducales ou princières de Toulouse, de
Béziers, d'Armagnac, de Forcalquier, d'Adhémar-Mon-
teil-Grignan, de Foix, de Sabran, d'Uzès, de Seytres-
Caumont, de Fortia, de Fleury, de Polignac, de Caylus,
de Narbonne, de Pérusse-des-Cars, de Noailles, de
Mérode, etc., et avec les familles, toutes titrées, de
Corneillan, de Roquefeuil, de Cambis, de Castillon, de
Saint-Victor, de Gozon-Mélac, de Ginestous, de Grave,
de Lauzières-Thémines, de Montbrun, de l'Isle-Jour-
dain, de Glandevès, de Labat, de Villages, de Tholon-
Sainte-Jalle, de Malet, de Tulle-Villefranche, de Mornay,
de Saint-Paul, de Sarret, de Vassadel, d'Izarn-Fraissi-
net, de Marignac, de Bordes, de Bérenger, de Poujol, de
Saint-Félix, de la Croix, de Maureilhan, de Montlaur,
de la Baume, de Baulac, de Varadier, de Voisins, de
Castelnau, de Montfaucon, de Mistral, de Cazaux, de
Nepvouet, de la Roque-Ordan, de Thore, de Buet, de
Rosselin, d'Hautpoul, de Garac, de la Bourdonnaye-
Gardin, de Saunhac, de Colbert, de Nadal, etc.

La branche des marquis de Saint-Geniès s'est éteinte
et fondue dans la famille des barons de Baderon, de
Maussac, en 1702, après avoir donné : Tristan de Thézan, chevalier de Saint-Jean de Jérusalem, pourvu de la
commanderie de Peyriès, en 1522 ; Charles de Thézan,
baron de Pérignan (fief qui fut érigé, plus tard, en
duché, sous le nom de Fleury), etc., gentilhomme ordinaire de la Chambre du roi, en 1617 ; Henri de Thézan,
baron de Luc, etc., gouverneur de Narbonne, en 1599,
chevalier de l'ordre et gentilhomme ordinaire de la

Chambre du roi, capitaine de cinquante hommes d'armes de ses ordonnances, maréchal de ses camps et armées, en 1615, qui fut « en récompense des plus grands services rendus à l'Etat » dit Moréri, élevé à la dignité de vice-amiral de France, en 1625 ; Pierre de Thézan, marquis de Saint-Geniès, etc., premier colonel du régiment de son nom levé, en 1673, sous Louis XIV ; Hercule-Joseph, appelé marquis de Thézan de Luc, admis aux Etats généraux du Languedoc, en 1757 ; Jean-Charles de Thézan, commandant, en 1789, d'une compagnie détachée de l'Hôtel royal des Invalides, au fort de Saint-André de Villeneuve-lès-Avignon, etc.

La maison de Thézan est représentée, actuellement, par le marquis de Thézan de Gaussan, Adolphe, né à Auray (Morbihan), le 12 février 1854, résidant à Vannes, ancien consul du Portugal, chambellan de S. S. le Pape Pie X, docteur en droit de l'Université de Philadelphie, membre et lauréat de plusieurs Académies, chevalier et commandeur de divers ordres, marié, en 1883, au Cannet, près le Luc (Var), avec Mlle Jeanne de Colbert, fille de M. le comte de Colbert, marquis du Cannet, et de la comtesse, née de Colbert-Turgis, dont un fils et trois filles, le comte Jean-Gaston-Charles, né au château du Cannet, le 13 novembre 1884, et Mlles Elisabeth, Caroline et Germaine de Thézan de Gaussan.

M. le marquis de Thézan a un frère, le comte de Thézan de Gaussan Henri, célibataire, qui réside à Paris, et des parents éloignés : 1° le baron de Thézan de Gaussan Emmanuel, général, chef de division au ministère de la guerre, à Port-au-Prince, ministre de l'intérieur et des cultes de la République d'Haïti, dont le grand-père était sénateur ; 2° M. de Thézan de Gaussan Pierre, chef du service de la Caisse d'amortissement de la République d'Haïti, au ministère des finances, tous les deux vivant avec leur famille à Port-au-Prince ; 3° M. de Thézan de Lescout Alphonse, avec sa famille à Toulouse ; petit-fils du marquis d'Hautpoul. général de division, grand référendaire du Sénat, ministre de la guerre sous Napoléon III, gouverneur général de l'Algérie, grand-croix de la Légion d'honneur ; 4° M. de Thézan de Lescout Adrien, avec sa famille, à Sydney (Australie) ; 5° Mme de Thézan de Biran, veuve de M. Amand de Thézan de Biran, vice-président du Conseil général du Gers, représentant de M. le comte de Chambord, en Gascogne, décédé en son château de Saint-Christaud, par Montesquiou (Gers), au mois de mars 1903 ; Mme de Thézan y habite avec ses deux filles et son gendre, M. le comte de Saunhac, inspecteur général des Haras de France, chevalier de la Légion d'honneur.

Armes : *Ecartelé d'or et de gueules ; couronne et casque de marquis.*

Cimier : Une croix et une épée passées en sautoir.

Supports : Deux aigles.

Devise : *Pro aris et focis.* (Pour la Religion et la Patrie).

SERVAS

CANTON D'ALAIS

Armoiries : *d'or à une fasce losangée d'or et de sinople*.

1384. *Servatium*. (Dénombrement de la sénéchaussée). — 1555. Servas. (J. Ursy, notaire à Nimes).

Ce fief ressortissait au sénéchal d'Uzès.

1544. Noble Pierre de Pavée, époux de Françoise de Montrose, en était seigneur. (Arch. de Nimes, t. II, p. 4).

Cette seigneurie passa ensuite à Robert de Pavée, en 1609.

Famille de Pavée

Elle possédait la seigneurie de Villevieille depuis 1467.

Elle fut maintenue dans sa noblesse par jugement souverain du 28 novembre 1668.

I. François de Pavée épousa, le 25 mai 1556, Isabeau d'Airechaudousse, dont il eut

II. François de Pavée, qui épousa, le 31 mai 1585, Jeanne de Pélegrin, et il en eut

III. Abdias de Pavée, seigneur de Villevieille, qui épousa, le 14 décembre 1631, Diane de Trémolet de Montpezat, dont il eut : 1° Raymond, qui suit ; 2° Jean, abbé de Villevieille ; 3° Abdias, major ; 4° Michel, capitaine au régiment de Montpezat.

IV. Raymond de Pavée, seigneur de Villevieille, baron de Montredon, capitaine au régiment royal de cavalerie (1667), avait épousé, le 27 août 1660, Gabrielle Fons, dont il eut

V. Jean-Raymond de Pavée, baron de Villevieille, commandant la ville et le château de Sommières, qui

épousa Françoise-Mélanie de la Fare, dont il eut : Marie-
Thérèse, mariée, le 5 mai 1754, à Balthazar de Gros de
Préville, baron de Clémensanne, chevalier de Saint-
Louis, enseigne des vaisseaux du roi.

Armes : *d'or à trois chevrons d'azur.*

1672. François de Rosel était seigneur de Servas.
(Arch. de Nimes, t. II, p. 14).

Marguerite de Rozel épousa, le 1er septembre 1683,
Laurent de Moreton de Chabrillan, et apporta en dot la
seigneurie de Servas.

Armes de la famille de Rosel : *d'argent à trois
fasces d'azur et un griffon d'or couronné de même.
(Arm, du diocèse de Nimes, 151).*

1734. Laurent de Moreton de Chabrillan fait hommage au duc d'Uzès de cette seigneurie. (Arch. de Nimes. Série W, p. 9).

Famille de Moreton de Chabrillan

Une des plus illustres du Dauphiné et du Vivarais,
elle a été maintenue dans sa noblesse par jugement
souverain de M. du Gué, intendant du Dauphiné. Guigues de Moreton fit partie de la croisade de Philippe-
Auguste, ainsi qu'il résulte d'un acte d'emprunt sur
parchemin de juin 1191, fait à des marchands génois.

Les armes de cette famille sont à la salle des Croisades
à Versailles.

Par lettres patentes, d'octobre 1674, la seigneurie de
Chabrillan fut érigée en marquisat.

I. François de Moreton, seigneur de Chabrillan,
épousa, en 1506, Dauphine de Seytres, dont il eut :
Charles, homme d'armes de la compagnie du chevalier
Bayard, et

II. Sébastien de Moreton de Chabrillan, gentilhomme
ordinaire de la Chambre du roi et capitaine des gardes
de la porte de S. M., épousa, le 1er août 1563, Louise
du Moulin, dont il eut : Louise, mariée : 1° à Antoine
de Clermont de la Roche-Montoison ; 2° à Hercule de
Tholon de Sainte-Jaille.

III. Jacques de Moreton de Chabrillan, mestre de

camp de huit compagnies, épousa, le 17 janvier 1595, Guigonne d'Urre, dont il eut

IV. Antoine de Moreton de Chabrillan, syndic de la noblesse du Dauphiné, qui épousa, le 6 février 1628, Isabeau de Chaponay (voir lettre A ci-dessous) dont il eut : Laurent, capitaine, tué au siège de Pavie, et

V. Joseph de Moreton de Chabrillan, marquis de Chabrillan, par lettres patentes du mois d'octobre 1674, lieutenant du roi, en Valentinois. Il épousa, le 20 novembre 1668, Antoinette de Vichy, dont il eut : 1° Antoine, qui suit ; 2° Bertrand, page du grand-maître de Malte ; 3° Joseph, colonel du régiment de Chabrillan ; 4° Claude et Dominique, tous les trois tués à la bataille d'Hochstœdt.

VI. Antoine de Moreton, marquis de Chabrillan, capitaine-lieutenant du roi, en Dauphiné, épousa, le 30 mai 1698, Antoinette de Grolée-Virville, dont il eut : 1° François, qui suit ; 2° Antoine, chevalier de Malte, bailli de Manosque ; 3° Joseph, colonel de grenadiers royaux (1759) ; 4° Louis, commandant pour le roi à Montélimar ; 5° Anne, mariée, le 25 janvier 1725, à Jacques d'Hilaire, marquis de Jovyac.

VII. François de Moreton, marquis de Chabrillan, maréchal de camp (1748), chevalier de Saint-Louis, épousa : 1° le 4 juillet 1727, Marguerite de la Fare ; 2° le 1er février 1738, Marie d'Astuaud de Mars, dont il eut : 1° Françoise, mariée au marquis de Gras ; 2° Jacqueline, mariée au marquis de Preigne, et

VIII. Joseph de Moreton, marquis de Chabrillan, maréchal de camp (1784), avait épousé, le 18 novembre 1776, Innocente Duplessis Richelieu d'Aiguillon, dont il eut

IX. Hippolyte de Moreton, marquis de Chabrillan, premier écuyer de la comtesse d'Artois, lieutenant-colonel, député de la Drôme, en 1815, gentilhomme de la Chambre du roi, décédé, à Paris, le 16 octobre 1835, avait épousé, le 18 février 1784, Antoinette de Caumont la Force, dont il eut : 1° Alfred, qui suit ; 2° Alphonse, mort de ses blessures pendant la campagne de Russie ;

3° Amédée, mort, à Barcelone, en 1794 ; 4° Joséphine, mariée au comte de Belbeuf ; 5° Fortunée, mariée au comte de Masin de Bouy.

X. Alfred de Moreton, marquis de Chabrillan, pair de France (1823), épousa, le 28 avril 1823, Marie de la Croix de Chevrières de Saint-Vallier, dont : 1° Louis, marié à Marie de la Tour du Pin Montauban ; 2° Eulalie, mariée, le 27 mars 1851, au vicomte d'Agoult, et 3° Marie, née le 30 septembre 1837.

Armes : *d'azur à une tour crénelée de cinq pièces, sommée de trois donjons, chacun crénelé de trois pièces, le tout d'argent maçonné de sable à la patte d'ours d'or mouvant touchant la porte de la tour.*

Devise : *Antes quebras que doblar.* Plutôt rompre que ployer ; allusion à la patte d'ours appuyée sur la porte de la tour qui figure dans leurs armes.

1752, 15 janvier. Le marquis Laurent de Moreton de Chabrillan vend la seigneurie de Servas à Jean Hospitalier, d'Alais. (M⁰ Soustelle, notaire d'Alais).

A
Famille de Chaponay

Cette famille, une des plus anciennes du Dauphiné, a tiré son nom de la seigneurie de Chaponay, située dans le Viennois.

Guillaume, seigneur de Chaponay et de Marennes, en Dauphiné, commandait, en Austrasie, pour le roi Charles III. (Restor modératorque, 914) suivant l'épitaphe gravée sur son tombeau dans le cloître de l'abbaye d'Aynay, dévasté par les religionnaires, en 1562.

Il mourut en 938 et Luce de Grolée, sa femme, en 966. Pons de Chaponay, chanoine et comte de Lyon, vivait en 1151.

Odo de Chaponay occupait, en 1158, le siège épiscopal de Valence, et, plus tard, Soffrey, son neveu, fut pourvu de l'évêché de Grenoble.

Le *Martyrologe des chevaliers de Malte*, folio 239, 1, a retenu les noms des croisés : Jean de Chaponay, mort

dans l'ancienne ville d'Ephèze, l'an 1149, et Barthélémy, seigneur de Chaponay, son frère, blessé à la
cuisse gauche, la même année, au siège de Damas ;
Falcon de Chaponay prit part à la seconde croisade.

. On peut voir son nom et ses armes au Musée de Versailles.

Gaspard de Chaponay, chevalier, fils du croisé Barthélemy I et de Bernardine de Poissieu, mariés, en
1181, suivit Louis VIII, en Angleterre, où il fut dange-
reusement blessé à la prise de la ville de Win-
chester.

Pons de Chaponay, se trouvant à Constantinople, fut
chargé par l'empereur Henri, vers 1209, de porter à
l'archevêque de Lyon, des reliques destinées à l'église
Saint-Jean.

On voit les armes de Chaponay aux voûtes de l'église
de Saint-Nizier, à Lyon.

Barthélemy II de Chaponay, fils de Gaspard et de
Clémence de Beauvoir, fut chargé, par le roi Saint
Louis, de négocier le mariage de Mahaut, fille du duc
de Brabant, avec Robert, comte d'Artois.

Il épousa Henriette de Roux, dont il eut plusieurs
enfants parmi lesquels Pierre qui suit :

Filiation. — I. Pierre I de Chaponay, capitaine sous
Guy de Luzignan, en 1274, se trouva, au siège de
Gironne, contre le roi d'Arragon.

Il épousa Guigonne de la Porte, dont il eut

II. Humbert de Chaponay, dit Passerat, qui fut l'un
des seigneurs, députés, par Humbert, dauphin-vien-
nois, pour porter au roi Philippe-de-Valois, le consen-
tement de la noblesse du Dauphiné en transport de cette
province à la couronne de France, en 1343.

Il épousa, le 13 février 1322, Béatrix de Sachenay,
dont il eut

III. Bernard de Chaponay, page de Charles d'Albret,
connétable de France. Il combattit sous ses ordres dans
les guerres contre les Anglais, sous le règne de Jean-
le-Bon, et épousa Etiennette de Varcy, dont il eut

IV. Antoine de Chaponay, qui se trouva à la journée

de Patay (1) en 1429, et épousa Catherine de Villeneuve de Joux, dont il eut

V. Jean I de Chaponay, surnommé le Vaillant, qui suivit le dauphin Louis en diverses guerres. Il épousa Catherine de Pompierre, dont il eut

VI. Philippe de Chaponay, qui fut gratifié de l'office de prévôt de Venissien et de Feisins par lettres du dauphin Louis, fils du roi de France.

Il épousa Françoise de Villars (de la famille du maréchal) dont il eut

VII. Jean II de Chaponay, président de la Chambre des Comptes du Dauphiné, qui épousa, en 1492, Catherine Palmier, fille du président au Parlement de Grenoble, dont il eut : Nicolas, auteur de la branche de Feisins, éteinte en 1752, et

VIII. Geoffrey de Chaponay, enterré à Grenoble, en 1544, qui avait épousé, en 1519, noble Jeanne Le Maistre, dont il eut

IX. Laurent de Chaponay, qui se distingua aux prises d'Ivrée et de Verceil, en 1539, puis fut deux fois consul à Grenoble, place réservée à la noblesse. Il épousa Barbe Plouvier, dont il eut

X. Pierre II de Chaponay, qui combattit au siège de La Rochelle, trésorier de France à Lyon, et épousa Françoise Scarron (de la famille de l'auteur du roman comique) dont il eut : Laurent, marié à Gaspard Expilly, dont il eut une fille mariée à Antoine de Moreton de Chabrillan, et

XI. Bertrand de Chaponay, chevalier de l'Ordre du

---

(1) C'est à Patay que les zouaves pontificaux se distinguèrent en 1870 et que le commandant d'Albiousse, remplaçant le colonel de Charette blessé, fit un ordre du jour qui se terminait ainsi :

« C'est par un acte de foi que la France est née sur le champ de bataille de Tolbiac, c'est par un acte de foi qu'elle sera sauvée, et tant qu'il y aura dans notre beau pays un Christ et une épée, nous avons le droit d'espérer. »

roi, honoré du collier de Saint-Michel, en 1625, gentilhomme ordinaire du roi, qui avait épousé, le 16 février
1613, Virginie de Saint-Jullien.

Bassompière, dans ses *Mémoires*, t. IV, p. 119, dit
que le roi se fit porter, à Bellecour, dans la maison de
Mme de Chaponay, où il fut encore bien malade (octobre
1630).

Bertrand eut de son mariage Laurent, auteur de la
branche de Venissien, et

XII. Octavien de Chaponay, baron de Morancé, maintenu dans sa noblesse par jugement de l'intendant des
provinces du Lyonnais, Dauphiné, en date du 18 juin
1607. Il avait épousé Louise de Loras, en 1643, dont il
eut

XIII. Gaspard de Chaponay, baron de Morancé, dont
il rendit hommage au roi, en 1720, et mourut le 24 décembre 1731. Il avait épousé Marie de Baglion de la
Salle, fille du baron de Jons, dont il eut

XIV. Pierre III de Chaponay, appelé marquis de
Chaponay, baron de Morancé, capitaine au régiment
Dauphin, qui épousa, en 1722, Marie-Anne d'Arexte,
dont il eut : 1° Pierre, capitaine, tué à la bataille de
Berghem, en 1758 ; 2° Pierre-Elisabeth, qui suit ;
3° Jean, chevalier de Saint-Louis, colonel et brigadier
des armées du roi ; 4° Hugues, capitaine au régiment de
Lally ; 5° deux filles chanoinesses au Chapitre noble
d'Aix-en-Provence.

XV. Pierre-Elisabeth de Chaponay, comte puis marquis de Chaponay, chevalier de Saint-Louis, lieutenant des maréchaux de France, épousa, en 1753,
Suzanne Nicolau, dont il eut : 1° Pierre-Anne, qui suit ;
2° Pierre-Marie, baron de Chaponay, capitaine, chevalier
de Saint-Louis, maire de la ville de Nantua, marié à
Mlle de Pradon ; 3° Christophe, grand-vicaire de Senlis ;
4° Jacques, premier page de la comtesse d'Artois, en
1776, chevalier de Saint-Louis, marié à Mlle de Grezolles ; 5° Antoinette, chanoinesse d'Aix.

XVI. Pierre-Anne de Chaponay, marquis de Chaponay, chevalier de Saint-Louis, lieutenant-colonel de

cavalerie, eut l'honneur de monter dans les carosses du roi, en 1796, né le 18 février 1754, épousa Antoinette de Châtillon, dont il eut : 1° Marie-Bonne, mariée au comte de Truchy ; 2° César-François, qui suit ; 3° Jeanne, mariée à son cousin germain, Alfred ; 4° Antoine, comte de Chaponay, épousa Cécile de Lascours, fille du lieutenant-général, baron de Lascours et de Sophie de Voyer d'Argenson, dont : François-Pierre, né à Lyon, le 2 juin 1851, et Joseph-Jean-Humbert, né le 13 novembre 1852.

XVII. César-François, marquis de Chaponay, décédé, avait épousé Marguerite de Crizenoy, dont il eut une fille unique, Marie-Jeanne-Amédée-Valentine de Chaponay, mariée au comte Louis de Briancourt.

XVIII. François-Pierre, marquis de Chaponay, né à Lyon, le 2 juin 1851, marié, en 1887, à Mlle Constance Schneider, dont il a eu : 1° Henri, décédé en bas âge ; 2° Nicole ; 3° Mérande ; 4° Antoine.

François-Pierre, marquis de Chaponay, possède le château de la Flachère.

Son frère, Jean-Joseph-Humbert, né au château de la Flachère, le 13 novembre 1852, décédé, avait épousé Mathilde de Monticourt, décédée aussi, laissant trois enfants : François, décédé ; Antoinette, mariée au baron de Barante, et Simone.

Jean-Joseph-Humbert était propriétaire de la terre de Lascours (Gard) que lui avait léguée son oncle, le baron de Lascours, et qui appartient aujourd'hui à sa seconde fille, Simonne.

Armes : *d'azur à trois coqs d'or, deux et un, becqués, crétés, barbés et membrés de gueules.*

Devise : *Gallo canente spes redet.* (Avec le chant de coq l'espoir nous revient ; allusion aux trois coqs qui figurent dans leurs armes).

Supports : Deux lions d'or.

Cimier : Un coq becqué, crété, barbé, membré de gueules.

Couronne de marquis. (Voir *Histoire généalogique du Musée des Croisades à Versailles*, par Boudin).

SERVIERS

CANTON D'UZÈS

———

Armoiries : *de sable à un chef losangé d'or et d'azur*.

1121. *Castrum de Serviero*. (Gal. Christ., t. VI, p. 619).

1211. Le roi Philippe-Auguste le donne aux évêques d'Uzès.

1356. Milon, seigneur de Serviers, assiste à la bataille de Poitiers et est fait prisonnier. (Arch. duc.).

1361. On place un poste à la forteresse de Serviers pour repousser les routiers, d'après l'avis des consuls d'Uzès. (Id.).

1382. Le général Grinaud, qui commandait les troupes du duc de Berry, atrocement détesté dans la province, s'avance jusqu'à Serviers et ne peut s'emparer du château grâce à sa position et à ses remparts, puis ayant surpris trois paysans dans les champs, il les fait tuer de sang-froid sous ses yeux. (Arch. duc.).

1385, 23 décembre. Louis d'Albenas, fils de Pierre et de Louise de Buys, seigneur de Vallérargues, hérite de Françoise d'Albenas, dame de Serviers, de cette seigneurie. (Arch. dép., 3, p. 151. — Voir la généalogie d'Albenas au fief Gajan).

1397. Noble Pierre-Raymond est coseigneur de Serviers. (Arch. duc.).

Sa famille conservait encore cette seigneurie en 1541.

1452, 24 novembre. Noble Jean Gasq, coseigneur de Serviers, rend hommage au roi. (Arch. duc.).

1499. Jean de Vallibus (de Vaulx), coseigneur de Montaren et de Saint-Quentin, professeur de droit, juge royal d'Uzès, est coseigneur de Serviers (1) (Jean de Costa, notaire à Nimes) et, le 29 avril 1519, il rend hommage de la coseigneurie de Serviers au roi. (Arch. dép. du Gard, tome III, série E, p. 485).

Charles et Raymond de Vaulx étaient également coseigneurs en 1541.

1503, 4 mars. Jacques de Crussol, vicomte d'Uzès, coseigneur de Serviers, rend hommage au roi en même temps que les autres coseigneurs.

1544. Noble Pierre de Pavée était coseigneur de Serviers. (Arch. de Nimes, t. II, p. 4.— Voir fief Servas).

1552. Noble Baltazard de Johannès était également coseigneur de Serviers. (Arch. dép. de l'Hérault, B. 8, p. 184).

1554. Guy de Châteauneuf, qui épousa Jeanne de Roux, l'était aussi. (Arch. de la Haute-Garonne, t. I, p. 276).

Famille de Roux

Jeanne de Roux était la fille d'Elzéard Ruffi de Roux, comte de la Ric, coseigneur de Châteauneuf et de Courbon, comte de Gaubert, qui avait épousé, en 1453, Catherine de Rochas. (Voir fief Blauzac).

Cette famille tire son origine du royaume de Naples, illustrée aujourd'hui par ses comtes de Sinapolis, ses princes de Seilla Palasso et Saint-Antino et encore par ses ducs de la très florissante Baguera.

Le seul descendant direct de la branche aînée venue en France à la suite de la reine Jeanne, est M. Albert de Roux, comte de la Ric, ancien zouave pontifical, qui habite le château des Bons-Enfants La Fare (Bouches-du-Rhône) et qui a épousé Mlle de Laboulie, dont six enfants.

Armes : *d'argent émauchées en pal de six pointes*

---

(1) Il devait être parent de Jean de Vaulx, chambellan du roi René, alors que Nicolas Froment, d'Uzès, était le peintre favori de ce roi. (*Mémoires de l'Académie de Nimes*, année 1897, p. 550 et 5).

de sable, qui est de Roux (Ruffi), *surmontés de deux palmes de sinople en sautoir qui est de sinopolis, au chef d'azur, au soleil d'or,* qui est de la Ric.

Le tout surmonté d'une couronne de comte d'où émerge une tète de cheval à crinière hérissée.

Supports : Un lion et un griffon lampassé et griffé de gueules.

Couronnés à l'antique.

Devise : *Lex et fides.*

1570. La propriété du château de Serviers passe à Pierre de Girard, époux de Françoise de Brignon et frère de Robert, sacré évêque d'Uzès, le 18 avril 1574. (Manuscrit d'Aubais, 1, 311).

Pierre et Robert d'Emery V de Girard et d'Isabeau de Pontevès. (Voir fief Baron).

1580, avril. Serviers est pris par le capitaine Rey de de Castillon, qui est tué dans cette circonstance par un coup d'arquebuse dirigé sur lui par un jeune garçon. Les catholiques et les protestants pacifiques y envoient des troupes qui font prisonniers les soldats de Rey. (Dict. Rivoire, 2, 217).

1621, 22 août. Des troupes sorties d'Uzès, auxquelles se joint un renfort venu de Nimes et commandé par le baron de Brisson, vont attaquer le château de Serviers, occupé par une garnison catholique commandée par Louis de Vanel, seigneur de l'Isle-Roi.

Le marquis de Portes, envoyé par le duc de Montmorency, au secours de ce château, les bat, leur tue 47 hommes, parmi lesquels Jacques Chapelier, quatrième consul d'Uzès, et leur prend le seul canon qu'elles possèdent.

1622. Le duc de Rohan s'empare du château par composition et le fait abattre en partie. Richelieu, en 1626, achève de le faire démolir.

C'était un antique château fortifié à la manière féodale.

1633, juillet. Lettres patentes portant érection en marquisat de la terre de Serviers, en faveur Mre Henri de Porcelet.

Famille de Porcelet

La maison de Porcelet est une des plus anciennes de la Provence. Elle a voulu tirer son nom et ses armes d'une aventure extraordinaire.

. La tradition domestique rapporte qu'une truie mit bas neuf cochons, d'une seule ventrée, en présence d'une dame qui, en ayant eu l'imagination frappée, enfanta, neuf mois après, neuf mâles d'un seul accouchement.

Le nom et les armes des Porcelet sont à la salle des Croisades à Versailles.

La plus ancienne tige que l'on trouve des Porcelet est Bertrand de Porcelet, conseiller et chambellan du comte de Toulouse, envoyé avec Bertrand Porcello, son cousin, vers le roi de France, en 1096, pour traiter des différends entr'eux.

Guillaume de Porcelet suivit le comte de Toulouse à la croisade en Terre-Sainte.

Un autre Guillaume accompagna Charles d'Anjou à la conquête du royaume de Naples et échappa à cause de sa justice, dit Scipion Ammirato, aux massacres des Vêpres Siciliennes. (Maynier, 218, 220, *Hist. du massacre de Naples,* décad. 7, liv. 8).

La branche établie en Languedoc prouva sa noblesse devant M. Beson, depuis

I. Pierre de Porcelet, seigneur de Fournès, gouverneur de Beaucaire, du Pont-Saint-Esprit et de Lavernède, qui épousa Marguerite de Piquet, dont il eut : 1° Tannequin, qui suit ; 2° Honoré, marié à Marguerite de Pontevès ; 3° Jean, auteur des seigneurs d'Ubaye ; 4° Sibille, mariée à Antoine de Roquefeuil ; 5° Florette, mariée à Claude de Grimoard de Beauvoir du Roure ; 6° Louise, mariée à Jean de Budos de Portes, dont : Charlotte-Marguerite de Montmorency.

II. Tannequin de Porcelet, capitaine et viguier de la ville de Beaucaire, épousa, le 10 avril 1552, Jeanne de Pavée de Villevieille, dont il eut

III. Jean de Porcelet, seigneur de Meillane, député des Etats du Languedoc, auprès d'Henri III, qui épousa

Sibille de Serres (1) dont il eut : Pierre, maintenu dans sa noblesse par jugement du 19 janvier 1668, et

IV. Antoine de Porcelet, chevalier, demeurant à Beaucaire, qui épousa : 1° le 12 juin 1635, Elisabeth de Blain de Marcel ; 2° Gabrielle de Gianis de la Roche. Il eut de sa première femme, Marie-Sibille, mariée à Henri de Villardi de Quinson, et

V. Armand-René de Porcelet, marquis de Maillane, baron d'Arboux, qui épousa, le 10 avril 1673, Jeanne de Montdragon, dont il eut

VI. Paul-Joseph de Porcelet, marquis de Maillane, qui épousa, le 6 avril 1700, Anne de Porcelet, dont il eut : Marie-Thérèse, mariée à Jean de Grille, et

VII. Joseph-Louis-Guillaume de Porcelet, ancien capitaine au régiment d'Aunis (infanterie) en 1759, qui se maria à Beaucaire et eut un fils et une fille.

Armes : *d'or à une truie de sable.*

Devise : *Gens deorum, deinde genus porcella.*

(Après les fils des dieux viennent les descendants des Porcelet. C'est la fierté de cette devise qui inspira, sans doute, au roi René, le dicton si connu : *Grands de Porcelet*).

1672, 3 janvier. Henry de Porcelet vend son marquisat de Serviers à Jean-Baptiste de Brasis, marquis de Montanegro, commandant de la province du Languedoc sous Louis XIV. (Margier, notaire à Villeneuve).

Le marquis de Montanegro fait reconstruire le château sur les ruines de l'ancien. C'est le château actuel.

1686, 21 novembre. Le marquis de Montanegro vend le château et la seigneurie de Serviers à Mre Samuel de Verclause, conseiller du roi. (Ducamp, notaire à Uzès).

1695, 16 décembre. Samuel de Verclause la vend à Marc-Antoine Bosc, aussi conseiller du roi.

1702, 1er avril. Vente de la terre de Serviers par

(1) Armes de la famille de Serres : *d'azur à trois besants d'or à la bordure échiquetée de deux traits.*

Antoine Bosc, à Pierre Causse, archidiacre, et à noble
Jean-Pierre Causse, habitant de Nimes. (Durand, notaire à Montpellier).

1776, 15 novembre. Causse de Vallorgue, coseigneur
de Gajan, la vend à Siméon Verdier, négociant, d'Uzès,
au prix de 64,000 francs. (Me Nicolas, notaire à Nimes).

1793, avril. Sicard, chargé d'affaires de Siméon Verdier, seigneur de Serviers, remet volontairement à des
étrangers un sac de papiers qu'ils brûlent devant le château.

Quelques jours plus tard, S. Verdier renonce à tous
les « droits, titres et profits, censures et autres droits
féodaux dont les habitants de Serviers lui étaient rede-
vables ». (*Hist. de la rev. franç.*, par Rouvière, t. II,
p. 217).

En 1825, Emile Verdier de Serviers, fils de Siméon,
hérite de ce domaine et obtient du gouvernement l'autorisation d'ajouter à son nom celui de Serviers. Il fait
de mauvaises affaires et son château de Serviers, mis
en vente, est acheté, en 1855, par Aimé Polge, des
Mages. (Acte reçu, le 15 août, par Evesque, notaire aux
Mages).

1866, 20 mai (notaire Flandin). Polge vend ce domaine à Louis Moulin, notaire, et, à la mort de ce dernier, le 29 juillet 1866, ce domaine passe sur la tête de
ses fils : Emile et Ulysse Moulin, notaire à Uzès.

Ulysse Moulin est actuellement seul propriétaire du
château. Il a une fille mariée à M. Pascal, conseiller de
préfecture à Avignon, et deux fils : Jacques, né à Uzès,
1879, lauréat de la Faculté de Paris, docteur en droit,
officier d'Académie, et Louis, avocat à Paris, docteur en
droit, lauréat de la Faculté de Montpellier, où il rem-
porta un premier prix de droit criminel.

TRESQUES

CANTON DE BAGNOLS

———

Armoiries : *de sinople, à une fasce losangée d'or et de sable.*

1060. *Castrum quod vocatur Trescas.* (Cart. de Notre-Dame de Nimes, ch. 200). — 1121. *Castrum de Treschas.* (Gall. Christ., t. VI, p. 304). — 1384. *Tresqua.* (Dénombrement de la sénéchaussée). — 1550. Tresques. (Arch. départ., 1, 1323).

Les évêques d'Uzès étaient seigneurs suzerains de Tresques, en vertu d'un diplôme de Philippe-Auguste. La famille de Sabran, propriétaire du château, leur en faisait hommage.

1199, septembre. Rostaing de Sabran passe un acte en faveur de son épouse, Clémence, par lequel il lui cède, *in vita sua*, la possession du château de Tresques.

1228, février. Il fait hommage de son château à l'évêque d'Uzès. (Pierre Mussargues, notaire).

1326. Pons de Montlaur, au nom de Bérengère de Sabran, sa femme, fille unique de Rostaing de Sabran, fait hommage à Guilhem, évêque d'Uzès, de sa seigneurie de Tresques. (Daurière, notaire).

1341. Son fils, Guyot de Montlaur, en fait hommage à Mre Grille, évêque d'Uzès. (Accalery, notaire).

1382. Les Tuchins incendient le château.

1456, 2 novembre. Guillaume de Laudun, chevalier de Montfaucon, fils d'Hugues de Laudun, coseigneur d'Uzès, fait hommage de cette seigneurie à Gabriel de Castres, évêque d'Uzès. (Janequin, notaire).

1486, 10 février. Philippe de Cathelin fait hommage à Mre Nicolas, évêque d'Uzès, de la seigneurie de Tresques, qu'il avait achetée à noble Charles de Poitiers, seigneur de Clarisis. (André, notaire).

1546. Guillardet de Montcalm, juge mage à Nimes, frère de François, époux de Louise de Porcelet, était seigneur de Tresques. (Arch. dép., 3, 119).

1556. Les religionnaires s'emparent du château de Tresques sous la conduite du baron des Adrets, mais, en 1568, 7 mars, Joyeuse le reprend au profit du roi. *(Histoire du Languedoc*, t. IX, p. 41).

En 1587, le comte de Chatillon et le vicomte de Turenne, lieutenants du duc de Montmorency, s'en emparent à leur tour. (Id., t. IX, p. 212).

1603, 14 juin. Annet de Montcalm fait hommage de la seigneurie de Tresques à Mʳᵉ Louis de Vigne, évêque d'Uzès. (Jean Gentous, notaire).

Famille de Montcalm

Elle est originaire de Rouergue et connue depuis Simon de Montcalm, seigneur de Viala, qui fut père d'Heyral, seigneur de Viala, marié, au mois de mars 1302, à Réveillade de Chavanon.

Bernard, petit-fils d'Heyral, époux de Romaine de Forcalquier, acquit la terre de Saint-Véran de la maison d'Armagnac et fut père de Raymond, marié à Aigline de Michelis (Moreri, VII, 701), qui testa, étant veuve, le 11 novembre 1457, en faveur de son fils.

I. Jean de Montcalm, seigneur de Saint-Véran, conseiller du roi, épousa, le 6 octobre 1438, Jeanne de Gozon, dont il eut : 1ᶜ Guillaume, qui suit ; 2° Gaillard, maître d'hôtel des rois Charles VIII et Louis XII, épousa, le 20 janvier 1494, Marguerite de Joyeuse, qui apporta la terre de Candiac.

II. Guillaume de Montcalm, chevalier, juge mage de Nimes, épousa, le 6 juillet 1479, Delphine de Bérenger de la Berthoulène, dont il eut

III. Jean de Montcalm, juge mage de Nimes, marié, le 28 février 1506, à Florette de Sarrat, qui faisait partie de la cour de Marguerite, reine de Navarre, sœur de François Iᵉʳ, dont il eut

IV. François de Montcalm, écuyer, qui épousa, le 17 juillet 1546, Louise de Porcelet de Maillane, dont il eut

V. Louis de Montcalm, qui épousa, le 4 mai 1583, Marthe de Gozon, dont il eut

VI. Louis de Montcalm-Gozon, conseiller en la Chambre de l'Edit de Castres, qui épousa, le 27 mars 1610, Suzanne de Raspal, dont il eut

VII. Louis de Montcalm, qui épousa, le 24 novembre 1632, Jeanne de Calvet, dont il eut

VIII. Jean de Montcalm, qui épousa, le 26 janvier 1662, Judith de Valat, héritière d'une branche de la maison de Gabriac, dont il eut

IX. Jean-Louis de Montcalm, dit le marquis de Saint-Véran, qui épousa, le 30 avril 1708, Marie-Thérèse de Lauris de Castellane, dont il eut : 1º Louis-Joseph, qui suit ; 2º Louise-Charlotte, mariée, en 1724, à Gilbert de Massilian (voir généalogie des Massilian, fief Sanilhac) ; 3º Hervée, mariée au marquis de Fournès, maréchal de camp.

X. Louis-Joseph de Montcalm-Gozon, marquis de Saint-Véran, lieutenant-général des armées du roi, commandeur de l'Ordre de Saint-Louis, tué glorieusement à Québec, le 14 septembre 1759, avait épousé, le 3 octobre 1736, Angélique Talon du Boulay, dont il eut ·

XI. Louis-Jean Gilbert de Montcalm, comte de Montcalm, maréchal de camp, député de la noblesse de Carcassonne aux Etats généraux, qui épousa Jeanne de Lévis, dont il eut : Louis, maréchal de camp, chevalier de Saint-Louis, officier de la Légion d'honneur, marié à Armandine Duplessis-Richelieu, sœur du duc de Richelieu, ministre des affaires étrangères, et

XII. Louis-Dieudonné de Montcalm-Gozon, marquis de Montcalm, maréchal de camp, aide de camp de S. A. R. le duc d'Angoulème, officier de la Légion d'honneur, qui épousa, en 1819, Antoinette de Sainte-Maure Montausier, dont André, marié, en 1846, à Gabrielle de Montcalm, sa cousine, et Marie, alliée à Léon de Banne d'Avéjan.

Cette famille a été maintenue dans sa noblesse par jugement souverain du 28 décembre 1668.

Armes : *Ecartelé au 1 et 4 d'azur à trois colombes d'argent,* qui est de Montcalm ; *sur le tout de gueules à la bande d'argent bordée d'azur et une bordure crénelée d'argent,* qui est de Gozon.

Devise : Mon innocence est ma forteresse, qui est de Montcalm. *Draconis extinctor,* qui est de Gozon.

La seigneurie de Tresques passe ensuite aux Vogué.

Famille de Vogué

Elle tient son nom d'une terre en Vivarais. Dès l'an 1084, Bertrand de Vogué contribua, par ses dons, à la fondation du monastère de Saint-Martin de la Ville-Dieu.

Raymond de Vogué fit partie de la troisième croisade, en 1191.

Pierre de Vogué se trouva parmi les 37 seigneurs de la sénéchaussée de Beaucaire, réunis, à Montpellier, le 25 juillet 1303, au sujet des différends de Philippe-le-Bel et de Boniface VIII.

La maison de Vogué a prouvé sa noblesse devant M. de Bezon, depuis

I. Pierre de Vogué, damoiseau, qui épousa noble Marguerite Bernard, dont il eut

II. Antoine de Vogué, chevalier, qui épousa Jeanne de Caissac, dont il eut

III. Jean de Vogué, qui épousa, le 2 décembre 1507, Gabrielle de Caires, dont il eut : Louise, mariée, le 9 juin 1555, à Simon de Lacheysseric, et

IV. Guillaume de Vogué, qui épousa, le 4 août 1558, Antoinette de Galliens de Védène, dont il eut

V. Melchior de Vogué, gentilhomme de la Chambre du roi, qui épousa, le 13 août 1597, Dorothée de Montfaucon, dont il eut : 1° Georges, qui suit ; 2° Marie, mariée à René d'Ussel, dont les armes sont : *Ecartelé au 1 et 4 d'azur au lion d'or armé et lampassé de gueules, au 2 et 3 de gueules, au besant d'argent;* 3° Dorothée, mariée à Pierre de Serres, juge du Vivarais, baron d'Arlemps, et

VI. Georges de Vogué, mestre de camp des armées du roi (1632), qui épousa, le 1ᵉʳ octobre 1635, Françoise de Grimoard de Beauvoir du Roure, dont il eut

VII. Melchior de Vogué, qualifié marquis de Vogué, grand bailli du Vivarais, colonel d'un régiment d'infanterie, qui épousa, le 10 novembre 1667, Gabrielle de Mottier de Champetières, descendue de Mʳᵉ de Mottier de la Fayette, maréchal de France sous Charles VII, dont il eut

VIII. François, marquis de Vogué, capitaine dans le régiment du roi (1703), chevalier de Saint-Louis, qui épousa : 1° le 15 avril 1705, Lucrèce de Tournety de Poussan ; 2° Anne de Serres.

Il était possesseur, en 1768, de trois baronnies : de Vogué, d'Aubenas et Montlor, en Vivarais, qui donnaient entrée aux Etats du Languedoc.

Il eut de son premier mariage :

IX. Charles-Elzéard, marquis de Vogué, chevalier du Saint-Esprit, lieutenant-général des armées du roi. Il combattit avec distinction sous Richelieu, de Maillebois Chevert, Coutades et d'Estrées. Il épousa, le 10 février 1752, Magdeleine de Trachet (1) de Chambarlhac, dont il eut

X. Florimond, comte de Vogué, colonel de carabiniers, qui épousa Marianne de Cadolle, dont il eut

XI. Charles, comte de Vogué, pair de France (1823), qui épousa N. de Julien de Vinesac, dont il eut

XII. Elzéard, comte de Vogué, qui épousa Blanche de Vogué, dont il eut : Elzéard, zouave pontifical, tué à Patay, en 1870.

Armes : *d'azur au coq d'or crété et barbé de gueules.*

Devise : *Sola vel voce leones terreo.*

Le château de Tresques a été vendu à la famille Fraisse qui le possède actuellement.

(1) Armes : *Cinq points de gueules équipollés à quatre d'argent.*

UZÈS

Armoiries : *Fascé d'argent et de gueules de six pièces, au chef d'azur chargé de trois fleurs de lis d'or.*

Uccetio (de La Gaussaye, numism. de la Gaule Narb.) — *Ucetia*. (Insc. du Musée de Nimes). — *Castrum Uzetience*. (Not. prov. Gall.). — 506. *Ucetia*. (D. Bouquet). — 826. *Uzecia, urbs occitaniæ*. (Prof. *Manualis Dodœ*). — 878. *Ucetia*. (*Hist. du Lang.*, II, pr. col. 3). — 1158. *Ucecia*. (Id., col. 565). — 1532. Uzès. (Mén. III, p. 109, c. 2).

Camp romain avant Jésus-Christ, Uzès devint bientôt une cité *(civitas)*. Evangélisée dès le IIᵉ siècle, siège d'évêché connu à partir du Vᵉ, érigée en comté par Charlemagne, elle perdit ce dernier titre par la vicissitude des temps et ne fut plus qu'une seigneurie inféodée par le comte de Toulouse à un des ancètres du duc d'Uzès.

Au XIᵉ siècle, Decan, seigneur d'Uzès, mena les Uzétiens à la première croisade.

Vers cette époque, fut établi le consulat grâce à l'appui de la royauté qui octroya plusieurs chartes sur les droits et privilèges des consuls, notamment celle de 1348, conservée encore aux archives de la mairie.

Les consuls, soutenus d'abord par le clergé, puis par la royauté, luttèrent avec une telle énergie contre la féodalité, qu'ils furent autorisés, par le roi Charles V, à mettre en tête des armoiries de la ville les armes de France à l'instar des villes de Paris, Lyon, Béziers, Toulouse, etc.

Plus tard, les consuls obtinrent le droit de porter le chaperon et la robe rouge.

En 1328, Robert, seigneur d'Uzès, descendant de Decan, combattit si vaillamment à la bataille de Cassel, que le roi, Philippe-de-Valois, érigea la seigneurie d'Uzès en vicomté.

Cette vicomté passa ensuite à la maison de Crussol par le mariage de Symone, héritière de la vicomté d'Uzès, avec Jacques de Crussol, le 24 juin 1485.

En 1562, la vicomté d'Uzès fut érigée, par Charles IX, en duché et, sept ans après, en pairie en faveur d'Antoine, comte de Crussol.

Par la mort du duc de Montmorency, décapité, à Toulouse, le 30 octobre 1632, la ville d'Uzès devint la première duché-pairie de France.

Durant les guerres de religion, Uzès joua un grand rôle et par ses fortifications fut, avec Nimes et Montpellier, un des boulevards du protestantisme dans le Bas-Languedoc.

Louis XIII obtint sa reddition et entra, par une brèche, dans les remparts au sud de la ville. Il alla loger à son château (aujourd'hui les prisons) tandis que le cardinal de Richelieu descendit à l'hôtel Le Merle, à la Grande-Bourgade.

Depuis la Révolution, Uzès est devenu un chef-lieu d'arrondissement.

Antérieurement, les consuls rendaient foi et hommage au duc d'Uzès et voici ce qu'on lit sur le registre des délibérations : « Etant devant Monseigneur, têtes nues, à genoux, les mains jointes dans les siennes, ils lui prêtèrent le serment habituel de fidélité sur les évangiles et promirent, pour ladite communauté, d'être bons et fidèles vassaux de Monseigneur le duc d'Uzès. » (*Hist. de la ville d'Uzès*, par L. d'Albiousse, p. 191).

VALLABRIX

CANTON D'UZÈS

Armoiries : *d'hermine à un pal losangé d'or et de sinople.*

1209, 7 juillet. Le comte de Toulouse, Raymond VI, s'étant réconcilié avec le Pape, se rend à Valence pour s'entendre avec les chefs qui guerroyaient contre les Albigeois. Il passe un accord, à la date ci-dessus, avec l'évêque d'Uzès, auquel il promet de tenir de lui en fief à l'avenir divers châteaux, notamment celui de Vallabrix *(castrum de Valabriero)* avec promesse d'en faire hommage à l'évêque et de le servir lui et l'église d'Uzès envers et contre tous, excepté contre le roi. (Dictionnaire Goiffon).

1345. Lambert de Bouquet, damoiseau, coseigneur de Vallabrix, rend hommage à Robert, vicomte d'Uzès.

Il est dit qu'au cas où ledit vicomte seul ou avec les siens passera à Vallabrix, allant à la chasse ou à ses affaires, Lambert de Bouquet sera tenu de lui faire la révérence et de le conduire avec sa troupe à sa maison, lui donner à boire et à manger s'il lui plait d'y aller et réciproquement quand Lambert de Bouquet voudra aller à Uzès avec sa femme et ses serviteurs, il sera reçu au château du vicomte, mais pour une nuit seulement. (Arch. duc. Registre inventaire 1610, n° 290).

1400, 4 août. Dénombrement au roi de la moitié de la seigneurie de Vallabrix, par Blanche d'Uzès, indivise avec noble du Cailar, dont les armes sont : *d'or à trois bandes de gueules au chef d'or, d'un lion naissant de sable, avec une devise d'or chargée de trois trèfles de sable.*

1484. Guillaume de Laudun était coseigneur de Vallabrix. (Voir Laudun). Cette coseigneurie reste dans sa famille jusqu'au milieu du XVIIᵉ siècle.

1536, 27 juin. Mathieu de Bargeton, coseigneur d'Arpaillargues et de Lédenon, époux de Marguerite de Reaux, achète la seigneurie de Vallabrix à noble Antoine de La Tour. (Arch. de la famille de la Rochette).

Famille de Bargeton

Elle descendait d'Ambroise Bargeton, docteur en médecine de la Faculté de Montpellier, en 1530.

Il avait suivi, comme médecin, Jacques de Crussol dans les guerres d'Italie et était devenu le premier médecin du roi François Iᵉʳ. Il mourut à Paris. (Manuscrit Abauzit).

Sa famille obtint, le 3 octobre 1697, un jugement de maintenue de noblesse sur la demande de Charles et Mathieu de Bargeton, seigneurs de Vallabrix et de Massargue.

Ce jugement fut rendu, à la date ci-dessus à Montpellier, par le comte Nicolas de Lamoignon, intendant du Languedoc.

Une descendante de cette famille, Jeanne-Marguerite de Bargeton, épousa noble Jacques Adhémar d'Arnaud, dont le fils, Gaspard, devint seigneur de Vallabrix.

Armes : d'azur à un chevron d'or accompagné d'une rose d'argent posée à la pointe de l'écu au chef d'argent chargé de trois croisettes de gueules.

1639. Thomas-Clément, écuyer, était coseigneur de Vallabrix. (Arch. dép. de l'Hérault, B. 8, p. 214).

Nicolas de Mancelle l'était aussi. (Idem).

1651. Noble André de Ruffier, seigneur de Saint-Quentin, devient seigneur de Vallabrix, et en rend hommage, le 24 octobre 1651. Il se marie avec Elisabeth Pélissier de Boirargues, et de ce mariage naît une fille, Anne de Ruffier, qui apporte en dot la coseigneurie de Vallabrix à son mari, Mʳᵉ Ernest de Bogastan, comte de Schlieben.

Devenue veuve, elle envoie sa procuration à Don

Pedro de Roicage, résidant à Madrid, pour marier sa fille, Gabrielle de Schlieben, avec un personnage de la cour, Mᵣᵉ Ernest de Lippe. Par ce mariage, le comte de Lippe devient seigneur de Vallabrix. (Agnel, notaire à Uzès. Etude actuelle Lahondès).

Famille de Lippe

Elle tire son nom d'une petite rivière, la Lippe, qui a donné son nom au bourg où elle prend naissance, appelée en allemand Lippspring, source de la Lippe, à une ville appelée Lippstadt, ville de la Lippe, et à un comté qui existait dès le XII° sièle et qui est situé entre le Hanovre et la Westphalie.

D'après les documents diplomatiques, la maison de ces comtes remonte à Hermann Iᵉʳ de la Lippe, nommé dans une charte de 1129.

Simon, comte de la Lippe, mort en 1614, fonda les deux lignes de Lippe-Delmold et de Schaumbourg-Lippe, dont les comtés autrefois fiefs mouvants de l'Empire, ont été élevés, par le Congrès de Vienne, au rang des Etats souverains, avec le titre de principautés.

Il existe encore, en Allemagne, des princes de Lippe.

La comtesse de Lippe, dont je viens de parler, vend, le 6 décembre 1755, la coseigneurie de Vallabrix à Jean Agnel, négociant, de Besançon, après avoir choisi pour son procureur-fondé, Jean de Massilian, seigneur de Sanilhac, président-trésorier, grand-voyer de France, en la généralité de Montpellier, intendant des gabelles du Languedoc, demeurant à Montpellier. (Mᵉ Bonnet, notaire).

Cet Agnel avait deux frères : l'un Jean, conseiller en la chancellerie du Parlement de Besançon, en Franche-Comté ; l'autre, François, habitait Uzès.

La coseigneurie de Vallabrix resta dans cette famille jusqu'à la Révolution de 1789.

1700. François de Gondin, seigneur d'Arcie et de Saint-Quentin, fils de Mathieu de Gondin, écuyer, capi-taine de la Tour Carbonnière, viguier d'Uzès, gouver-neur d'Aiguesmortes, et de Marie de Beauvoir du Roure époux d'Eléonore Renaud de la Barthe, vend, le 5 janvier 1728, la coseigneurie de Vallabrix à Roch de Cabot, seigneur de Collorgues, président-trésorier de France, grand-voyer général des finances, à Montpellier, qui avait épousé, le 31 décembre 1726, Marguerite d'Antrivay, et 2° le 7 février 1750, Julie Sconin de Saint-Maximin, dont le fils, Antoine, capitaine d'infanterie au régiment de Limousin, commandant pour le roi de la ville d'Uzès, fut substitué aux biens, nom et armes de Jean de Dampmartin, conseiller à la Cour des Aides, à Montpellier, et épousa Jeanne de Venant d'Iverny. (Voir Collorgues).

1752, 16 juin. Jacques Gaspard d'Arnaud, capitaine au régiment de Forez, chevalier de Saint-Louis, fils de Jacques et de Madeleine de Laval, épousa Jeanne-Marguerite de Bargeton, ainsi que je viens de le dire, et devint ainsi seigneur de Vallabrix et de Saint-Quentin.

Famille d'Arnaud de Vallabrix

Elle est originaire du Languedoc, établie en Picardie.

I. Henri Arnaud, écuyer, demeurant à Uzès, où il fit son testament, le 30 août 1521 (Pierre Rouvière, notaire) fut, conformément à son désir, enterré dans la tombe de ses prédécesseurs, dans le cimetière de l'église Saint-Etienne. Il avait épousé Catherine Milon, dont il eut

II. Jean Arnaud I du nom, qui épousa, le 18 octobre 1552, Anne Masméjan, dont il eut

III. Jacques Arnaud, écuyer, seigneur de Saint-Bonnet et de Montaren, par acquisition du seigneur d'Albenas, le 28 septembre 1615. Il épousa, le 5 février 1590, Jeanne Bastide, fille de Jean, premier consul de la ville d'Uzès, et de ce mariage il eut : 1° Daniel, qui suit ; 2° Louis-Arnaud de Saint-Bonnet, capitaine d'infanterie; 3° Bonaventure, qui servit avec distinction aux sièges de Montmedi, de Saint-Venant et de Mardick, près la personne du marquis d'Elquencourt, lieutenant-général des armées du roi.

Jean qui forma la seconde branche.

IV. Noble Daniel Arnaud, seigneur de Montaren,

épousa Catherine de Villeneuve, et fit son testament, le 22 mai 1668, par lequel il désire être enterré dans la chapelle des Capucins d'Uzès.

De son mariage il eut : noble Jean-Henri d'Arnaud, qui épousa, le 23 août 1655, Espérance de Bouet, fille de Jean, seigneur de Servezane, et de Bernardine Le Chantre de Pougnadoresse.

De ce mariage il eut

V. Jacques-Adam d'Arnaud, qui épousa Madeleine de Laval, dont il eut

VI. Noble Jacques-Adhémar-Gaspard d'Arnaud, capitaine au régiment de Foretz, chevalier de Saint-Louis, qui épousa, le 16 juin 1752, Jeanne-Marguerite de Bargeton, et devint, en se mariant, seigneur de Vallabrix et de Saint-Quentin.

Il fut maintenu dans sa noblesse par un arrêt de la Cour des Comptes, Aides et Finances de Montpellier, le 26 juin 1755.

De ce mariage naquirent : 1° noble Jean-Gaspard d'Arnaud, qui suit ; 2° Jeanne-Marguerite d'Arnaud de Vallabrix, mariée au baron de Wurmser ; 3° Louis-Anne, chevalier de Font-Couverte, lieutenant au régiment royal d'infanterie, mort, sans postérité, le 9 octobre 1786.

VII. Noble Jean-Gaspard d'Arnaud, seigneur de Vallabrix, né à Uzès, le 15 février 1754, colonel du 14e dragons, le 6 juillet 1779, aide de camp du maréchal de Rochambeau, chevalier de Saint-Louis, se retira du service le 1er janvier 1793, puis il devint, sous l'Empire, maire et, peu après, sous-préfet d'Uzès.

Il mourut, dans sa terre du Moulin-Neuf, le 26 juin 1834, après avoir épousé, en 1788, Delphine de Rocplant de l'Estrade.

De ce mariage naquit : Eulalie d'Arnaud de Vallabrix, mariée, dans la chapelle du château de Barret, en novembre 1817, à Louis-Joseph, comte de la Rochette du Fay, chevalier de Saint-Louis, chef d'escadron à l'armée de Condé, dans le régiment de Rohan (cavalerie).

Armes de la famille d'Arnaud de Vallabrix : *de gueu-*

les à un chevron d'argent chargé de deux palmes
de sinople adossées et accompagnées de trois
besants d'or, deux en chef et l'autre en pointe, écar-
telé d'argent à un aigle de sable becqué et membré
de gueules, le vol abaissé.

Famille de la Rochette

Originaire du Dauphiné, elle se transporte en Auvergne. Son nom primitif est de Guigues.

En 1241, vivait un Géraud de Guigues de la Rochette. On trouve, en effet, à cette date, aux archives du château d'Auger, près Issoire, un acte de partage entre ce Géraud et son frère, Bernard, chanoine du Chapitre noble des comtes de Brioude.

Aux auteurs de ceux-ci se rattache la tradition des croisades. (Voir Balaze, *Histoire de la maison d'Auvergne*, tome I, p. 229 et tome II, p. 445. Preuves).

La famille compte aussi un comte Jacques de la Rochette, chanoine au Chapitre des comtes de Lyon, en 1394, qui exigeait huit quartiers de noblesse.

Elle a formé plusieurs branches, dont voici les derniers descendants :

Branche aînée.

Elle a pris fin en la personne de Laure de la Rochette, petite-fille de Louis, comte de la Rochette, officier au régiment de Limousin (infanterie) et de Constance de Musy. Elle avait épousé M. du Johanès de Jensat et était devenue héritière de son frère unique, Elzéard, possesseur du château d'Auger, près Issoire, provenant d'Antoinette de Chambarlhac, qui l'avait apporté en dot à son mari, Louis de la Rochette, le 1er octobre 1768. (Gerle, notaire à Sauxillanges).

Branche B devenue la branche aînée.

Louis-Joseph, comte de la Rochette du Fay, cousin de Mme de Jensat, né le 11 février 1778, mort le 28 octobre 1846.

Officier émigré devint chef d'escadron à l'armée de Condé, dans le régiment de Rohan (cavalerie), chevalier de Saint-Louis, épousa Eulalie d'Arnaud de Valla-

brix, de la ville d'Uzès, dont il eut : 1° Herminie, qui
a épousé, son cousin germain, Ludovic de la Rochette
(voir branche C) ; 2° Arthur, qui suit ; 3° Armance, religieuse dans l'ordre du Sacré-Cœur, décédée.

Arthur, comte de la Rochette, marié, le 1ᵉʳ juillet
1849, à Caroline de Saint-Vincent, fille du baron de
Saint-Vincent, maréchal de camp, chevalier de Saint
Louis, officier de la Légion d'honneur, et de Caroline
de Brassac, des marquis de Brassac, en Languedoc.

De ce mariage naquirent : 1° Blanche, qui a épousé le
baron Alexis de Leusse, dont : *(a)* Marguerite ;
(b) Renée, mariée à Arnaud Hardy de Périni; *(c)* Arthur,
mariée à Odette Auger de Saint-Victor ; *(d)* Joseph et
(e) Germaine ; 2° Louise, mariée, en 1875, à son cousin, le
vicomte de la Rochette d'Auger (voir branche C).

Branche C devenue la branche cadette et puis la branche aînée.

Victor, vicomte de la Rochette, fils de Louis et d'Antoinette de Chambarlhac, propriétaire du château d'Auger. Né le 14 septembre 1777, garde du corps du roi
Louis XVIII, en 1814, épousa Mᵐᵉ de Sormanis, veuve
de M. de Precy, neveu du général qui défendit Lyon
et mourut, le 19 avril 1838, laissant : 1° Ludovic, marié,
le 11 juillet 1841, à sa cousine germaine, Herminie de
la Rochette du Fay ; 2° Eulalie, mariée à Charles Vil-
ledey de Croze, et 3° Julien, vicomte de la Rochette,
marié, le 15 juillet 1850, à Anna Sancy, fille d'un riche
président de la magistrature consulaire de Chalons-sur-
Saône, et de ce mariage : Jeanne et Joseph, vicomte de
la Rochette d'Auger, qui épousa, en 1875, sa cousine,
Louise de la Rochette du Fay, dont deux fils : Louis,
comte de la Rochette d'Auger, héritier des trois branches ci-dessus, lieutenant de cavalerie, et son frère,
Henri, vicomte de la Rochette d'Auger, diplômé de
l'Ecole d'agriculture de Tunis.

Armes : *d'azur à la fasce d'or, accompagnée de
trois étoiles d'argent 2 et 1.*

Couronne de comte.

Supports : Deux griffons.

Devise : *Pro Deo et honore.*

De l'ancien château de Vallabrix, il ne reste qu'un débris de mur de façade dont l'architecture, parfaitement sculptée, est de l'ordre Corinthien et rappelle même sous certain rapport les ornements de la Maison-Carrée.

Ces temps derniers, M. Paul Foussat a fait construire, dans cet ancien fief, un fort beau château, dont sa nièce, par alliance, Mme Louis d'Amoreux née Correnson, est actuellement propriétaire. (Voir pour la famille d'Amoreux, fief Cruviers).

Armes des Correnson : *d'azur à une fasce d'argent accompagnée d'un soleil d'or et en pointe d'un croissant de même, la fasce chargée d'un cœur enflammé d'azur accosté de deux étoiles de même.*

(Voir *Revue héraldique*, à Paris, n° 77, 25 novembre 1904, p. 296).

VALLÉRARGUES

CANTON DE LUSSAN

Armoiries : *de vair à un pal losangé d'argent et de gueules.*

Ancienne villa romaine *(Valerii ager)*. La famille Valeria était une des plus distinguées de Rome.

1289. Gaucelin de Barjac fait hommage de cette seigneurie à Mre Grille, évêque d'Uzès. (Riboty, notaire).

1300. Pareil hommage est fait à l'évêque d'Uzès par Augias de Sabran.

1400, 4 août. Blanche d'Uzès en fait le dénombrement au roi. (Arch. duc.).

1425, 5 février. Le roi Charles VII avait donné à vie à Jean Le Maingre de Boucicaut, le fief de Vallérargues, mais ayant appris les méfaits de ce seigneur, il donne l'ordre, au Parlement de Toulouse, d'informer de ses crimes. Il est condamné et, à la date du 2 mai 1524, le fief de Vallérargues est remis sous la main du roi.

1484 Guillaume de Laudun est coseigneur de Vallé. rargues. (Voir fief Laudun).

1549. Robert de la Croix de Meirargues l'est aussi. (Arch. départ., 3, 128. — Voir fief Gaujac).

1550, 28 décembre. Hommage au duc d'Uzès de cette seigneurie par Gaspard d'Audibert de Lussan. (Rossel, notaire). (Voir généalogie de cette famille au fief Lussan).

1557, 16 mars. Dénombrement de cette seigneurie au roi par Jean d'Albenas et Françoise de Janas, sa femme. (Arch. duc. — Voir généalogie de cette famille au fief Gajan).

1619. Louise de Brueys, épouse X. d'Albenas, et, par ce mariage, cette coseigneurie passe à la famille de

Brueys, dout la généalogie a été reproduite au fief de ce nom.

1671, 25 février. Henri de Porcelet, marquis de Buys, époux de Louise d'Albenas, devient acquéreur de cette coseigneurie et il en fait hommage à Mre Jacques Adhémard de Monteils, évêque d'Uzès, entre les mains de M. Splandran de Sibert, juge de Bagnols, (Gilles, notaire de Laudun). (Voir généalogie des Porcelet, au fief Serviers).

1694 Le marquis de Buys la vend à Charles de Barjac, chevalier, seigneur de Rochegude.

Famille de Barjac de Rochegude

Elle a été maintenue dans sa noblesse par jugement du 19 septembre 1669.

I. Guillaume de Barjac, damoiseau, seigneur de Rochegude, fit une donation, le 12 février 1304, à son fils, qui fut

II. Gausselin de Barjac, damoiseau, seigneur de Rochegude, époux d'Hélène de Gasques, et il en eut

III. Antoine, père de

IV. Pierre de Barjac, qui eut pour fils

V. Jean, père de

VI. André de Barjac, écuyer, seigneur de Gasques, qui épousa, le 1er juillet 1537, Etiennette de la Baume, dont il eut : Charles, commandant en Vivarais (1573), tué à Annonay.

VII. Christophe de Barjac, moine profès en l'abbaye de Sauve, époux d'Isabeau d'Almaric (1) dont il eut

VIII. Lévie de Barjac, qui épousa, le 26 février 1595, Catherine de Caplas, dont il eut : 1° Annibal, qui suit ; 2° Lévie, qui a fait la branche B ; 3° Jean, marié, le 7 août 1649, à Jeanne de Cabiac.

IX. Annibal de Barjac, épousa, le 18 novembre 1629, Diane de Caladon, dont il eut Annibal.

(1) Les armes de la famille d'Almaric sont : *d'azur à trois fasces d'argent écartelé d'azur au lion d'or armé et lampassé de gueules (Arm. du Languedoc, 1, p. 16).*

Branche B. — IX. Léon de Barjac, épousa, le 21 novembre 1632, Jeanne de Tauriac (1) dont il eut

X. Lévie de Barjac, qui épousa Marguerite de Rozel.

Armes : *Ecartelé aux 1 et 4 d'azur, à la colombe d'argent tenant dans son bec un rameau d'olivier, au chef d'or chargé de trois roses de gueules,* qui est de Rochegude ; *aux 2 et 3 échiqueté d'or et de gueules de trois lyres, les échiquiers de gueules remplies d'une rose d'or,* qui est d'Aquéria.

Joseph-Rodolphe de Rochegude fut le premier à joindre à son nom celui d'Aquéria, que lui apporta sa femme, Elisabeth de Robert, petite-fille d'un Folard et héritière des Porcelet (1677).

Cette famille, dont nous venons de décrire les armoiries, est actuellement représentée par le marquis de Rochegude, qui habite, 15, avenue Carnot, à Paris.

1720, 11 juin. Jean-Baptiste de Pinière, coseigneur de Vallérargues, habitant de Bagnols, vend cette coseigneurie, au prix de 50,000 livres, à Mʳᵉ Joachim de Fayn de Rochepierre, chevalier non profès, de l'ordre de Saint-Jean de Jérusalem, capitaine de frégate, conseiller du roi, secrétaire, maison et couronne de France. (Paillon, notaire à Bagnols).

A la même époque, Mʳᵉ de Rochepierre achète, au prix de 10,000 francs, à Milord duc de Melfort et à son épouse, née de Lussan, ce qui leur restait de cette seigneurie.

Famille de Fayn de Rochepierre

Elle a été maintenue dans sa noblesse par jugement du 12 octobre 1666.

I. Jean de Fayn, épousa, le 27 février 1369, Béatrix Marroan, dont il eut

II. Jean-Pierre de Fayn, damoiseau, père de

III. Léonard de Fayn, qui eut pour fils

IV. Jean de Fayn, époux de Jeanne de Bonot, dont il eut

(1) Armes anciennes des Tauriac : *d'azur au taureau d'or.* (Voir fief Cornillon).

V. Jacques de Fayn, seigneur de Rochepierre, époux de Jeanne Brot, qui testa, le 18 mai 1551, et eut pour fils

VI. Jean de Fayn, seigneur de Rochepierre, commandant pour le roi en la ville du Bourg, qui épousa, le 1er février 1578, Jeanne de Nicolai (voir fief Sabran) dont il eut : Geneviève, mariée, le 6 janvier, à Jean de Bonot, et

VII. Olivier de Fayn, seigneur de Rochepierre, qui épousa, le 22 août 1612, Marie de Rodulph, dont il eut

VIII. François de Fayn, coseigneur de Rochepierre et Saint-Marcel, D. de Viviers, qui épousa, le 23 mars 1658, Marie de Latier de Saint-Vincent, dont il eut : Charles, Joseph et Placide, chevaliers de Malte.

Armes: *d'azur à la tour d'argent, maçonnée et crénelée de sable, soutenue de deux lions d'or, armés et lampassés de gueules, au chef cousu de gueules à trois coquilles d'or.*

VÉNÉJAN

CANTON DE BAGNOLS

Armoiries : *d'or à une bande losangée d'argent et de sinople.*

1121. *Castrum de Venejano.* (Gall. Christ., t. VI, p. 304). — 1384. *Venejanum.* (Dénombrement de la sénéchaussée). — 1627. Vénéjan. (Arch. dép., c. 1292).

XIIIᵉ siècle. — Après s'être reconcilié avec le Pape, le comte de Toulouse abandonne les Albigeois et se réunit à l'armée destinée à les combattre.

Il les rencontre à Valence et, le 7 juillet 1209, il passe un accord avec l'évèque d'Uzès à qui il promet de tenir en fief, à l'avenir, de lui et de son église, plusieurs châteaux et entr'autres celui de Vénéjan et de lui en faire hommage.

1352. Raymond et Jourdan des Ursins vendent avec la baronnie de Bagnols la seigneurie de Vénéjan, pour 20,000 florins d'or, à Guillaume Roger, vicomte de Turenne.

1505. Le seigneur de Vénéjan assiste, comme baron, aux Etats du Languedoc et on lui accorde la préséance sur les envoyés du vicomte de Polignac et du seigneur de Mirepoix, qui la lui disputaient. (*Hist. du Languedoc*, t. VIII, p. 223).

XVIᵉ siècle. — Pendant les guerres de religion, le château ne se composait que d'une grosse **tou**r et du bâtiment y attenant faisant face au Midi.

Ce fut Jeanne d'Ancesane, comtesse d'Adhémar de Grignan, qui donna au château l'aspect qu'il a encore aujourd'hui.

Cette dame s'y retira après la mort de son mari et y

mourut elle-même extrêmement âgée. Jeanne d'Ancesane fut la grand'mère du comte de Grignan, mari de
Mlle de Sévigné, et l'on peut voir, dans les lettres de la
célèbre marquise, l'éloge qu'elle fait du site, du bois et
du château à Vénéjan, qu'elle ne veut pas que sa fille
vende. Néanmoins il fut vendu à M. de Simiane.

1793. Dans la nuit du 9 au 10 octobre 1793, des gens
de Saint-Nazaire et de Saint-Alexandre abattent les créneaux du château dont ils brisent quelques meubles et
brûlent les papiers. (*Histoire Rouvière,* t. II, p. 246).

Le château de Vénéjan appartient à M. Théodore Cate.

VERFEUIL

———•—•——

Armoiries : *de vair à un pal losangé d'argent et de sable.*

L'étymologie de Verfeuil est naturellement indiquée par la prononciation. En effet, *veride folium,* verte feuille nous conduit à Verfeuil.

On raconte que saint Bernard, du temps de la guerre des Albigeois, ayant prêché sans succès à Verfeuil s'écria en partant : « Que Dieu dessèche cette verte feuille ». (Guillaume de Puylaurent, Ch., c. 1, 7).

1211. *Castrum de veridi-filis.* (Gall. Christ., VI, p. 304). – 1620. Le prieuré de Verfeuil.

L'antique château domine le village qui autrefois était entouré de remparts dont il ne reste plus, à l'Est, qu'un portail avec machicoulis supportant une tour carrée qui a servi, durant de longues années, de clocher paroissial.

1220, 4 mars. Rostaing de Puchaut (Pujaut) déclare tenir du roi le fief de Verfeuil non à cause de la couronne, mais à cause du domaine privé du roi.

Il reconnaît que le roi a droit de cavalcade dans Verfeuil.

La famille de Rostaing possède cette seigneurie jusqu'en 1342, mais avec quelques coseigneurs, tels que Guillaume des Gardies (1272) ; Elzéard de Sabran (1280) et Guillaume de Carsan.

1342. Ce dernier acquiert de Rostaing de Pujaut la juridiction du château de Verfeuil et en devient seigneur. Il laisse pour héritier son fils, Jacques de Carsan, damoiseau, sous la tutelle de sa veuve, Rixende de

Carsan, qui en rend hommage au roi, en 1344, devant Mathieu de Rocomote, viguier royal à Uzès.

1359. Une descendante de cette famille, Belloin de Carsan de Verfeuil, épouse Guillaume d'Audigier, lequel devient ainsi seigneur de Verfeuil, et rend hommage au roi de cette seigneurie, le 11 novembre 1359.

Famille d'Audigier

Elle est originaire du Comtat Venaissin.

On trouve, en 1195, Isnard d'Audigier (Aldegarius), juge de la ville d'Avignon. (*Mémoires de la Société d'arch. du Midi*, IV, 134).

Géraud d'Audigier, mort chanoine de Saint-Ruf, en Vivarais, 1257. (Bib. de l'Ecole des Chartres, 1853).

Arnaud d'Audigier se présente à la tête de la noblesse d'Avignon, en 1216, lors du passage de Raymond VI. (Faunel, *Croisades des Albigeois*, 264-265).

Adhémar d'Audigier achève le monastère de Valsauve-de-Bagnols, en 1319. (Gall. Christ., VI, 657).

Armes : *d'azur au rocher d'or en pointe, accosté de deux merlettes de même ; au chef d'argent chargé d'un croissant d'azur accosté de deux étoiles de gueules*, qui est de Descours.

Devise : *Avorum non moritura virtus.*

Le courage des ancêtres n'est pas près de mourir.

La famille d'Audigier posséda cette seigneurie jusqu'au commencement du XVe siècle.

1403. Louis de Beaufort, marquis de Canilhac, comte d'Alais, devient seigneur de Verfeuil par son mariage avec Clarisse d'Audigier, dernière descendante de sa famille.

Louis de Beaufort meurt en 1471 et laisse la seigneurie de Verfeuil à Marc de Beaufort, qui meurt, à son tour, en 1479, laissant pour héritier Charles de Beaufort qui fait le dénombrement de sa seigneurie, en 1509.

A sa mort, Jacques de Beaufort de Montboissier lui succède et transmet la seigneurie de Verfeuil à Marc de Beaufort, dernier descendant de sa famille.

Armes : *d'argent à la cotice d'azur accompagnée*

de six roses de gueules posées en orle, qui est de
Beaufort ; *écartelé d'azur au lévrier rampant d'argent colleté de gueules à la bordure denticulée
d'argent sur le champ,* qui est de Cauilhac ancien.
(Beiard, en 1655).

1439. A côté des seigneurs de Beaufort, les annales
de Verfeuil nous signalent des coseigneuries du nom
de la Baume ou Balme, en latin *Balma,* qui étaient
aussi seigneurs de Sanilhac.

Ils tenaient cette coseigneurie de Verfeuil de la famille
de Beaufort et ils la gardèrent jusqu'en 1503.

Famille de la Baume

Elle n'a aucune parenté avec la famille Goirand de la
Baume, d'Uzès.

I. Jean de la Baume, licencié ès lois, reconnu d'extraction noble par les commissaires de francs-fiefs de la
sénéchaussée de Nimes, fut père de

II. Guillaume de la Baume, contrôleur de grenier à
sel, à Nimes, dénombra le 2 mai 1525, se maria le
17 janvier 1541, et eut pour fils

III. François de la Baume, qui épousa Jeanne Bour-
din, et il en eut : 1ᵉ Louis, qui suit ; 2° Olivier, lieutenant pour le roi au gouvernement de Montpellier, qui
épousa Anne de Ranchin.

IV. Louis de la Baume, conseiller du roi en ses conseils
(1654) et son procureur au présidial de Nimes,
épousa, le 20 avril 1643, Lucrèce Gallion, et il en eut

V. Charles-Joseph de la Baume, conseiller au présidial de Nimes, premier consul de cette ville, en 1694,
avait épousé, le 23 mai 1662, Gabrielle de Pascal, et fut
maintenu dans sa noblesse par jugement souverain du
24 décembre 1668. Il eut de son mariage : Catherine,
mariée à Henri de Gévaudan, conseiller au présidial de
Nimes, et

VI. Joseph de la Baume, lieutenant-général d'épée de
la sénéchaussée de Nimes, qui épousa Yolande de Pavée
de Villevieille, dont il eut : 1° Joseph, qui suit ; 2° Catherine, mariée, le 23 novembre 1713, à Louis de Conte de

Tauriers ; 3° Henriette, mariée, le 27 juin 1725, à Charles de Blon.

VII. Joseph de la Baume, baron de Beaulieu, lieutenant-général d'épée au siège présidial de Nimes, épousa Louise Richard de Vendargues, dont il eut : Paul et Charles.

M. le baron de la Baume prit part à l'Assemblée de la noblesse de la sénéchaussée de Nimes, pour l'élection des députés aux Etats généraux de 1789.

Armes : *de gueules à la fasce d'or, accompagnée de trois gantelets d'argent 2 et 1.*

Devise : L'honneur guide mes pas.

1552, 13 mars. Nicolas Tartuli, citoyen d'Avignon, achète la seigneurie de Verfeuil à Marc de Beaufort, comte d'Alais, marquis de Canilhac.

1577 La seigneurie de Verfeuil appartenait à Louis de Martin de Joye qui la transmet à son fils, Jacques-Antoine. Celui-ci décède en 1636 et sa veuve épouse Alexandre de la Tour Gouvernet de Lens. (Arch. duc., caisse 25).

1636. Par suite de son mariage, Alexandre de la Tour de Gouvernet, marquis de la Charce, baron d'Aleyrac et de Cornillon, devient seigneur de Verfeuil. (Voir pour la famille de la Tour de Gouvernet, fief Bouquet).

1703. Cavalier, chef des Camisards, éprouve une vive résistance au château de Verfeuil que le seigneur de ce lieu, nouveau converti, défend avec beaucoup de courage et de succès. (*Hist. du Lang.*, t. X, p. 322).

1754, 16 mars. La terre de Verfeuil, possédée, pendant plus d'un siècle, par les seigneurs de la Tour de Gouvernet, passe entre les mains de Mre Bruneau d'Ornac, seigneur de Saint-Marcel, par acte reçu Blanchard, notaire à La Roque.

L'investiture de cette vente est faite ensuite par Mre Emmanuel de Crussol, duc d'Uzès. (Voir pour la généalogie des Bruneau d'Ornac, le fief des Aupiats).

Au moment de la Révolution, il se passe, dans l'intérieur du château de Verfeuil, en l'absence de M. Bru neau d'Ornac, un fait qu'il est intéressant de raconter :

« Un misérable entre dans le château et rencontrant Madame, dans une pièce retirée, l'interpelle en ces termes : Madame, nous voulons manger... Eh bien! on vous donnera à manger... Nous voulons boire... Eh bien ! on va vous donner à boire .. Nous voulons de l'argent.,. Eh bien ! on va vous donner de l'argent... Nous voulons... nous voulons... Eh bien ! que voulez-vous encore ? Et alors ce misérable, ivre, sans doute, de vin et de rage, présentant un poignard à Madame, lui impose silence avec un geste menaçant, puis déconcerté par le sang-froid de Madame que Dieu protège, il tourne sa rage contre un portrait de famille et le transperce à l'endroit du cœur. Ce portrait existe encore avec cette blessure mémorable. » (Verfeuil, par le chanoine Roman, p. 150).

VERS

———→-◆-———

Armoiries : *d'azur à un pal losangé d'or et de gueules*.

Le fameux Pont-du-Gard se trouve sur le territoire de cette commune.

1254. Villa de Vez. (Gall. christ., t. VI, p. 305). — 1567. La seigneurie de Vez. (Lettres patentes de Charles IX). — 1637. Vers, arch. dép., c. 1286.

1250, octobre. Pierre de Latour donne à la maison d'Uzès ce qu'il possède à Vers, et cette maison reçoit hommage en 1280 de Bertrand de Brignon ; en 1306, du sire de Bedos ; en 1317, de Pons de Saint-Maximin ; en 1331, de Rostang de Castillon ; en 1397, de Guillaume de Monsal ; en 1431, de noble Jean-Henri, seigneur de Saint-Privat ; en 1473, de Philippe de Sauvignan. (Arch. duc., caisse 4).

1583, 22 décembre. Vente de la seigneurie de Vers au duc d'Uzès, par Bonaventure de Bargeton, qui la lui avait précédemment vendue. (Odol, notaire)· (Voir généalogie de Bargeton, au fief Vallabrix).

1613, 13 avril. Bargeton vend l'autre partie de la seigneurie à noble Henry de Faret.

1713, 10 septembre. Le marquis de Saint-Victor fait hommage de sa coseigneurie de Vers au duc d'Uzès, puis il la vend à Antoine Sconin d'Argenvillers, écuyer, seigneur de Saint-Maximin, commissaire provincial de guerre dans la généralité de Paris et à la suite de la Cour.

1722, 15 mars. Charles Trinquelagues, avocat procureur fondé du seigneur de Vers, Sconin, prête serment au duc d'Uzès en la personne de M. Gibert, représentant le duc.

1740. Noble Jean-Joseph Drome, écuyer, secrétaire du roi, juge mage au sénéchal d'Uzès, époux de Louise de Lavondès, devient seigneur de Vers et en reçoit du duc d'Uzès l'investiture. (Galoffre, notaire, le 21 juillet 1752).

Cette seigneurie passe successivement à Aimable Drome, 1766, à dame Catherine Drome, veuve de noble Bernard de Pons, à Xavier Drome, ancien officier au corps royal d'artillerie, époux de Marguerite Gandin, fille de Jean-Baptiste, grand trésorier provincial de l'artillerie à Auxonne, et de dame Semblais.

1782. Joseph de Ferrand, époux de Thérèse de Bussière, achète la terre et seigneurie de Vers à Amable-François Drome.

Famille de Ferrand.

Elle est originaire du Languedoc et remonte à Bertrand Ferrand, qui épousa, le 16 janvier 1355, Guigonne de Serrechalm. Il fut bailli de Joyeuse et secrétaire du roi dans le Vivarais, et obtint des lettres de noblesse du roi Charles VI, en date du 8 octobre 1406, et enregistrée à la Chambre des comptes de Paris, le 17 octobre suivant.

Raymond Ferrand, né en 1358, fils de Bertrand Ferrand, se maria, le 3 mars 1381, avec Agnette de Meyrueis. Il débuta dans l'administration en qualité de secrétaire de magnifique Baudon, seigneur de Joyeuse.

Dans un mémoire présenté au Parlement de Toulouse en 1448, Raymond Ferrand est qualifié d'homme notable, d'honnête conversation, directeur de grandes choses, étant devenu, par sa prudence, gouverneur de Valentinois et Diçois et ayant réuni par sa médiation et direction lesdits comtés de Valentinois et Diçois à la couronne.

En récompense de ses services signalés, le roi le créa son conseiller et il fut confirmé dans sa noblesse par lettres patentes du 17 février 1444.

La descendance directe de Raymond Ferrand s'établit
à Nimes en 1519, par acte de mariage d'Antoine de
Ferrand de Meyruès avec Marguerite Perrier, unique
héritière de grands biens situés dans les mandements de
Nimes, Uzès et Mende.

Ce fut un descendant d'Antoine de Ferrand de
Meyruès, Joseph de Ferrand, seigneur de Balmans,
baptisé le 6 décembre 1731, qui acheta le fief de
Vers.

En 1793, de Ferrand, seigneur de Vers, obéissant
« à un mouvement de son cœur et aussi à une injonc-
tion de la garde nationale », remet ses titres de censives
qu'on brûle publiquement. (*Histoire de la Révolution Française dans le Gard*, par Rouvière, t. 2,
p. 208).

La seigneurie de Vers est ensuite vendue comme
bien national et achetée par un docteur Coulon, qui la
revend plus tard à un sieur Palegié.

Les représentants actuels de cette famille sont : Louis
de Ferrand de Vers, demeurant à Bourg (Ain), et Louis
Ferrand de Missol, ancien receveur des finances à
Uzès, demeurant à Paris et à Folembray, dont la sœur
est supérieure du couvent des carmélites d'Uzès.

Armes : *d'azur à trois épées d'argent garnies
d'or, rangées en pal, celle du milieu la pointe en
haut, les deux autres renversées, à la fasce d'or
sur le tout.*

Devise : *Pro fide, pro rege, pro me.*

M. Ulysse Jullian est propriétaire du château de
Vers.

En terminant cet écrit, je tiens à remercier Madame la Duchesse douairière d'Uzès, toujours très bonne pour moi, d'avoir bien voulu mettre à ma disposition les clés des archives du château ducal.

Les documents précieux que j'y ai trouvés, joints à ceux que j'avais recueillis ailleurs, m'ont permis de faire trois ouvrages : l'*Histoire des Ducs*, celle de la ville et celle des *Fiefs Nobles du Château ducal d'Uzès*.

Tous les trois se rattacheut aux souvenirs glorieux de la famille ducale, pour laquelle j'éprouve un si grand dévouement, un si vif enthousiasme, que ce long travail s'est transformé pour moi en plaisir et a fait le charme de ma vieillesse durant les loisirs de ma retraite.

Ce présent livre sera sans doute le dernier né de ma plume.

Je ne saurais oublier que je suis entré aujourd'hui même dans la 81e année de mon âge et que je ne dois plus songer qu'à bien mourir ; mais malgré les tristesses de l'heure actuelle, je conserverai jusqu'à mon dernier soupir, avec le souvenir des grandeurs de notre beau pays, ma foi bien vive en son glorieux avenir.

Uzès, 7 Mars 1907.

Lionel D'ALBIOUSSE.

LISTE

des familles mentionnées dans cet ouvrage

LISTE

des principaux noms cités dans cet ouvrage

———◆———

A

Abauzit, 407. — Acier (d'), 20, 24. — Adhémar (d'), 167, 355, 366, 379, 471. — Agoult (d'), 41, 42, 60, 145, 261, 371, 379. — Agrain (d'), 179, 303. — Ainesy (d'), 145, 254. — Alauzier (d'), 401, 403. — Albenas (d'), 22, 36, 98, 106, 143, 148, 150, 214, 234, 285, 287, 366, 446, 467, 468. — Albert (d'), 64, 265, 381. — Albignac (d'), 219, 259. — Albiousse (d'), 61, 62, 163, 206, 207, 208, 261, 297, 310, 426, 427. — Albon (d'), 286, 287, 289, 359. — Alesti (d'), 369, 370. — Allut, 192. — Althaus (d'), 51. — Amboise (d'), 22. — Amoreux (d'), 162, 163, 165, 209, 466. — Andlau (d'), 388. — André (d'), 49, 51, 124, 172, 220, 320, 360. –- André de Renouard (d'), 261. — André de Saint-Victor (d'), 153, 417. — Antin (d'), 23, 25, 277. — Apchier (d'), 22. — Aramon (d'), 69, 133, 134. — Arbaud (d'), 65, 83. — Arnaud (d'), 460, 462, 464. — Assas (d'), 216, 220, 221, 226, 365, 403. — Aubert, 75, 384. — Aubigny (d'), 117. — Audibert (d'), 78, 94, 107, 248, 263, 421. — Audigier (d'), 474. — Aulnois (d'), 76. — Ausset Roger, 149. — Autichamp (d'), 221. — Autrivay (d'), 151. — Avejan (d'), 63, 267, 385, 393, 454.

B

Baguenault de Puchesse, 374. — Balazue (de), 178, 185, 363. — Balby de Vernon, 294. — Balestrier (de), 57. — Balincourt (de), 402. — Barante (de), 445. — Barbeyrac de Saint-Maurice, 336. — Bargeton (de), 30, 41, 44, 60, 83, 118, 161, 187, 284, 290, 352, 400, 460, 463, 478. — Barjac (de), 89, 90, 468. — Baroncelli Javon (de), 260, 285, 309.

45, 180, 187, 394. — Ginesty (de), 138. — Ginestous (de), 251, 252, 301. — Girard (de), 60, 67, 70, 101, 200. — Goiraud de la Baume, 73. — Gondi (de), 116. — Gondin (de), 134, 203, 398, 406, 407, 420, 461. — Gontaut-Biron (de), 179, 184, 186. — Gorce (de la), 222, 239. — Goursac (de), 127. — Graille (de), 274. — Grasset (de), 68, 251, 270, 275. — Grezolles (de), 444. — Grille (de), 112, 336, 450. — Grimoard du Roure (de), 65, 131. — Grolée (de), 254, 440, 441. — Grossetête (de), 54, 378, 379. — Guérin (de), 314. — Guichard (de), 424. — Guillens (de), 235. — Guillermier (de), 33, 35. — Guizot, 254.

H

Hachette, 76. — Hamayde (de la), 281. — Harcourt (d'), 26, 92, 237. — Hautefare (d'), 403. — Hendicourt (d'), 93. — Hérail (d'), 130, 302, 303. — Héricy (d'), 394. — Hilaire de Joviac, 411, 413, 440. — Honorati (d'), 34, 423. — Hozier (d'), 314. — Hunolstein (d'), 26. — Huteau (d'), 336.

I

Indy (d'), 57. — Iverny (d'), 151. — Izarn (d'), 83, 86, 127, 285, 302. — Isnards (des), 179.

J

Jaufresenque (de), 315. — Jeu (du), 342. — Jouffray (de), 127. — Joybert (de), 51. — Jullian, 480. — Justamont, 44, 261, 424. — Juvenel (de), 275.

L

Laboulie (de), 447. — Labranche, 426. — Laclos (de), 315, 428. — Lacombe (de), 169. — Lagoy (de), 152, 179. — Lafarge (de), 242. — Lairolle (de), 369. — Lamartine (de), 56, 291. — Lamberterie (de), 305. — Langlade (de), 48, 247, 340, 388, 411. — Lantiany (de), 152. — Laprade (de), 121, 311, 330, 374, 375. — Lascases (de), 388. — Lascours (de), 445. — Lastic (de), 431. — Larminat (de), 315. — Latude (de), 50, 412. — Laudun (de), 36, 212, 213, 256, 264. — Launay (de), 278, 280. — Laurencin-Beaufort (de), 242 — Laval (de), 257, 261. — Ledinghem (de), 426. —

O

Ollier de Marichard, 408. — Olonne (d'), 335. — Orléans (duc d'), 342. — Ornac (d'), 54, 377, 476. — Ornano (d'), 259.

P

Palangié, 165. — Pallier (André), 108. — Pampelonne (de), 363. — Parseval (de), 164. — Pascal, 418. — Pavée (de), 344, 438, 447, 449, 475. — Pegueiroles (de), 222. — Pelet (de), 110, 194, 277, 340, 386, 392, 430. — Pellat, 291· — Pellegrin (de), 144, 247, 264, 363, 438. — Perier (du), 158. — Perrotat (de), 49, 416. — Perussis (de), 320. — Pezat (du), 126. — Philip (de), 57. — Picon (de), 334. — Piolenc (de), 235, 237, 238, 260. — Pisançon (de), 54, 59, 379, 387. — Pistorys (de), 403. — Plantade (de), 70. — Plomet (de), 424. — Polignac (de), 178. — Pomme, 73, 74. — Pompierre (de), 443. — Ponnat (de), 336. — Pontevès (de), 449. — Pontmartin (de), 33, 423. — Porcelet (de), 22, 135, 177, 182, 215, 264, 287, 448, 453, 468 — Portalon de Rozis (de), 336. — Portes (de), 78, 333, 449. — Posquières (de), 327. — Possac-Genas (de), 336. — Pougnadoresse (de), 325, 327. — Praden, 62. — Pradon (de), 444. — Puget, 286, 289. — Puy-Montbrun (du), 170· 430.

R

Rafin (de), 60, 61, 83. — Rambuteau (de), 122. — Ranchin (de), 114, 398, 420. — Raousset-Boulbon (de), 56. — Ravanel (de), 82. — Ravel-d'Esclapon (de), 146. — Réaulx (de), 280. — Renepont (de), 394. — Renis (de), 422. — Renoyer (de), 259. — Restaurand (de), 58, 241, 402. — Ribaute (de), 70. — Ricard (de), 111, 219, 279. — Rieutord (de), 249. — Riquet-Caraman (de), 395. — Robernier (de), 315. — Robillard (de), 172. — Robin (de), 309, 335. — Roc de Brion, 271, 274. — Rochas (de), 82, 86. — Roche (de), 30, 61, 82, 285, 286. — Roche (de la), 43, 261, 350, 450. — Rocheblave (de), 219, 300. — Rochechouard-Mortemart (de), 26, 236, 242, 243. — Rochefort (de), 21, 130. — Rochefoucauld (de la), 25, 251, 202, 204, 314. — Rochegude (de), 44, 81, 154, 251, 468, 469. —

Uzès. — Imp. Malige.

DU MÊME AUTEUR

Le Casier de l'Etat civil sur le modèle du casier judiciaire.

Le Casier civil et commercial sur le modèle du casier judiciaire.

Le Casier de l'Enregistrement sur le modèle du casier judiciaire.

La Crypte d'Uzès.

Notice historique et généalogique sur la famille de Massillan.

Guide archéologique de la Crypte d'Uzès.

Histoire des Ducs d'Uzès.

La Duchesse Dhuoda de Septimanie à Uzès.

Le Château ducal d'Uzès.

Histoire de la Cathédrale d'Uzès,

Guide de l'Etranger à Uzès.

Histoire de la Ville d'Uzès.

Uzès. — Imprimerie Malige.

Ingram Content Group UK Ltd.
Milton Keynes UK
UKHW020622210323
418905UK00007B/660